法国外交档案选编

第一册

(1958年6月—1960年12月)

姚百慧 编

世界知识出版社

图书在版编目（CIP）数据

法国外交档案选编. 第 1 册 / 姚百慧编 . --北京：世界知识出版社，2024.7
ISBN 978-7-5012-6644-9

Ⅰ.①法… Ⅱ.①姚… Ⅲ.①外交史—历史档案—汇编—法国 Ⅳ.①D856.59

中国国家版本馆 CIP 数据核字（2023）第 055332 号

责任编辑	狄安略
责任出版	赵　玥
责任校对	张　琨

书　　名	法国外交档案选编（第一册） Faguo Waijiao Dang'an Xuanbian (Di Yi Ce)
编　　者	姚百慧
出版发行	世界知识出版社
地址邮编	北京市东城区干面胡同 51 号（100010）
网　　址	www.ishizhi.cn
电　　话	010-65233645（市场部）
经　　销	新华书店
印　　刷	北京虎彩文化传播有限公司
开本印张	787 毫米×1092 毫米　1/16　30¾印张
字　　数	528 千字
版次印次	2024 年 7 月第一版　2024 年 7 月第一次印刷
标准书号	ISBN 978-7-5012-6644-9
定　　价	128.00 元

版权所有　侵权必究

国家社科基金中国历史研究院重大历史问题研究专项"法国外交部藏中法关系档案整理与研究（1944—1986）"（23VLS023）阶段性成果

首都师范大学史学丛书

编委会（姓名以汉语拼音为序）：
主任：郝春文
委员：梁景和　梁占军　刘　城　刘乐贤　刘　屹　史桂芳
　　　　郗志群　晏绍祥　姚百慧　袁广阔　张金龙　张　萍

目 录

- 一、编者说明 ·· 1
  - （一）选编档案来源 ·· 1
  - （二）编译档案体例 ·· 3
- 二、背景资料 ·· 6
  - （一）大事记 ·· 6
  - （二）人物简介 ·· 11
  - （三）名词解释 ·· 22
- 三、档案选编 ·· 28
  - （一）主题分类 ·· 28
  - （二）档案目录 ·· 36
  - （三）档案译文 ·· 43
    - 19580609，FD000003 ···································· 43
    - 19580620，FD000001 ···································· 44
    - 19580627，FD000002 ···································· 46
    - 19580628，FD000004 ···································· 48
    - 19580705，FD000102 ···································· 49
    - 19580707，FD000113 ···································· 53
    - 19580709，FD000114 ···································· 54
    - 19580730，FD000103 ···································· 55
    - 19580818，FD000115 ···································· 59
    - 19580821，FD000104 ···································· 59
    - 19580821，FD000488 ···································· 61
    - 19580822，FD000116 ···································· 65
    - 19580918，FD000105 ···································· 66

19580922，FD000117	69
19580924，FD000132	71
19580926，FD000106	72
19581002，FD000118	75
19581006，FD000495	76
19581007，FD000082	77
19581010，FD000163	78
19581011，FD000083	80
19581014，FD000085	81
19581015，FD000086	81
19581016，FD000088	82
19581017，FD000119	84
19581021，FD000091	85
19581025，FD000092	86
19581028，FD000093	87
19581028，FD000094	88
19581028，FD000166	89
19581029，FD000107	90
19581031，FD000108	92
19581031，FD000095	94
19581101，FD000096	98
19581103，FD000097	99
19581106，FD000110	100
19581106，FD000120	102
19581106，FD000167	115
19581107，FD000121	116
19581121，FD000111	119
19581121，FD000112	123
19581121，FD000122	124
19581204，FD000098	125
19581210，FD000099	131

19581217，FD000100	134
19581226，FD000123	135
19590107，FD000005	137
19590113，FD000032	139
19590118，FD000006	141
19590123，FD000007	144
19590127，FD000169	148
19590129，FD000033	152
19590203，FD000008	153
19590205，FD000489	156
19590207，FD000491	162
19590207，FD000492	165
19590228，FD000171	167
19590306，FD000034	168
19590310，FD000175	170
19590313，FD000035	176
19590320，FD000036	177
19590326，FD000016	179
19590331，FD000017	181
19590331，FD000018	184
19590409，FD000019	186
19590409，FD000037	189
19590411，FD000038	190
19590413，FD000039	191
19590422，FD000020	192
19590428，FD000021	193
19590428，FD000022	196
19590429，FD000023	197
19590429，FD000024	199
19590430，FD000040	201
19590501，FD000025	202

19590504，FD000026 ……	208
19590522，FD000027 ……	210
19590522，FD000041 ……	212
19590525，FD000028 ……	215
19590609，FD000029 ……	217
19590613，FD000030 ……	219
19590620，FD000031 ……	221
19590707，FD000179 ……	222
19590716，FD000065 ……	225
19590716，FD000180 ……	228
19590724，FD000066 ……	229
19590727，FD000183 ……	231
19590728，FD000182 ……	235
19590804，FD000067 ……	237
19590818，FD000184 ……	238
19590820，FD000185 ……	240
19590820，FD000186 ……	242
19590904，FD000187 ……	244
19590910，FD000069 ……	247
19590917，FD000144 ……	248
19590922，FD000070 ……	249
19590923，FD000188 ……	251
19590930，FD000071 ……	253
19591001，FD000072 ……	256
19591006，FD000189 ……	258
19591007，FD000190 ……	261
19591019，FD000191 ……	262
19591023，FD000192 ……	264
19591030，FD000193 ……	268
19591110，FD000074 ……	269
19591119，FD000075 ……	270

19591124，FD000194	271
19591127，FD000195	273
19591127，FD000196	275
19591127，FD000493	279
19591211，FD000076	282
19591217，FD000077	283
19591221，FD000198	286
19591221，FD000199	287
19600114，FD000042	290
19600116，FD000200	292
19600223，FD000043	295
19600229，FD000201	297
19600310，FD000202	301
19600314，FD000203	303
19600314，FD000204	303
19600318，FD000205	305
19600323，FD000207	306
19600324，FD000046	309
19600325，FD000047	312
19600328，FD000210	313
19600401，FD000239	314
19600404，FD000048	324
19600405，FD000211	327
19600408，FD000044	328
19600408，FD000212	331
19600411，FD000213	332
19600420，FD000215	334
19600421，FD000216	334
19600429，FD000049	336
19600514，FD000219	339
19600518，FD000045	343

19600521，FD000220	344
19600528，FD000224	349
19600602，FD000153	350
19600602，FD000226	355
19600602，FD000227	356
19600603，FD000228	359
19600603，FD000050	361
19600603，FD000494	363
19600604，FD000229	365
19600611，FD000230	366
19600625，FD000234	367
19600626，FD000235	368
19600627，FD000236	372
19600629，FD000237	374
19600630，FD000500	377
19600705，FD000244	378
19600706，FD000052	380
19600706，FD000245	380
19600713，FD000246	382
19600721，FD000053	384
19600721，FD000054	386
19600725，FD000247	387
19600726，FD000055	390
19600801，FD000056	393
19600801，FD000248	394
19600802，FD000249	395
19600812，FD000251	396
19600815，FD000252	397
19600907，FD000057	399
19600906，FD000253	403
19600914，FD000254	406

19600916，FD000058 ……………………………………… 408
　　19600916，FD000255 ……………………………………… 409
　　19600916，FD000256 ……………………………………… 412
　　19601001，FD000059 ……………………………………… 414
　　19601012，FD000060 ……………………………………… 415
　　19601021，FD000260 ……………………………………… 418
　　19601027，FD000261 ……………………………………… 420
　　19601029，FD000061 ……………………………………… 421
　　19601122，FD000062 ……………………………………… 422
　　19601124，FD000063 ……………………………………… 425
　　19601216，FD000064 ……………………………………… 428
　　19601220，FD000051 ……………………………………… 430

四、附录 ………………………………………………………… 432
　（一）档案简目（档案编号序） …………………………… 432
　（二）译名对照与索引 ……………………………………… 435
　（三）电报号索引 …………………………………………… 454

五、参考文献 …………………………………………………… 466
　（一）外文档案文献 ………………………………………… 466
　（二）中文档案文献 ………………………………………… 468
　（三）回忆录 ………………………………………………… 470
　（四）其他著作 ……………………………………………… 471

后记 ……………………………………………………………… 473

一、编者说明

（一）选编档案来源

本书编译了1958年6月到1960年12月的部分法国外交档案，共180件，以反映戴高乐第二次执政以来法国外交的开展情况。编译的原始档案，绝大多数来自《法国外交文件集》（*Documents Diplomatiques Français*，DDF），少量来自戴高乐的《书信、札记和文稿》（*Lettres, Notes et Carnets*）。档案中的译文，多数来自《近现代国际关系史研究》第14—20辑连续七次刊载的《法国外交文件选译》，少量为新翻译文献。[①]

依据选编的档案来源，本书在内容的广泛性上无疑有重大缺陷。战后部分每年一般两卷的《法国外交文件集》已被人批评"篇幅有限"，"收录内容偏重于法国当时的外交重点，关于次要地区的外交文件非常少"。[②] 即便如此，在本书所涉时段，《法国外交文件集》还是有五卷之多（1958年一卷，1959年和1960年各两卷），内容包括世界各地区。本书所编译的内容，从整体上看还不够一卷的分量，主题也只有欧洲与北大西洋联盟（档案66件）、美国（档案18件）、非洲（档案4件）、中东（档案5件）、亚洲（档案7件）、原子能与裁军（档案80件）等六个。

这样的主题选择，毫无疑问与编者当前的研究兴趣有关。因此，呈现在读者面前的，是"选集的选集"。在利用前，也许我们尤其应该记住中国人民大学时殷弘教授所提醒的：

> 已刊档案史料的使用者应当明白，他们面前的文件集在一定意

[①] 详细书目信息见本书参考文献，下同。
[②] 高嘉懿：《法国档案》，姚百慧主编《冷战史研究档案资源导论》（第二版），世界知识出版社，2019，第230页。

义上只是别人"造就"的一个文选，不能假定被筛去的、他们在其中看不到的文件都不那么重要，都不会不利于（甚至大不利于）依据被选中的文件可以得出的印象和结论。①

编者近年来组织团队对法国外交档案进行翻译，一些翻译成果已刊登在《近现代国际关系史研究》《巴尔干研究》《中东研究》《法国研究》《冷战国际史研究》等期刊和集刊上。《巴尔干研究》上连载的是关于"意大利、巴尔干与二战之始"的文献；《中东研究》上连载的是关于1958年黎巴嫩危机的文献；《法国研究》上以"戴高乐挑战美国霸权"为题，分别刊载了改组北约的"九月备忘录"、法国从北约撤出地中海舰队、抵制多边核力量计划等文献；《冷战国际史研究》《近现代国际关系史研究》上刊载了关于中法建交的文献；②《近现代国际关系史研究》（第7辑）上还曾刊载一组关于法国与联合国原子能委员会的文献。

然而，《近现代国际关系史研究》第14—20辑连续刊载的《法国外交文件选译》（第1—7部分）与上述具有专题性质的文献不同——它们虽然都是冷战时期的法国外交档案，但并未明确区分主题，并且每辑所选档案是按时间顺序排列，这就给读者的利用造成了困难。本书的编译工作，主要是为了解决这一困难。通过设置"主题分类""译名对照与索引"等辅文，③ 编者希望读者能更便捷地查阅到研究所需的档案（虽然是在本书所限定的狭窄范围内）。

当然，本书同《法国外交文件选译》（第1—7部分）的合集还有一些区别。除了根据完整性适当增加了一些新翻译的文献，也有少量《法国外交文件选译》（第1—7部分）中已发表的部分因为种种原因并未收入本书。④ 同

---

① 时殷弘：《国际关系史料基本分类和主要类别史料例解》，《国际政治研究》2005年第3期，第115页。
② 这些文献也被收入姚百慧编《中法建交多国档案选编》，社会科学文献出版社，2016。
③ 辅文是编者根据编纂情况、读者需要编写的有利于读者阅读、理解、利用、查考汇编正文所需要的重要参考资料，并按作用分为三类：（1）评注性辅文，如注释、题解、按语、序言和跋文；（2）查考性辅文，如年表、插图、备考和编辑说明；（3）检索性辅文，如目录和索引。参见胡鸿杰：《档案文献编纂学》，中国人民大学出版社，2012，第256页。
④ 如《法国外交文件选译（二）》刊载了1959年2月5日美英法第一次大使级三方会谈的备忘录（编号：19590205，FD00141），但本书并未收录。

时，本书还对《法国外交文件选译》(第1—7部分) 中部分档案的编目、译文、注释等进行了调整。

（二）编译档案体例

1. 档案编号

书中档案左上角之档案编号为编者自拟，分别表示该档案的时间（8位编码）和整理档案时的流水号（6位编码），格式为：××××××××，FD××××××。

在主题分类、译名对照与索引中需要用档案编号中的流水号，在注释中标明档案相互征引关系时也经常需要用到档案编号。

2. 档案标题

现在的档案标题为编者自行拟定，拟定标准主要是根据档案的类型。同时，电报、信函、照会等会标明收发者，会谈记录、会谈备忘录等会标明谈话双方，等等。由于电报内容中多有参照相关电报之说明，所以电报类文档标题后增加了文号。

如原档有主题或单独的标题，则在正文前单独体现。如"19590409，FD000019"为《摩洛哥处备忘录》，该档案原有的主题"美国对摩洛哥和突尼斯的政策"被列于档案时间后、正文前。

少量标题系选取档案核心内容重新编目。如"19590409，FD000037"原件为德姆维尔给勒杜克的电报，但电报内容为指示后者向阿登纳提交1959年4月9日德勃雷致阿登纳的信，电报中有信的全文。因此，该编目的标题改为《德勃雷致阿登纳的信》，内容也只翻译了信件。

3. 档案时间

档案时间一般以原档生成的主日期为准，如电报则取正式发出时间。

有些会谈备忘录的整理时间比会谈时间晚，一般按会谈时间整理。如"19600721，FD000054"记载了戴高乐与斯巴克的会谈情况，该会谈系1960

年7月21日发生，记录是25日整理，原档时间亦作25日。为方便利用，本书将该档时间按21日整理，同时在注释中说明档案的生成时间。

4. 档案内容

档案内容一般照原文全文翻译，有如下几点特别说明。

（1）档案中如有事实性错误、文字错误或译码缺失等，则加注释说明。

（2）部分档案中对中国和其他社会主义国家的表述与我们不尽一致。为保证档案原貌，这些内容在翻译时未作改动，编入本书时偶有一定删节，删节处以"……"标出，希望读者阅读时自行辨别。

（3）翻译时对原档中少量的标点及数字进行了修订，以照顾中文的语法和阅读习惯。

5. 档案附件

原档附件一般照录。少量附件和主件可相互独立的，则可能分别编目。如"19580821，FD000488"为1958年8月21日德姆维尔与赫脱的会谈备忘录，该备忘录原为"19580821，FD000104"的附件，因为FD000104为当天阿尔方致外交部电，谈的主要是艾森豪威尔和德姆维尔的会谈情况，与附件是相互独立的。

6. 档案注释

本书中的档案注释有三种类型。

一是原编译者注。本书中的档案均来自纸本出版物，对于其原编译者的注释，本书适当予以选取，并以"原编译者注"加以标明。所选取的这些注释，绝大部分按原文翻译；少数只选取部分内容进行翻译，并以"原编译者注（节译）"标明。

二是本书编者自己所加的注释，以说明档案来源，介绍相关档案关系，对档案内容进行补充，对档案错漏进行订正，等等。

三是原编译者注和编者自注的混合注释。如原编译者注只部分有用，且不能相对完整地说明拟注释的问题，则采用混合注释方式。此时，一般叙述为编者自注，涉及原编译者的注释，会加以说明，如注明"根据《法国外交文件集》原编译者的注释"等字样。

7. 其他辅文

除了编者说明、目录、注释、后记，编者还编写了其他几种辅文。

一是档案译文之前的"背景资料"，包括"大事记""人物简介""名词解释"等项。背景资料主要供读者在阅读译文前了解，以及在阅读过程中查阅，以加强对档案内容的理解。

二是档案译文之后的"附录"和"参考文献"。其中，"附录"包括"档案简目（档案编号序）""译名对照与索引""电报号索引"等项。附录主要供读者检索使用，以便更迅速地检索到所需资料。其中，后两个附录需要与"档案简目（档案编号序）"配套使用。

二、背景资料

（一）大事记

1958年6月1—2日，戴高乐在法国顺利组阁，他所要求的6个月政治立法的全权、受托制定新宪法全权、在阿尔及利亚问题上的特殊权力也得到国民议会批准。

1958年6月2日，冰岛宣布其捕鱼范围为12海里，该决定将从当年9月1日起正式生效。

1958年6月9—11日，麦克米伦访问美国。

1958年6月17日，戴高乐主持召开国防会议。

1958年6月29—30日，麦克米伦访问法国。

1958年7月1日—8月21日，在日内瓦召开由四个西方国家（美国、英国、法国和加拿大）与四个苏东国家（苏联、捷克斯洛伐克、波兰和罗马尼亚）的专家参加的会议，研究对违反可能签订的一个暂停核试验的协定的活动进行监督的可能性。会议一致同意了一项报告，并提交给各相关国家政府和联合国。

1958年7月2日，艾森豪威尔签署同意意见，新的《原子能法》正式成为美国法律。

1958年7月3日，英美签署原子能合作协定。

1958年7月5日，杜勒斯在巴黎与戴高乐会晤。

1958年7月14日，伊拉克政变爆发。

1958年7月15日，美国出兵黎巴嫩。

1958年7月中旬，印尼外岛叛乱势力被击溃。

1958年7月17日，英国出兵约旦。联合国安理会举行紧急会议，讨论美英对黎巴嫩、约旦出兵问题。

1958年8月8日，联大特别会议开幕，讨论中东问题。

1958年8月22日，美、英两国分别声明，以苏联采取相同措施为条件，自10月31日禁止核试验谈判开始之日起暂停核试验一年。它们还进一步指出，如果即将建立的监督制度在禁止核试验第一年的实施期内有功效，并且其他裁军领域内的进展令人满意，它们还愿意在年继一年的基础上延长暂停核试验的时间。实际上，英国自当年9月23日、美国自当年10月30日、苏联自当年11月3日，都已停止了核试验。

1958年8月22日，法国与埃及签署协议，恢复两国间文化、经济和财政关系。

1958年8月23日，中国人民解放军炮击金门和马祖，第二次台海危机爆发。

1958年9月，第十三届联大召开。

1958年9月14—15日，戴高乐与阿登纳在科隆贝双教堂会晤。

1958年9月15日，中美在华沙举行第94次大使级会谈。

1958年9月17日，"九月备忘录"提出。

1958年9月19日，阿尔及利亚临时政府在埃及开罗成立。

1958年9月28日，法国就新宪法草案举行公民投票，投票在法国本土和法兰西共同体内同时进行。绝大多数本土公民对新宪法投了赞成票，法兰西共同体中赞成者也占多数，但几内亚否决了该宪法草案。

1958年10月8—9日，麦克米伦访问联邦德国。

1958年10月25日，美国从黎巴嫩撤军。

1958年10月31日起，在日内瓦召开停止核试验的美英苏三国会谈。会议在1962年1月停会，其工作在1962年3月被移交给十八国裁军委员会的一个小组委员会。

1958年11月，泰国和柬埔寨断交。

1958年11月2日，英国从约旦撤军。

1958年11月4日，联大通过第1252（XIII）号决议（A—D四份），申明联合国在裁军、停止核试验上的立场。

1958年11月4日，腊帕茨基提出修改的中欧无核区计划。

1958年11月10日起，在日内瓦举行专家会议，研究有助于防止突然袭击的可能措施。参加会议的有西方五国（美国、英国、法国、加拿大和意大利）与苏东五国（苏联、捷克斯洛伐克、波兰、罗马尼亚和阿尔巴尼亚）的代表。联合国秘书长的私人代表列席了会议。会议向各相关国家政府和联合国递交了它的报告。

1958年11月27日，苏联政府向美英法和联邦德国递交照会，建议把西柏林变成具有独立政府性质的非军事化自由城市；其后，原四个占领国苏美英法将按照《奥地利国家条约》规定的模式保障西柏林的新地位。照会给出6个月的期限，在该期限内，西柏林现存的军用交通体制不变。如果6个月后西柏林没有变成自由城市，苏联将把其在柏林的交通管理权移交给民主德国。

1958年12月21日，法国进行总统选举，戴高乐当选为法兰西第五共和国首任总统。

1958年12月18日，研究防止突然袭击的日内瓦会议暂停，后来再未复会。

1959年1月5日，研究停止核试验的日内瓦会议复会。

1959年1月8日，戴高乐在爱丽舍宫正式就任法兰西第五共和国总统。

1959年2月5—7日，美国、英国和法国就远东问题在华盛顿召开大使级和专家级三方会谈。

1959年2月21日—3月3日，麦克米伦访问苏联。

1959年3月初，阿登纳访问法国。

1959年3月，法国通知北约，它不同意将其领土防空纳入北约指挥机构的框架，但准备与北约进行合作。

1959年3月6日，法国驻北约理事会的代表宣布，法国从北约撤出其地中海舰队。

1959年3月9日，麦克米伦访问法国。

1959年3月19日，研究停止核试验的日内瓦会议休会。4月11日，会议复会。

1959年3月19—23日，麦克米伦访问美国。

1959年4月15日，杜勒斯因患癌症而辞任美国国务卿，后于5月24日去世。

1959年4月29—30日，美、英、法、联邦德国在巴黎举行外长会议，讨论德国问题。

1959年5月7日，美法签订原子能合作协定。

1959年5月11日，美英法苏在日内瓦就德国问题召开外长会议。27日，四国外长赴华盛顿参加杜勒斯的葬礼，会议因此休会两天。6月21日—7月12日，会议再次休会。7月13日，会议复会。至8月5日，会议无果而终。

1959年8月4—20日，关于停止核试验的日内瓦会议继续召开。8月26日，会议休会。10月27日，会议才重新开始。

1959年8月5日，美英法苏四国外长接受十国委员会（加拿大、法国、美国、意大利、英国五个西方国家和阿尔巴尼亚、波兰、罗马尼亚、捷克斯洛伐克、苏联五个苏东国家）的名称并达成一致：新的机构将向联合国汇报工作，并可使用联合国的服务和设施。

1959年8月25日，中印爆发边界冲突。

1959年9月2—4日，艾森豪威尔访问法国。

1959年9月15—27日，赫鲁晓夫访问美国。

1959年9月16日，戴高乐通过电视和广播发表演说，首次提出在阿尔及利亚实行"自决"。

1959年9月18日，赫鲁晓夫在联合国大会上发表演说，提出了一项在四年内并在国际监督下取消一切武装部队的三阶段新裁军方案。而如果西方还不准备进行全面彻底的裁军，那么苏联同意采取局部措施，其中最重要的包括：（1）建立监督和视察区，并裁减驻扎在西欧有关各国领土上的外国军队；（2）在中欧建立一个无核区；（3）从欧洲各国领土上撤出一切外国军队，并取消在别国领土上的军事基地；（4）北约和华约的成员国之间缔结互不侵犯条约；（5）缔结一项关于防止一国对另一国突然袭击的协定。

1959年9月，第十四届联大召开。

1959年11月3日，联大就法国在撒哈拉地区的核爆炸问题展开辩论。

1959年11月17—19日，阿登纳访问英国。

1959年11月20日，联合国大会通过了关于全面彻底裁军的第1378号决议。

1959年12月19—21日，美、英、法、西德四国在巴黎召开首脑会议，西方进入东西方峰会的准备阶段。

1959年12月12日，第十四届联大通过第1472（XIV）号决议，决定成立和平利用外层空间委员会。

1959年12月16—18日，北约在巴黎召开部长级会议。

1959年1月4日，"小自由贸易区"七国（英国、奥地利、瑞典、挪威、丹麦、瑞士、葡萄牙）在瑞典斯德哥尔摩签署《建立欧洲自由贸易联盟公约》。该公约于当年5月30日生效。

1960年2月13日，法国在撒哈拉地区的拉甘成功进行了第一次核试验。

1960年3月15日—4月29日，十国委员会在日内瓦召开会议。

1960年3月23日—4月3日，赫鲁晓夫访问法国。

1960年4月1日，法国在拉甘进行了第二次核试验。

1960年4月1日，美国国防部长盖茨在北约国防部长会议上提出美国与欧洲国家合作生产中程导弹的建议。

1960年4月6—9日，戴高乐访问英国。

1960年4月22—29日，戴高乐访问美国。

1960年5月1日，美国一架U-2型侦察机在苏联领空被击落，其飞行员被苏方俘获，U-2事件爆发。

1960年5月3日，欧洲自由贸易联盟正式成立。

1960年5月16日，美英法苏四国首脑拟在巴黎开会。因U-2事件影响，巴黎峰会破产。

1960年6月2日，苏联提出关于全面彻底裁军协定的提案。7日，该提案被提交给十国裁军委员会。

1960年6月27日，五个苏东国家退出十国裁军委员会。

1960年6月27日，美国在苏东国家退出十国裁军委员会后，提出了"在有效国际监督下进行全面彻底裁军"的方案。按此方案，第一阶段的裁军包括禁止把带有大规模毁灭性武器的运载工具送入轨道；建立防止突然袭击的监督区；将武装部队初步裁减到250万人，并对军备进行相应裁减；以及停止生产裂变物质。第二阶段的裁军包括将武装部队裁减到170万人；裁减包括核武器在内的一切武器；以及在联合国内建立一支国际和平部队。第三阶段实现将武装部队裁减到维持国内秩序及国际维持和平部队所需要的水平。

1960年8月16日，塞浦路斯共和国独立。

1960年8月16—18日，82个国家组成的裁军委员会在日内瓦召开会议。

1960年9月，第十五届联大召开。

1960年12月16—18日，北约在巴黎召开部长级会议。

1960年12月27日，法国在拉甘进行了第三次核试验。

（二）人物简介

阿巴斯，费尔哈特：1958年9月—1961年任阿尔及利亚共和国临时政府总理。

阿登纳，康拉德：1949年9月—1963年任联邦德国总理。

阿尔方，埃尔韦：1956—1965年任法国驻美国大使。

阿马德奥，马里奥：阿根廷常驻联合国代表。

阿芒里克，热拉尔：1959年1月起，任法国总理办公室主任；1959年7月起，任总理办公室负责外交事务的技术顾问。

埃德，雷蒙：1959年10月前，任黎巴嫩社会与内政部部长。

埃尔布里克，查尔斯·伯克：1957—1958年任美国欧洲事务助理国务卿；1959—1963年任美国驻葡萄牙大使。

埃克哈特，费利克斯·冯：1958—1966年任联邦德国国务秘书。

埃利，保罗：1956年3月—1958年5月任法国（国防和）武装部队总参谋长；1958年6月—1959年2月任法国国防总参谋长。

艾森豪威尔，德怀特·戴维：1953年1月20日—1961年1月20日任美国总统。

安德森，克林顿·普雷斯巴：1949—1973年任美国民主党参议员；1955—1956年、1959—1960年任美国国会原子能联席委员会主席。

岸，信介：1957年2月—1960年7月任日本首相。

昂德希尔，小弗朗西斯·特里利斯：1959年2月前，任美国国务院远东事务司西南太平洋事务处负责印尼-太平洋岛屿事务的主任；1959年2月起，任美国国务院印尼办公室官员，专门从事情报研究工作。

奥姆斯比-戈尔，威廉·戴维：英国外交部国务大臣（副大臣）；英国参加十国裁军委员会的代表。

奥尼尔，道格拉斯·瓦尔特：英国外交部助理次官（负责东欧事务）。

巴德旺，让：法国摩洛哥和突尼斯事务部总干事。

巴尔克，西格弗里德：联邦德国核能部部长。

巴拉迪克，皮埃尔：法国外交部新闻处处长。

贝恩，戴维·摩根：1959 年 4 月前，任美国国务院远东事务司东北亚事务处副处长；之后任该处处长。

贝拉尔，阿尔芒：1956—1959 年任法国驻日本大使；1959 年 6 月起，任法国常驻联合国代表。

贝拉弗里杰，艾哈迈德：1956 年 5 月—1958 年 4 月任摩洛哥外交大臣；1958 年 5—11 月任摩洛哥首相兼外交大臣。

贝朗德，维克托·安德烈斯：1958 年 1 月—1958 年 4 月任秘鲁外交部长；秘鲁参加裁军委员会的代表；秘鲁驻联合国代表团成员；1959 年任联合国大会第 14 届会议主席。

比格尔：美国国务院高级官员。

比内，安托万：1958 年 6 月—1960 年任法国财政和经济事务部长。

比涅：法国作家；法国参加东京禁止原子弹氢弹世界大会的代表。

比约特，皮埃尔：1955 年 10 月—1956 年 2 月任法国国防和武装部队部长。

波伦，查尔斯·尤斯蒂斯：1957 年 6 月—1959 年 10 月任美国驻菲律宾大使；1959 年 12 月起，任美国国务卿特别助理。

伯丁，安德鲁：美国负责公共事务的助理国务卿。

伯恩斯，埃德森·路易·米亚尔：1956 年 11 月—1959 年 12 月任加拿大政府裁军顾问。

伯吉斯，沃伦·伦道夫：美国常驻北约代表（大使）；美国常驻欧洲经济合作组织代表（大使）。

伯克，阿利·艾伯特：1955—1961 年任美国海军作战部长。

博埃涅，让-马克：1958 年 6 月—1959 年 1 月任戴高乐总理内阁外交顾问；1959 年 1—10 月任戴高乐总统府秘书处外交顾问；1959 年 11 月—1962 年 8 月任法国驻突尼斯大使。

博弗尔，安德烈：北约驻华盛顿常设小组中的法国代表。

布尔吉巴，哈比卜：1957—1987 年任突尼斯总统。

布尔加宁，尼古拉·亚历山德罗维奇：1953 年 3 月—1958 年 3 月任苏联国防部长；1955 年 2 月—1958 年 3 月任苏联部长会议主席；1958 年 3—8 月任苏联国家银行行长；1958—1960 年任苏联国民经济委员会主席。

布尔热-莫努里，莫里斯：1957 年 6—11 月任法国总理；1957 年 11 月—

1958年4月任法国内政部长。

布兰德，罗伯特·阿林：1960年8月前，任美国国务院菲律宾事务办公室主任。

布朗，迪安：1958年9月起，任美国国务院欧洲事务司西欧事务办公室法国-伊比利亚事务主任；美国新闻署（马尼拉办事处）官员。

布鲁克，威尔伯：1955—1961年任美国陆军部长。

布鲁斯，戴维·M.：1957年4月—1959年10月任美国驻联邦德国大使。

察拉普金，谢苗·K.：苏联参加日内瓦会议的代表。

达里当，让：1959年4月前，任法国外交部政治经济事务司司长；1959—1961年任法国驻日本大使。

戴高乐，夏尔：1958年6月—1959年1月任法国总理；1959年1月—1969年4月任法国总统。

达维德，瓦茨拉夫：1953—1968年任捷克斯洛伐克外交部长。

德勃雷，米歇尔：1959年1月—1962年4月任法国总理。

德博马歇，雅克·德拉鲁·卡龙：法国外交部部长办公室副主任。

德卡博内尔，埃里克：1958年4月—1959年6月任法国常驻欧洲经济共同体、欧洲原子能共同体代表；1959年7月起，任法国外交部秘书长。

德库塞尔，杰弗里：1959年1月起，任法国总统府秘书长。

德拉梅尔，亚瑟·詹姆斯：英国驻美国大使馆参赞。

德拉图尔，让：法国摩洛哥和突尼斯事务部参赞。

德勒斯，皮埃尔：1959年1月起，任法国驻北约常设理事会代表。

德罗齐耶，艾蒂安·比兰：1958—1962年任法国驻波兰大使。

德罗斯，弗朗索瓦·特里科尔诺：法国外交部条约司司长。

德姆维尔，顾夫：1958—1968年任法国外交部长。

德让，莫里斯：1956—1964年任法国驻苏联大使。

德赛，什里尔·莫拉尔吉·兰乔吉：印度联邦财政和经济事务部长。

德索，皮埃尔：法国外交事务秘书。

狄龙，道格拉斯·克拉伦斯：1957年3月—1958年6月任美国主管经济事务的副国务卿帮办；1958年7月—1959年6月任美国主管经济增长、能源和环境事务的副国务卿；1959年6月—1961年1月任美国副国务卿。

迪安，帕特里克：1960年4月前，任英国外交部副次官兼联合情报委员会主席；1960年5月—1964年任英国常驻联合国代表。

迪芬贝克，约翰·乔治：1957—1963年任加拿大总理。

迪亚洛，泰利·布贝加尔：1958年9月—1964年6月任几内亚常驻联合国代表；1959年4月—1961年6月任几内亚驻美国大使。

蒂利翁，日耳曼：《1957年的阿尔及利亚》（L'Algérie en 1957）一书的作者。

蒂诺，让-路易：法国独立共和党参议员；1960—1964年任法国比利牛斯-大西洋省总理事会主席；1957—1969年任法国驻联合国代表团成员。

杜尔，塞古：1958年10月—1984年3月任几内亚总统。

杜勒斯，约翰·福斯特：1953年1月—1959年4月任美国国务卿。

敦萨索里，卡代：老挝副总理兼内政部长。

多蒂：美国记者。

法利，菲利普：1958年5月前，任美国负责原子能事务的国务卿特别助理；1958年6月起，任美国负责裁军和原子能事务的国务卿特别助理。

法齐，马哈茂德：1952—1964年任埃及外交部长；阿拉伯联合共和国驻联合国代表团团长。

范·舍尔彭贝格，希尔格·阿尔贝：1958—1961年任联邦德国外交部国务秘书。

范范尼，阿明托雷：1958年7月1日—1959年2月15日任意大利总理兼外交部长。

范，文同：1955—1976年任越南民主共和国总理；1954—1961年任越南民主共和国外交部长。

菲斯克，詹姆斯·布朗：美国参加日内瓦停止核试验会议的代表；美国总统科学顾问委员会成员。

冯·布伦塔诺，海因里希：1955—1961年任联邦德国外交部长。

冯·瓦尔特，格布哈特：联邦德国驻北约理事会代表。

弗格森，小查尔斯·沃恩：美国国务院南部非洲事务办公室主任。

富布莱特，詹姆斯·威廉：美国民主党参议员；1959年1月—1974年12月任美国参议院外交关系委员会主席。

盖茨，小托马斯·S.：1957年4月—1959年6月任美国海军部长；1959年6月—1959年12月任美国国防部副部长；1959年12月—1961年1月任美国国防部长。

盖茨克尔，休·托德·内勒：英国工党领袖。

戈尔德施密特，贝特朗：法国原子能委员会主席；法国常驻国际原子能机构理事会代表。

格林，马歇尔：美国国务院高级官员。

格罗提渥，奥托：1949—1964年任民主德国总理。

格伦瑟，阿尔弗雷德：美国国务卿杜勒斯的裁军顾问；美国总统艾森豪威尔的军事顾问；美国将军；1953—1956年任美国驻欧洲盟军最高司令；1957年起，任美国红十字会主席。

葛罗米柯，安德烈：1957—1985年任苏联外交部长。

哈达，穆罕默德：印尼总理（1948—1949年）、副总统（1945—1948年、1949年、1950—1956年）。

哈尔斯坦，瓦尔特：1951年4月—1958年1月任联邦德国外交部国务秘书；欧洲经济共同体委员会主席。

哈马舍尔德，达格·亚尔马·昂内·卡尔：1953—1961年任联合国秘书长。

海恩沃斯，亨利·查尔斯：法国外交部原子事务和裁军司司长。

汉弗莱，休伯特：美国民主党参议员。

赫鲁晓夫，尼基塔·谢尔盖耶维奇：1953—1964年任苏联党和国家最高领导人。

赫脱，阿奇博尔德·克里斯蒂安：1957年2月—1959年4月任美国副国务卿；1959年4月—1961年1月任美国国务卿。

胡德，塞缪尔：英国驻美大使馆临时代办。

霍顿，艾默里：1957—1961年任美国驻法国大使。

霍姆，亚历山大·弗雷德里克·道格拉斯：1957—1960年任英国上议院议长、枢密大臣；1960—1963年任英国外交大臣。

霍普，查尔斯·彼得：英国外交部（新闻司）发言人。

基德尔，斯坦利·拉斯特：美国国务院官员。

基斯佳科夫斯基，乔治·波格丹：1957年—1959年7月任美国总统科技

15

顾问委员会成员和白宫科技办公室官员；1959年7月—1961年任美国总统科技特别助理和白宫科技办公室主任。

吉约马，皮埃尔：1958年6月—1959年2月任法国武装部队部长；之后任法国原子能委员会主任。

贾维斯，弗朗西斯·吉拉德：1959年2月任美国参加关于远东问题的华盛顿三方会谈的代表；美国国务院西南太平洋事务局负责经济事务的官员。

杰布，格拉德温：1954—1960年任英国驻法国大使。

卡迪尔，曼祖尔：1958—1962年任巴基斯坦外交部长。

卡皮唐，勒内：巴黎大学法学院教授。

卡恰，哈罗德：1956—1961年任英国驻美国大使。

卡斯特罗，菲德尔：1959—1976年任古巴总理。

卡斯滕斯，卡尔：1959年9月起，任联邦德国外交部政治科主任；之后任政治事务助理秘书长；1960年7月起，任外交部国务秘书。

卡塔维查亚，朱安达：1957年4月9日—1959年7月9日任印尼总理兼国防部长。

卡瓦莱蒂，弗朗切斯科：意大利参加日内瓦裁军谈判会议和常驻联合国的代表。

柯西金，阿列克谢·尼古拉耶维奇：1960年5月—1964年10月任苏联第一副总理。

科尔曼，戴维：1959年2月任美国参加关于远东问题的华盛顿三方会谈的代表。

科科伦，托马斯·约瑟夫：1958年3月起，任美国国务院负责老挝事务的官员；1960年1月起，任美国太平洋地区海军总司令的政治顾问。

科克，埃里克：美国国务院东南亚事务办公室主任。

科曼，他纳：1951—1971年任泰国外交部长。

科希丘什科-莫里泽，雅克：1957—1962年任法国常驻联合国托管理事会代表。

克雷克勒，海因茨：联邦德国外交官；欧洲原子能共同体委员会成员。

库蒂尔，皮埃尔：法国原子能委员会行政总长；欧洲原子能共同体委员会成员。

拉卢瓦，让：法国外交部负责欧洲事务的官员。

拉沃，加斯东：1959年2月—1961年4月任法国武装部队总参谋长。

拉辛，皮埃尔：法国总理办公室主任。

莱昂，塞西尔：1958—1964年任美国驻法国大使馆公使兼副馆长，曾担任过一年的临时代办。

朗博尔德，安东尼：英国助理副国务秘书。

朗迪，皮埃尔：1959年5月前，任法国驻美国大使馆参赞。

朗特里，威廉·曼宁：1956年7月—1959年7月任美国负责近东事务的助理国务卿；1959年6月—1962年2月任美国驻巴基斯坦大使。

劳埃德，塞尔温：1955年12月—1960年7月任英国外交大臣；1960年7月—1962年7月任英国财政大臣。

勒贝尔，克劳德：法国驻美国大使馆公使衔参赞。

勒迪克，弗朗索瓦：法国驻联邦德国大使馆公使衔参赞。

勒努，让：法国原子能委员会对外关系部主任。

勒让德尔，米歇尔：法国外交部中欧处副处长、欧洲司裁军处副处长（在《法国外交文件集》1960年相关卷的注释中，多为法国外交部政治事务司裁军处副处长）。

雷诺，保罗：1940年3—6月任法国总理；曾参与起草法兰西第五共和国宪法。

理查兹，布鲁克斯：1959—1964年任英国驻法国大使馆参赞，负责情报事务。

卢拉姆，马修·詹姆斯：1959年7月前，任美国国务院欧洲事务司西欧事务办公室官员。

洛奇，亨利·卡伯特：1953年1月—1960年9月任美国常驻联合国代表。

吕夫，雅克：法国经济学家，戴高乐的顾问；1952—1962年任欧洲法院法官。

吕塞，夏尔：1955—1959年任法国驻美国大使馆参赞；1959—1965年任法国外交部政治事务司司长。

马蒂诺，加埃塔诺：意大利参加十国裁军委员会的代表。

马丁，埃德蒙：美国国务院中国处处长。

马尔罗，安德烈，1959—1969年任法国负责文化事务的国务部长。

马利克，查尔斯：1956年—1958年9月任黎巴嫩外交部长；1958年任联合国大会第13届会议主席。

麦科恩，约翰：美国原子能委员会主席。

麦克布赖德，罗伯特·亨利：美国国务院西欧事务办公室主任。

麦克林托克，罗伯特·A.：1958—1961年任美国驻黎巴嫩大使。

麦克米伦，莫里斯·哈罗德：1957—1963年任英国首相兼首席财政大臣。

麦钱特，利文斯顿·塔尔梅奇：1956年5月—1958年11月任美国驻加拿大大使；1959年8—12月任美国负责政治事务的副国务卿帮办；1959年12月—1961年1月任美国负责政治事务的副国务卿。

梅斯梅尔，皮埃尔：1956—1958年任法国驻喀麦隆共和国高级专员；1958年任法国驻法属赤道非洲高级专员；1958—1959年任法国驻法属西非高级专员；1960—1969年任法国武装部队部长。

蒙巴顿，路易斯·弗朗西斯·艾伯特·维克托·尼古拉斯：1955年4月—1959年10月任英国第一海务大臣；1959年7月—1965年7月任英国国防参谋长。

蒙哥马利，伯纳德·劳：英国陆军元帅；1951年4月—1958年9月任北约欧洲盟军最高副司令。

孟席斯，罗伯特·戈登：1949—1966年任澳大利亚总理。

米恩，约翰·戈登：1960年5月前，任美国国务院远东事务司西南太平洋事务办公室主任。

米高扬，阿纳斯塔斯·伊凡诺维奇：1955—1964年任苏联部长会议第一副主席；1935—1966年任苏共中央委员会政治局（1952—1966年称苏共中央委员会主席团）委员。

米勒，弗雷德里克·霍耶：英国外交部常务副国务秘书。

莫克，朱尔：法国参加裁军委员会的代表。

墨菲，罗伯特：1955年8月—1959年8月任美国负责政治事务的副国务卿帮办；1959年8—12月任美国负责政治事务的副国务卿。

默多克：美国参加关于远东问题的华盛顿三方会谈的专家。

纳赛尔，贾迈勒·阿卜杜勒：1958年2月—1970年9月任埃及总统、阿拉伯联合共和国总统。

纳什，沃尔特：1957—1960年任新西兰总理。

纳苏蒂安，阿卜杜勒·哈里斯：印尼陆军参谋长。

内尔沃，路易斯·帕迪利亚：1952年12月1日—1958年11月30日任墨西哥外交部长；墨西哥参加裁军委员会的代表。

尼赫鲁，贾瓦哈拉尔：1947—1964年任印度总理兼外交部长。

农，金尼：柬埔寨前外交部长；柬埔寨常驻联合国代表。

诺布尔，艾伦：英国参加裁军小组委员会的代表。

诺尔廷，弗里茨：美国驻北约和欧洲经济合作组织代表团副团长。

诺斯塔德，劳里斯：美军驻欧洲司令部总司令兼北约欧洲盟军最高司令。

帕尔默，戈登：1959年11月起，任美国国务院主管远东经济事务的助理国务卿帮办；美国参加关于远东问题的华盛顿三方会谈的专家。

帕莱夫斯基，加斯东：1957—1962年任法国驻意大利大使。

帕罗迪，亚历山大：1957—1960年任法国驻摩洛哥大使。

帕诺夫斯基，沃尔夫冈·库尔特·赫尔曼：美国斯坦福大学核能物理实验室主任。

帕森斯，詹姆斯·格雷厄姆：1956年5月—1958年2月任美国驻老挝大使；1958年2月—7月1日任美国国务院远东事务助理国务卿帮办；之后任国务院远东事务助理国务卿。

佩拉，朱塞佩：1957年5月15日—1958年7月1日、1959年2月15日—1960年3月25日任意大利外交部长。

佩兰，弗朗西斯：法国原子能委员会高级专员。

皮诺，克里斯蒂安：1956年2月—1958年5月任法国外交部长。

皮乔尼，阿蒂利奥：意大利基督教民主党主席。

皮热，安德烈：法国空军高级军官。

珀朗，皮埃尔：法国驻美国大使馆参赞。

普罗富莫，约翰：1957年1月—1958年11月任英国负责殖民地事务的次官；1958年11月—1959年1月任英国外交部政务次官；1959年1月—1960年7月任英国外交部国务大臣（副外长）；1960年7月—1963年6月任英国陆军大臣。

乔治-皮科，纪尧姆：1956—1959 年任法国常驻联合国代表。

饶伯森，沃尔特：1953 年 3 月—1959 年 6 月任美国国务院负责东亚和太平洋事务的助理国务卿。

热莱，马克斯：1958 年 10 月前，任法国空军参谋长；1960 年 7 月前，任法国驻北约常设军事小组代表。

热纳韦，皮埃尔：法国航空技术和工业局主计长。

若克斯，路易：1956—1959 年任法国外交部常任秘书长；1959 年 7 月—1960 年 1 月任法国总理国务秘书；1960 年 1—11 月任法国国家教育部长。

萨朗，拉乌尔：法国政府驻阿尔及利亚总代表。

萨纳尼空，培：1958 年 7 月前，任老挝外交大臣，1958 年 8 月—1959 年 12 月任老挝首相兼规划、交通、公共工程等部部长。

萨森，伊曼纽尔·玛丽·约瑟夫·安东尼：美国原子能委员会成员。

塞杜·德克洛索纳，弗朗索瓦：1958—1962 年任法国驻联邦德国大使。

塞尼，安东尼奥：1958 年 7 月—1959 年 1 月任意大利副总理兼国防部长；1959 年 2 月 15 日—1960 年 3 月 23 日任意大利总理；1960 年 3 月 25 日—1962 年 5 月 7 日任意大利外交部长。

桑兹，邓肯：1957 年 1 月—1959 年 10 月任英国国防部长；1959 年 10 月—1960 年 7 月任英国航空部长。

沙邦-戴尔马，雅克：1957 年 11 月—1958 年 5 月任法国国防和武装部队部长；1958 年 12 月—1969 年 6 月任法国国民议会主席。

尚德利，阿卜杜勒·卡德尔：阿尔及利亚民族解放阵线驻纽约代表。

施特劳斯，弗朗茨·约瑟夫：1956—1962 年任联邦德国国防部长。

斯巴克，保罗-亨利：1938—1939 年、1946 年、1947—1949 年任比利时首相；1957 年 5 月—1961 年 4 月任北约秘书长。

斯蒂尔，克里斯托弗：1957—1963 年任英国驻联邦德国大使。

斯蒂克，迪尔克·乌伊普特科：荷兰常驻北约理事会代表。

斯奈德：美国参加关于远东问题的华盛顿三方会谈的专家。

斯特尔，查尔斯·克拉克森：1957 年 8 月起，任美国驻伊朗大使馆参赞；美国参加十国裁军委员会的代表。

斯特劳斯，刘易斯：1953 年 7 月—1958 年 6 月任美国原子能委员会主席；

1958年11月—1959年6月任美国代理商务部长。

苏加诺，艾哈迈德：1945—1967年任印尼总统；1959年起，兼任总理。

苏斯洛夫，米哈伊尔·安德烈耶维奇：苏共中央主席团委员，苏共中央书记处书记。

塔特希尔，约翰·威尔斯：美国驻联邦德国经济事务办公室主任。

塔维亚尼，保罗·埃米利奥，1953年8月—1958年7月任意大利国防部长；1959年2月—1962年任意大利财政部长。

特罗克梅，佩尔：法国神父；法国参加东京禁止原子弹氢弹世界大会的代表。

特文宁，内森：1957年—1960年9月任美国参谋长联席会议主席。

藤山，爱一郎：1957年7月—1960年7月任日本外交大臣。

铁托，约瑟普·布罗兹：1945—1963年任南斯拉夫联邦人民共和国（1963年改称南斯拉夫社会主义联邦共和国）总统。

瓦尔德海姆，库尔特：1956—1960年任奥地利驻加拿大大使。

威尔科克斯，弗朗西斯：美国国务院负责国际组织事务的助理国务卿。

韦尔斯，阿尔吉：美国原子能委员会国际事务司司长。

维诺格拉多夫，谢尔盖·亚历山德罗维奇：1953—1965年任苏联驻法国大使。

温登，布·厄斯滕：1945—1962年任瑞典外交大臣。

沃特金森，哈罗德·亚瑟：1955年12月—1959年10月任英国交通和民航大臣；1959年10月—1962年7月任英国国防大臣。

沃兹沃思，詹姆斯：1953—1960年任美国常驻联合国副代表；1960年8月—1961年1月任美国常驻联合国代表。

吴廷琰，1955—1963年任越南共和国总统。

希利，丹尼斯：英国工党议员。

希特勒，阿道夫：1933—1945年任纳粹德国元首。

夏蒙，卡米耶：1952—1958年任黎巴嫩总统。

肖韦尔，让：1955—1962年任法国驻英国大使。

谢哈卜，福阿德：1945年—1958年9月任黎巴嫩武装部队总司令；1958年9月—1964年9月任黎巴嫩总统。

休姆，亨利·雷恩斯福德：英国国防部技术顾问。

雅各布，楚尔：以色列外交部总干事。

扬，乔治：英国外交部官员。

叶梅利亚诺夫，瓦西里：苏联部长会议原子能利用中央管理局局长。

伊顿，弗雷德里克：1960年9月起，任美国参加日内瓦十国裁军委员会的代表。

尤德：英国参加关于远东问题的华盛顿三方会谈的代表。

约翰逊，林登：美国参议院民主党多数派领袖。

约斯特，查尔斯·伍德拉夫：1958年1月—1958年2月任美国驻叙利亚大使；1958年4—7月任美国国务院政策规划司官员；1958年8月—1961年3月任美国驻摩洛哥大使。

佐林，瓦莱里安·亚历山德罗维奇：苏联外交部副部长；苏联参加裁军小组委员会的代表。

（三）名词解释

U-2事件。1960年5月1日，美国利用U-2型侦察机对苏联进行越境侦查。这是1956年以来美国中央情报局第24次派出U-2飞机深入苏联境内进行侦查，也是U-2飞机首次纵向贯穿苏联进行高空飞行。U-2飞机的飞行路线是从南到北穿过苏联，从咸海到巴伦支海，主要侦查目标包括咸海岸边的秋拉塔姆导弹试验区，苏联中部斯维尔德洛夫斯克的大型武器工厂，苏联北部位于阿尔汉格尔斯克和摩尔曼斯克的空军和潜艇基地，然后飞出苏联。这也是美军飞行员弗朗西斯·加里·鲍尔斯自1956年以来第28次执行飞行任务。在此前的任务中，他多次驾驶U-2飞机在中国、苏联境内或边界地区飞行。此次任务开始4个半小时后，鲍尔斯驾驶的U-2飞机被苏联导弹击落，他本人也被俘获。美国最初企图掩盖其对苏联进行间谍侦查活动的真相，被揭穿后，美国总统艾森豪威尔在11日公开承担全部责任，同时表示未来对越境飞行持开放态度。U-2飞机事件导致5月中旬在巴黎举行的美英法苏四国首脑会议破产。

巴黎统筹委员会（巴统）。巴统是秘密的非正式国际组织，是美国推行其冷战战略的工具。冷战时期，为了限制社会主义国家从美国及其他西方国家获取战略物资和高新技术，遏制社会主义阵营在军事、经济、科技方面的发展，美国对社会主义国家进行了贸易管制。1950年1月1日，美国、英国、法国、意大利、比利时、荷兰六国建立了"对共产党国家出口管制统筹委员会"。该机构总部设在巴黎的美国驻法国大使馆内，因此又被称作"巴黎统筹委员会"，简称"巴统"。此后，卢森堡、挪威、丹麦、加拿大、联邦德国、葡萄牙、日本、希腊、土耳其、西班牙、澳大利亚11国加入。1952年，在巴统下另设"中国委员会"，对新中国实施更严格的贸易管制政策。巴统阻碍了各国间的经济文化交流，不利于世界的和平与发展。1994年4月1日，巴统宣布正式解散。

柏威夏问题。柏威夏寺（泰国称之为"帕威寒石宫"）位于泰柬边界，建于11世纪，是柬埔寨历史上的极盛时期——吴哥王朝时期的著名古寺。第二次世界大战后，随着法国在奠边府大败后撤出印度支那，泰国和刚独立的柬埔寨围绕柏威夏寺和其他问题的争端不断升级，导致两国在1958年11月断交。1959年，柬埔寨将柏威夏寺领土纠纷提交给海牙国际法院进行裁决。1962年，海牙国际法院裁定柏威夏寺归柬埔寨所有，但两国围绕该寺主权归属的争议并未停止。2008年，柬埔寨申报柏威夏寺为世界文化遗产获得成功，进一步激化了柬泰矛盾，两国边境军队甚至爆发对峙和冲突。2013年，国际法院再次确认柏威夏寺属于柬埔寨，并表示"柏威夏寺周围的土地"属于柬埔寨领土。但是，此次裁决以及1962年的裁决均未明确界定这块土地的范围，仅解释为"依照自然地形、独立存在的柏威夏寺所在山崖"。泰柬两国关注的柏威夏寺周边4.6平方千米的争议地区仍有待于两国通过协商进一步解决。

裁军委员会。为了处理裁军问题，联合国设立了很多与裁军有关的机构。1946年1月，第一届联大通过了第一项决议——设立原子能委员会。1947年2月，联合国安理会设立了常规军备委员会。1952年1月，上述两个机构合并为裁军委员会。裁军委员会同上述两个机构一样，由联合国安理会各理事国加上加拿大组成。1957年以前，该机构是联合国主要的附属裁军机构。此外，裁军委员会本身又根据联大的建议，设立了一个五国裁军小组委员会，由美、苏、英、法、加组成。这个小组委员会从1954—1957年举行秘密会议，定期向裁军委员会和联大提出报告。1957年，联大决定增加14个会员国以扩大裁军委员会的范围；次年，又将裁军委员会的范围扩大为联合国全体会员国。此后，该委员会在1960年和1965年举行过两次会议。联合国也设立过十国裁军委员会、十八国裁军委员会等机构。

九月备忘录。1958年9月，法国总理戴高乐同时给美国总统艾森豪威尔和英国首相麦克米伦写信，并提交了备忘录。该备忘录的核心内容是戴高乐的提议，即主张在世界政治和战略层面建立美、英、法三国组成的组织，由该组织制定影响世界政治和安全事务的政策，并建议启动《北大西洋公约》第12条的修订程序。该备忘录的落款日期为9月17日，但正式向美、英提交的时间要稍晚一些。围绕该备忘录的讨论，则一直持续到1962年。

腊帕茨基计划。即中欧无核武器区计划，1957年10月2日由波兰外长兼波兰驻联合国代表团团长亚当·腊帕茨基在第十二届联合国大会上提出。腊帕茨基宣称，如果联邦德国和民主德国同时在它们的领土上禁止生产、储存核武器，那么波兰也准备在其领土范围内禁止生产、储存核武器。捷克斯洛伐克代表瓦茨拉夫·达维德继而响应，表示波兰的建议如果能达成协议，捷克斯洛伐克愿意承担同样的义务。腊帕茨基和达维德的发言构成了最初的"腊帕茨基计划"，即要求在波兰、捷克斯洛伐克、民主德国和联邦德国四国领土内不生产、不存放核武器。1958年2月14日，腊帕茨基会见美国、英国、法国、苏联、民主德国、捷克斯洛伐克、比利时、丹麦及加拿大等国的外交使节，递交波兰政府关于建立中欧无核区的备忘录，重申了波兰的观点。11月4日，腊帕茨基又发表声明，对原先的建议进行修改，提出无核区计划可分为两个阶段实施。在第一阶段，禁止波兰、捷克斯洛伐克、联邦德国和民主德国在其领土上生产核武器。无核区各国要遵守不用核武器武装其军队，不建立与核武器相关的设施的承诺，同时采取适当的监督措施。在第二阶段，进行有关削减常规武器的谈判。在中欧地区实现无核化之后，无核区各国开始削减其常规武器，并且同样要采取适当的监督措施。"腊帕茨基计划"的这次修改已经扩展到常规军备的控制问题。

黎巴嫩危机。1958年5月，因时任总统夏蒙谋求连任，黎巴嫩国内发生动乱，黎巴嫩危机爆发。黎巴嫩向联合国安理会提起申诉，联合国在瑞典提案的推动下向黎巴嫩派驻了观察团。此后，7月14日的伊拉克政变彻底打乱了黎巴嫩甚至整个中东的局势。7月15日，美国应黎巴嫩之邀出兵。7月17日，英国出兵约旦。7月底，黎巴嫩举行总统选举，黎巴嫩武装部队总司令谢哈卜当选。8月21日，黎巴嫩、约旦、伊拉克、阿拉伯联合共和国和阿拉伯国家联盟等驻联合国的代表向联大提出决议案，主张阿拉伯人自己解决阿拉伯事宜，要求秘书长安排美英军队撤出黎巴嫩与约旦，以加强阿拉伯国家联盟解决地区问题的能力。该提案最后获得通过，于是黎巴嫩危机转向内部解决。9月24日，谢哈卜就任黎巴嫩总统。10月25日，美军全部撤出黎巴嫩。11月2日，英国从约旦撤军，联合国观察组随后也撤离了黎巴嫩。

莫德林委员会。1957年8月上旬，雷金纳德·莫德林被任命为英国内阁主计大臣，专司自由贸易区谈判事宜。10月，欧洲经济合作组织部长理事会在巴黎举行会议。根据该理事会的决议，一个以莫德林为主席的部长级政府间委员会被建立起来，负责自由贸易区的谈判工作，该委员会因此也被称为"莫德林委员会"。11月初，莫德林委员会举行了第一次实质性的讨论。到1958年初，由于英国立场的松动，该委员会的工作取得了一定的进展。然而1958年1月1日《罗马条约》生效后，法国的立场变得强硬，自由贸易区的谈判逐步陷入僵局。

三方会谈。本书中所涉及的三方会谈，指的是围绕戴高乐"九月备忘录"展开的美、英、法三国对话。这些对话讨论的话题包括远东、非洲、中东、拉美、北约、联合国等，级别有大使级、外长级。1959年2月5日，首次大使级三方会谈在华盛顿举行，讨论了远东（中国、印尼、老挝）问题。此后，三方会谈持续到了1960年。

十国裁军委员会。1959年，根据美英法苏四国外长的建议，设立了由五个西方国家（美国、英国、法国、加拿大、意大利）和五个苏东国家（苏联、捷克斯洛伐克、波兰、罗马尼亚、阿尔巴尼亚）组成的十国裁军委员会。新的机构将向联合国报告工作，并可以使用联合国的服务和设施。1960年3月，该委员会在日内瓦召开会议。6月，苏联等五个苏东国家退出会议。该委员会在1961年增加了八个不结盟国家的成员（巴西、缅甸、埃塞俄比亚、印度、墨西哥、尼日利亚、瑞典、阿拉伯联合共和国），变为十八国裁军委员会。

四国方案（1957年8月29日）。1957年8月29日西方四国（美、英、法、加）在五国裁军小组委员会提出的工作方案。该方案把五国有关局部裁军的各种不同的建议综合在一起，同时声称下列各项措施是不可分割的。（1）武装部队在第一年内限定为美、苏各 250 万人，英、法各 75 万人。（2）在同一时期，各国将把一致同意的具体数量、指定类型的军备存放在本国领土上的仓库内，并置于国际监督机构的监督之下。（3）随后进行第二阶段的裁减，美、苏武装部队将限制在各 210 万人，英、法限制在各 70 万人，但条件是先前的裁减经证实已遵照执行，政治问题已经获得某种进展，以及其他主要国家成为公约的缔约国。各国军队的数量还可以通过谈判进一步削减。（4）根据武装部队的水平一致商定的有关事项；并且在适当的监督下，各缔约国将根据它们在公约生效前和其后每年的军事预算，向国际监督机构提供相应的情报。（5）只要武装进攻并不使一方处于单独或集体自卫的地位，每一方国家都将承担不使用核武器的义务。（6）一切裂变物质未来的生产都将被置于国际监督之下，并限于非军事目的；裂变物质将从先前的生产中以连续增加的数量合理地用于非军事目的，包括储存在内。（7）除了为了自卫而反抗武装侵略的情况，每个国家将承诺不让出其对任何核武器的控制。（8）各缔约国将自公约生效之日起 12 月内不进行核武器爆炸，但以就建立和保持必要的监督达成协议为条件。如果这一监督制度的实行使每个有关国家都感到满意，如果在拟定停止生产军用裂变物质的监督制度方面取得进展，那么各缔约国将承诺继续在另外的 12 个月内不进行核武器爆炸。如果过了 24 个月，停止生产军用裂变物质的监督制度还没有建立，各缔约国可以恢复核试验。（9）各缔约国将建立一个研究设计监督制度的技术委员会，以保证通过外层空间所发射的物体完全是用于和平和科学目的。（10）为防止突然袭击的可能性而进行监督的地区的范围，将是西方四国 8 月 2 日所建议的地区范围。（11）将在安理会的范围内设立一个国际监督机构，它将包括一个监督委员会作为其执行机构。对于重要的决议，应由在小组委员会中有代表的各国以及可能商定的其他国家的代表来投票决定。在其他权利和职责之外，监督委员会有权研究管理指定军备进出口的制度。（12）遇有另一方国家发生危害安全的重大违约行为时，每个国家都有权终止履行自己的义务。四国方案遭到苏联的指责。经过修改的四国方案成为二十四国提案，该提案于 11 月 14 日在联大通过，成为第 1148（XII）号决议。

伊拉克事件。又称伊拉克政变、伊拉克革命。1958 年 7 月 14 日，伊拉克政变爆发，军官阿卜杜勒·卡里姆·卡塞姆领导的"自由军官组织"推翻了国王费萨尔二世的统治，费萨尔二世和首相努里·赛义德被处决。卡塞姆宣布成立伊拉克共和国。新政权成立后，对内废除封建君主制，释放政治犯，实行民主政治；对外与社会主义国家建立了友好关系。7月15日，伊拉克宣布退出《巴格达条约》，接着又退出英镑区，查封和没收了巴格达条约组织在伊拉克的弹药装备，并收回了英国在伊拉克的空军基地。

《英美原子能协定》。1958年7月3日，英美两国政府在华盛顿签署了《为共同防御目的而在使用原子能方面进行合作的协定》，该协定于8月4日生效。协定共分一般规定，情报交换，核潜艇动力装置与原料，使用信息、原料和装备的责任，条件，保障，传播，保密政策，专利，之前的合作协议，名词界定，期限等十二部分。通过该协定，英国不仅可以获得诸多保密性的核信息，而且可以购买美国的核潜艇推进装置。该协定的签署标志着美英形成了稳固的核联盟关系。

三、档案选编

（一）主题分类

1. 欧洲与北大西洋联盟

1-1 机构及整体问题

时间	主题	编号
\multicolumn{3}{c}{1-1-1 欧洲原子能共同体}
19580609	美国与欧洲原子能共同体的协议	3
19581106	欧洲原子能共同体	110
19590522	美国与欧洲原子能共同体国家的双边协议	41
19591007	卡斯滕斯谈联邦德国对欧洲原子能共同体的观点	190
\multicolumn{3}{c}{1-1-2 欧洲经济共同体}
19581031	美国对六国共同体的政策	108
19581106	杰布与戴高乐谈共同市场、"九月备忘录"	167
19581121	国务院同若克斯谈共同市场、柏林	112
\multicolumn{3}{c}{1-1-3 北约}
18581006	戴高乐同意麦克米伦与阿登纳交流"九月备忘录"	495
19581007	肖韦尔向麦克米伦递交"九月备忘录"	82
19581011	范·舍尔彭贝格谈"九月备忘录"	83
19581014	斯蒂尔谈"九月备忘录"	85
19581015	北约改组与"九月备忘录"	86
19581016	肖韦尔与劳埃德交流"九月备忘录"	88
19581021	杰布向戴高乐递交麦克米伦对"九月备忘录"的复信	91

续表

时间	主题	编号
19581025	英国媒体对"九月备忘录"的报道	92
19581028	阿登纳和若克斯围绕"九月备忘录"的交流	93
19581028	德姆维尔对杜勒斯关于"九月备忘录"的观点的指示	94
19581031	塞杜与阿登纳谈"九月备忘录"	95
19581101	阿登纳与"九月备忘录"	96
19581103	德姆维尔对三方会谈的指示	97
19581204	重审"九月备忘录"的第一次三方会谈	98
19581210	第二次三方会谈	99
19581217	德姆维尔与杜勒斯谈三方会谈的后续问题	100
19590107	阿尔方与杜勒斯谈三方会谈的后续问题	5
19590118	法国政府对三方会谈的政策	6
19590123	阿尔方向杜勒斯通报法国在三方会谈上的态度	7
19590127	戴高乐与盖茨克尔谈三方会谈、核武器、北约、苏联	169
19590228	戴高乐接见斯巴克并谈北约等问题	171
19590525	北约	28
19590716	法国与北约的关系	65
19590724	斯巴克与戴高乐关于北约问题的会谈	66
19590804	斯巴克向戴高乐提交的关于北约的备忘录	67
19590910	斯巴克谈法国与北约	69
19590930	7月16日斯巴克致戴高乐的备忘录	71
19591001	德勃雷与斯巴克谈北约以及共产主义在非洲的发展、东西方关系等问题	72
19591110	法国从北约撤出地中海舰队	74
19591119	斯巴克与赫脱、狄龙谈美国对欧洲的承诺问题	75
19591211	特文宁就北约防务的声明	76
19591217	美法关于北约防务等问题的讨论	77
19600325	梅斯梅尔与诺斯塔德关于中程弹道导弹的会谈	47

续表

时间	主题	编号
19600404	诺斯塔德关于中程弹道导弹的建议	48
19600429	盖茨关于中程弹道导弹的建议	49
19600603	斯巴克对盖茨关于中程弹道导弹的建议的看法	50
19600721	戴高乐与斯巴克谈盖茨关于在欧洲部署"北极星"导弹的建议	54
19600801	斯巴克与美国交流"北极星"导弹问题	56
19600907	盖茨关于中程弹道导弹的建议	57
19600916	盖茨关于中程弹道导弹的建议	255
19601124	狄龙向法国外交部提交美国政府对北约配置"北极星"导弹的看法	63
19601216	北约部长会议讨论长期军事计划	64
1-1-4 其他欧洲整体问题		
19601029	欧洲合作发射重型卫星	61

1-2 英国

时间	主题	编号
19580707	《英美原子能协定》	113
19581010	麦克米伦与阿登纳谈停止核试验、自由贸易区、中东等问题	163
19581028	《英美原子能协定》的执行	166
19590310	麦克米伦与德姆维尔谈柏林、北约、阿尔及利亚、法兰西共同体等问题	175
19590326	艾森豪威尔与麦克米伦的会谈	16

1-3 德国

时间	主题	编号
19590203	阿尔方与杜勒斯谈德国问题	8
19590331	美英法三国外长谈柏林问题	18
19590409	德国及柏林问题	37
19590429	即将在日内瓦同苏联进行的会谈	24

续表

时间	主题	编号
19600314	德法讨论东西方关系问题	204
19600324	肖韦尔与劳埃德谈《巴黎协定》对联邦德国的武器限制问题	46
19600706	斯特劳斯谈联邦德国国防军配备中程导弹问题	52
19600721	维诺格拉多夫递交苏联关于重新武装联邦德国的照会	53
19600726	联邦德国和中程弹道导弹	55
19601012	联邦德国对北大西洋联盟的观点	60

1-4 苏联

时间	主题	编号
19600401	戴高乐与赫鲁晓夫在朗布依埃的会谈	239

2. 美国

时间	主题	编号
19580627	美国的原子能立法	2
19580821	德姆维尔与赫脱谈中东、在法国部署中程弹道导弹、摩洛哥基地、防止突然袭击等问题	488
19581029	美国舆论对戴高乐上台的反应	107
19590331	阿尔方与赫脱谈柏林、地中海舰队、阿尔及利亚等问题	17
19590422	墨菲与若克斯谈在法国部署核武器问题	20
19590428	赫脱拜访戴高乐并谈首脑会议、德国问题、东方问题、华沙会议等问题	21
19590429	戴高乐对美国在法国建立核武库的建议的批示	23
19590501	赫脱与德勃雷谈东西方会谈、北约、非洲等问题	25
19590504	吕夫与安德森谈法国财政改革、援助经济欠发达国家等问题	26
19590522	比内与艾森豪威尔谈法国财经复兴、北约等问题	27
19590609	阿尔方与诺斯塔德谈原子弹储备和空军中队撤离问题	29
19590620	关于在法国建立核武器储备的指示	31

31

续表

时间	主题	编号
19590904	中止核试验与美国对法国的核援助	187
19590922	法美关于全球战略问题、对摩洛哥和突尼斯的军事及财政援助的磋商	70
19591127	美国对法国核计划的援助	195
19591127	有关原子能军事应用的法美谈判	493
19601001	斯巴克与德勃雷谈美国在法国部署中程导弹问题	59
19601122	戴高乐与约翰逊就国际政治问题交换意见	62

3. 非洲

时间	主题	编号
19580926	阿尔及利亚、非洲全民公决、中国、防止突然袭击	106
19581121	阿尔方与麦钱特谈北非、几内亚等问题	111
19590428	美国的北非政策	22
19590613	美国的北非政策	30

4. 中东

时间	主题	编号
19580620	阿尔方与杜勒斯谈黎巴嫩危机	1
19580628	阿尔方与朗特里谈黎巴嫩危机	4
19580705	德姆维尔与杜勒斯谈中东、印尼等问题	102
19580730	阿尔方与杜勒斯就中东问题召开首脑会议的会谈	103
19590409	美国对摩洛哥和突尼斯的政策	19

5. 亚洲

时间	主题	编号
19580918	中国、摩洛哥基地、非洲的法国领地、原子武器问题和裁减军备、塞浦路斯	105
19580924	华沙会谈	132
19590205	美英法第一次专家级会谈：印度支那	489
19590207	美英法第二次专家级会议：印度尼西亚、菲律宾	491
19590207	美英法第三次专家级会议：日本及中国的经济攻势	492
19590917	戴高乐接见德赛并谈经济计划、中印关系、老挝等问题	144
19600602	远东	153

6. 原子能与裁军

时间	主题	编号
19580709	英国媒体与政界对法国制造原子弹的关注	114
19580818	第五届禁止原子弹氢弹世界大会	115
19580821	艾森豪威尔与德姆维尔谈停止核试验问题	104
19580822	停止核试验	116
19580922	裁军	117
19581002	停止核试验	118
19581017	停止核试验	119
19581106	第十三届联合国大会及日内瓦会议前夕的裁军问题	120
19581107	联大关于裁军问题的辩论	121
19581121	停止核试验	122
19581226	葛罗米柯关于停止核试验问题和防止突然袭击问题的声明	123
19590113	关于停止核试验的日内瓦会议	32
19590129	停止核试验	33
19590306	裁军	34

续表

时间	主题	编号
19590313	关于停止核试验的日内瓦会议	35
19590320	停止核试验	36
19590411	关于停止核试验的日内瓦会议	38
19590413	关于停止核试验的日内瓦会议	39
19590430	停止核试验	40
19590707	日内瓦会议和裁军	179
19590716	在撒哈拉地区进行核爆炸试验的计划	180
19590727	佩兰关于法国核武器政策的备忘录	183
19590728	关于停止核试验的日内瓦会议	182
19590818	裁军	184
19590820	法国在非洲的核爆炸	185
19590820	关于停止核试验的日内瓦会议	186
19590923	9月17日英国的裁军方案	188
19591006	关于导弹的可能建议	189
19591019	法国在撒哈拉的核试验	191
19591023	法国核试验的核辐射	192
19591030	联大就法国的核试验问题展开辩论	193
19591124	阿尔方与基斯佳科夫斯基谈裁军问题	194
19591127	英国舆论对戴高乐关于核武器的声明的评论	196
19591221	十国委员会集会的可能时间与地点	198
19591221	十国委员会	199
19600114	法国与停止核爆炸	42
19600116	政治事务司关于裁军的设想	200
19600223	关于停止核试验的日内瓦会议	43
19600229	西方裁军方案的分歧	201
19600310	对美国裁军计划的态度	202

续表

时间	主题	编号
19600314	对裁军问题的指示	203
19600318	西方全面裁军计划	205
19600323	法国应对裁军问题的方案	207
19600328	法国应对裁军问题的方案	210
19600405	美国关于裁军方面的立场	211
19600408	停止核爆炸	44
19600408	美国关于在欧洲建立监督区的建议	212
19600411	日内瓦裁军谈判	213
19600420	裁军问题、美国裂变物质的库存	215
19600421	莫克与奥姆斯比-戈尔谈裁军问题	216
19600514	德姆维尔与赫脱谈裁军问题	219
19600518	停止核试验谈判的进展情况	45
19600521	关于重新开启裁军会议的工作	220
19600528	莫克对裁军的指示	224
19600602	苏联关于全面彻底裁军的提案	226
19600602	赫鲁晓夫就全面彻底裁军问题给戴高乐的信	227
19600603	苏联关于裁军的新提案	228
19600603	法国驻日内瓦代表团的行动	494
19600604	德姆维尔与莫克谈苏联的新裁军计划	229
19600611	戴高乐复赫鲁晓夫6月2日的来信	230
19600625	美方关于裁军的方案	234
19600626	赫鲁晓夫复戴高乐6月10日的来信	235
19600627	裁军	236
19600629	十国委员会会议中断后各国的安排	237
19600630	戴高乐复赫鲁晓夫6月26日的来信	500
19600705	在日内瓦的其余四个西方代表团如今的立场	244

续表

时间	主题	编号
19600706	北约理事会关于裁军的争论	245
19600713	法国的裁军立场及法美分歧	246
19600725	法国对美国 6 月 27 日的方案的态度	247
19600801	法国政府重新考虑对以色列的原子能项目提供援助	248
19600802	加拿大对法国裁军立场的担忧	249
19600812	戴高乐就裁军问题给赫鲁晓夫的信	251
19600815	德让与葛罗米柯关于裁军问题的交流	252
19600906	赫鲁晓夫回复戴高乐 8 月 12 日的信	253
19600914	对荷兰代表在北大西洋理事会会议上所提裁军问题的回复	254
19600916	五国裁军会议	58
19600916	9 月 12 日赫鲁晓夫关于裁军问题给戴高乐的信	256
19601021	法国裁军代表参加第一委员会	260
19601027	在第一委员会进行的裁军谈判	261
19601220	拉甘核爆炸试验	51

（二）档案目录

19580609，FD000003　德姆维尔致阿尔方电（第 6487—6491 号）

19580620，FD000001　阿尔方致德姆维尔电（第 3416—3426 号）

19580627，FD000002　阿尔方致德姆维尔电（第 3624—3628 号）

19580628，FD000004　阿尔方致德姆维尔电（第 3644—3648 号）

19580705，FD000102　德姆维尔与杜勒斯的会谈备忘录

19580707，FD000113　肖韦尔致德姆维尔电（第 2224—2228 号）

19580709，FD000114　肖韦尔致德姆维尔电（第 2258—2263 号）

19580730，FD000103　阿尔方致德姆维尔电（第 4515—4526 号）

19580818，FD000115　贝拉尔致德姆维尔电（第 533 号）

19580821，FD000104　阿尔方致外交部电（第 4922—4926 号）

19580821，FD000488	德姆维尔与赫脱的会谈备忘录	
19580822，FD000116	肖韦尔致德姆维尔电（第 2802—2806 号）	
19580918，FD000105	阿尔方致外交部电（第 5443—5453 号）	
19580922，FD000117	联合国和国际关系处备忘录	
19580924，FD000132	德罗齐耶致德姆维尔电（第 442—443 号）	
19580926，FD000106	阿尔方致德姆维尔电（第 5698—5711 号）	
19581002，FD000118	德让致德姆维尔电（第 3692—3695 号）	
19581006，FD000495	戴高乐致麦克米伦的信	
19581007，FD000082	肖韦尔致德姆维尔电（第 3240—3243 号）	
19581010，FD000163	塞杜致德姆维尔电（第 2261—2267 号）	
19581011，FD000083	塞杜致德姆维尔电（第 2268—2269 号）	
19581014，FD000085	塞杜致德姆维尔电（第 2287—2289 号）	
19581015，FD000086	戴高乐致阿登纳的信	
19581016，FD000088	肖韦尔致外交部电（第 3344—3351 号）	
19581017，FD000119	肖韦尔致德姆维尔电（第 3359—3366 号）	
19581021，FD000091	戴高乐接见杰布的备忘录	
19581025，FD000092	肖韦尔致德姆维尔电（第 3445—3447 号）	
19581028，FD000093	塞杜致德姆维尔电（第 2483—2488 号）	
19581028，FD000094	德姆维尔致阿尔方电（第 11541—11545 号）	
19581028，FD000166	肖韦尔致德姆维尔电（第 3459—3463 号）	
19581029，FD000107	阿尔方致德姆维尔电（第 6373—6377 号）	
19581031，FD000108	阿尔方致德姆维尔电（第 6445—6450 号）	
19581031，FD000095	塞杜致德姆维尔电（第 2536—2554 号）	
19581101，FD000096	塞杜致德姆维尔电（第 2563—2567 号）	
19581103，FD000097	德姆维尔致阿尔方电（第 11795—11800 号）	
19581106，FD000110	德姆维尔致阿尔方电（第 11883—11889 号）	
19581106，FD000120	联合国和国际组织司备忘录	
19581106，FD000167	部长会议主席备忘录	
19581107，FD000121	乔治-皮科致德姆维尔电（第 2013/NU 号）	
19581121，FD000111	阿尔方致德姆维尔电（第 6749—6762 号）	

19581121，FD000112	阿尔方致德姆维尔电（第6770—6773号）
19581121，FD000122	阿尔方致德姆维尔电（第6744—6748号）
19581204，FD000098	阿尔方致德姆维尔电（第6980—7007号）
19581210，FD000099	阿尔方致德姆维尔电（第7105—7120号）
19581217，FD000100	外交部备忘录
19581226，FD000123	德让致德姆维尔电（第4958—4967号）
19590107，FD000005	阿尔方致德姆维尔电（第106—114号）
19590113，FD000032	肖韦尔致德姆维尔电（第118—126号）
19590118，FD000006	德姆维尔致阿尔方电（第551—559号）
19590123，FD000007	阿尔方致德姆维尔电（第435—451号）
19590127，FD000169	欧洲司备忘录
19590129，FD000033	肖韦尔致德姆维尔电（第333—338号）
19590203，FD000008	阿尔方致德姆维尔电（第611—625号）
19590205，FD000489	美英法第一次专家级会谈
19590207，FD000491	美英法第二次专家级会议
19590207，FD000492	美英法第三次专家级会议
19590228，FD000171	共和国总统备忘录
19590306，FD000034	肖韦尔致德姆维尔电（第793—802号）
19590310，FD000175	英法在马蒂尼翁宫的会谈备忘录
19590313，FD000035	德姆维尔致法国驻华盛顿、伦敦外交代表电（第2942—2947号、第2676—2681号）
19590320，FD000036	肖韦尔致德姆维尔电（第975—986号）
19590326，FD000016	阿尔方致德姆维尔电（第1666—1673号）
19590331，FD000017	阿尔方致外交部电（第1719—1727号、第1730—1734号）
19590331，FD000018	阿尔方致外交部电（第1740—1745号）
19590409，FD000019	摩洛哥处备忘录
19590409，FD000037	德勃雷致阿登纳的信
19590411，FD000038	阿尔方致德姆维尔电（第1957—1961号）
19590413，FD000039	肖韦尔致德姆维尔电（第1229—1236号）

19590422，	FD000020	阿尔方致德姆维尔电（第 2143—2144 号）
19590428，	FD000021	赫脱拜访戴高乐的报告
19590428，	FD000022	德勃雷致霍顿的信
19590429，	FD000023	戴高乐对美国在法建立核武库建议的批示
19590429，	FD000024	赫脱与德姆维尔的会谈备忘录
19590430，	FD000040	肖韦尔致德姆维尔电（第 1561—1566 号）
19590501，	FD000025	法美会谈的报告
19590504，	FD000026	阿尔方致德姆维尔电（第 2328—2335 号）
19590522，	FD000027	阿尔方致德姆维尔电（第 2632—2636 号）
19590522，	FD000041	阿尔方致德姆维尔电（第 2620—2631 号）
19590525，	FD000028	戴高乐致艾森豪威尔的信
19590609，	FD000029	阿尔方致德姆维尔电（第 2808—2812 号）
19590613，	FD000030	德勃雷与霍顿的会谈备忘录
19590620，	FD000031	德姆维尔致驻外使节通电（第 82 号）
19590707，	FD000179	欧洲司备忘录
19590716，	FD000065	斯巴克致戴高乐的备忘录
19590716，	FD000180	德姆维尔致法国驻埃塞俄比亚、苏丹、几内亚、利比亚外交代表电
19590724，	FD000066	德勒斯致德罗斯的信
19590727，	FD000183	佩兰关于法国核武器政策的备忘录
19590728，	FD000182	肖韦尔致德姆维尔电（第 2294—2298 号）
19590804，	FD000067	德勒斯致德罗斯的信
19590818，	FD000184	肖韦尔致德姆维尔电（第 2480—2490 号）
19590820，	FD000185	肖韦尔致德姆维尔电（第 2506—2513 号）
19590820，	FD000186	勒贝尔致德姆维尔（第 3748—3752 号）
19590904，	FD000187	政治事务司备忘录
19590910，	FD000069	德勒斯致德姆维尔电（第 243 号）
19590917，	FD000144	戴高乐接见德赛的备忘录
19590922，	FD000070	总秘书处备忘录
19590923，	FD000188	肖韦尔致德姆维尔电（第 2845—2853 号）

19590930, FD000071	政治事务司备忘录
19591001, FD000072	总理办公室备忘录
19591006, FD000189	联合国司备忘录
19591007, FD000190	塞杜致德姆维尔电（第2771—2774号）
19591019, FD000191	阿尔方致德姆维尔电（第4836—4843号）
19591023, FD000192	德姆维尔致帕罗迪电（第3895—3915号）
19591030, FD000193	德姆维尔致法国驻拉丁美洲外交代表通电（第118号）
19591110, FD000074	德勒斯致德姆维尔电（第291号）
19591119, FD000075	阿尔方致德姆维尔电（第5556—5557号）
19591124, FD000194	阿尔方致德姆维尔电（第5672—5677号）
19591127, FD000195	政治事务司备忘录
19591127, FD000196	肖韦尔致德姆维尔电（第1564/CQA号）
19591127, FD000493	政治事务司备忘录
19591211, FD000076	德姆维尔致阿尔方电（第14159—14162号）
19591217, FD000077	政治事务司备忘录
19591221, FD000198	德姆维尔致驻苏东五国外交代表电
19591221, FD000199	美法英加意有关裁军问题的外长会议
19600114, FD000042	政治事务司备忘录
19600116, FD000200	政治事务司备忘录
19600223, FD000043	政治事务司备忘录
19600229, FD000201	外交部备忘录
19600310, FD000202	德姆维尔致法国外交代表电
19600314, FD000203	德姆维尔致法国裁军会议代表团电（第11—12号）
19600314, FD000204	塞杜致德姆维尔电（第1070—1076号）
19600318, FD000205	德姆维尔致驻外外交代表通电（第4/DT号）
19600323, FD000207	莫克致德姆维尔的信
19600324, FD000046	肖韦尔致德姆维尔的急件（第412/PAN号）
19600325, FD000047	政治事务司备忘录
19600328, FD000210	德姆维尔致莫克的信

19600401，FD000239	戴高乐和赫鲁晓夫在朗布依埃的会谈
19600404，FD000048	肖韦尔致德姆维尔急件（第472/PAN号）
19600405，FD000211	政治事务司备忘录
19600408，FD000044	政治事务司备忘录
19600408，FD000212	政治事务司备忘录
19600411，FD000213	政治事务司备忘录
19600420，FD000215	吕塞致莫克的信
19600421，FD000216	莫克致德姆维尔电（第494—499号）
19600429，FD000049	政治事务司备忘录
19600514，FD000219	德姆维尔与赫脱的会谈备忘录
19600518，FD000045	外交部长备忘录
19600521，FD000220	政治事务司备忘录
19600528，FD000224	政治事务司备忘录
19600602，FD000153	东南亚条约组织限制性外长会议
19600602，FD000226	德让致德姆维尔电（第2198—2203号）
19600602，FD000227	赫鲁晓夫致戴高乐的信
19600603，FD000228	政治事务司备忘录
19600603，FD000050	斯巴克致美国当局的照会
19600603，FD000494	政治事务司备忘录
19600604，FD000229	政治事务司备忘录
19600611，FD000230	戴高乐致赫鲁晓夫的信
19600625，FD000234	德姆维尔致莫克电（第330—334号）
19600626，FD000235	赫鲁晓夫致戴高乐的信
19600627，FD000236	莫克致德姆维尔电（第877—886号）
19600629，FD000237	莫克致德姆维尔电（第945—953号）
19600630，FD000500	戴高乐致赫鲁晓夫的信
19600705，FD000244	十国裁军委员会法国代表团备忘录
19600706，FD000052	塞杜致德姆维尔电（第2712—2713号）
19600706，FD000245	德勒斯致德姆维尔电（第356号）
19600713，FD000246	法国常驻北约代表致德姆维尔电（第373号）

19600721，FD000053		德勃雷致戴高乐的信
19600721，FD000054		戴高乐与斯巴克的会谈备忘录
19600725，FD000247		政治事务司备忘录
19600726，FD000055		政治事务司备忘录
19600801，FD000056		法国常驻北约代表团备忘录
19600801，FD000248		外交部致以色列大使馆照会
19600802，FD000249		外交部致加拿大驻巴黎大使馆照会
19600812，FD000251		戴高乐致赫鲁晓夫的信
19600815，FD000252		德让致德姆维尔电（第3234—3238号）
19600907，FD000057		政治事务司备忘录
19600906，FD000253		赫鲁晓夫致戴高乐的信
19600914，FD000254		公约处致法国驻北大西洋理事会代表备忘录
19600916，FD000058		法国驻北大西洋理事会代表备忘录
19600916，FD000255		阿尔方致德姆维尔电（第4461—4469号）
19600916，FD000256		政治事务司备忘录
19601001，FD000059		斯巴克拜访德勃雷的报告
19601012，FD000060		德勒斯致德姆维尔电（第491—492号）
19601021，FD000260		政治事务司备忘录
19601027，FD000261		政治事务司备忘录
19601029，FD000061		德勃雷和桑尼克罗夫特会谈的报告
19601122，FD000062		戴高乐和约翰逊会谈的报告
19601124，FD000063		外交部备忘录
19601216，FD000064		德勒斯致外交部电（第645号）
19601220，FD000051		德姆维尔致部分法国驻外机构电

（三）档案译文

19580609，FD000003

德姆维尔致阿尔方电（第6487—6491号）①

（1958年6月9日）

6月9日《纽约先驱论坛报》转载的美联社报道称，根据与欧洲原子能共同体签署的协议②，美国将对其提供援助和物资。为确保美国政府对提供的援助与物资的控制权，斯特劳斯上将会介入其中。但这有违该协议条款中的规定：控制权的行使归欧洲原子能共同体的主管部门。欧洲原子能共同体委员会使我们更坚信，他们所收集的情报进一步确认了美国原子能委员会主席的新立场。

对于这件事，我向您搜集的关于美国国务院和美国原子能委员会的态度的情报表示感谢。您可以提醒美方，当谈判欧洲原子能共同体协议时，一些成员国，其中包括法国，能够在协议中找到很多关于控制权的条款，这些条款是仿照《国际原子能机构规约》③和与美国的双边协议生成的。这些条款之所以最终通过，是因为跟《国际原子能机构规约》或者跟与美国的双边协议相似。后者旨在在共同体与美国的关系中，促进用美国法律规定的控制权取代欧洲原子能共同体的控制。斯特劳斯上将要求美国严格实施控制权，如果美国政府通过，那么美国与欧洲原子能共同体之间的协议将全部被共同体

---

① 文献来源：*DDF*，1958，Tome Ⅰ，pp. 744-745。

② 5月28日在布鲁塞尔、同年6月18日在华盛顿，美国与欧洲原子能共同体签署了为和平利用原子能而进行合作的协议。这份8月27日生效的协议并没有规定详细的合作内容。协议见《国际条约集（1958—1959）》，商务印书馆，1974，第211—212页。根据《法国外交文件集》原编译者的注释，欧洲原子能共同体和美国关于技术与经济合作的协议理应于6月23日签署。该协议规定至1963年，在欧洲建立容量为100万千瓦的原子反应堆，双方共同制定技术标准。建造工程预计需要3.5亿美元，其中1.35亿美元由美国以长期信贷的方式提供。原子能委员会保证运行发电站所需铀元素的供应。研发专利归双方所有。研发经费由双方平摊（前五年双方各5000万美元），研发的控制权归欧洲原子能共同体所有。

③ 规约全文见世界知识出版社编《国际条约集（1956—1957）》，世界知识出版社，1962，第128—145页。

和委员会的成员国质疑。就法国而言,这可能会导致我们重新考虑为缔结合作协议而原则上授权委员会,并且协议的签署和共同体部长委员会成员国的同意有关。对于委员会来说,在与美国的谈判过程中特别坚持一点:同意该协议的条件是控制权归欧洲原子能共同体所有。

(李东旭、吕军燕译,吕军燕校)

19580620,FD000001

阿尔方致德姆维尔电(第3416—3426号)①

(1958年6月20日)

参照您编号为第6939—6942号的电报。②

6月20日下午国务卿接待了我。我向其表明我们希望同美国政府就黎巴嫩危机的进展问题恢复紧密接触。夏蒙总统前一段时间曾向我,也向英国人和美国人提出采取必要措施以实施可能的干预的请求。考虑到紧密协调我们的政策的可能性,采取干预措施是必要的。杜勒斯先生对此也甚为认同。

谈及联合国,我询问国务卿,他如何看待国际组织未来的作用。

面对黎巴嫩扑朔迷离的国内局势,国务卿也无以掩饰地表现出困惑不安。哈马舍尔德先生目前在贝鲁特。③ 很难预见在他视察该国形势后会给出何等建议。这位联合国秘书长已注意到黎巴嫩的大部分地区已处在叛军控制之下。联合国的观察员很难实地考察。美国政府方面本希望哈马舍尔德先生尽快征召更多的观察员国来完成这个任务。但是,令人担心的是秘书长表示反对,因为派出新的观察员毫无意义。原因是无论如何,他们都无法完成使命。

杜勒斯先生还补充道,他非常担心哈马舍尔德一心寻求政治解决方法。他获悉哈马舍尔德即将奔赴开罗同埃及人接触,因为他相信他同法齐先生保

---

① 文献来源:DDF,1958,Tome Ⅰ,pp.814-816。
② 6月19日,未转载。法国政府通过电报要求其代表尽快同国务卿进行一次有关黎巴嫩全部问题的会谈。适逢法国政府危机终止,法国政府希望重新同美国政府进行长期的常规性磋商。——原编译者注
③ 联合国秘书长决定于6月17日亲赴贝鲁特。他同黎巴嫩领导人举行了会谈,然后前往耶路撒冷以及开罗。之后他于24日返回贝鲁特,又从此地飞往纽约。在7月初,哈马舍尔德亲自推动发表了有关他这次旅行的报告。——原编译者注

持的绝佳关系足以达成一个可接受的协议;杜勒斯说道,尽管有纳赛尔的劝说,我们仍拒绝将自己置身于如此这般的中间人位置,纳赛尔也因此勃然大怒。这将是绥靖,必须区分侵略国和被侵略国,即使是间接的。不幸的是,完全有理由担心秘书长会尝试在黎巴嫩和阿拉伯联合共和国间扮演仲裁者的角色。

国务卿还作了补充,从法律上讲,如果黎巴嫩政府提出请求并且不违反《联合国宪章》,那么西方国家将会被充分授权介入。虽然苏联完全可能加以否决,但在回归到安理会的情况下,这种情形还是会实现的。但是他认为,事实上,世界舆论同问题的真实性严重分离——此种情况更是由于黎巴嫩人没能清楚地将其情况公之于世而造成的——并且曲解了介入的必要性。如果必须要到联合国大会上(进行投票),这将不会获得三分之二多数(的赞成)。印度将投反对票,斯堪的纳维亚国家、很多拉美国家都将投弃权票。

杜勒斯先生继续补充说:"我越是思考这个问题就越是认为,考虑到所有这些要素,还是应当避免国际干预,但我并不排除在最后一刻采取干预的可能性。"黎巴嫩人应该依靠联合国的道义支持以及美国的物资和资金,而不是依靠军事干预来恢复局势。有关于此的任何偏差都将成为纳赛尔的借口,并有损于西方的声誉。

此刻,杜勒斯先生认为他个人应该补充说,法国的军事介入将适得其反。对此,他强调了我们同以色列的密切关系以及我们在阿尔及利亚进行的镇压活动在阿拉伯世界给我们带来的问题。

了解了您发给我们驻贝鲁特大使的指示(您的第795—798号电报①,以编号第6755—6758号电报发给了华盛顿),在此问题上我仅限于完全保留法国政府的立场。我同时强调黎巴嫩政府很可能没有确定这种考虑,因为不久前它向我们提出,在极度危险时希望得到我们的支持。杜勒斯先生补充道,这个问题最终应该直接在法国和黎巴嫩之间解决。在他个人看来,他非常理

---

① 6月12日,未转载。该电报是对大使来电的回复,以指示其在黎巴嫩政府可能提出干预请求时所要采取的措施。首先,法国海军独立采取行动,可以在黎巴嫩政府的调遣下保护法国侨民及财产。一名使馆参赞听从指挥法国军队的上将的支配。法国军队因为军需原因将驻扎在波尼。在黎巴嫩政府向西方求助的情况下,法国应当及时得到通知,以便在48小时内同已经实施行动的英、美汇合。——原编译者注

解我们担心我们侨胞的生命安全以及我们在这个国家的经济和文化利益。

在涉及黎巴嫩国内局势时，我还向美国国务卿指出，我认为夏蒙先生应该尽早地公开声明不参加竞选的打算。可以组成一个临时政府来准备未来的大选。而对于谢哈卜将军，如果不冒着导致军队解体的风险，好像很难要求他现在放弃他的指挥权。杜勒斯先生对于该方案并没有表示反对。但是他指出美国政府从自身角度会继续对夏蒙总统保持信任，不会给他明确的建议。

有关达成的要完成的事项，美国驻贝鲁特大使得到的指示仅限于建议总统尝试尽快地平息叛乱，并承诺提供因此所需的所有物资帮助。目前，美国并没有有关黎巴嫩未来政治动向的其他观点。

会谈结束时，杜勒斯先生告诉我他对当地局势没有任何改善的迹象非常担忧。他很担心哈马舍尔德先生的举措，并且已经要求卡伯特·洛奇于6月22日星期日下午来纽约同他就该问题进行商谈。

马利克先生目前在华盛顿，并没有请求见国务卿，但是在今天同朗特里先生举行了会谈。朗特里先生明天应该会与黎巴嫩外长见面。

（沈练斌译、校）

19580627，FD000002

阿尔方致德姆维尔电（第3624—3628号）[①]

（1958年6月27日）

参阅我的第3485号[②]、第3521号[③]和第3542号[④]电报。

这几天我在国务院、五角大楼以及原子能委员会进行了一些会谈。会谈

[①] 文献来源：*DDF*，1958，Tome Ⅰ，pp. 843—844。
[②] 6月24日发自华盛顿的第3485—3489号电报（未保留），其中详尽叙述了大使拜访了旨在推动修改1954年《原子能法》的相关立法活动的美国参议院议长。美国国务院对若干修正案表示反对，特别是对于将原子武器的非核部分的交付纳入原子武器发展的实质性进展的修正案。——原编译者注
[③] 6月25日的第3521—3527号电报（未保留），其中汇报了大使拜访了赫脱先生，向其通报了法国政府对于美国参议院采纳有关《原子能法》的修正案的担忧，以及对于把在新立法中加入的"实质性进展"字样进行限制性解释作为用于原子武器生产的产品转移条件或信息通报条件的担忧。——原编译者注
[④] 6月26日的第3542—3544号电报，未转载，其中详尽叙述了大使先生对美国国会原子能联席委员会主席的拜访。大使向其通报了法国对于新的原子能立法争论的担忧。主席一再向大使保证，新的立法应该是很具有灵活性的。——原编译者注

涉及了一些令我们担心的问题，与新的美国原子能立法的后果有关。经过总结，我的对话者强调了以下几点：

1. 自然，新的立法可能目前对法国不是那么有利，而该立法对英国却并非如此。但是我们不能不注意到，该立法构成了美国国会和行政发展的一个重要阶段，而过去一直是缓慢和艰难的。虽然英国人和美国人在上一次世界大战中紧密合作，但在战后，通过极为严格的立法，在原子能合作领域中英国同美国已经处在完全分离的状态。然而1954年的《原子能法》第一次放宽了限制，仅三年后，1957年底，行政部门和国会开始进行旨在允许美国同其盟国间进行有军事特征的原子能合作的立法举措的研究。刚刚出现的变化在两至三年前是不可想象的。另外，所有的迹象都表明，这个国家现在正朝着一个无法改变的方向前进。

2. 在提高盟国间协作效率、保护美国的秘密以及不破坏有可能的裁军谈判进程的三重考虑下，行政方面设想了一些可以用来限制可从新立法中受益的国家的数量的条件。国会要求将这些条件纳入法律。但是行政方面打算保留操作上的自由，并不接受这样的观点。结果是条件中最为严格的部分仅被记录在新法的准备工作中，而行政部门的裁量权得以保留。

我还听说，对于这样令人放心的考虑，还补充了一个简单的事实，即为合作设立一些条件，而明确定义这些条件很有必要。关于这一内容的讨论由来已久，而且会持续更长的时间。因为越是分析文本，就越是觉得好像出现了包括在初次的接触中很多没有察觉到的可能性。有关该内容，我已经被提示了若干次。两年前，由于1954年《原子能法》的弹性解释，英国已经获得了有关核潜艇的情报，而在该时期立法者的思想中，这样的一种可能性已经被排除了。

3. 我的对话者向我提出，有关涉及我们这一方的对于原子武器生产的法美合作的首要条件将是我们自己在该领域能够取得的进步。但他们也指出，政府对其裁量权的使用以及国会对新法案条款的解释，同样要经过一般的和政治上的其他考量来确定。对于此，还要依赖美国对于法国国家政体的稳定性和其在联盟中发挥首要作用的能力所希望形成的信任。

（沈练斌译、校）

19580628，FD000004

阿尔方致德姆维尔电（第3644—3648号）①

（1958年6月28日）

负责中东事务的助理国务卿要求大使馆公使6月28日下午早时与他会晤，就黎巴嫩的政治局面进行商谈。

如同杜勒斯昨天对我讲的（我的第3634—3636号电报②），朗特里认为必须要通过政治手段走出现在的困境。夏蒙总统说过很多次——尤其对西方国家的大使——他不打算连任总统，因为这有违宪法条令。但是他从来没有对外宣布过他的打算，因此必须清楚现在这个微妙的局面。

朗特里已经向我的同僚朗读了今天杜勒斯发给麦克林托克③的电报。他要求美国驻黎巴嫩大使尽早向黎巴嫩总统传达，美国政府非常重视了解夏蒙希望哪位候选人在他任期结束后能当选总统。但这不是干涉黎巴嫩内政，只是一个未来可能有价值的情报。夏蒙给出的情报将会是非常机密的。

这个文本已经被英国人证实了。美国国务院信任驻贝鲁特大使关于干预形式的意见。干预方式将由三位大使完成，以三位单独完成或者一位代表另外两位的名义的方式进行。我方非常希望我们能在此次行动上进行联合，而且希望该行动在周一完成。麦克米伦明天在巴黎与总理的会晤④中可能会谈及此事。

朗特里趁此机会明确表示夏蒙可能不会承认选举，而是直接指定一位继

---

① 文献来源：*DDF*，1958，Tome I，pp.850-851。
② 6月27日，未转载。通过此电报，法国大使汇报了他当天与国务卿的会晤情况。美国国务卿再次向他表示，美国政府希望运用政治手段解决问题，以及美国绝不承认像是埃及胜利了和苏联间接胜利了的方案。对于大使的提问，美国国务卿回答说他不赞成夏蒙继续掌权，这再次更改了他一周前的回答以及对美国驻贝鲁特大使的指示。此外，美国国务卿指出他相信联合国秘书长在开罗的任务将缓和叙埃有关黎巴嫩的紧张局势。大使也认为杜勒斯将对我们提议的候选人感兴趣，该候选人有可能在黎巴嫩获得一致同意，而不必成为纳赛尔的工具。——原编译者注
③ 法文拼写为Mac Clintock，有误，应为McClintock。麦克林托克此时为美国驻黎巴嫩大使。人物信息见，*FRUS*，1958-1960，Vol.11，Lebanon and Jordan，List of Persons。
④ 麦克米伦与戴高乐的会谈情况，见*DDF*，1958，Tome I，第459号文件（第1部分）。另见［英］哈罗德·麦克米伦：《麦克米伦回忆录（四）：乘风破浪》，第443—445页；［法］夏尔·戴高乐：《希望回忆录》，第166页。

承人。在这种情况下，三大势力必须重新联合。但通过间接方式至少可以辨识总统的真实意图以及他的真实想法，尤其是关于谢哈卜将军的想法。

朗特里最后补充道，为了满足夏蒙的要求，他想了解黎巴嫩总统竞选人的名字（见昨日我的第 3634—3636 号电报），一场调查已经在贝鲁特进行。麦克林托克已经建议了三位候选人：前总统阿尔弗雷德·纳卡什以及萨利姆·拉胡德和雷蒙·埃德。

没有哪位候选人完全取得政府的满意。

如果您同意此次行动的主要内容，请尽快让我知晓，我将对此表示感谢。

（李东旭、吕军燕译，吕军燕校）

19580705，FD000102
德姆维尔与杜勒斯的会谈备忘录[①]
（1958 年 7 月 5 日）

顾夫·德姆维尔先生、若克斯先生、阿尔方先生、塞比约先生、拉卢瓦先生、德博马歇先生；

福斯特·杜勒斯先生、艾默里·霍顿先生、埃尔布里克先生、莱昂先生、伯丁先生、法利先生、塔特希尔先生、卢拉姆先生、基德尔先生。

一、中东

1. 黎巴嫩

顾夫·德姆维尔先生指出，今早在马蒂尼翁宫的会谈已经显示出法国和美国就黎巴嫩问题的观点没有任何出入。

福斯特·杜勒斯先生认为，双方可能在针对处理夏蒙继任者问题的最优进程的构想上还是存在一些分歧。

[①] 文献来源：*DDF*, 1958, Tome II, pp. 30-32。美方记录分散各处：（1）东西方关系问题，*FRUS*, 1958-1960, Vol. 7, Part 2, Western Europe, pp. 67-69；（2）印尼问题，*FRUS*, 1958-1960, Vol. 17, Indonesia, pp. 236-237；（3）中东问题，*CUSSDCF*, France, Foreign Affairs, 1955-1959, Reel 8, pp. 835-836；（4）北非问题，*CUSSDCF*, France, Foreign Affairs, 1955-1959, Reel 8, pp. 878-879；（5）中国问题，*FRUS*, 1958-1960, Vol. 19, China, p. 30；（6）航空协定问题，*Dulles-Herter Papers*, *The Chronological Correspondence Series*, Reel 12, p. 714。美国国务院档案中也有上述（1）—（4）会谈的未整理记录，见 *CUSSDCF*, France, Foreign Affairs, 1955-1959, Reel 8, pp. 862-873。

美方认为应为夏蒙找到一个可以被接受的继任者。法方则认为问题的重点在于夏蒙应公开宣布他不再试图连任。

顾夫·德姆维尔先生指出，不仅对于夏蒙来说他已不可能连任，而且他的继任者也不能公然成为夏蒙唯一指定的候选人。

和夏蒙来自同一阵营的人将不会被接受。我们需要与一个反对夏蒙的黎巴嫩政党进行协作。这个"反对"有双重含义。一方面，他们得是一群政治上的温和派，是黎巴嫩独立的信奉者和捍卫者，同时也信任和西方的关系，但是要反对夏蒙——比如可以是马龙派主教。另一方面，纳赛尔赢得了一些简单纯粹的优势因素。在夏蒙的继任者这件事上，最重要的是战术问题。很显然，我们的大使们并不应该参与到黎巴嫩内部的政治阴谋中去。但他们可以有效地给出意见。

福斯特·杜勒斯先生说美国政府现在最大的疑虑在于谢哈卜将军。他很有可能成为纳赛尔（选定）的候选人。无论如何，这些均是美国国务院从半个月前埃及的提议中得出的结论。

福斯特·杜勒斯先生指出，法国政府最初认为谢哈卜将军是一个可行的候选人。但是由于他企图变得过分精明，他的地位有所下滑。

2. 埃及

福斯特·杜勒斯先生说，在他眼中，纳赛尔的泛阿拉伯主义就等同于希特勒和纳粹的泛日耳曼主义。纳赛尔已欲对外扩张。另外，他提出的口号也迫使他不断追求新的成功。对于他来说，停下来巩固自己的地位或者王朝的地位已经是不可能的了。在叙利亚，他还没有获得一次完全的成功。因此，他需要转移人们对几乎可以称之为失败的局面的注意力。如果我们可以在黎巴嫩阻止他，那么我们也许还可能挫败他的所有行动。

顾夫·德姆维尔先生将法国和埃及的谈判定位为"目前来看还悬而未决且尚未重启的状态"。① 就这一点，我们与英国方面进行了密切而持续的接触。

---

① 这些谈判最初是在日内瓦进行的，主要涉及法国在埃及的财产和利益，此时已暂停。恢复后的谈判导致在8月22日于苏黎世签署了一项协定，全称为《阿拉伯联合共和国政府和法兰西共和国政府关于恢复文化、经济和财政关系的总协定》。协定规定两国政府愿意解决因苏伊士运河危机所产生的问题，恢复两国间文化、经济和财政关系。对于阿拉伯联合共和国而言，该协定仅仅适用于埃及领土。《国际条约集（1958—1959）》，第302—304页。

如果这次谈判最终能顺利进行,那么该谈判终将促使两国建立外交关系。

3. 苏丹

顾夫·德姆维尔先生就苏丹问题①询问了福斯特·杜勒斯先生的意见。

福斯特·杜勒斯先生指出,如果苏丹政府可靠且能够抵抗纳赛尔方面的压力,他们还是会拒绝美国方面的援助。

顾夫·德姆维尔先生询问了原因。

福斯特·杜勒斯先生回答说,这也许是一起借助埃及或者苏联资金的腐败案件。

4. 利比亚

福斯特·杜勒斯先生指出,在他眼中,利比亚是一个弱点。

顾夫·德姆维尔先生表示赞同。

5. 伊拉克和约旦

顾夫·德姆维尔先生就伊拉克和约旦问题询问了福斯特·杜勒斯先生的意见。

福斯特·杜勒斯先生答道,约旦也是一个弱点。

在伊拉克,只要外部援助充足,情况还是可以维持下去的。美国愿意承担约旦方面的财政亏损以便减轻伊拉克方面的负担。

目前,伊拉克政府非常希望将科威特纳入伊拉克-约旦联邦。这种同盟应该会给联邦带来一些使其可以维持下去的资源。英国政府不会为科威特加入该同盟设置障碍,但显然,为降低酋长②对该计划的反对程度,英国政府也不会作更多其他的努力。

就巴林问题而言,伊朗政府对于巴林酋长访问伦敦已经非常不满。波斯沙阿(le Shah)③个人对此也表示愤慨。

6. 在沙特阿拉伯,沙特国王已经完全陷入困境之中。情况相当令人不安。

---

① 埃及和苏丹之间就哈莱布边境地区发生了争端。开罗声称拥有主权,埃及军队于2月进入该地区。苏丹常驻联合国代表向秘书长递交了一份照会,要求立即召开安理会会议,以便安理会进行斡旋。

② 指科威特酋长。

③ 即沙特的本·阿卜杜勒-阿齐兹国王,1953年即位国王兼首相。1958年3月22日,王室会议决定,沙特国王必须将权力交给王储费萨尔亲王,以解决严重的经济危机。

顾夫·德姆维尔先生询问我们是否可以信任费萨尔国王。福斯特·杜勒斯先生认为可以相信，但是必须要承认的是，这个国家已经完全被埃及所影响。国王认为只有在沙漠中接见西方代表，且不带任何随从，才能和西方代表进行秘密会谈。费萨尔埃米尔已经被认为是反美的。真相也许并非如此。他在美国有资金，但显然在埃及也有。

顾夫·德姆维尔先生指出，像是阿拉伯世界所有其他重要人物一样，他在贝鲁特也有资金，这就为各方面都感兴趣的黎巴嫩独立问题构成了一个相当好的保障。

二、印度尼西亚

福斯特·杜勒斯先生指出，印度尼西亚的局势以一些自发的暴动为特点，这些暴动因军队内部某些成员反对苏加诺而起，因为苏加诺让他的政府一点点转向共产主义。在苏门答腊，暴乱者拥有足够支持抵抗运动的弹药和武器供给，然而，他们的行动还是被挫败了。不过暴乱者还没有完全放弃希望，他们撤到热带丛林，以便在那里开展一些游击战。因此，针对苏加诺的武装起义行动势必尚未结束。在苏拉威西岛，战斗的愿望更为强烈，苏加诺的反对者拥有更大的支持，甚至他们还得到外部力量的支持，特别是源自海外的空中力量的支持。空中力量很重要，因为在苏门答腊，能够拥有空中军事力量对于苏加诺来说是一个决定性的优势。

三周前，在华盛顿，我们已经得出结论：如果海外支持力度不够，那么起义活动终将失败。

我们认为，让苏加诺政府有机会远离共产主义化的趋势将会是一个明智之举，因为我们一直坚信，苏加诺政策方针的矫正将会终结这些起义活动。军队高官们事实上都是非常反对共产主义的。我们已经获得了保证，印度尼西亚内阁将进行重组，重组后的内阁将会倾向于右派。然而，这个保证并没有被付诸实施。因此，美国大使才接到会见苏加诺的指令，并跟他明确表示，如果他和他的政府的政策无法脱离共产主义倾向，那么美国政府将不可能去对抗支持反叛运动的援助力量。事实上，正是苏加诺倾向于共产主义的政策引起了东南亚国家——如泰国、菲律宾——的巨大焦虑，这些东南亚国家都迫切地希望支持一切可以阻止印尼走向共产主义的活动。

在这些条件下，要么我们可以让苏加诺和他的政府走上正轨，要么我们无法阻止某些亚洲国家支持革命的行为。

顾夫·德姆维尔先生就苏加诺和他的政策问题询问福斯特·杜勒斯先生的意见。

福斯特·杜勒斯先生认为可以将苏加诺比作纳赛尔。和埃及的国家元首一样,苏加诺想要获得"独立"。正是由于抱着这种期望,他接受了共产党的帮助。然而这样一来,他反倒变得越来越不独立,甚至丧失了自由。印尼共产党是组织性很强的政党,并且拥有数量庞大的活跃分子和宣传人员,在普选当中,很有可能会获得最多的选票。另外不要忘了,该国的经济状况实在令人担忧。

（王珏译，沈练斌校）

19580707，FD000113
肖韦尔致德姆维尔电（第2224—2228号）[①]
（1958年7月7日）

《英美原子能协定》可能于7月8日或9日公布,[②] 在就协定发表声明与公布协定期间,英国首相将在议会中表达英国民众的意见。

帕特里克·迪安今天向大使馆参赞表明了这一点,并补充说,白厅对新闻界和公众对在华盛顿签订的这一协定的欢迎表示满意。这样一来,这位英国外交部副次官如释重负。人们实际担心政府被指控为获得华盛顿的让步,而过于随意地提供关于考尔德-霍尔核电站的秘密。另外,尽管人们对美国国会的决策及其批准该协定表示满意,但根据英国的意愿,还有两点问题没有得到解决,英国官员对此没有隐瞒。

1. 一方面,正如英国外交部向我们指出的那样,协定并不包括裂变材料的供应。由于其财务方面的原因,这是一个会导致谈判变得棘手的问题。

2. 另一方面,事与愿违的是,协定也没有规定非核武器的运输问题。我的助手已向帕特里克明确美国的新法案尽管禁止交付原子武器,但除爆炸物

[①] 文献来源：*DDF*, 1958, Tome Ⅱ, pp. 40-41.
[②] 《英美原子能协定》签订于7月3日,7月8日在伦敦公布,8月4日生效。协议全文见《国际条约集（1958—1959）》,第256—264页；其简介亦见本书"名词解释"。

外，还允许交付某些机械装置。华盛顿不会对英国的理解提出异议，但在应用中会产生困难。美国倾向于绝不退步，除非证实这种交付对于英国军队既是必不可少的又是有用的。英国副次官表示，因此，预计将就此问题进行长期和持续的谈判。

关于以上两点，也许还有其他方面的对话可能在秋天重新开始。帕特里克·迪安最后指出，总而言之，考虑到真正的谈判只能很晚才进行，这种结果是非常令人满意的。在他看来，美国当局认为与英国的合作不能单方面进行的想法对谈判结果十分有利。在生产过程方面，合作肯定无法给美国带来太大的贡献，但是当涉及一些研究时，它的贡献绝不能忽略不计。

（李东旭、吕军燕译，吕军燕校）

19580709，FD000114

肖韦尔致德姆维尔电（第2258—2263号）[①]

（1958年7月9日）

参考我的第2176号电报[②]。

麦克米伦的巴黎之行、《英美协定》的签署以及戴高乐与杜勒斯的会谈，都使人们不断地将注意力集中到法国制造原子弹的问题上来。

总体而言，媒体与政界一直很关注法国制造原子弹的问题，如果我们抛开造成该问题不同立场的细微差别，戴高乐的态度相比前不久更容易让人理解和肯定。

媒体今后将关注戴高乐政府推行制造原子弹政策的坚定性，而其前任们似乎只是对采取该政策犹豫不决。人们理解这项政策的动机，并诚实地表现出来。欧洲各国不再忽视持续不断的猜疑，并且《英美协定》进一步加深了这些猜疑。《泰晤士报》也提出了这样的问题：帮助法国制造原子弹相比激起法国的不满是不是更好？《每日电讯报》给出了肯定的回答。英国核事业的反

---

① 文献来源：DDF，1958，Tome Ⅱ，pp.46-47。
② 未转载7月1日的第2176—2180号电报。关于戴高乐将军与英国首相麦克米伦的巴黎会晤，这封电报强调了英国媒体对原子武器问题的关注：理解法国的观点，但不同意该观点。——原编译者注

对者和支持者一起证明了阻止法国走英国坚持的道路的想法是不合理的,不管这条道路是好是坏。

尽管大家对此非常理解并有些许犹豫,但多方还是达成了一些共识:每个人都承认法国的愿望会给盟国带来巨大的问题。第一个将出现的问题是如果苏联巧妙地施计,特别是在日内瓦,停止核试验问题将不得不被重新提起。

自由主义和左派人士在《英美协定》的签署中发现,通过三方协议是促进核俱乐部关闭的又一理由。

最后,包括《泰晤士报》在内的很多报纸评论,美国国会承诺提供给法国的帮助远不如提供给英国的。这条评论及时地提醒我们,事情的解决方法不在英国,而是在美国。实际上,我们知道,即便英国人目前的工程说是英国自行研发的,也有很多是源于美国的技术,说是自行研发只是为了掩盖这是美国的核机密。

英国政府作为旁观者参与了其中的一部分。

(李东旭、吕军燕译,吕军燕校)

19580730,FD000103

阿尔方致德姆维尔电(第4515—4526号)[①]

(1958年7月30日)

当地时间7月30日17时30分,我被国务卿接见。

根据阁下和外交部秘书长通过电话给我传达的指令,我向杜勒斯先生指出,我们十分感谢艾森豪威尔总统在必要的情况下考虑出访欧洲的可能性。尽管这一点十分重要,但现在来看也不是主要问题。在我们看来,必须被废除的是安理会的首脑会议方针。

这是一场法国总理完全没有兴趣参加的公开性辩论。但是,抛开这些基础性辩论不谈,我们认为一次真正意义上的首脑会议对于就中东问题提出一些暂时性的解决办法仍然是有必要的。

美国政府坚持给这件事披上联合国的外衣,考虑到美国政府的担忧,请

[①] 文献来源:*DDF*, 1958, Tome II, pp.190-193。

允许我以我个人的名义提出如下建议：

A. 安理会会议可以在常任理事国范围内进行。每个与会国家就在欧洲举行峰会的成员构成和日期提出意见。

B. 之后，举行由各政府成员参加的峰会。

C. 如果会议能够达成某项协定，在必要时该协定将被提交给安理会并由安理会审议。

福斯特·杜勒斯先生回答我说，他对美国或者英国能够接受这些步骤持怀疑态度。

周末，在他和英国首相在伦敦①举行的会谈中，他已经了解到麦克米伦先生和赛尔温·劳埃德先生希望能够尽快找到针对约旦问题的解决办法。在约旦，英国军队正处于一种不安全的状态。美国政府已经接到迫切要求美国向约旦派兵的吁请。目前来看，这是不可能的。但是英国方面担心约旦河西岸地区被纳赛尔驱赶的巴勒斯坦难民会继续向阿曼移动并且最终推翻国王的统治。

因此，必须要尽快行动。英国方面认为局限于常任理事国范围内的安理会会议无法找到解决办法。赫鲁晓夫先生必须以个人身份参加，同时他必须作出承诺，以确保之后英国可以撤离。

至于美国方面，如果在安理会中美国觉得自己被诉侵略，它希望能够通过列举不同的例子来提出颠覆性和间接打击的问题进行迅速反击。因此，想要将问题分开处理，或者在安理会只讨论黎巴嫩和约旦问题几乎是不可能的。各个问题需要作为一个整体仔细进行研究，并应该立刻着手进行。另外，我们必须为了我们自己的利益而以这样的方式让人们揭露苏联和阿拉伯联合共和国在阿尔及利亚进行间接侵略的事实，美国国务院对此有越来越确凿的证据。

美国和英国支持在安理会进行辩论并希望获得：

1. 黎巴嫩和约旦问题的解决方法。

2. 所有成员国就一致谴责间接侵略和用武力推翻政权的行为达成共识。

3. 承诺着手进行针对中东所有国家的经济援助计划，以拯救生活在恐惧与不安的环境下的该地区人民。最后这一项可以被推广到一项国际性的技术

---

① 他在伦敦参加了北约理事会的会议。——原编译者注

会议当中，以保证该计划的实施。

我提醒福斯特·杜勒斯先生，他刚刚跟我阐述的内容并没有将7月25日赫脱先生在我们的会谈（见第4422—4429号电报①）中提出的差异考虑进去。安理会会议成了唯一的会议，会议仅有一个无足轻重的例外：为中东经济发展问题准备的技术人员会议。因此我们的立场分歧很大。

我还补充说明道：如果我们建议的特别会议可以召开，安理会将能够更好地完成它被赋予的任务。如果我们希望的话，可以让安理会来负责那些紧急问题，将更深层次问题留给之后举行的峰会解决。福斯特·杜勒斯先生并不认为在这一点上能与我们达成共识。事实上，就像他在我们先前的会谈中已经提及的那样，他反对设立这样一个会议，他认为这是无法解决问题的。他认为，在安理会上不会出现这样的问题。他希望能够严格遵守《联合国宪章》第31条②的规定。安理会应该将成员国限制在目前的11个国家，另外加上两个特殊国家——黎巴嫩和约旦，因为它们的利益已经被触及。

从个人角度出发，他可能认为印度的参与是有益的，并且希望了解尼赫鲁先生的观点。但是，印度只能说在这件事上有特殊利益。应当遵循一个严格的规则……在艾森豪威尔总统在场时，他向范范尼先生表达了看法③。意大利总理已经同意并且放弃了参加会议的要求。另外，还有一个先例：在安理会辩论的最后……④针对苏伊士运河的问题。虽然每个海上力量都说自己的利益受到了影响，但最终参加者的数量还是有限的。

福斯特·杜勒斯先生因此问我，法国政府如此反对在安理会的辩论的深层次原因是什么。我回答他，我们认为这样的辩论完全不可能产生任何结果，但是如果举行一次特别会议，至少存在解决某些问题的机会。我问国务卿他

---

① 7月25日，未转载。在他所提到的他会见美国副国务卿期间，大使重申了法国方面对于峰会的反对。法国人希望能够召开一次针对中东问题的特别峰会。美国人则坚持他们先前对会议的构想，但是会议内容可以扩展到中东问题。此外，该会议应该将联合国排除在外吗？大使强调，已经确定的安理会会议和峰会的区别事实上将不会被遵守。——原编译者注

② 根据该条款规定，在安全理事会提出之任何问题，经其认为对于非安全理事会理事国之联合国任何会员国之利益有特别关系时，该会员国得参加讨论，但无投票权。世界知识出版社编《国际条约集（1945—1947）》，世界知识出版社，1959，第43页。

③ 编码缺失。——原编译者注

④ 编码缺失。——原编译者注

对于斯巴克先生7月30日上午在北约理事会上提出的和解建议有什么看法。他回答我说，北约秘书长的观点在他看来并不能被接受——因为我们不可能像他之前跟我解释的那样分解问题。就美国而言，它不会离开黎巴嫩，除非它从赫鲁晓夫先生那里得到一份声明，这份声明将是问题解决的开端，也将谴责关于谋杀和侵略的呼吁，特别是开罗电台发出的呼吁。

美国的照会还没有完全定稿，今晚将会再次调整，在最后一次北约辩论后，照会将于格林尼治时间31日15时被送往莫斯科。

杜勒斯先生再次重申，希望法国政府能够理解这些答复和理由，同时希望法国能够参与安理会最高级别的会议。他接着说，艾森豪威尔总统在安理会会议在纽约举行这一点上并不是不可动摇的，在欧洲或在加拿大举行也可以。

我向国务卿重申了法国政府对于这样一个会议过程的明确的保留态度，在我们看来，这个会议不会产生任何重要的结果。

附件

7月30日下午，斯巴克先生在北约理事会会议上发表的和解建议①：

一、如果各方面达成共识，于8月12日在巴黎或日内瓦举行政府首脑级的安理会会议。

二、会议议题：保证黎巴嫩和约旦独立以便美国和英国军队撤军的措施。

三、与会者：安理会成员国和有意参加的国家（《联合国宪章》第31条）。

四、常任理事国下周于纽约开始此次会议的准备活动。

五、如果这次的安理会会议能够产生一个有利的结果，则10月15日在日内瓦举行针对中东问题的会议，所有有意参加的国家均可参加。该会议前，于9月末在巴黎召开四大国或五大国的会议。

（王珏译，沈练斌校）

---

① 7月20日，北约理事会审议了赫鲁晓夫关于召开中东问题首脑会议的建议。目前显示出的种种迹象表明，该建议将不会被原封不动地接受。从法国的观点来看，7月22日理事会内部的讨论是在有利的条件下进行的。代表们赞同美国答复的一般原则，以及继续执行联合国程序的必要性；但是他们或多或少地反对让高级别代表参加安理会会议的想法，更不用说政府首脑参加了，此外，他们也担心会将安理会会议变成一个真正的峰会。最后，在大会或与中东有关的会议上为联合国以外的程序提供更广泛的机会似乎是合适的。北约理事会的这些决议成为法国驻北约代表分别于7月21、22日发出的第104号和第110号电报的主题，同时也是7月21日从华盛顿发出的第4226—4235号电报的主题，这些电报均未转载。——原编译者注

19580818，FD000115

贝拉尔致德姆维尔电（第533号）①

（1958年8月18日）

1. 第五届禁止原子弹氢弹世界大会②8月15日开幕。外国参会者的人数比往届会议多很多。然而，反对大会的呼声逐年减少，取而代之的是明显的亲共倾向。

2. 由于与日本政府关系不好，中国大陆没有参加此次会议，不过北京给了一大笔津贴。

3. 赫鲁晓夫发出揭露盎格鲁-撒克逊人侵略中东的消息，并呼吁立即停止英美核试验。

4. 岸信介本应参加开幕会，但只是发了一封简信。

5. 三位法国人参加此次会议：特罗克梅神父，作家比涅女士，巴黎大学科研中心马克·勒福尔教授。卡皮唐教授出现在官方与会人员的名单上，但最终决定放弃参会。③

6. 民族解放阵线代表被评为副主席，法国代表团没有提出异议。

（李东旭、吕军燕译，吕军燕校）

19580821，FD000104

阿尔方致外交部电（第4922—4926号）④

（1958年8月21日）

艾森豪威尔总统邀请外交部长于8月21日17时前往会晤。⑤

---

① 文献来源：*DDF*，1958，Tome Ⅱ，pp. 269-270。
② 禁止原子弹氢弹世界大会由日本民间发起，1955年首次召开，此后每年一届。
③ 德姆维尔在8月10日已经给法国驻日大使发了一封电报，编号为第589号。电报是部长以个人名义发给卡皮唐教授的，其中写道："参加此次会议必然引起不便，我坚持善意地保护您免受这些不便，您实际了解政府对该问题的立场。"——原编译者注
④ 文献来源：*DDF*，1958，Tome Ⅱ，pp. 277-278。美方记录见 *FRUS*，1958-1960，Vol. 7，Part 2，Western Europe，pp. 77-79。
⑤ 顾夫·德姆维尔先生于8月19日抵达纽约，并将于次日发表针对在纽约所讨论的问题的讲话，主要针对近东问题及峰会问题。（*L'Année Politique*，1958，p. 405）。——原编译者注

艾森豪威尔总统首先提到了联合国大会特别会议上涉及的辩论，之后谈到阿尔及利亚问题，并特别强调了他对日耳曼·蒂利翁夫人的作品[1]非常感兴趣。

同时，总统先生还让顾夫·德姆维尔先生转达对戴高乐将军本人及他所从事的事业的衷心祝福。

部长先生询问总统先生将于次日发表的停止核试验的声明是否属实，福斯特·杜勒斯先生已交给他一份针对此问题的计划书（发自纽约的第1475号电报[2]）。总统先生回答，正是如此。[3] 外交部长明确表示，法国并不赞同发表类似的声明，但无论如何法国都不认为自己与该声明有关。

美国总统提到，一旦读过针对核辐射问题的日内瓦专家们的报告和联合国委员会的总结，就必须提出一个停止试验的建议。全世界在谈及此问题时都无比警惕。如果美国不回应这种期待，将会被扣上"黩武主义"的罪名。

另外，美国的声明可以使其年复一年地对局势进行审视，并使其在控制系统尚未投入使用且裁减军备无实质性进展时"重获自由"。

艾森豪威尔总统显然承认，虽然有预防措施，但是一旦接受了停止核试验的原则，再重启该试验是很困难的。他最后强调，声明保留了为了和平用途实施核爆炸的可能性。

对于总统先生来说，重要的是，要避免国际社会怀疑美国和平的初衷；另外，可以开启第一次向苏联派遣观察员的可能性。这些观察员不仅能够监督核试验的情况，同时可以对该国家的总体情况作出汇报。

艾森豪威尔先生认为苏联将会接受协商建议，因为该建议其实是为它量身定做的。艾森豪威尔先生认为，在日内瓦的苏方专家，除非有政府方面的同意，否则无法和西方达成共识。

美国总统承认，裁减军备不可能通过简单的暂停试验的方式就可以开始，

---

[1] *L'Algérie en 1957*, Éditions de Minuit, 1957, p. 128. ——原编译者注

[2] 8月21日的电报，未转载。在该电报中，大使报告8月20日晚重新拟定了关于暂停核试验的总统声明草案。修订并没有改变本质问题，但是将英国方面进行的观察考虑了进去。声明当时计划于22日或23日公开发表。另外，大使先生提到，他离开纽约前去了一趟联合国；他将在华盛顿会见艾森豪威尔总统并和他讨论关于这份声明的发表问题；但他补充道，没有任何前景显示美国人在此问题上将改变态度。——原编译者注

[3] 参见19580822，FD000116注释。

应在控制裂变材料的生产和减少核武器库存方面持续努力。①

(王珏译，沈练斌校)

19580821，FD000488
德姆维尔与赫脱的会谈备忘录②
(1958年8月21日)

与会人员：

美方：政治事务副国务卿赫脱、经济事务副国务卿狄龙、欧洲事务助理国务卿埃尔布里克、中东事务局主任罗克韦尔、北非问题副主任博维、法国事务办公室主任迪安·布朗；

法方：法国外交部长顾夫·德姆维尔、法国驻美国大使阿尔方、公使衔参赞吕塞、部长办公室主任吉莱。

5时在白宫会面，在此之前进行了第一部分会谈，主要就中东问题进行交流。顾夫·德姆维尔先生指出，联合国的辩论令人满意。昨日一份意外提交的决议草案尤为引人注目。阿拉伯人似乎对这份决议③已达成共识；这是一个新事实。对于德姆维尔先生来讲，确定阿拉伯人最终作出这项决策的动机还相当困难。除了感觉被孤立的以色列人、策略失败的苏联人以及未能通过各种尝试使其决议通过的印度人，各方面似乎都很满意。

伊拉克问题并没有得到解决。巴格达电台对于西方的态度依旧很强硬，这很可能意味着该国领导人并不十分自信。我们似乎正朝着一条阿拉伯国家联盟的道路前进。这样一来，阿拉伯国家联盟就可以在很大程度上重拾威望。

顾夫·德姆维尔先生指出，石油问题仍然是主要问题。在他看来，美国国务院希望阿拉伯国家能够将它们的石油资源汇集在一起，以便参与到一个经济发展基金中去。

---

① 该电报附有早先德姆维尔拜访赫脱的报告。该报告见19580821，FD000488。
② 文献来源：*DDF*，1958，Tome Ⅱ，pp.279-281。原为19580821，FD000104的附件。该会谈备忘录的整理时间为8月22日。
③ 1958年8月21日，黎巴嫩、约旦、伊拉克、阿拉伯联合共和国和阿拉伯联盟等驻联合国的代表向联大提出议案，主张由阿拉伯人自己解决中东问题，要求秘书长应该安排美国和英国军队撤出黎巴嫩与约旦，以加强阿拉伯联盟解决地区问题的能力。此案最后获得通过。

狄龙先生在联合国发表讲话时指出，艾森豪威尔总统特别强调阿拉伯人应该要对于即将创建的组织作出自己的贡献。美国政府对石油开采地使用费并无觊觎。狄龙先生承认，阿拉伯国家一部分的份额将间接地来自它们的石油收入，然而前提条件是这些国家接受这项计划。

在之后的讨论中，主要由中东事务局主任罗克韦尔参与。已被承认的事实是阿拉伯世界将会更快地向一种联邦制度演变，而非向在纳赛尔领导下的统一整体演变。该联邦制度由一项将阿拉伯联合共和国和也门联合的协定促成。之后，该制度也可以运用在伊拉克问题上。罗克韦尔先生表示，阿拉伯联合共和国甚至有可能解体，而叙利亚会重获一些自治权。

但是，顾夫·德姆维尔先生补充道，阿拉伯人目前的诉求是哈马舍尔德先生将他们视作一个完整实体与他们交换意见，同时要求哈马舍尔德先生承认阿拉伯联盟是他们唯一的发言人。然而，联合国秘书长不太可能就此问题作出让步。

在第一部分的会谈结束后，部长指出《法埃协议》[①]签署后，法国和埃及将会恢复外交关系。在他到达纽约之后，他很希望就该问题与法齐先生进行交流。

之后，狄龙先生就《日内瓦协定》提出了几个问题。开罗方面给出的详细情况确切吗？

顾夫·德姆维尔先生给出了否定的回答，并且说明了协议的限制性条件。在回答罗克韦尔先生的一个问题时他指出，我们已经放弃了仲裁原则。只有对被冻结在英国银行的8000万英镑我们没有办法给出决定性论据。另外，直到现在还坚持这种算法的英国人期待推出一种将仲裁排除在外的套餐式算法。

会谈的第二部分于18时在赫脱先生的办公室开始。

顾夫·德姆维尔先生谈到了在法国部署中程弹道导弹的问题。部长先生强调法国政府就该问题还没有作出最终决定。在可能的情况下，法国政府希

[①] 1958年8月22日签订于苏黎世。

望能够效仿美国同英国于近期缔结的协议而签订类似的协定。① 但他认为，此问题涉及的政治问题将远远多于军事问题。

麦克布赖德先生打断他的话指出，3月21日诺斯塔德将军给埃利将军上交了一份美国的计划书，而法国政府对该项计划还未表态。

部长先生回答道，具体来说，我们希望军事层面的讨论能够暂时搁置，因为其政治方面更有决定性，并且可以在外交基础上，在巴黎或者在华盛顿对其进行讨论。

赫脱先生表示他并未见到反对意见，且就该问题美国政府已做好充分准备与我方会谈。对话应尽快——比如在华盛顿——开启。

外交部长先生之后谈到了摩洛哥基地的问题。② 就我方来说，一个月前我们已经将我方意愿告知摩洛哥方面。我们已经准备好与之就一项协定进行谈判，该协定实质上与我方6月同突尼斯所谈判的协定类似。摩洛哥方面并没有对此作出回应，但是直到目前为止，他们的反应都非常消极。此种消极反应应该主要归咎于摩洛哥国内的政治因素：贝拉弗里杰地位的不稳定，极端主义的诡计及分裂的独立党。

西班牙基地的问题是次要问题，可以确定的是，法美在基地问题上是利害一致的。③ 在该问题上，双方必须了解彼此的意愿。任何法摩、美摩的单方面谈判都有可能会导致法国或美国不得不接受的单边让步。这样一来，就正中了摩洛哥人的下怀。因此，部长先生很想知道美国方面的打算。华盛顿方面希望在摩洛哥长久地保有基地吗？

赫脱先生请博维先生回答了该问题。博维先生回忆说，驻拉巴特的法国和美国大使就此问题曾经有过接触。他强调，自从约斯特先生到达拉巴特，美国政府就希望以一种全新的精神来处理此问题。如果最终不得已达成一项

---

① 1957年7月，法军总参谋长埃利与美军参谋长联席会议主席雷福德在巴黎会晤时，提出美国是否能够援引美英3月份达成的《百慕大协定》，向法国提供中程弹道导弹。同年12月的北约首脑会议公报显示，为了加强北约的威慑力量，美国准备向其他北约国家提供中程弹道导弹。戴高乐上台后，强调在法国的核武器必须由法国控制，而美法无法就控制权达成一致。

② 参见：DDF, 1958, Tome Ⅱ, 第3号文件、第13号文件、第30号文件及注释、第39号文件及注释。

③ 关于美国在摩洛哥基地的问题，参见：DDF, 1958, Tome Ⅱ, 第9号文件、第134号文件、第138号文件、第147号文件及注释。

临时性协议，那是因为他认为目前达成一项长期性协定是不可能的。

在巴黎，杜勒斯先生重申道，我们同意美国同摩洛哥就美国基地的问题进行直接谈判。我们应该对该协议作出怎样的实际安排呢？尤其是，美国国务院希望和拉巴特方面的谈判能够更加凸显美国-摩洛哥特色。然而，直到现在，美国基地的规章在很多方面都非常法国化：例如，设备安全、给养问题等。这个问题使得美国政府感到别扭，美方认为该问题对于和摩洛哥政府进行坦诚协商是一个阻碍。博维先生能表达的一切归根结底即：目前美国希望在摩洛哥尽可能长久地驻扎下去。

吉莱先生回忆道，据美国驻拉巴特大使提供的情报显示，美国政府已经向摩洛哥政府提出希望在摩洛哥的基地可以保持三年，其隐藏意图为在此期间，有可能出台一个针对今后维护基地的调整方案。博维先生说该建议并不是美国最先想到的，而是摩洛哥方面提出的。美国政府反对对该领域的商讨，并认为一个过于精确的期限可能是危险的。顾夫·德姆维尔先生强调，事实上如果美国应该为它在摩洛哥的停留时间设置期限的话，从我们这方来讲会变得很难拒绝。因此，两国政府在此类谈判中必须相互协商。在拉巴特，双方已有过这样的谈判，在华盛顿可以继续增加为此谈判的协商。

顾夫·德姆维尔先生指出，向突尼斯提供武器的问题将于明天在各部门间讨论。他强调，自从若克斯先生访问突尼斯之后，法国向突尼斯提供武器的可能性即被开启。相关谈判将马上开始。美国从现在起急切地向突尼斯输送突尼斯所要求的所有武器，这样美国就不会损害谈判，这很有必要。

博维先生回应道，华盛顿方面同意由法国方面提供主要供给。然而，从现在起，不满足警方和两个营的军队提出的供应要求也是很难的。22日一早美国国务院将重新讨论该问题。

外交部长指出，对于突然袭击的问题，总是借着专家会议的幌子，将这方面的主动权留给苏联人，这是不妥的。西方国家也应该提出它们自己感兴趣的问题。特别是我们非常期待建立一个专门讨论停止生产用于军事目的的可裂变材料问题的委员会。赫脱先生总体上对此表示赞同。然而，他并不确定苏联人会接受美国目前提出的于10月1日就袭击问题开启专家对话的建议。

（王珏译、沈练斌校）

19580822, FD000116

肖韦尔致德姆维尔电（第2802—2806号）[①]

（1958年8月22日）

外交部刚发给了我今晚19点发布的英方声明，声明建议就达成停止核试验的协议进行谈判。[②] 奥尼尔表示上午文本已经提交给国务院，我认为不用转达了。

助理次官指出在发布声明前不久，英国驻莫斯科大使应该将声明送交苏联外交部，以引起苏联对此事的重视并邀请苏联参加10月31日的谈判。

奥尼尔在连续五六天的美英对话中表露出两国政府对法国反应的担心。奥尼尔透露您已经与塞尔温·劳埃德和福斯特·杜勒斯进行了会谈，因此没有考虑我同事的想法。奥尼尔推断法国政府将"通达地"对待这件事。我的同事观察到谈判邀请只局限在拥有核武器的大国，他明白了法国将不会参加谈判并且因此不会签署任何条约。奥尼尔没有质疑这一猜想。

德朱尼亚克提出质疑，英国一直把取消核试验和实际裁军政策紧密关联在一起，在理论上未打破这种关联的情况下，英国却同意削弱这种关联，以至签署一个单独的核试验协议。奥尼尔答复说：

1. 这一变化一部分来源于美国的立场。

2. 这大大地促进了英美双边协议的达成，他希望协议允许英国人充分地利用美国已经取得的成果。

3. 专家们取得的成绩展示了目前在有限范围内达成一致的有利前景，但有一天这可能会发展到所谓的裁军。

（李东旭、吕军燕译，吕军燕校）

[①] 文献来源：DDF, 1958, Tome II, pp.286-287.

[②] 8月22日，美国宣布其已经做好了自10月31日起终止军事核试验的准备，条件是苏联也采取相同措施，以便就国际控制进行谈判。为缔结和实施基本军备控制条约，要建立所有国家都接受的监督体系，在其运行有效、进展令人满意的情况下，协议每年都可以续签。英国立即采取了与美国同样的立场。相反，法国宣布只要停止制造可裂变物质和建立核储备的一般条约没有达成，法国就只能坚持自己的立场和规划。Echanges de Notes entre les États Occidentaux et l'U.R.S.S et Déclarations Concernant la Convocation d'une Conférence "au Sommet", le Problème Allemand, la Sécurité Européenne, le Désarmement et le Moyen-Orient (1er juillet 1958-1er avril 1959), pp.106-107.

19580918，FD000105

阿尔方致外交部电（第5443—5453号）[1]

（1958年9月18日）

今天外交部长与国务卿在纽约进行了一段很长时间的交谈，从中总结出以下主要内容：

1. 中国

美国政府还没有最终确定可能讨论台湾问题的条件，以备华沙会谈没有取得成果。[2] 尽管如此，在杜勒斯先生看来，似乎这个问题需要通过安理会审议后提交给联合国大会。在这种情况下，美国或许会提出一项决议，谴责"以征服目的而使用武力"。台湾当局和共产党政府……都反对这样的程序，因为在它们看来（这是它们唯一的契合点），台湾问题是中国内政，不在联合国的管辖范围内。

2. 摩洛哥基地

德姆维尔先生提醒了我们劝阻华盛顿政府与摩洛哥政府进行会谈的理由，而这个会谈是关于摩洛哥接受评估原则的原则，以补偿使美军在几年内能够维持这些基地的安排。正如王储将其委托给我们驻拉巴特的大使时所说的那样，摩洛哥现任政府太过衰弱，不能作出任何决定，[3] 也无法承担这样的责任。杜勒斯先生表示他同意这个观点。在他看来，最好不要提出这个问题，不要坚持从摩洛哥人那里获得内容形式完全合法的协议，而且要满足于现状；但是，五角大楼和一些美国行政部门更多的是从法律而不是现实方面进行考

---

[1] 文献来源：*DDF*，1958，Tome Ⅱ，pp.384-388。

[2] 9月6日，周恩来总理在北京通过广播宣布，中国政府已经准备好"重新开始进行大使级的协商，旨在再一次保卫和平"。白宫6日的公告提到了这个声明，并指出美国驻华沙大使准备尽快在这座城市会见中国大使。9月11日，美国总统在一次重要的广播电视讲话中提及了大使之间即将举行的双边对话，但并不排除在失败的情况下联合国将发挥"和平影响力"。会谈将于15日在波兰首都召开。——原编译者注

[3] 关于王储给法国人"等待"的建议，详见：*DDF*，1958，Tome Ⅱ，第144号文件。对于帕罗迪先生来说，"没有发现王子当着我的面很直率地表述的情况下"，正式地考虑这样一个观点是绝对不行的。"但是在这有我们在和美国的谈判对象打交道时能够利用一下的论据"（发自拉巴特的第4633—4634号电报，9月8日，未转载）。——原编译者注

虑，它们要求启动有关这些基地的谈判。军队尤其希望收到关于延长它们占领时间的保证，以提前制定它们的防御方案。至于杜勒斯先生的观点，他自认为颇为正统，却不被这些部门所赞同。朗特里先生出席了这次会谈，并表示他希望已进行的谈判能继续，这一方面是为了确定占领这些基地的期限，另一方面是为了确定它们的战略性应用的条件。但如果在这两点上无法达成一致，国务卿主张的务实的解决方法可能会被保留。

3. 非洲的法国领地

福斯特·杜勒斯向部长询问关于非洲的部分领土的情况，以防它们在下一次全民公投中投反对票。国务卿担心这些领土如此迅速地走向独立的进程，而它们又没有管理人才，没有传统，亦没有经费来支持它们成为独立的主权国家。他同样担心放任它们，这些国家将迅速地转向共产主义。此外，杜勒斯对于我们过早地接受一些不具备被视为真正的国家的资格的地区进入联合国感到遗憾。向所有自荐的候选国敞开联合国的大门，难道不是损害了这个机构的特点和宗旨吗？第二次世界大战以来，美国遭遇了很多困难，摆脱了孤立主义，成为国际秩序和法律的捍卫者。如果之后联合国的运作有缺陷，那么美国政府的努力将是徒劳的，并且可能重回孤立主义。这就是为什么国务卿今天在联大大会讲坛上要这么说："美国作为强国，将继续维护全球秩序。在我看来，这是一个不应该被轻易搁置的优势。"

据我所知，这是杜勒斯先生第一次如此真挚地承认所犯过的错误。这也是他第一次公开指出对"自由世界"的平衡有威胁的后果。

4. 原子武器问题和裁减军备

国务卿对于即将与苏联就对暂停核武器进行监督而举行的会谈取得有利的结果并不十分乐观。他尤其不相信苏联人会接受美国人的要求，将暂停爆炸与裁减军备的进度结合起来。前天苏联代表在联合国大会上提出了一份决议，目的在于将停止试验的内容从裁减军备的整体方案中分离出去。①

---

① 苏联关于此问题备忘录的文本，见：*Echanges de Notes entre les États Occidentaux et l'U. R. S. S et Déclarations Concernant la Convocation d'une Conférence " au Sommet", le Problème Allemand, la Sécurité Européenne, le Désarmement et le Moyen-Orient* (1er juillet 1958-1er avril 1959), pp. 108-109。

关于计划召开的审议如何避免遭遇突然袭击的会议，作为对苏联最新照会①的回应，国务卿希望提议设立两个代表团，即西方代表团和苏联代表团。

德姆维尔先生提醒说，法国不会接受这样的程序，而且他觉得注明不同参与国国名是符合常规的。我们预测，"自由世界"国家和苏联阵营国家数量一致并不会存在重大弊端。外交部长建议由北大西洋理事会负责列出西方参与国的名单。这个想法被国务卿接纳了。杜勒斯先生补充道，对于美国的技术人员来说，防止突然袭击的问题非常复杂，在这方面，他也对我们的工作会取得成功表示怀疑。如果这次会议召开，将是由格伦瑟将军代表美国参加。

最后，德姆维尔先生建议西方采取主动，向苏联提出一项关于减少和控制用于军事目的的可裂变物质生产的方法的研究。国务卿似乎没有驳回这个意见，但他对莫斯科对这个方案有积极的回应表示怀疑。

外交部长强调，在这样的假设下，我们将从提议中获得战术优势，而这项提议本身就可能引发真正的核裁军。

5. 塞浦路斯

国务卿对于塞浦路斯问题的进展表示担忧。他确信英国人，尤其是英国首相，不会背离土耳其已经提出并接受的方案②。当安卡拉政府对这个解决方法表示赞同时，雅典政府却将它抛弃了。国务卿担心希腊会出现政府危机，而中间派的掌权可能使希腊脱离北约。德姆维尔先生询问是否可能再次向英国施压来避免类似的进程。杜勒斯先生认为目前这样的手段不会获得成功。

（房珂珂译，沈练斌校）

---

① 这份9月15日的照会建议在数量均等的基础上，北大西洋公约组织和华沙条约组织的成员国参加会议（美国、英国、法国、比利时、苏联、波兰、捷克斯洛伐克、罗马尼亚）。Note From the Soviet Foreign Ministry to the American Embassy Regarding Surprise Attack Negotioations, September 15, 1958, *Documents on Disarmament*, *1945-1959*, Vol. 2, pp. 1129-1131.

② 6月19日，麦克米伦先生在下议院阐述了英国针对塞浦路斯的方案，这个方案否决了极端的解决方式：土耳其主张的瓜分和希腊宣扬的自决。这个方案给了塞浦路斯内部自治，但它将使希腊和土耳其与英国一起来管理塞浦路斯。每个政府将任命一名代表与英国政府合作，并且每个团体享有处理事务的自治权。预计这种状态将持续七年，伦敦向雅典和安卡拉提议召开一个三方会议对其进行讨论。希腊政府于6月22日拒绝了英国的提议，因为它不承认土耳其是岛国政府的相关当事方；土耳其也拒绝了。8月15日，英国决定不再顾及这两方的要求，在为了取得希腊人民的支持，作了几处明显改变了方案的本意和行政方式的修改后，立即将其实施。马卡里奥斯三世大主教明确表示反对，雅典政府仍然拒绝协作实施这个方案；相反，安卡拉在8月25日接受了。——原编译者注

19580922，FD000117

联合国和国际关系处备忘录①

(1958年9月22日)

裁军

最近一次联合国大会召开之后，在裁军问题方面，法国的形势每况愈下。

在这次会议上，我们联合英国和美国提交了一份完整的裁军方案，称作"8月29日方案"②。这份文件体现了我们的基本诉求，尤其涉及对裁军的监督、普适性以及核军备裁减和常规军备裁减的对等性。该方案把停止核试验、停止生产和库存调整结合在一起。但是，对于美国人提出的关于停止试验和生产的时间问题，我们不得不作出一些轻微的让步。另外，兵员的限制问题没有得到令我们满意的解决。

1957年11月14日，该方案在联合国大会上表决通过，其中列出了我们提出的不同意见，并得到了57个国家的赞成。③

苏联人自那时起采取行动，使得联合国没有再次从整体上谈及裁军问题。他们拒绝出席现有人员组成的裁军委员会，并认为问题应该面对不同诉求，尤其是在委员会组成上西方代表应和"社会主义国家"代表均等。

莫斯科方面试图通过这些花招实现其自身意图，以便能够在落后国家，甚至在英国和美国的公众舆论中达到塑造其和平主义者形象的宣传效果。实际

---

① 文献来源：DDF，1958，Tome Ⅱ，pp. 412-413。本纪要应秘书长要求撰写。——原编译者注
② 1957年。该方案见联合国秘书处政治和安全理事会事务部裁军事务处编《联合国与裁军》，北京大学法律系译组译，商务印书馆，1972，第79—81页。
③ 根据《联合国与裁军》一书，由美国、英国、法国等提出的24国草案，是以56票赞同、9票反对、15票弃权被通过，编号为第1148（XII）号。其最核心的内容为根据8月29日西方四国方案演变而来的第一条。该条规定："促请各关系国，尤其担任裁军委员会小组委员会委员国之国家，尽速达成裁军协定，该协定生效时当规定下列各点：(a) 立即停止核武器之试验，并须迅速建立有效国际管制，包括在美国、苏联、英国、太平洋区域及其他必要地点设置备有适当科学仪器之视察站；(b) 在有效国际管制之下，停止制造充供军用之对裂质料，未来制造之对裂质料专供民用；(c) 在公允相互之基础上，并在国际监督下，实施将储存之对裂质料从军用移作民用之计划，藉以减少核武器之储存；(d) 经由适当而有保障之办法，裁减军队及军备；(e) 逐渐建立陆空公开视察制度，以防可能之偷袭；(f) 会同研究一种视察制度以确保放送物体经外国纯为和平及科学用途。"决议全文中文版，见 https://www.un.org/zh/ga/12/res/。

上，他们是在维护他们的立场，在这份方案中挑选最有利于他们的部分，即：

——停止核试验；

——无条件放弃使用核武器；

——欧洲限制区的裁军和监督。

随之，他们同意分阶段裁减兵员。

他们最后提出了一个北大西洋公约组织成员国和华沙条约组织成员国之间互不侵犯的公约，并建议取消国外的军事基地。

苏联人是这样实施他们的分散战术的：自3月起，他们要求将"禁止以军事目的利用太空"① 问题列入联合国大会第13届会议的议程，并加上了取消在别国领土上的外国军事基地的要求。5月，他们在安理会上攻击美国人，理由是一些搭载核武器的军用飞机在北极地区朝苏联方向飞行。② 美国人则建议按照8月29日的方案，在设定的北极限定区内实行空中管制。苏联人对此建议直接否决。在峰会筹备期间，莫斯科政府向西方提出了相当数量的彼此独立的议案，在东西方代表人数对等方面，他们老调重弹。

这样，西方政府就被引导参加了一个关于核试验探测研究的专家会议。鉴于此会议取得了一些积极成果，③ 英国人和美国人10月1日接受了启动停止核试验的谈判。最后，西方人和苏联人似乎同意了自11月10日起就防止突然袭击的问题进行讨论。

在小心维持的混乱状态中，面对形形色色的诉求，苏联人继续他们的图谋，提议就他们关注的重点进行审查，其目的是：

——削弱西方核武器的效率；

——撤销国外的军事基地；

——维持严格的裁军限制区，特别是在欧洲；

---

① Soviet Proposal on the Question of the Banning of the Use of Cosmic Space for Military Purposes, the Elimination of Foreign Military Bases on the Territories of Other Countries, and International Cooperation in the Study of Cosmic Space, March 15, 1958, *Documents on Disarmament*, *1945-1959*, Vol. 2, pp. 973-977.

② 实际上从4月开始，见4月18日葛罗米柯在安理会的声明，*Documents on Disarmament*, *1945-1959*, Vol. 2, pp. 985-989。

③ 日内瓦原子能专家会议8月21日闭幕，并达成了协议。Communiqué and Report of the Conference of Experts to Study the Possibility of Detecting Violations of a Possible Agreement on the Suspension of Nuclear Tests, August 21, 1958, *Documents on Disarmament*, *1945-1959*, Vol. 2, pp. 1090-1111.

——尽可能忽略常规武器裁减问题，以便从根本上赶上西方的部署，同时削弱其威慑力。

在程序方面，莫斯科政府坚定地维持其东西方国家代表数量对等的立场。

如果说8月29日的方案没能令我们完全满意，但也保住了我们所坚持的原则。现在看起来似乎主要是美国人的行动受到了破坏。

很快就要在联合国大会上进行关于裁军问题的辩论了。我们最好和我们的盟友在预备性会谈中找出过去的一年里在共同防御问题方面究竟彼此的距离有多远，并向他们论证面对苏联的手段，建立统一战线的利益所在。

（吕军燕译、校）

19580924，FD000132

德罗齐耶致德姆维尔电（第442—443号）[①]

（1958年9月24日）

波兰媒体今天上午公布了新华社驻华沙分社的一则快讯。

在我看来，此文中的某些段落可能对我司有帮助，因为他们收集的信息来自中美会谈中的中国代表团。[②]

我在此附上所提到的段落：

"尽管世界对中美在华沙的会谈抱有很高的期望，但大量的证据表明，美国正在利用这些谈判掩盖其对中国增加的军事准备和对中国施加的压力。为了进入所谓的停火状态，美国让中国放弃自己的领土主权。"

"在会谈过程中，美国的谈判代表比姆大使根据西方一些日报的报道，提出立即停火是继续谈判的先决条件。"

"同时，杜勒斯先生在联合国及其他地方公开了他关于停火的设想，但却故意忽略了一个基本问题，即撤离在台湾地区驻扎的所有美军。"

"华沙的外交观察家认为，在美军的压力和美国武装干预中国内政的情况下，很难想象一个主权国家如何接受美国的停火建议。这些观察家指出，这种停火等同于使美国对台湾的占领合法化，并会使美国增加针对中国沿海的

[①] 文献来源：*DDF*, 1958, Tome Ⅱ, pp. 423-424。

[②] 在9月15日公开，参见19580918，FD000105注释。

军事演习。"

新华社总结道：外交观察家们认为，促成远东局势缓解最有效的因素将是根据中国外交部长的建议，让驻扎在台湾地区的所有美军撤出。[1]

（张庆、周欣宇译，李洪峰校）

19580926，FD000106

阿尔方致德姆维尔电（第 5698—5711 号）[2]

（1958 年 9 月 26 日）

9 月 26 日，顾夫·德姆维尔与福斯特·杜勒斯[3]先生进行了将近一小时的谈话。

一、阿尔及利亚

国务卿在法律方面的立场吸引了部长的注意，这个立场是国务院发言人在上一次新闻发布会上被问及关于承认阿尔及利亚伪政府的问题（我的第 5640—5641 号电报[4]）时提出的。

二、非洲全民公决

杜勒斯先生再一次表明了他对投票结果的担忧，即在下一次全民公决期

---

[1] 档案原文只列了姓 Tchang，应该指中国外交部副部长章汉夫或张闻天。但实际上，根据中国方面的资料，声明是外交部长陈毅 9 月 20 日为驳斥杜勒斯在联大关于台湾问题的发言而作出的。根据《人民日报》转的新华社华沙 24 日电，法国档案的上述引用，主要是涉及观察分析的四条美国策略："一、继续用军事和政治压力来强使中国接受它已经在公开的声明中强烈拒绝了的上述建议。这些美国建议可能以各种不同的形式和提法出现，以掩饰美国的根本目的和欺骗公众。二、坚持这些荒谬的建议以制造僵局和拖延解决，同时却利用这种长期的僵局作为借口以阻止中国采取任何决定性的步骤来保卫自己抵抗外国侵略，从美国和蒋介石集团手中解放自己的领土。三、对联合国加强压力，强迫美国的盟国支持美国的立场，以加强对中国的压力，在联合国的旗号下继续和扩大对中国内政的干涉。四、加紧在台湾海峡地区的战争活动，一方面作为在谈判期间的威胁行动，另一方面也是它的准备行动的一部分，这就是：准备在一旦它不能在会议桌上把它的意志强加于中国头上时，把自己以及支持它的立场的各盟国拖入一场同中国的大战中。"《人民日报》1958 年 9 月 25 日第 5 版。陈毅声明的全文见：世界知识出版社编《中华人民共和国对外关系文件集（1958）》（第 5 集），世界知识出版社，1959，第 170—173 页。

[2] 文献来源：DDF, 1958, Tome Ⅱ, pp. 437—440。美方记录显示，双方还谈了北约扩员问题。FRUS, 1958-1960, Vol. 7, Part 2, Western Europe, p. 84.

[3] 后者出席了第十三届联合国大会的政治辩论。——原编译者注

[4] 9 月 25 日，未转载。在这封电报中，大使报告了国务院发言人当天发表的声明，根据该声明，后者正式确认了不承认阿尔及利亚伪政府的保证。——原编译者注

间，部分非洲领土投反对票来脱离法兰西共同体。法国会承认它们的独立吗？有什么期限？德姆维尔先生回答说只有几内亚存在这个问题。毋庸置疑，一旦它们投了反对票，这样的一个领地将会立刻丧失所有的法国援助。至于法律承认的问题，不过是几个月以后的事。在非洲我们现在要面对加纳发起的一场运动，这场运动接着可能蔓延到比利时和葡萄牙的领地。杜勒斯先生还重复道，如果这些没有达到《联合国宪章》所要求的国家标准的新生国家增加了联合国成员国的数量，这个组织将不再能够承担责任，也无法解决所提交的任何国际问题。

这些重申意见明确体现出国务卿在头脑中形成的有关联合国作用的更清晰的思路。

三、中国

杜勒斯先生强调了他于9月25日发表的关于台湾问题①的讲话中的几个观点，这个讲话是对部长问题的回复，杜勒斯指出，华沙会谈没有取得进展。他不期望会谈能达成一个书面协议，因为这些观点看上去是不可调和的。美国一直坚持要从共产党中国那里得到一个放弃使用武力的声明。他们的对话者回复，如今的冲突属于中国内政问题，与第三者无关。在杜勒斯先生看来，这些交谈将深入一段时间，但会依然没有结果。

然而，由于几天前金门给养问题有所改善，如今的形势似乎不那么紧张了。给养带来的问题也是很复杂的：尽管华盛顿反对，蒋介石还是在金门集中了8万人的军力，还有将近4.5万名居民。由于现在的大气条件以及这一时期的潮汐影响，登陆变得更加困难。即使有这些不利因素，到达港口的武器装备和商品仍在有规律地增长。

此外，杜勒斯先生不相信中国共产党愿意先发起会导致中美战争的行动：他们自己提议开启华沙谈判，他们避免动用空军进攻金门，避免可能招致美军介入的报复。

无论如何，我们不能排除估计的错误。美国希望能够找到一个结束这种危险的方法。有些人提出干脆把金门和马祖交给中国共产党，并且维持台湾

---

① 国务卿在纽约的演讲中特别表示，如果苏联愿意，苏联可以推动达成一个和平章程。他补充道，真正的问题是共产主义威胁，以及现在还不应该承认北京政权。——原编译者注

的防卫。在杜勒斯看来，那样看待问题太过简单化。如果美国接受把沿岸两个岛的支配权交给毛泽东，那么蒋介石继续掌权台湾是不可能的。杜勒斯对于这样糟糕的结果毫不怀疑，而在菲律宾、日本和越南，这种相同的命运变革也可能会产生这样的后果。

美国因此应该展示它的实力。它显然并不需要西方盟国的军事支持，而是依赖它们的精神支持。美国政府抵制亚洲的共产主义者，绝不意味着它打算忘记其在欧洲为了抵御相同的威胁而所做的一切。但杜勒斯先生坚信，如果美国在金门事件中表现出软弱，那么共产主义阵营将会得出结论，未来它能够在地球上其他任意一个地点发起一场新的侵略，比如在柏林。

德姆维尔先生注意到，如今欧洲不惧怕自己被盟国美国所抛弃。欧洲所担心的是苏联的反应。莫斯科推行的伎俩不会导致一场世界大战吗？这是许多欧洲人提出的问题。杜勒斯先生回答道，了解苏联的意图是困难的。有些人相信苏联人在金门事务中帮助了中国，或者是为了将美国的软弱呈现在所有人面前，当然，这如果是在美国在这件事情上让步的情况下；或者是为了引发一场中美战争，这样将削弱社会主义世界中一个庞大合作者的实力。相反，其他人认为苏联人在追随中国人，并且惧怕被卷入一场大战。如果我们使用核武器，后果就是如此。

德姆维尔先生注意到，如果超出了一个限度，西欧的公众舆论将不会追随美国，这个限度毫无疑问就是核武器的使用。

杜勒斯先生回复道，对于这个问题，事实上存在着困难：美国军队通常配备这种武器，而且常规武器的储备已经缩减。此外，他还承认这是一种应该受到批评的形势：转型过于全面。英国的情况更为糟糕：它为了发展核武器而放弃了制造常规武器，而核武器的使用几乎必然会导致一场全面战争。

作为总结，国务卿给出了以下三点意见：

1. 他希望华沙会谈至少再持续一段时间。
2. 他希望金门给养的改善可以持续，这样可以争取更多时间。
3. 从更长远来看，他不排除暂时与中国进行妥协的方针。这些沿岸的小岛将会被"净化"，也就是说清除目前占领这些岛屿的国民党军队，他们的存在在中国共产党眼里是一种挑衅。然而，这些岛屿目前在台湾当局的控制之下。事实上两个中国政府可能会放弃使用武力来解决台湾问题，虽然还没有考虑要从他们那里得到明确的有法律意义的承诺。

杜勒斯先生不排除联合国将在制定一个暂时的妥协方案中扮演适当的角色。然而，显然他更倾向于避免这样。为了继续交换意见，国务卿将与大使馆保持紧密联系。

四、针对防止突然袭击的会议方案①

德姆维尔先生提醒道，法国政府反对以"西方专家代表团"的形式召开防止突然袭击的会议。事实上，这个代表团将由一个美国人主持，我们似乎会赞同一些政治宣传，按照这些宣传，大西洋沿岸的国家将成为美国的"卫星国"。这个问题将会在下一次国务院和大使馆的会谈中被讨论。

（房珂珂译，沈练斌校）

19581002，FD000118

德让致德姆维尔电（第3692—3695号）②
（1958年10月2日）

1. 昨天，10月1日，苏联外交部就美国9月10日关于下次停止核试验会议的照会③向美国大使馆作了苏联政府的回复。④

2. 苏联政府注意到，对苏联关于10月31日在日内瓦召开本次会议的建议，美国政府表示接受，并同意会议的日期和地点。

参考其8月30日的照会⑤，苏联政府认为，会议的主旨是达成各国最终终止核试验的协议，以及就该协议的执行进行相关的监督部署。

当前的文件明确指出，目标协议应该适应当前拥有的核武器力量。可是文件在第五段指出，"作为一个涉及全人类生命安全的问题，应立即全面终止

---

① 在整个十月，协商将在三个拥有原子弹的大国之间展开，以准备于10月31日起在日内瓦召开的相关会议。关于更多细节，见 *L'Année Politique*，1958，pp. 464-467。——原编译者注

② 文献来源：*DDF*，1958，Tome Ⅱ，pp. 460-461。

③ "Note From the American Ambassy to the Soviet Foreign Ministry: Negotiations on the Suspension of Nuclear Weapons Tests," September 10, 1958, *Documents on Disarmament*, 1945-1959, Vol. 2, pp. 1126-1127.

④ "Note From the Soviet Foreign Ministry to the American Ambassy Regarding Suspension of Nuclear Weapons Tests," October 1, 1958, *Documents on Disarmament*, 1945-1959, Vol. 2, pp. 1143-1144.

⑤ "Note From the Soviet Foreign Ministry to the American Ambassy: Negotiations on the Suspension of Nuclear Weapons Tests," August 30, 1958, *Documents on Disarmament*, 1945-1959, Vol. 2, p. 1120.

核试验"。苏联显然要依靠全世界的舆论压力在自身、美国和英国之间扩大某个所谓的协议适用范围。苏联 10 月 1 日的照会与华盛顿、伦敦的观点还存在分歧，对它们来说，停止核试验仅仅是暂时的，如有必要则会重启。

另外，苏联政府注意到，日内瓦专家会议已经证实，核试验是完全可探测的，缔结永久停止各类核试验的条约不应该再有障碍。这对苏联人来说或许是个提醒，在他们眼中，国际监督是无用的，他们原则上加入监督是要表明一个良好的姿态，他们或许会尽可能地努力减少其实际意义。

苏联政府在会期方面作出了让步，它希望尽可能简短，但也像 8 月 30 日的照会一样未作限制。① 此外，它建议会议由外交部长参加，而美国政府在其 9 月 10 日的照会中表示，它希望委任一位大使詹姆斯·沃兹沃思先生为代表团主席。

3. 事实上，赫鲁晓夫先生 8 月 30 日在《真理报》上的声明尽管令美国国务院有所猜疑，但后者 9 月 30 日批准、昨天送交的照会中没有任何影射苏联或许会重启核试验的地方。②

(吕军燕译、校)

19581006，FD000495

戴高乐致麦克米伦的信③

（1958 年 10 月 6 日）

感谢格拉德温·杰布爵士代表您向我传达的信息。我不反对在您与阿登

---

① 按照《法国外交文件集》中的注释，此为赫鲁晓夫就停止核试验问题接受《真理报》记者采访时的回答（8 月 30 日发自莫斯科的第 3206—3214 号电报和 9 月 1 日发自莫斯科的第 3232 号电报，未转载）。不过，根据《裁军问题文献》一书，采访是发生在 8 月 29 日。见 Documents on Disarmament, 1945-1959, Vol. 2, pp. 1114-1120。

② 10 月 3 日的第 3700—3702 号电报（未转载），其事实上依据苏联重启核试验（3 月 31 日启动）后莫斯科发布的官方通告（塔斯社声明），以表明苏联决定终止核试验的单纯宣传意味（参见：DDF, 1958, Tome Ⅰ, 第 247 号文件注释）。直到会议召开，磋商仍在继续，苏联人要求立即、完全停止核试验，美国和英国则希望在限定的时间内逐步停止。10 月 30 日，苏联政府再次对 10 月 20 日英美两国政府此前发送的照会作了回复。未转载的发自莫斯科的第 4096 号电报节选了苏联照会的一部分。完整的翻译参见：La Documentation Française, Articles et Documents, n°0724, 8 novembre, Textes du jour; Ministère des Affaires Étrangères, Documents sur le Désarmement, pp. 64-67。——原编译者注

③ 文献来源：De Gaulle, Lettres, Notes et Carnets, T. Ⅷ, juin 1958-décembre 1960, p.100。

纳总理的会晤中提及我向艾森豪威尔总统和您提出的关于捍卫"自由世界"的组织的观点。在我最近与总理的会谈中，我本人也提请他注意这样一个事实，即北约并未囊括北非或中东，也未囊括红海、马达加斯加、西印度群岛和圭亚那，也不囊括太平洋，在地中海也不令人满意，但所有这些地区都与法国利益攸关。此外，我向他和您本人指出，法国有部署核武器的能力和意愿。出于这些和其他原因，我认为有必要像我刚才提议的那样，将世界性的安全组织作为一个整体来处理。在这方面，绝不能质疑西德或任何西方国家对欧洲可能的防御的贡献。

（窦云婷译、校）

19581007，FD000082
肖韦尔致德姆维尔电（第3240—3243号）①
（1958年10月7日）

我刚刚把总理的信件②交给了首相。

麦克米伦先生仔细地阅读了信件，然后告诉我他所考虑的是想知道，他可以与西德总理在何种程度上着手处理一个问题的本质方面，这是一个他打算无论如何都要提及的问题，即北约问题。因为我向他介绍了向西德和意大利驻北约理事会代表所作的通报，他告诉我，他很高兴能够得到阿登纳先生的反馈。③

接着，他告诉我，他也深信世界安全不可分割的特性，并且他非常清楚地意识到北约、巴格达条约组织和东南亚条约组织碎片化部署的随意性和不足。

但是，他也对一些国家将自己封闭在其边界或区域范围内的倾向表示关切，这些国家没有充分认识到如果世界上任何其他地方的平衡被打破，会给

---

① 文献来源：*DDF*，1958，Tome Ⅱ，pp. 478-479。这份文件仅限戴高乐内阁的外交顾问博埃涅、德姆维尔、路易·若克斯阅览。

② 19581006，FD000495。

③ 大使在10月10日的第3278—3283号电报（未转载）中通知新闻司，英国首相在访问波恩期间向总理简要介绍了法国关于改革北约的备忘录。他认为他无权出示该备忘录，但对其进行了准确的分析。总理对这个"理事会"的想法表示严重关切。麦克米伦回答说，从实质上讲，戴高乐将军已经指出了由于空间覆盖不足和盟国之间缺乏协调而导致的严重而真实的危险。——原编译者注

每个国家都造成影响。

这种狭隘尤其存在于西德。西德有一种从争夺世界霸权的失败中作出总结并且只关心自己国家利益的趋势。而英国首相则抓住一切机会同这种趋势作斗争，并为了共同体的利益而调动西德的潜能。

这种迹象由来已久。我的对话者自己以前就曾向我提及过。每当涉及西德他就回到这个问题上来，于我而言好像就是表现出他对此很重视。

最后，麦克米伦先生对我说，对他来讲，目前他没有关于改革北约的方法和当下建立世界安全引以为凭的一整套手段的具体想法。总理的备忘录成了一个需要进行认真研究的主题。这一研究自身提出了一些不容易得出答案的问题。

我一直认为可以这样说，对这些问题的表述可能会有助于将研究继续进行下去。

（杨紫桐译，沈练斌校）

19581010，FD000163

塞杜致德姆维尔电（第2261—2267号）[①]

（1958年10月10日）

冯·布伦塔诺先生缺席，范·舍尔彭贝格先生和卡斯滕斯先生就麦克米伦先生在波恩的谈话汇报如下。

1. 关于停止核试验的问题

麦克米伦先生表示，他支持在与苏联的下轮会谈之前在日内瓦达成一项协议。他希望对苏联进行监督能成为推动裁军的一个范例。他认为，如果对苏联人提的条件过于苛刻，支持停止核试验的舆论压力或许将导致协议的签署条件更加不利。

他认为，引发民众恐慌的不是辐射，而是锶产生的尘埃。

阿登纳总理表现出怀疑和谨慎的态度。如果苏联人现在得到了他们希求的东西，那他们以后为什么还要作出让步？因此，至少应该确定一个停止核

---

① 文献来源：*DDF*，1958，Tome Ⅱ，pp.491-492。

试验的期限，在此期间应采取真正的核裁军措施；否则，各国将不再受到约束。另外，阿登纳先生不相信试验对平民有何危险。

在这一点上，公报似乎没有充分反映西德对不完全裁军谈判所持的保留意见。

2. 关于自由贸易区的问题

在这方面，协议更加全面。像4月在伦敦那样，①麦克米伦先生主要从政治层面强调了这一问题；如果欧洲在经济上形成对立集团，当北约出现严重的结构性问题时，就不可能通过相互理解来解决这些问题。

西德总理同意这一观点，他要求英国首相向专家施压，希望他们不要追求完美，而是寻求达成协议的可能。他对前两天在布鲁塞尔与哈尔斯坦先生的谈话以及六国为达成谅解所作的努力印象深刻。大家一致认为，在10月底的莫德林委员会会议之前，不会有进一步的政治举措。双方都表示相信法国也希望达成一致。

讨论没有涉及任何技术层面。卡斯滕斯博士补充说，与之前在欧洲经合组织中的立场相反，英国人仅仅对一体化原则表现得犹豫不决。

3. 关于中东的问题

关于约旦，麦克米伦先生表现得更加乐观。他证实了英国撤军的意愿，认为约旦国王的地位已经稳固。

范·舍尔彭贝格先生告诉勒迪克先生，根据西德驻阿曼大使的说法，因为担心发生革命时约旦会转向伊拉克，纳赛尔的宣传非常克制。

关于塞浦路斯，麦克米伦先生详细阐述了英国的政策，并补充说，英国准备放弃这个岛国，条件是那里不会建立一个可能会受到共产主义影响的混乱政权。首相在新闻发布会上又谈了其他一些看法（参见我的第2245—4E号电报②）。

总理未作表态。我将另发电报汇报其他问题。

（吕军燕译、校）

---

① 关于在此期间阿登纳总理对伦敦的访问，参见：DDF，1958，Tome I，第251号、第268号文件、第272号文件及注释、第274号、第276号文件。——原编译者注

② 10月9日的第2245号电报分析了新闻发布会的细节，该电报未被保留。——原编译者注

19581011，FD000083
　　　　塞杜致德姆维尔电（第2268—2269号）①
　　　　　　　（1958年10月11日）

　　在麦克米伦先生和西德总理的会谈②中，他们详尽地谈及了戴高乐将军的信件和北约可能发生的改组。③ 这是范·舍尔彭贝格先生在他的报告中提到的第一个问题，他补充说，他在布鲁塞尔与阁下交谈过此事。

　　他表现得很谨慎，只是表示问题提得很好并且问题也很严重，但是所提出的三方组织这一解决方案体现出的一种制度性，引起了联邦政府的保留态度。这一解决方案在他看来好像并不十分顾及西德方利益。这些利益在中东是直接性的；甚至在远东，随即而来的政策可能对西德产生影响，因为苏联无法同时应对两条前线。

　　但是，目前联邦政府考虑的是不会对法国总理产生妨碍。国务卿已经得知了意大利人的反应，④ 并且从这个方面来看，他对冒失的行为感到遗憾。

（任子晴译，沈练斌校）

---

① 文献来源：*DDF*，1958，Tome Ⅱ，pp.498-499。仅博埃涅、德姆维尔、若克斯和德库塞尔传阅。
② 麦克米伦在10月8日和9日与阿登纳举行了会谈，参见：19581007，FD000082注释；19581010，FD000163；19581014，FD000085。
③ 法国驻伦敦大使在10月1日的第3175—3178号电报（未转载）中表示，麦克米伦首相对他将于10月8日访问波恩表示关切，即西德总理是否知道法国的备忘录，或者法国政府是否认为有必要与他讨论备忘录。——原编译者注
④ 范范尼先生和帕莱夫斯基先生在10月初的会谈期间，特别提到了法国政府给艾森豪威尔先生和麦克米伦先生的信件。范范尼先生说，如果这个传闻得到证实，就会产生强烈的反对意见；巴黎所持的立场不可能被意大利政府视为是"可接受的"（10月2日发自罗马的第896—900号电报，未转载）。——原编译者注

19581014，FD000085

塞杜致德姆维尔电（第 2287—2289 号）[①]

（1958 年 10 月 14 日）

我认识克里斯托弗·斯蒂尔爵士很久了，在休完年假之后，他今天下午来看望我，作为对我访问的回访。他主动告诉我，在他看来，戴高乐将军给艾森豪威尔总统和麦克米伦先生的信件相当严重地困扰了西德总理（见我的第 2268 号电报）。在英国首相最近访问波恩期间，他能察觉到这一点。

阿登纳总理似乎尤为担心这样的泄密可能使公众获知此事，并且可能在内政方面对他产生严重干扰。

在我的英国同事看来，考虑到目前的西方部署在很多方面需要由法国总理作出评论，西德总理和英国首相已同意政治磋商可能应该更常规和更频繁。但是，可能还是应该对它们保持某些灵活性；也因此，与会者可能会因所讨论的问题而异。西德、法国甚至是英国没有必要总是参与其中。

另外，克里斯托弗·斯蒂尔爵士向我指出，他知道西德总理提出的建议，并且倾向于让斯巴克先生密切参与这一问题的研究。

（窦云婷译，沈练斌校）

19581015，FD000086

戴高乐致阿登纳的信[②]

（1958 年 10 月 15 日）

总理先生：

我仔细阅读并研究了您 10 月 10 号[③]的信，我很高兴您主动在我们之间进行直接的意见交换。

---

① 文献来源：*DDF*，1958，Tome Ⅱ，pp. 514-515。
② 文献来源：*DDF*，1958，Tome Ⅱ，pp. 517-518。该信仅限博埃涅、外交部长办公室、若克斯和德库塞尔传阅。德姆维尔 15 日曾将其转发至法国驻华盛顿、波恩、伦敦大使以及常驻北约理事会代表，供各位大使传阅。发往各机构的编号依次为：第 11066—11069 号、第 3610—3613 号、第 10233—10236 号、第 1619 号。
③ 实际上是 10 月 11 日。

您一定记得在我们的科隆贝会谈期间①谈到了北约。我对您说，这个组织——像它现在这样——很难与它的目标相适应。例如，北约的战略防区不包括东方、北非和红海，这件事似乎很难说是合理的。正如您所知，撒哈拉以南的非洲是东方阵营的政治目标，其处于为西方安全划定的区域范围之外，这件事与当下的现实是不相适应的。由于西方同盟的义务，在太平洋或印度洋突然发生的争端会加速将欧洲卷进世界性冲突，欧洲自己实际上已无法决定其命运，这件事是不可接受的。最后，在战争状态下是否运用核武器的决定——考虑到由此对欧洲所产生的所有后果——完全交由美国来作出，这件事似乎应该加以修正。

在这种情况下，在我看来，有必要像我曾经告诉您的那样，一方面，要重新考虑世界范围内的安全问题；另一方面，考虑北约特有的组织和领域已经变得很有必要。这就是鉴于美英目前以及可能的对世界的责任的范围，也出于这两个西方强国持有核武器这一原因，我以一个备忘录的形式，向艾森豪威尔总统和麦克米伦首相所表达的内容。

总之，在我看来，这就是我们可能建立起并取得成果的合作主题。一旦艾森豪威尔先生和麦克米伦先生回复了我，就我而言，我会非常希望我们两个政府之间就构建西方安全，且首要的是欧洲安全的最佳方式尽可能地深入交换意见。

（曹忠鑫译，沈练斌校）

19581016，FD000088

肖韦尔致外交部电（第 3344—3351 号）②

（1958 年 10 月 16 日）

部长和秘书长亲启。

塞尔温·劳埃德先生趁我到访之机，提及了总理的备忘录③。他问我，我

---

① 9 月 14—15 日，参见：DDF, 1958, Tome Ⅱ, 第 155 号、第 159—160 号文件；[法] 夏尔·戴高乐：《希望回忆录》，《希望回忆录》翻译组译，中国人民大学出版社，2005，第 154—159 页；[联邦德国] 阿登纳：《阿登纳回忆录（1955—1959）》（三），上海外国语学院德法语系德语组部分同志翻译，上海人民出版社，1973，第 501—516 页。

② 文献来源：DDF, 1958, Tome Ⅱ, pp. 532-533。

③ 即"九月备忘录"。

们是否预计在巴黎评估其内容，还是希望英国政府同意在华盛顿对所提出的问题进行三方审查。

我回复他说，法国政府绝对不会在外交层面或技术层面对在华盛顿进行这一系列行动有任何反对。然而，英国政府从现在开始可以就所提出的问题向我们表达英国政府的态度，或者可以要求我们澄清它认为不够明确的问题。

塞尔温·劳埃德先生随后跟我谈到了西德和意大利（主要是前者）的反应。他对我说，根据首相的密信，西德总理阿登纳先生在英国使团访问波恩的时候表现出的情绪是非常激烈的。当然，照顾好这方面的事是有好处的。正如我之前所说，总理甚至在备忘录发出之前就有机会向西德总理和意大利总理①表达他对北约改革必要性的总体看法。我的对话者回答说，这个话题在首相访问巴黎的时候也提及了；而麦克米伦先生和塞尔温·劳埃德先生本人也意识到了这个问题，他们清楚地预料到将有广泛的建议；他还回答说，阿登纳总理可能被告知的较少，无法准确地判断他听到的内容的价值。也许在今后的几天里，向波恩表达我们在巴黎已经想到的、足够应对之后发生的危机的指示是有用的。

重新回顾整个问题，我提醒塞尔温·劳埃德注意，在本月6日的信息②中，总理提出：一是构建世界安全的问题，二是欧洲可能的防御问题。这可能不是出于偶然。事实上现在已经有了一个组织，即西德也积极参与的北约，这个组织覆盖了一部分地区。现在也有另一部分地区处于其他条约的覆盖下，或者没有被条约覆盖。法国政府对所有这些被覆盖与没有被覆盖的地区都感兴趣，而不仅仅只对北约地区感兴趣。它希望两国政府一起讨论这些事情，这是很正常的，因为它对世界各地已经发生或会发生的事情有直接的兴趣。毫无疑问，如果要就某一条约所涵盖的某一地区或领土，或就北约地理上所涵盖的战区中的军事组织得出具体结论，那么这些结论将成为与对这些问题特别感兴趣的国家进行讨论的主题，这是很正常的。

我回顾说，总理本人曾多次谈到在现有的各项条约之间建立协调的可能性，甚至可能建立一个涵盖所有方面的领导机构。这是我们倡议讨论的问题

---

① 8月7日，戴高乐与范范尼会谈备忘录。见 DDF, 1958, Tome Ⅱ, 第108号文件（第1部分）。
② 关于这条信息，见 19581007, FD000082。

之一。

塞尔温先生感谢我这些非常有益的发言。他将会重新思考这件事并再与麦克米伦先生谈谈。在接下来的日子里，他必定会亲自与我谈论这件事。①

（杨紫桐、姚百慧译，姚百慧校）

19581017，FD000119

肖韦尔致德姆维尔电（第3359—3366号）②

（1958年10月17日）

参照我的第3334号电报③。

根据我和赛尔温·劳埃德先生的会谈，我特别记下了如下几点：

1. 如同我对外交大臣所说，一年期满时，如果最初提出的条件未被履行，我们怀疑英国政府可能会重启系列核试验，对方回答我说他自己在这方面没有任何想法。已停止的爆炸不会被重启。

2. 实际上，外交大臣对我说，无论美国政府怎么做，英国政府方面都不打算继续进行核爆炸。

3. 他非常干脆地承认，1958年8月22日的决议已经违背了1957年8月29日方案的原则。

4. 他表示，舆论活动已经迫使英国政府背离了自己的立场。

最后一点需要进行一些解释。

根据大臣所说，舆论活动主要来自国际和英国国内，也有来自其政党内部的压力。

在此，我不会提及任何尤其是在纽约出现的国际舆论。

至于英国的舆论，我近期曾经指出（第3292号电报④），他们最近并未对

---

① 在10月17日的第3367—3370号电报中（未转载），驻伦敦的法国大使向外交部指出，领导人们非常清楚这份法国备忘录并不仅仅旨在改组北约，而是关于整个世界的安全体系，北约不过是其中一个议题。——原编译者注

② 文献来源：*DDF*，1958，Tome II，pp.535-537。

③ 10月15日。参见：*DDF*，1958，Tome II，第249号文件。

④ 10月10日的第3284—3292号电报（未转载）提供了关于在波恩举行的英德会谈的一些细节。——原编译者注（节译）

这一点有特别的担忧。

尽管如此，我并不排除保守党自己内部正在开展工作。我们确实可以认为，公共舆论当前之所以未有不安，肯定是因为其知道，本月31日预计将召开一次三方会谈。如果这次会议取消，或者假设英国政府显示出阻碍会议召开的迹象，或者显示出谈判的势态，舆论的担忧就会卷土重来。外交大臣有一天对我说："空气中的锶太多了。"

然而，从现在起，我们被选举前的气氛所包围。由于作出了将大选推迟数月的决定，外交大臣承担了"可预计的风险"。这种预计会加入不同的因素。英镑的坚挺以及刚刚决定的退休金的提高对保守党来说都有积极的意义。失业人数的显著增加以及在实施新军队征兵体系过程中遇到的明显困难则会起到消极的作用。在这种前景下，政府在终止核试验的谈判中所追求的实际利益则是一个积极因素。这种利益的表达会起到同样的作用。所有可能被理解为放弃寻求谅解方式的立场都可能成为消极因素。

我是在这个意义上理解赛尔温·劳埃德先生对我所说的要带着万分小心处理困难势态的必要性的。

在会谈过程中，英美双边协议对于英国立场转变所起的决定性作用重新显现出来。

（吕军燕译、校）

19581021，FD000091

戴高乐接见杰布的备忘录[①]
（1958年10月21日）

10月21日19点30分，戴高乐将军应邀接见了英国大使。

格拉德温·杰布爵士向戴高乐将军递交了麦克米伦先生的信，此信对之前戴高乐先生寄给英国首相的信以及关于组织西方防务的备忘录作了回复。

另外，英国大使向将军宣读了另一份备忘录，但并未留下文稿，其中麦克米伦先生表示愿意参加三方会谈，并支持杜勒斯先生在罗马向德姆维尔先

---

① 文献来源：DDF，1958，Tome Ⅱ，pp.564-565。该备忘录的整理时间为10月22日，并被提交给了部长办公室。

85

生提出的建议,① 根据该建议,法国政府应该提交一份新文件作为秘密会谈的基础。

戴高乐将军向格拉德温·杰布爵士答复说:

1. 他希望这份备忘录也能读给德姆维尔先生听听;

2. 他毫不关心新闻界就此事发出的声音;

3. 对于杜勒斯先生和麦克米伦先生的建议,他个人足够冷静;

4. 法国从未打算中断其各类盟约,但现在的北大西洋联盟已经不适合法国。在这种条件下,要么改变它,要么法国退出,在法律上或事实上,别处已有先例。总之,在未来,法国将不会再为联盟做任何事情。

戴高乐先生提醒说,麦克米伦先生曾对其声称,如果自由贸易区不能建立,那么英国也许会离开北约。将军向英国大使指出,如果不对北约进行改革,那么法国将会持有和英国同样的态度。

(吕军燕译、校)

19581025,FD000092

肖韦尔致德姆维尔电(第3445—3447号)②

(1958年10月25日)

我参考了大使馆的新闻评论。

据我所知,《泰晤士报》和《每日电讯报》是今天早晨仅有的两家报道法国关于北约的计划的报纸。其信息都来源于埃克哈特先生的新闻发布会。③ 这两份日报强调了如下的观点:

1. 尽管没有西德外交部的官方声明,但可以肯定的是,西德会反对这项计划。

---

① 美国国务卿和法国外交部长在10月9日去世的罗马教皇庇护十二世的葬礼上见了面。——原编译者注

② 文献来源:DDF, 1958, Tome Ⅱ, pp.575-576。

③ 杜塞尔多夫的独立报纸《午报》的标题为戴高乐将军建议北约的成员国"建立一种法美英三位一体联盟,作为北约的最高政治机构"。据《午报》10月24日的报道,戴高乐向英美提出的"三位一体联盟"是一个咨询机构,其并非新生事物。作为召开新闻发布会时联盟政府的发言代表,其作用为,在组织之外拥有利益和责任的北约成员国可以在向北约提交某些问题之前互相咨询(《世界报》10月26—27日,第6版)。——原编译者注

2. 面对质询，英国外交部拒绝作出评论，并且对于消息的泄露感到不安。

3. 事实上，这涉及三方政策执行委员会的一项建议，其目的是扩大法国的影响，并填补华盛顿常设小组和巴黎理事会之间的缝隙。

4. 尽管这种解决方式显得令人难以接受，然而很显然，北约的政策缺乏协调，现在是协调西方防务的时候了。

另外，这两份报纸还报道了蒙哥马利将军关于西方联盟效率低下的声明。[1] 他的观点在措辞上有些夸张，但并不新鲜。我请外交部参阅我的新闻电报和我对这位前北约欧洲盟军最高副司令的观点所作的评论。

（吕军燕译、校）

19581028，FD000093
塞杜致德姆维尔电（第2483—2488号）[2]
（1958年10月28日）

阿登纳总理和若克斯先生长时间会晤的大部分时间都花在了讨论戴高乐将军向艾森豪威尔总统和麦克米伦先生提交的备忘录上。

其会谈要点如下：

1. 总理坚持认为材料是在意大利泄露的，西德政府对此事尽力保持了沉默。他特别想澄清这一点，因为一些新闻社的快讯刚刚发表了相反的观点。

若克斯先生向他保证，在巴黎，我们特别欣赏西德政府在此形势下的态度。

2. 总理指出，如果他没有理解错的话，在科隆贝会面的时候，戴高乐将军试图强调法国的世界责任，他此前并没有就三方利益表达过如此清晰的态度。总理认为，对法国来说，这种理念具有极大的风险，因为面对英美，它将自己置于次要的地位，协议也会建立在诸多问题之上。此外，西德的公众舆论不会接受这种歧视，它会剥夺西德就全球问题发表意见的机会。

3. 因为若克斯先生阐述了戴高乐将军提出其建议的深刻原因，所以阿登

---

[1] 显然，应该认真阅读蒙哥马利元帅的声明。10月24日，他在伦敦发表讲话，也主张对北大西洋联盟进行重组。——原编译者注

[2] 文献来源：DDF, 1958, Tome Ⅱ, pp. 590-591。

纳先生认为应该如此答复,而他最担心的地方在于,美国人现在待在欧洲,但欧洲大家庭内部的讨论可能会导致他们离开。因此,超出国家层面的某些牺牲应该是被允许的。在他看来,考虑问题时,政治层面比军事和战略层面更有价值。

4. 在会谈过程中,阿登纳先生心中浮现出某种矛盾,因为尽管他对美国在北约框架内的做法和政策表示满意,但根据若克斯先生的说法,他对美国在中东、远东和非洲的政治行动表达了严厉的态度。

5. 我们觉得,总理在本次会谈中的友好态度,以及他对其他问题所采取的态度,都反映了他如下的担忧:阿登纳先生试图对三方机构表示反对。然而,他并没有因此排斥三方之间在世界事务上的一贯联系。同时,他想明确表示,他不想将事态复杂化;最重要的是,他希望及时了解情况并进行磋商。

(吕军燕译、校)

19581028,FD000094

德姆维尔致阿尔方电(第11541—11545号)[1]

(1958年10月28日)

参考您的第6313—6318号电报[2]。

请注意在您电报的末尾杜勒斯先生的话:"处于北约安全保护范围之内的非洲和中东的新国家应该参与磋商并表达它们的意见。"

我似乎感觉,国务卿有些误会。我们对北约军事编制的考虑,是重新整合战区和指挥权,比如将预想中的地中海战区扩展至非洲领土,那里至今未曾涉及。但这并不意味着相关国家要接受来自联盟成员的政治庇护。这仅仅

---

① 文献来源:DDF,1958,Tome Ⅱ,pp.592-593。

② 10月25日的电报,未保留。大使表示,他当天见到了杜勒斯先生,并向他解释了为什么外交部似乎不可能按照他之前的建议给他寄第二封包含9月17日法国备忘录的信。法国不能给人已准备好放弃其最初的某些建议的印象。如果这些文件被公布,法国就可能被指控试图掩盖所写的一部分内容。最后,寄发一封新信完全不能保证不会泄漏,从而导致备忘录的公开。杜勒斯先生表示,改组北约的想法并不太令人担忧,更令人担忧的是在非洲、中东的领土上扩大双方的义务,因为这可能会被北约指责在世界其他地区搞殖民化。但是,国务卿同意在法美双边的基础上展开会谈,并指出了会谈的主题,还询问我们是否同意如下两点:(1)可能达成的三方决议不能"强加"于北约的合作伙伴;(2)非洲和中东的新国家应该参与磋商并表达它们的意见。——原编译者注

表示，根据设想的军事计划，这些领土会受到重视，司令部的责任将得到加强。

一些涉及北非和撒哈拉的特别问题可以提出来，基于这种观点，可以考虑一些预防措施。未来有必要就此问题进行研究。

这种说明又让我注意到第二点。总体上来说，我感觉杜勒斯先生向您表达敬意时，试图要减少争论。这种争论不会导致北约的组织调整。这一问题在政治和战略上都是全球性的。正是在这一层面上，三个大国必须进行有组织的合作。北约的部门是问题的一部分，但仅仅是一部分而已。因此，需要在整体背景下进行讨论。

至于将决议强加于我们的合作伙伴，问题不在于此。现在没有必要触及他们的权利，他们应该受到尊重。事实上很明显，三方的态度或许会强加给所有国家。但这只是事实。

最后一点，目前来看，或许受斯巴克先生建议的影响，会谈可能会限制在政治领域。然而，军事领域也很重要。它涉及西方的整体核战略。问题在于已是核国家或很快将成为核国家的三国间应如何组织合作。

（吕军燕译、校）

19581028，FD000166

肖韦尔致德姆维尔电（第3459—3463号）①

（1958年10月28日）

1. 我请您参照我之前的电报②。

2. 我的同事询问根据7月3日的《英美协定》，互换情报的计划进展如何，帕特里克·迪安爵士在回答使馆参赞的这一问题时表示，美国最近在战术核武器的发展方面取得了决定性的进展。这项协定是否是自发和相互交换

---

① 文献来源：DDF，1958，Tome Ⅱ，pp. 593-594。
② 第3457—3458号电报（同样也是在10月28日，未转载）汇报说，在关于禁止核试验的三方会谈（将于10月31日在日内瓦举行）前夕，肖韦尔的同事和帕特里克·迪安爵士进行了交谈。副次官并不怀疑苏联会同意参加日内瓦会议，但是他不相信苏联会接受将暂停核试验与裁军的进展相联系。他同样认为，在监督的提议上可能会产生困难。尽管如此，英国高级官员仍认为苏联真诚地希望停止这些试验。——原编译者注

89

所取得的成果？相反，美国政府是否只限于回答（英国）所提出的问题，并且只提供对研究计划的进展或正在取得的军事成就有用的情报？

副次官答复说，协定的原则和精神的确要求英国证明它需要可以直接利用的情报。这就是规则。美国政府只会慎重地提供文件。但是，现在经常发生的情况是它会主动提供最有价值的信息。因此，我们对协定运作的方式非常满意。它符合最好的期望。

帕特里克·迪安爵士在回复中给予了充分的肯定，并指出，已经建立的这种和谐的合作应该归功于英国科学家本身的优秀素质，以及英美科学家和学者之间的相互尊重。

3. 对于这些回复，我没有理由质疑，它们只是证实了我最近几次说过的话，即7月份的协定对英国政策方向的重要性。

最后，我注意到这些回复仅仅涉及核事务。它们与我最近在信函中提及的关于邓肯·桑兹先生之行以及在导弹合作领域取得的有限成功的信息相契合。

（窦云婷、姚百慧译，姚百慧校）

19581029，FD000107

阿尔方致德姆维尔电（第6373—6377号）①
（1958年10月29日）

自今年6月1日以来，美国政界和舆论界都热烈欢迎戴高乐将军重新掌权。在所有人看来，或者几乎所有人看来，在这只充满力量的手的推动下，法国最终将结束其制度的不稳定，而这种糟糕的"地方病"是美国人经常强调和取笑的。然而，在知识界和教育界，人们害怕政府新首脑的某些独裁倾向，因此仍存在一些谨慎的保留意见。9月28日全民公决的结果开始消除一些人的担忧，并增强了更多人的信心。总理写信给萨朗将军，② 呼吁阿尔及利

---

① 文献来源：*DDF*，1958，Tome II，pp. 598-599。
② 9月23日戴高乐致萨朗的信，见 Charles de Gaulle, *Lettres, Notes et Ccarnets*, T. VIII, Juin 1958-Décembre 1960, p. 91。

亚民族解放阵线的领袖凭借安全通行证去巴黎讨论停战①的条件,这打消了最后的那些疑虑。

当谈论到我们国家的时候,美国媒体现在总是过分赞扬。不仅是政治问题似乎解决了,而且可察觉的希望之光的出现预示着阿尔及利亚问题很快将得到解决。在10月26日的《纽约时报》中,多蒂先生写道,多亏了戴高乐将军的出现和他的个人威望,他在几天之内就使法国舆论认识到对阿尔及利亚投入大量经济和财政资源的必要性、与突尼斯发生争端的无用性以及着手与阿尔及利亚叛乱者的谈判带来可贵和平的可能性。三届法国政府碰上了这些难题,如今一下子就被解决了,或者至少是被放到了一个不同的视角下。

费尔哈特·阿巴斯和他的同僚们拒绝接受向他们提出的慷慨的建议,② 这被认为是一个错误和不合时宜的不让步的标志。关于这个问题的舆论已经完全转向了我们的有利面。

只剩下两个令美国人担忧的问题。在经济方面,在共同市场6个国家和它们的11个欧洲合作伙伴之间的协商将会失败吗?③ 这会因此产生一种主要影响法英关系的长期怨恨吗?美国舆论不喜欢看到这个新问题出现。此外,我们知道的或者我们认为他们知道的有关西方防务改革计划④的内容,仍使很小的一部分舆论感到不安。一些关于法国政府对于北大西洋联盟的忠诚的质疑被再一次提出。

我重申,这只是小范围的评估,并没有什么情绪在内。相反,舆论界一

---

① 在10月23日的新闻发布会上,戴高乐主要谈了法国的公民投票问题。在回答记者提问时,戴高乐曾呼吁阿尔及利亚民族解放阵线派代表同法国在突尼斯或摩洛哥的使馆联系,并且他们在法国的安全将得到保证。国际关系研究所编译:《戴高乐言论集(1958年5月—1964年1月)》,世界知识出版社,1964,第53—55页。

② 阿巴斯在新闻发布会上声明,阿尔及利亚共和国临时政府准备接受谈判,但只有其主权得到承认的那一天才会放下武器。

③ 欧共体六国大会的一次分会于10月21日至24日在斯特拉斯堡召开;自由贸易区问题成为一般性辩论中最受关注的事。同时,17个欧洲经济合作组织成员国之间的谈判于10月23日至30日在拉米埃特展开,该会议旨在找到自由贸易区问题的解决方法。关于更多细节,见 *L'Année Politique*,*1958*,pp. 456-469;*DDF*,1958,Tome Ⅱ,第304号文件。——原编译者注

④ 关于《午报》发布的信息,详见19581025,FD000092的注释。法国政府声明,发布的这些信息歪曲了将军活动的真实性质,只能用极保留的态度来对待它们。法国政府以这样的方式承认戴高乐将军在巴黎已经与麦克米伦和杜勒斯进行了相关主题的会谈,并且他已经向美国总统和英国首相发送了个人信件以表明他对于"自由世界"的防卫组织的想法。——原编译者注

片欣喜欢愉。法国从来没有像如今这样坚定地走在这条道路上，这也正是长久以来我们一直希望看到它选择的道路。

（房珂珂译，沈练斌校）

19581031，FD000108

阿尔方致德姆维尔电（第6445—6450号）[①]

（1958年10月31日）

参见我的第6443号电报[②]。

国务院的人员详细阐述了狄龙先生对我所说的话，即美国政府对于自由市场的政策没有改变，建立六国共同体仍是主要目标。

发展国际贸易是美国政府贸易政策的主导原则。这在杜勒斯先生去年6月20日在参议院财政委员会上发表的声明中被重申，其正文我通过下一个邮袋给您发去。

这个方针与共同市场的主要目标相符合。国务院十分重视条约的第18款[③]，其特别强调把降低关税和减少关税壁垒作为共同体针对第三国的政策工具的重要性。这一点是美国政府今年提出的《互惠贸易协定延长法》[④]能在国会获得通过的原因之一。这项新法律的条款规定，在国会一定的监督下，

---

① 文献来源：DDF，1958，Tome Ⅱ，pp. 614-615。

② 同样自10月31日起（未转载），依据该电报，在前一天，阿尔方与狄龙针对自由贸易区的协商谈判和《罗马条约》实施的问题进行了谈话。副国务卿已经表示美国政府非常支持欧洲经济共同体，并对法国促进条约生效而采取的措施表示满意。对于华盛顿政府来说，自由贸易区是相对于共同市场产生的利益而言的次要利益；欧洲经济共同体应该在这个区域留下它的足迹。狄龙先生将避免所有可能妨碍巴黎的声明。——原编译者注

③ 《欧洲共同市场条约》第18款规定："各成员国应宣布准备对发展国际贸易和减少贸易障碍作出贡献，由于它们之间建立关税同盟的事实，在互惠互利的基础上，缔结协定以削减关税到一般水平之下。"《国际条约集（1956—1957）》，第346页。

④ 1934年，美国国会通过了《1934年贸易协定法》，该法成为美国对外贸易的转折点和现代美国贸易法的雏形。其主要内容包括：（1）授权总统进行贸易谈判和执行贸易协定的权力；授权总统在与贸易对象谈判时，作为与贸易对象关税减让的一种交换，可以把美国的关税率在《1930年关税法》规定的水平上降低50%的权限；（3）采用"无差别原则"，规定两国间的协定应该包括最惠国条款，根据这一条款，无论何时，缔约一方给予任何第三国的关税减让，即立即、自动地适用于缔约的另一方。该法还规定，美国从贸易协定缔约国享受到对本国出口品的最惠国待遇时，美国也必须给予贸易对手以同样的待遇。在1962年被《1962年扩大贸易法》所取代之前，《1934年贸易协定法》先后经历了11次的延长。周茂荣：《评美国对外贸易立法的演变》，《法学评论》1986年第6期，第50—54页。

总统在四年内可以以每年5%的幅度将美国的关税率降低20%。

美国政府希望立刻利用这一机会，并试图将关税率降低到现有水平以下——降低的幅度因情况而异——从而在适当的时间（大概是从1962年起）使共同体的对外关税按比例降低。

美国的行政部门指出，在此期间，共同体的内部关税会显著降低，并且在这样的情况下，六个国家将继续从优惠制度中获益。狄龙先生在日内瓦的声明中——其正文我会通过今天的邮袋给您发去——宣布美国政府已经准备好开始与共同体成员国以及其他国家进行关税互惠谈判，但这个声明引起了一些成员国的担忧。

美国官员强调，我们应该尽快行动，因为我们只有四年的时间，他们还补充说："关贸总协定应该在近期考虑一些相关的问题，尤其是共同体未来的对外关税相比于目前关税的水平，以及必须与六个成员国中的每一个成员国所进行的谈判，以便修订它们之前就相关内容已经达成的协定。如果关税互惠谈判的问题也能在关贸总协定的框架内与这些具体的问题一起被研究，这会给六国带来极大的便利。然而，无论如何，我们都不愿破坏共同市场的实现。"

自由贸易区给美国带来了严重的问题，这一方面是考虑到美国支持共同市场的政策；另一方面是考虑到其他欧洲国家的政治和经济利益，特别是与美国关系密切的英国。

美国不希望卷入那些仅限于欧洲的问题，除非美国的利益受到直接影响。从大体上来讲，美国劝说其他欧洲经济合作组织的成员国要有耐心，向它们强调关于自由贸易区的谈判仍然是很微妙和复杂的，在这一点上应该避免向六国，尤其是对法国施加压力。

此外，那些被提问的官员还重申，他们十分清楚法国政府在这方面面临的问题的重要性和性质。然而，他们希望法国可以在这个问题上给出进一步的解决方法，并且他们认为，从这个角度来看，最好的方法是继续有耐心地展开谈判。

（房珂珂译，沈练斌校）

19581031，FD000095

塞杜致德姆维尔电（第 2536—2554 号）①

（1958 年 10 月 31 日）

  今天上午西德总理接见了我很长时间，我（由勒迪克先生陪同）在冯·布伦塔诺先生在场的情况下告诉总理，正如他所知，我以戴高乐将军的名义来看望他。法国总理向我提供了关于 9 月 17 日发给艾森豪威尔总统和麦克米伦先生的备忘录的详情。

  首先，我要向他保证，即法国总理非常赞赏他在处理一份不能让他无动于衷的文件时所表现出的谨慎和保留态度。我们完全理解，他密切地关注着事态的发展并希望定期了解情况。正如西德总理自己在科隆贝提出的建议一样，西德和法国应该进入持续对话的时代。

  出乎我的意料，阿登纳先生告诉我，关于美国总统和英国首相的答复②，他仅知道媒体公布的消息，于是我向他简要介绍了这两封信。

  接着我回顾说，戴高乐将军在 9 月 14 日与他的对话者（阿登纳）谈到了一个问题，他宣布，北约目前的形式不能令他满意。直到最近，人们还不幸地注意到，在中东地区，某些成员国能够采取可能导致其他成员国卷入冲突的主动行动，而后者没有发言权。

  法国——戴高乐将军并不否认英国也是如此——负有全球责任。她不能让别人照顾或假装照顾他们，否则会冒着丧失使命感和到时失去自卫意愿的危险。近几个月来，随着事态的发展演变，这些责任增加了。例如，如何想象在全民公决之后情况可能会有所不同？我们在全世界有要捍卫的领土和利益。

  戴高乐将军在 9 月 17 日的备忘录中考虑到了这一系列情况，他在备忘录中提出的建议既考虑到最近在欧洲以外发生的特别严重的事件；也考虑到这些事件引起的合理担忧，特别是在一个目前效率不高的组织中与美国有联系

---

  ① 文献来源：*DDF*, 1958, Tome Ⅱ, pp. 610-613。
  ② 10 月 20 日麦克米伦、艾森豪威尔给戴高乐的复信译文，见姚百慧编《戴高乐挑战美国霸权：改组北约的"九月备忘录"》，《法国研究》2022 年第 2 期，第 106—109 页。

的欧洲国家；还考虑到法国的处境。

为了应对目前威胁全世界的危险，我们不能只诉诸于北约。此外，在戴高乐看来，这不仅是一个审查北约的组织和范围的问题：重新调整作战区域和指挥部。例如，作战区域从可预见的地中海区域扩展到目前尚未延伸到的非洲地区。这只是问题的一部分。

关键是要重新审视全球范围内的安全问题。这个问题在政治和战略上都是全球性的。从这个层面来看，美国、法国和英国应继续进行持续磋商和有组织的合作，以便华盛顿、巴黎和伦敦能够就影响全球安全的政治问题进行磋商和采取同一立场，并制定战略行动规划，因为军事方面与政治方面同样重要。现有的组织，主要是北约和东南亚条约组织的行动将得到更有效的协调。

毋庸置疑的是，美国——以及苏联——处于主导地位，这是否有理由承认这种霸权继续以同样的强制性存在，并可能使其他国家面临既成事实的风险？这不是法国总理的看法。因此，他向艾森豪威尔先生和麦克米伦先生提出的交换意见的提议——我重复了这一提议，以避免备忘录的主旨贬值——不能局限于改组北约。

我补充说，依戴高乐将军的观点，欧洲参与全球政治和战略符合欧洲尤其是西德的利益；我们认为这些磋商是必要的，多亏法国，它（西德）才能参与其中。结果是，一方面，西德近年来迅速复苏；另一方面，由于两国目前的关系非常密切，西德……①也将……正如我们所期待以及西德所渴望的那样，与我们的关切和我们的行动密切相关。毫无疑问，在我们的磋商当中，西德没有占据一个特权地位。证据是，法国总理今天特别通知西德总理，如果他站在自己的位置上，如果他有类似的责任，他的推理可能是他的法国同事的推理。

最后，我回顾了在另一个领域，即欧洲领域取得的进展，戴高乐将军希望，通过建立共同市场，法国和西德将使它们的观念和利益更加接近。

西德总理没有打断我的陈述，并在听完后向我提出了他的初步意见，他说，鉴于这一主题的重要性，这些意见只能是临时性的。

---

① 译码缺失。——原编译者注

谈到麦克米伦的评论时，他也相当赞成在这种不确定的时期采用经验性的解决办法。不应认为美国可以预先确定明确的立场，即使在三国理事会中也是如此。这种评论并不是对美国人的批评；这仅仅是一种事实的真相：在决定性的时刻，他们的利益或其舆论的压力将压倒对任何机构的任何承诺。美国与英法之间的军事和经济实力差距太大了。自战争结束以来，美国一直对所有"自由国家"的自由负责，其全球利益远远高于任何其他国家。例如，无论是在台湾还是在共产主义威胁日益严重的拉丁美洲，美国都不想接受任何指示，与英国或法国的意见分歧也不能改变其政策。在苏伊士运河危机最严重之际，苏联用炮击来威胁英国和法国时，美国的态度也证明了这一点。

美国的霸权，伴随着保留完全决策自由的意愿，是北约内部困难的根源，这也是总理确信美国永远不会接受三国理事会体制的原因。只有他们才能影响"自由国家"的舆论和北约内部的一致行动。他们在北约内部的参与也变得更加积极；他们在理事会的代表目前收到命令；正是在这条道路上，我们必须一步一步地向前迈进；法国和西德可以共同努力，在这方面做很多事情。毫无疑问，德意志联邦共和国不再拥有强大的军事力量和任何殖民地；然而，它提供了经济和金融实力的分量。西德总理担心任何其他的解决办法只会导致失败。

冯·布伦塔诺先生接着强调，必须避免任何他认为会削弱北约的倡议。与英国在北约的合作并不容易；欧洲大陆的地位必须得到加强，而一个三方体制将引起所有其他欧洲伙伴的批评，以致它将导致北约的削弱，如果不是破坏的话。

阿登纳先生补充说，范范尼先生10月30日在意大利议会发表的声明证实了他的担忧。① 如果塞浦路斯事件②和冰岛事件③引起的意见分歧因讨论其他相关问题而加剧,那么美国最终将脱离北约。

我注意到,西德总理提到的那些例子,尤其是苏伊士运河危机,更多地强调了现行体系的缺陷,以及美国、英国和法国更好地协调政策的必要性。此外,我反复强调这个问题超出了北约的范围。戴高乐主要热衷于全球性战略的有组织合作——通过持续磋商展现出来。

随后,阿登纳先生宣称,他自然不反对三个西方大国就具体问题进行磋商,甚至共同作出决定。在这方面,他提到了首脑会议。

在得出比其他言论更负面一点的这一结论后,西德总理告诉我,当冯·布伦塔诺先生从罗马回来时,一旦他自己有时间进行思考,他会要求我在下周末再来看他。

无论如何,他不得不中断会谈,以接待布鲁斯先生——他将在美国待两周左右。除非我反对,他打算让布鲁斯了解我们会谈的内容。

(窦云婷译,姚百慧校)

---

① 提到法国关于改组北约的备忘录,基吉宫官邸的范范尼先生宣称《北大西洋公约》和《罗马条约》都不承认盟国中存在"支柱",即组成"三国理事会"的大国,也不承认"殖民地",即处于劣势地位的联盟其他成员国。法国的观念"似乎和意大利的主张并不吻合"。然而,范范尼承认,法国和意大利就提交给艾森豪威尔总统和麦克米伦先生的备忘录交换了意见;对话仍在继续,以提高北约行动的效力,"而不必在有限的盟国团体之间诉诸任何特殊形式的组织"(《世界报》10月31日,第4版;《1958年政治年刊》,第453页)。——原编译者注

② 1957年,英国直辖殖民地塞浦路斯的居民中78.8%为希腊族,17.5%为土耳其族。英国殖民当局对希、土两族分而治之,而希腊和土耳其两国的介入让塞浦路斯问题日益复杂化和国际化。1959年2月,英国、希腊、土耳其三方签署关于塞浦路斯问题的《苏黎世-伦敦协定》。1960年8月16日,塞浦路斯共和国正式独立。当天,英国、希腊、土耳其和塞浦路斯在《苏黎世-伦敦协定》基础上签署了《关于建立塞浦路斯共和国的条约》,英国和塞浦路斯单独就军事基地和贷款的具体细节交换了照会,作为对条约内容的补充。由此,塞浦路斯岛内获得短暂的和平。参见耿志:《麦克米伦政府与塞浦路斯独立》,《安徽史学》2011年第4期,第65—73页。

③ 1958年英国和冰岛因后者扩大捕鱼范围而引发争端,而当年4月的海洋法会议未能就扩大领海距离和各国捕鱼区范围达成普遍接受的协议。6月2日,冰岛宣布自9月1日起其捕鱼范围为12海里。该决定生效时,英国的拖网渔船仍然留在那里,并在海军的保护下继续捕鱼。与此同时,英国把争端提交国际法庭的建议遭到拒绝,而冰岛决定向联合国大会请求解决这个争端。参见[英]杰弗里·巴勒克拉夫主编《国际事务概览(1956—1958年)》,福建师范大学外语系编译室译,上海译文出版社,1990,第630—632页。

19581101，FD000096
塞杜致德姆维尔电（第2563—2567号）[1]
（1958年11月1日）

通过我与西德总理的会谈，使人毫不怀疑他对法国备忘录中提出的意见的态度。和他此前与若克斯先生的谈话（我的第2483号电报）一样，他的表态非常明确。

在他看来，西欧国家政府所担忧的，应该是不要影响北约的未来，以及不要主动采取可能会激怒华盛顿并促使其撤兵的措施；实际上，他们的优势力量对于大陆安全是必不可少的。这是他对戴高乐将军向艾森豪威尔总统和麦克米伦先生提出的建议的主要批评。

我相信他于此有坚定的信念，以及或无奈或理性的屈从，但是我认为，总理的态度是基于这样一个简单的担忧，即法国的计划如果付诸实施，可能会导致西德在国际上的地位低于法国。

但是，阿登纳先生小心翼翼，避免——或几乎不——发表意见，我认为这是典型的德国风格。他将自己置于另一个层面上，表现出极大的无私（至少表面如此）。如他所说，9月17日信件提出的想法必定不会成功，他既心思细微，又惴惴不安，担心引起戴高乐将军不快。

哪怕是下次的会谈，总理先生都不大可能对我们有更多的理解。

除非另有指示，我建议继续向他解释我们的意图。况且在当前形势下，重要的不是商量，而是告知。而且我感觉，尽管观点存在分歧，但是在当前形势下，阿登纳先生还是非常感谢法国总理能随时告知他自己的意图。

(吕军燕译、校)

---

[1] 文献来源：*DDF*, 1958, Tome II, pp.616-617。

19581103，FD000097

德姆维尔致阿尔方电（第 11795—11800 号）[①]

（1958 年 11 月 3 日）

我认真阅读了您的第 6425—6436 电报[②]，并且注意到福斯特·杜勒斯先生考虑接下来就 9 月份的法国备忘录中提出的问题召开三方会谈。

不要希望这些会谈会很快取得具体的结论，因为目前看起来，我们的谈判对象和我们的观点相去甚远。因此在第一阶段，我觉得最主要的是要坚决保持我们之前采取的基本立场。首先，要让我们的谈判对象明白提出这类建议的深刻理由。

您的电报就会谈的准备提出了几点更具体的看法。

在政治上，很显然"否决权"这个词（第 4 段）是不合适的。此外，我们不能否认每个国家都应该对其国家政策负责。然而，我们追求的组织磋商的目标是就讨论的问题达成共同决议。不要抛开这一要点。至于其他国家，尤其是北约成员国，它们有质疑的权利，但是没有能力阻止这一目标。可能有的国家认为这些决议在事实上会强加给它们，而类似的情况在过去曾经发生过。

在军事方面，我们对当前的组织不甚满意，主要有三点理由：

1. 没有协调一致的共同战略。现有唯一的世界战略是美国的战略。在未来，三方应该合作。这一点当然符合北约的战略，但仅仅适于这一区域。世界上还有其他区域，如印度洋、太平洋、北冰洋地区也都需要进行合作。

[①] 文献来源：DDF，1958，Tome Ⅱ，pp. 620-621。

[②] 10 月 31 日的电报，未保留，其涉及阿尔方先生就 9 月 17 日法国备忘录的意图向杜勒斯先生所作的说明。巴黎希望准备三方军事计划，得益于现代武器的打击半径，它将考虑比北约地图更广阔的战区。我们会就三方协议的主题和北约成员国沟通。这三方并无任何否决权，各国的决议自主决定。巴黎并不排除在必要时对《北大西洋公约》进行修订的可能性。法国政府不考虑备忘录被公开的可能；没必要为三方会谈做乱七八糟的宣传，也没必要遮遮掩掩。杜勒斯先生答复说，他倾向于公开未来的三方会谈。他意识到，这并非是北约的机构改革，而是设立一个三方小组，发挥突出的作用。阿尔方先生认为，这是基于三方的、更好的世界战略，以保证政治上的最优协作。大使希望法国确信其盟友在作出影响它的决策前可以和它磋商，杜勒斯先生回复他说，和法国一样，这些磋商对于其他大国来说也同样必不可少。国务卿补充道，不要忘了，美国是唯一能够承担核武器"巨额"支出的国家，而阿尔及利亚事务吸引了法国所有的注意力和大部分财力。——原编译者注

2. 北约的战区和指挥区应该重新调整，尤其是在地中海地区。

3. 在北约的军事联合体中，法国没有它应有的位置，我们尤其必须保持自己真正的"国家"防务。我们近期在中程弹道导弹方面就遇到了这样的问题，我们得到的建议是令人难以接受的。①

我向您提出的最后一点仅针对您提供的信息，相关指示随后送达。总之，应该做好修改1949年的《北大西洋公约》的准备。

再次说明，本电报提出的看法是有备无患，其主要目的是为您11月4日的会谈提供方向。

（吕军燕译、校）

19581106，FD000110
德姆维尔致阿尔方电（第11883—11889号）②
（1958年11月6日）

在我编号为第11558—11567号的电报最后一段所记录的与欧洲原子能共同体委员会的联系是11月4日于布鲁塞尔在德卡博内尔先生住所召开的会议上进行的，参加会议的一方是克雷克勒先生和萨森先生，另一方是我们的常驻代表库蒂尔先生、德罗斯先生以及戈尔德施密特先生。

我们的代表们解释说，在《麦克马洪法》③修订之后，法国和美国正在

---

① 1957年12月，北约国家政府首脑在巴黎开会（关于本次会议，参见：*DDF*，1957，Tome Ⅱ，第464号文件），决定向欧洲盟军司令部提供中程弹道导弹。预计导弹的引进及其使用条件将由直接相关国家通过的协议决定，核弹头的库存量也要符合北约的防御计划。这样也就和1958年2月22日英美缔结的协议相一致，该协议明确了导弹的供给和使用条件，并特别规定核弹头要"完全由美国所有、保管和控制"。在6月17日举行的国防会议上，法国明确了自己的态度：(1) 法国原则上接受在其领土上部署这些导弹，条件是要参与战争的整体设计；(2) 导弹部队要由法国部队操作和指挥；(3) 核武器应由法国控制。就此问题，法国通过军事当局和诺斯塔德将军与美国进行了联系，但没有成功。——原编译者注

② 文献来源：*DDF*，1958，Tome Ⅱ，pp. 631-633。

③ 6月19日和23—24日，《麦克马洪法》的修正案被提交给众议院，然后被交给参议院。该修正案禁止美国向任何一个国家共享关于原子能的机密（*DDF*，1957，Tome Ⅱ，第270号文件注释）。两级议会精心设置担保以及加强已经采取的预防措施，投票通过了美国行政部门提出的修正案。这个法案将继续禁止美国直接向其他国家运送武器，但是美国政府能够在和平时期向它的盟国传达有关核弹的具体信息。然而，这项立法仍具有歧视性。更多详细内容参见：*L'Année Politique*，*1958*，pp. 357-358。——原编译者注

考虑达成一项关于原子能的军事用途的合作协议。这项协议尤其包含了核燃料的供给，以完成正在建造的核动力潜艇。在与美国代表的初步对话中，他们提请我们注意，《麦克马洪法》只允许向一个国家进行交付，因此，所考虑的浓缩铀的供给不属于向欧共体成员国供应核裂变产物的规定范围。

法国行政部门对提出的问题进行了研究，得出了两个可行的解决方法。第一个方法是最简单和最现实的，即承认欧洲原子能共同体是一个机构。如果这个机构给予成员国执行军事项目的自由，就应该具备促进在实施维护和平领域里的合作的功能。此外，条约第 2 条第 h 款也在国际关系领域正式规定了这一点。[①] 正在拟定的条约只针对实施军事方面的合作，该条约不适用于《罗马条约》的适用范畴。该条约还规定，一旦定稿，其将会被公布。因此，委员会将确切地知道这个条约的内容。这个条约的内容大量借鉴了《英美协定》的文本，其中的一份样本已经交给了委员们，以便他们自己能够了解规划合作的军事特点。

如果这个方案没有被接受，会依据条约的第 73 条或第 66 条另谋他法。[②] 因为要求委员会向我们提供一种产品，而唯一可能的卖家的反对会使委员会无法获得这种产品，这样的要求势必会有冒犯性，因此我们只打算把第 66 条当作最后的方案。

克雷克勒先生和萨森先生答应和他们的同事们仔细考虑这个问题，并告诉我们他们的看法。这个主题对他们来讲并不完全陌生，因为德卡博内尔先生已经向他们表明了会议的目标。

我们的代表并不想预判他们的最终意见，但他们感觉第一种方案不会受到欢迎。委员们特别谈到了条约在供给、材料检验以及知识传播方面强加给他们的权利和义务。显然，他们害怕放弃对他们来说很感兴趣的业务领域。

[①] 《建立欧洲原子能联营条约》该款规定："同其他国家和国际组织建立一切足以在和平利用核子能方面推动进步的一切联系。"《国际条约集（1956—1957）》，第 459 页。

[②] 《建立欧洲原子能联营条约》第 66 条规定："如委员会根据有关利用者的请求，证实经理处未能在合理的期限内移交全部或部分订购的供应品，或以滥定的价格移交，则利用者有权直接缔结关于来自本联营以外供应品的合同，但以此项合同主要仅在满足利用者订货时所表明的需要为限。"第 73 条规定："如一方为一成员国、一个人或一企业与另一方为一第三国、一国际组织或一第三国国民之间的协定或专约附带包括成交属于经理处管辖的产品，则关于成交此项产品的此项协定或专约的缔结或延期必须先得委员会的同意。"《国际条约集（1956—1957）》，第 479、481 页。

此外，委员会自成立以来遇到的困难，以及部长会议当天对其业务预算草案的批评，使他们几乎无法理解。

在委员会成员努力通过美国政府常驻代表来了解美方意见的情况下，上述信息供你个人参考。如果你被国务院质询，你可以再次采用在委员们面前阐述的观点并加以论述。

（房珂珂译，沈练斌校）

19581106，FD000120

联合国和国际组织司备忘录①
（1958年11月6日）

第十三届联合国大会及
日内瓦会议（1958年9月中旬—11月）前夕的裁军问题

根据第十三届联合国大会的议程，在谈到以下几部分议题时将涉及裁军问题：

a. 裁军委员会成员的任命；

b. 禁止将外层空间用于军事目的，取消建于别国的外国军事基地，以及在外层空间研究方面开展国际合作（苏联提案）；

c. 裁军问题（秘书长提案）；

d. 电离辐射效应（该会谈可能对停止核试验问题产生某些影响）；

e. 停止核武器和氢武器试验（苏联提案）；

f. 苏联、美国、英国和法国的军事预算裁减10%—15%，部分节省的资金将用于援助不发达国家（苏联提案）。

对第a、c、e、f点提案的审查已于11月4日完成。禁止将外层空间用于军事目的和电离辐射效应两项提案须在本月内进行辩论。

＊＊＊

联大召开期间，相关国家同意在日内瓦召开两次非联合国会议：

——自10月31日起，召开三国会议（美国、苏联、英国）商谈核大国

---

① 文献来源：*DDF*, 1958, Tome Ⅱ, pp.644-651。

停止核试验以及以日内瓦专家方案（1958年8月20日）为基础建立国际监督体系；①

——自11月10日起，召开某些亲苏国家和亲美国家参加的另一个会议，从技术层面研究防止突然袭击的问题。

关于这两个问题，各国的立场如下：

A. 核试验的管理问题

美国的立场：

华盛顿政府已经准备好暂时停止核试验，唯一的条件是苏联在第一年停止核试验；停止核试验会逐年延续下去，只要"苏联不重启核试验，而且约定的监督体系能够成立并有效运行，还要认真地推动缔结一项协议，以便制定一些武器监督的基本政策并保证其执行"。官方或半官方的评论已经对该声明广泛关注，8月22日，艾森豪威尔总统通过声明表示在某些条件下接受按年停止核试验的原则，② 这最初给了人们一种希望，即美国从未放弃延续期限以促进裁军领域的进步。但事件的后续发展则令人产生极大的怀疑。

关于监测站的建立，美国不反对逐步完成。然而，人们希望第一年先在这三个国家一直进行核试验的区域附近建立监测站。

他们肯定了在技术方面逐个解决问题的必要性，但其目的是不打算放弃最终的整体方案的概念。

英国的立场：

英国的立场显得更加温和。伦敦政府声称"已经准备好第一年停止核试验后在未来新的时期持续放弃核试验，条件是苏联不重启核试验，并且大家认真推动建立有效的停止核试验的国际监督体系和通过并执行真正的裁军政

---

① 转载于 Documents sur le Désarmement, XIIIe Session de l'Assemblée des Nations Unies Débats devant l'Assemblée Générale et sa Commission Politique (New York 16 septembre–13 décembre 1958), La Documentation Française, 1959, pp. 36–52.

② Dwight D. Eisenhower, Statement by the President Following the Geneva Meeting of Experts Proposing Negotiations on Nuclear Controls, August 22, 1958, Online by Gerhard Peters and John T. Woolley, "The American Presidency Project," https://www.presidency.ucsb.edu/node/233874.

策"（10月20日的照会①）。

他们似乎倾向于某种粗放式的监督，更希望其以一种渐进的方式进行部署（用几年的时间在核试验区设立监测站，用十年的时间建立一个全球网络）。

其实，自从英美核合作协议签订以来，英国政府似乎就倾向于放弃去年设想的一揽子协议，并弱化按期延长停止核试验与其他裁军措施之间的联系。

苏联的立场：

苏联方面，大家都知道，它要求核大国之间约定最终停止核试验，但指望的是舆论压力，并将其范围扩展到所有国家。监测方面，它当前其实只提出了原则方面的问题，因为对它来说，西方国家考虑的检测就是"间谍活动"。

日内瓦会议召开前夕，佐林先生在联合国大会第一委员会上声称，苏联明确拒绝英美停止一年核试验的提案，如果这两个大国为缔结全面终止核试验协议设置障碍，它就准备进行和英美3月31日以来同等的试验；终止核试验不应该取决于在日内瓦会议上是否会缔结协议。②

B. 突然袭击的问题

美国人认为，防止突然袭击问题的研究应该依据一个总规划，重点在于对监测目标即发动突然袭击的设备的甄别，通过观察和检测进行监测的技术，对应用检测方法可能导致的结果的评估，最后是旨在减少突然袭击的威胁的监督体系的特征。除试点外，现阶段任何区域都不会被考虑。

关于依据《日内瓦公约》设定体系的适用区域，杜勒斯先生设想了一个基本区域：北极地区，或许包括欧洲的广大地区以及苏联领土的部分重点区域。

英国人认为应该把会谈重点放在防止突然袭击的技术条款上，目前不宜谈论区域的界限问题，但是他们没有明确排除在一定时机再谈这个问题。

对于苏联人来说，他们不同意仅限于技术讨论，并认为会议应该提出一些切实可行的关于防止突然袭击的措施的建议，"和裁军领域的决议联系起

---

① 实际是10月22日。参见：*Documents sur le Désarmement*, XIII⁰ Session de l'Assemblée des Nations Unies Débats devant l'Assemblée Générale et sa Commission Politique (*New York 16 septembre – 13 décembre 1958*), pp. 61-62。

② 10月30日苏联政府的声明，见 *Documents on Disarmament*, *1945-1959*, Vol. 2, pp. 1208-1213。

来";他们建议在对防止突然袭击的危险具有重要意义的地区建立一些地面和空中图像监测站,这无疑是针对界线两侧的 800 千米区域以及西伯利亚的远东地区和美国西部地区。

联合国大会关于裁军的一般性辩论

联合国大会在这种形势下召开了。73 个代表团团长在一般性辩论中发言,61 个人谈到了裁军问题,其中 43 个人谈到了核试验问题,其中又有 36 人要求临时或最终停止核试验。除了苏联集团和一些亚非国家,这 36 个国家还包括奥地利、加拿大、丹麦、英国、意大利、日本、挪威、新西兰、荷兰、土耳其、委内瑞拉和南斯拉夫。

葛罗米柯先生在发言中指出,在会议进程中,他将认真关注三个特别的问题:"即时和全面"停止核试验,禁止将外层空间用于军事目的并取消军事基地,以及削减军事预算。

杜勒斯先生仅仅提醒说,技术监测是任何裁军中必须要有的,他希望大会通过决议鼓励今后就停止核试验进行谈判,并表示支持旨在减少突然袭击危险的措施。

最后,顾夫·德姆维尔先生清楚地表明了法国的立场:终止核试验,甚至仅仅停止核试验,应该将停产和库存调整结合起来;我们愿意参加任何真正关于核裁军的研究,而不是采取片面和虚假的措施。所有试图建立监督区域和裁军区域的不完整规划都只会被当作依据整体方案达成普遍性政策的一个阶段。

第一委员会上的辩论

10 月 10 日,第一委员会开始一般性讨论,同时关注裁军问题(第 64 点)、停止核试验问题(第 70 点),以及削减军事预算问题(第 72 点)。

最令人感兴趣的发言首先来自卡伯特·洛奇、佐林、诺布尔和朱尔·莫克等诸位先生,他们陈述了各自政府当前的立场,然后是温登(瑞典)、帕迪利亚·内尔沃(墨西哥)、贝朗德(秘鲁)以及其他几位先生提了一些需要注意的建议。

A. 三个大国的立场

美国代表特别谈到了已经举行及将要举行的关于停止核试验和防止突然

袭击的会谈。他强调了从严格的技术和实践角度解决问题的方法的重要性（没有政策方面的担忧），并建议以这种方式研究对以下问题的监督：常规武器管控和武装力量问题，停止生产核武器和库存调整问题，以及和平利用太空的问题。关于停止核试验的问题，他明确表示，对其政府来说，第一年的停止试验是无条件的（前提是苏联也停止其试验），然后仅仅把停止核试验和监督体系的运行以及合理推动其他方面的裁军问题联系在一起，但未明确谈论这两个话题。

相反，他提出了任何真正的裁军的基本原则：监督，逐步推动，平衡。

英国的立场似乎稍显不同：停止核试验可以采纳卡伯特·洛奇先生提出的方式，但是他们最终停止核试验要和真正的裁军联系起来（受控的、约定的核武器削减）。诺布尔先生对苏联强迫核大国作决定的要求表示抗议：他希望三个国家在日内瓦达成协议，并且其他国家可以加入这样一个协议，但是这些国家如果缺席会议，则不能加入该协议。

苏联代表则要求自10月31日起无条件终止核试验，并要求联合国大会在此日期之前就这一问题表明立场，以避免核俱乐部成员数量的增加：他这么说是为了抗议法国准备在撒哈拉沙漠里试验原子弹（此事已经激起非洲国家的反对），也是为了抵制西德在此领域的努力。他还声称自己的国家接受日内瓦专家会议的所有结论意见。他断言独立政策的应用可以推动裁军的进展。

佐林先生还批评了他称之为裁军问题新"技术方法"的东西，他认为，该方法会促进监测技术的研究，但是解决不了根本问题。

朱尔·莫克先生强调了法国政策的连续性，并认为核大国如果增加核武器或者保持核武器库存，那么仅仅暂时停止核试验不会真正地推动和平："这不是真正的进步，而不过是一个借口。"如果核大国在国际监督下停止增加核武器并开始减少库存，那么法国愿意放弃核武器。

法国忠于1957年8月29日四国方案的明确立场：直接利益国家应该在整个裁军协议上保持一致，协议应该同时涉及所有领域（即便范围受限）以增加彼此的安全；应该做好严格监督的准备以建立信任，不要规定那些不可控的政策。

最后，朱尔·莫克先生主张建立技术、军事、法律及财政专家委员会以研究以下诸多问题：军事预算，武器及兵员削减与监督，停止生产可裂变物质，开始将库存转用于和平目的，防止突然袭击，以及外层空间监督和国际太空法律等。

B. 其他代表的观点和建议

瑞典代表非常赞同终止核试验，美英提议的一年期限对于实现裁军路线的监督和推进显得时间太短。明确禁止核试验将迫使那些还没有生产核武器的国家放弃生产核武器。最后，温登先生又说，一旦停止核试验的监督体系试验成功，那么对更复杂的裁军协议展开监督就有了可能性。

相反，赞同终止核试验的秘鲁反对不将停止生产和库存调整联系在一起的终止核试验。帕迪利亚·内尔沃（墨西哥）和贝朗德（秘鲁）两位先生提出了程序方面的近似建议：帕迪利亚·内尔沃先生建议召开四国会议，由第一委员会主席（乌尔基亚先生，萨尔瓦多）主持，秘书长参加。他还建议成立一个联合国机构，负责永久裁军问题以及协调技术会议工作。贝朗德先生认为，四国谈判是必不可少的。为利于谈判，他建议选出来自四国的两三个成员成立一个联络委员会，行使办事处的作用。调停工作也可委托给秘书长。

芬兰和南斯拉夫代表对于裁军问题出现在联合国大会上表示担忧，认为这个问题应该整体解决。这也是西班牙和以色列的发言主题。

印度代表认为终止核试验和其他政策没有联系，他主张由81个成员国组建一个裁军委员会。

加拿大外交部长认为核武器试验不是问题的核心，主要问题在于尽量包括常规武器和核武器的普遍裁军。他对爱尔兰代表关于核武器供应的建议持保留意见，后者认为只有在采取有效的裁军措施时才能禁止核武器供应。

阿根廷代表承认停止核试验的紧迫性，他认为联合国大会的任何决议都不会改变现有的力量分布；不过，把核试验和整体的裁军问题割裂开来会改变两大集团的平衡。同时，对缺乏核武器附属材料的国家进行限制，从法律上承认事实上的不平等，他觉得是不可能的。

日本代表认为停止一年是不够的，美国人应该推动裁军进展，英国人则把停止期限的延长和裁军问题联系在一起。

大部分非洲和阿拉伯国家（利比亚、加纳、阿联、沙特阿拉伯）对法国在撒哈拉沙漠中的核试验表示抗议。

决议草案

没有任何已提交或准备好的决议草案涉及整体裁军；相反，解决某一方面的问题是它们都具有的共性。

关于停止核试验的草案有：

a. 来源于美国的一个 17 国（阿根廷、澳大利亚、比利时、巴西、加拿大、丹麦、厄瓜多尔、美国、伊朗、意大利、老挝、挪威、新西兰、巴基斯坦、荷兰、英国、泰国）草案（A/CI/L. 205）[1]，注意到在日内瓦计划的关于监督停止核试验的会谈，要求各方在谈判期间不要进行核试验。同时，该草案赞同大会关于突然袭击的设想，并且不将这两个问题和总体裁军计划在事实上联系起来。

b. 苏联的草案（A/CI/L. 203）[2] 请求实施核试验的国家立即结束试验，并为此缔结一项协议，同时邀请其他国家加入。该草案没有提及任何监督问题。

c. 亚非国家（阿富汗、缅甸、柬埔寨、锡兰[3]、埃塞俄比亚、加纳、印度、印度尼西亚、伊拉克、摩洛哥、尼泊尔、阿拉伯联合共和国、也门、南斯拉夫）的草案（A/CI/L. 202，修订版 1）[4] 和前者的唯一区别是委婉提及了可能出现在协议里的监测技术条款，以及拟定了草案，而大会将根据此草案制定一些政策以便将三个大国参与的协议推广到所有国家：还未进行核试验的国家将被要求放弃核试验，直到上述的政策得以制定。

d. 南斯拉夫的草案（未提交）与苏联的草案仅有两点区别：委婉提及了协议中预计建立的监督体系，但并未提及还未进行核试验的国家。

另一部分草案的主题涉及削减军事预算问题：

---

[1] Documents sur le Désarmement, XIIIe Session de l'Assemblée des Nations Unies Débats devant l'Assemblée Générale et sa Commission Politique (New York 16 septembre-13 décembre 1958), p. 59 (n° 16).

[2] Idem, p. 58 (n° 14).

[3] 今斯里兰卡。

[4] Documents sur le Désarmement, XIIIe Session de l'Assemblée des Nations Unies Débats devant l'Assemblée Générale et sa Commission Politique (New York 16 septembre-13 décembre 1958), p. 59 (n° 17).

e. 苏联的另一项草案（A/CI/L.204）[①] 要求美国、法国、英国及苏联政府至少削减军事预算的10%—15%，并将部分节省出的资金用于不发达国家。

f. 一项源自荷兰、依据17国草案（见附件1）的修正案由玻利维亚、哥斯达黎加、古巴、危地马拉、海地、多米尼克共和国、乌拉圭提交，其类似1957年11月14日的第1148（XII）号草案，邀请这些国家利用裁军政策而节省出的资金改善世界上尤其是欠发达国家的生活水平（A/CI/L.209）[②]。

爱尔兰希望避免核俱乐部扩员，因此提交了：

g. 一项依据17国草案（见附件1）起草的修正案，要求停止核试验会谈各方在谈判期间以及在即将达成的停止核试验期间不要向其他国家提供武器，其他国家在同期应该完全放弃生产核武器（A/CI/L.207，修订版1）[③]。

h. 一项草案（A/CI/L.206）[④]，委婉要求制定一个总裁军计划，并指出"拥有核武器的国家数量增加"的危险；建议成立特别委员会负责研究核武器更大范围扩散的内在危险以及负责在联大第十四次会议上作报告。

某些草案来自前面提到的对程序的担忧：

i. 墨西哥的草案邀请苏联、美国、英国及法国代表在本次辩论结束时开会，由第一届委员会主席（乌尔基亚先生，萨尔瓦多）主持，秘书长参加，以研究在联合国范围内重启谈判的程序及可能性（A/CI/L.208，修订版1）[⑤]。

j. 印度-南斯拉夫草案（A/CI/L.210，修订版1）[⑥] 决定，在1959年，由联合国所有成员国组成裁军委员会。

面对如此多的草案引起的杂乱局面，一些人努力尝试彼此妥协，尽管不可能成功。印度和南斯拉夫代表就核爆炸试验起草了一个文本，要求核大国立即停止核试验，尽快寻求一个处在国际监督下的停止核试验协议，并要求其他国家等待缔结协议，不要"卷入"核试验。此材料应该是由一项美国草

[①] *Documents sur le Désarmement*, XIIIe Session de l'Assemblée des Nations Unies Débats devant l'Assemblée Générale et sa Commission Politique (*New York 16 septembre-13 décembre 1958*), p.58 (n° 15).

[②] Idem, p.61 (n° 21).

[③] Idem, p.60 (n° 19).

[④] Idem, p.60 (n° 18).

[⑤] Idem, p.73 (n° 33).

[⑥] Idem, p.64 (n° 28).

案补充而成，该草案希望日内瓦会谈达成降低突然袭击或其他袭击的危险的政策，并要求根据当前技术计划的谈判形势制定裁军协议。

对我们来说，印度-南斯拉夫草案是完全不可接受的，美国的两个草案不利于裁军问题各方面独立解决的普遍意向。

由于苏联想明确将印度-南斯拉夫草案设计的停止核试验方案作为最终和无条件终止的方案，所以它拒绝附和这种意向，这三个草案最终未能提交。

关于裁军问题的投票（10月31日—11月3、4日）

四份草案在下列情况下被第一委员会通过：

1. 号称17国制定的英国草案由拉美修正案补充而成，它要求参加关于停止核试验的日内瓦会议的三个大国，不要忽视任何达成一个受监督的协议的努力，并在会谈期间放弃进行核试验，另外强调了防止突然袭击协议的重要性。① 该草案仅仅获得49票赞成、9票反对、23票弃权（包括法国）。

2. 由奥地利、瑞典和日本提交的折中草案（附件2）希望停止核试验的大会获得成功并达成所有国家都能接受的协议。② 该草案获得52票赞成、9票反对、19票弃权（包括法国）。

3. 印度-南斯拉夫草案（附件3）③ 提到，关于防止突然袭击可能性的政策的技术层面的研究即将启动，希望研究期间达成最广泛的协议。该草案获得73票赞成、7票弃权（包括法国）。

4. 印度-南斯拉夫关于补充程序的草案（附件4）④ 以78票赞成、0票反对、2票弃权（法国和古巴）获得通过。该草案决定，作为特例，1959年度的裁军委员会将由联合国的所有成员组成，由秘书长咨询所有成员国后召集：作为联合国大会的辅助机关运行。为避免委员会过于庞大的不利因素，提高工作效率，我们提出了一项修正案，建议委员会成立一个核心小组；另外，专家组能够根据需要随时举行会议。由于还不具备投票的时机，我们撤销了

---

① Documents sur le Désarmement, XIIIe Session de l'Assemblée des Nations Unies Débats devant l'Assemblée Générale et sa Commission Politique (New York 16 septembre-13 décembre 1958), p. 59 (n° 16).

② Idem, p. 64 (n° 27).

③ Idem, p. 63 (n° 25).

④ Idem, p. 64 (n° 28).

修正案，但是在对印度-南斯拉夫草案投票时，我们的代表称其为"幌子"而投了弃权票。

几个被放弃的草案：

a. 墨西哥的草案邀请四国代表在本次辩论结束时在第一委员会主席主持和秘书长参加的情况下举行非正式会议，以研究在委员会范围内如何重启裁军谈判。① 由于苏联代表此前已经声称拒绝参加这样一个核心小组的工作，墨西哥代表建议修改他的草案。佐林先生说，他之所以拒绝参加一些被一项决议"固化"的会谈，并非是反对和其他国家进行半官方会谈，而帕迪利亚·内尔沃先生声称因为其寻求的目标受到限制而最终撤回草案。

b. 苏联削减军事预算的草案②仅仅得到共产主义集团和印尼的赞同［10票赞成、39票反对、32票弃权（包括法国）］。

c. 在印度-亚洲草案的主要段落只获得26票赞成、36票反对（包括我们）、19票弃权之后，印度和苏联分别撤回了各自关于立即停止核试验的草案。

d. 爱尔兰关于反对核俱乐部扩员的草案③的第2段指出了这种扩员的危险，由于仅获得37票赞成、44票弃权，它也被撤回了。

11月4日，联合国大会全体会议批准了委员会决议：

a. 17国草案（附件1④）获得49票赞成、9票反对、22票弃权⑤；

b. 奥地利、日本、瑞典草案（附件2）获得55票赞成、9票反对、12票弃权；

c. 印度-南斯拉夫关于突然袭击的草案（附件3）获得75票赞成、0票反对、2票弃权（法国、古巴）；

d. 成立81个成员国裁军委员会的草案（附件4）获得75票赞成，无反

---

① *Documents sur le Désarmement*, XIIIe Session de l'Assemblée des Nations Unies Débats devant l'Assemblée Générale et sa Commission Politique（New York 16 septembre-13 décembre 1958），p.61（n° 20）.

② Idem, p.58（n° 15）.

③ Idem, p.60（n° 18）.

④ Idem, p.63（n° 25）.

⑤ 文件注释：投反对票者：苏联集团九个代表团。投弃权票者：锡兰、埃塞俄比亚、芬兰、法国、加纳、印度、印度尼西亚、伊拉克、以色列、日本、利比亚、摩洛哥、尼泊尔、沙特阿拉伯、瑞典、阿拉伯联合共和国、也门、南斯拉夫、阿富汗、奥地利、缅甸、柬埔寨。——原编译者注

对票，3 票弃权（包括法国）[1]；

最后，大会否决了亚非 14 国草案（27 票赞成、41 票反对、13 票弃权）。

* * *

联合国大会的辩论和决议进一步证实了（1957 年）8 月 29 日在伦敦达成协议时已经难以遏制的趋势，这种趋势在第十二届联合国大会上非常明显地表现出来，并在全年筹备首脑会议和日内瓦会议时大大加剧。所有协调的整体裁军和监督方案都被放弃了。寻求部分裁军的措施本身并不能形成真正的裁军措施。核心工作小组的消失，裁军委员会扩大至大会全体成员，大大减少了客观工作的可能性。

不止如此。自从第一次在联合国讨论裁军问题以来，西方联盟在根本问题上公开分裂。由于还未拥有核武器，法国不能接受被俱乐部成员国区别对待，从它们停止核试验而不放弃核武器生产那一刻起，就注定在裁军的道路上不会取得任何进步。值得注意的是，尽管我们的论点公开反对停止核试验所引起的蛊惑人心的潮流，但其并没有把法国拖入明显的孤立境地。然而，不要对投票结果产生错觉，它并未揭示出弃权的真正原因。事实上，那些不愿举手赞成或反对的人是觉得 17 国草案不够彻底。对于大多数因素来说，全面停止核试验本身就是目的，是全人类的福音。如果核大国之间能实现共同决议的妥协，那么结果就会是另一个样子了。我们应该庆祝英国人诱导趋势的失败，其目的是试图让苏联人按照他们的意图立即、无条件停止核试验。我们的盟友事实上将要面对一个未曾实施核试验的国家打算进行新的核试验的惩罚。

然而，因为朱尔·莫克先生的具体落实，法国政策的坚定性和持续性给人留下了深刻印象。不幸的是，很多代表在这个问题上对美国过于软弱，唯

---

[1] *Documents sur le Désarmement*, XIIIe Session de l'Assemblée des Nations Unies Débats devant l'Assemblée Générale et sa Commission Politique（*New York 16 septembre–13 décembre 1958*），p. 59（n° 17）.

命是从。但是，10月23日理事会主席在新闻发布会上的声明①及我国代表的发言有时也会让他们承认这一点。

附件②

一

11月4日第1252A（ⅩⅢ）号决议

大会，

重申联合国在裁军方面具有不断之关切及责任，在宪章及大会以前的决议案中均有表示，

欣悉研究"违反停止核试验协定能否侦察问题专家会议"所达成之协议，

察及关于停止核武器试验及根据专家报告书实际建立国际管制制度问题之谈判于十月三十一日开始。

复鉴于防止袭击可能之措施之技术问题不久可望由胜任人士集会研究，

确认凡此发展对于技术与军备情报之逐渐公开，均系鼓舞人心之步骤，可有助于促进联合国在裁军方面之基本目的，

壹

一、促请在试验核武器各国之谈判中，各当事国对于在国际有效管制下停止核武器试验问题尽力及早达成协议，

二、促请参加此项谈判之当事国在谈判进行期中勿再从事核武器试验，

贰

三、促请注意在研究防止袭击可能之措施之技术问题时尽量达成广泛协

---

① 在这次新闻发布会上，戴高乐主要谈了法国的公民投票问题。在答记者问时，他回答了阿尔及利亚、停止核试验、几内亚等问题。记者问，为什么法国在纽约的代表团在停止核试验的问题上采取了否定态度？戴高乐回答说，现在世界上的两个集团——盎格鲁-撒克逊集团和苏联集团——它们多年来一直在制造和储存原子武器，直到现在它们并未能就裁军和监督问题达成协议，所以死亡时时刻刻都在威胁着整个世界。只要美英苏三国为了它们本身而拥有强大的武装时，法国绝不会同意长期处于悬殊的劣势之中。《戴高乐言论集（1958年5月—1964年1月）》，第49—58页。据《法国外交文件集》中原编译者的注释，戴高乐还发表了致阿尔及利亚民族解放阵线的文章：《勇敢者的和平》（Paix des Braves）。

② 附件的第1252A（ⅩⅢ）—1252D（ⅩⅢ）号决议，系联大1958年11月4日第779次全体会议通过，编号为A/RES/1252（ⅩⅢ）。决议全文在《法国外交文件集》中有法文版，此处收录的为联合国网站提供的中文版。https：//www.un.org/zh/ga/13/res/.

议，实属迫切重要，

叁

四、表示最近所有鼓励人心之创意倾向，包括从技术方面入手在内，决应继续，俾对均衡有效管制下之世界裁军制度有其贡献，

肆

五、邀请核武器试验及袭击问题会议利用秘书长之协助与服务并随时报告联合国；

六、请秘书长咨商有关政府提供便利裁军问题目前发展或任何进一步倡议之适当咨询意见与协助，

七、请秘书长将讨论各项裁军问题之第一委员会之会议记录分送核武器试验及袭击问题会议之与会各国，

伍

八、向关系各国重申一九五七年十一月十四日决议案一一四八（十二）之邀请，将裁军所省之费用中，于工作有适度进展时提出其增益之资财，用以改善全世界，尤其是发展较为落后各国之生活状况。

二

11月4日第1252B（XIII）号决议

大会，

欣悉研究可能订立之停止核试验协定之违反情事能否侦察问题专家会议之报告书，

复欣悉曾经试验核武器之国家决定自一九五八年十月三十一日起在日内瓦就核武器试验问题举行会议，

一、表示希望该会议成功并导致各方均可接受之协议；

二、请有关各国将其谈判可能产生之协议报告大会；

三、请秘书处供给一九五八年十月三十一日在日内瓦开始举行之会议可能要求之协议与服务。

三

11月4日第1252C（XIII）号决议

大会，

获悉若干国家同意研究防止袭击措施之技术问题,

一、表示希望此一研究在可能范围内达成最广泛之协议;

二、请秘书长供给此会议所请求及所需要之一切协助及服务;

三、请参加此项研究之国家将所获进展情况告知联合国。

四

11月4日第1252D（XIII）号决议

大会,

鉴于举世咸愿在世界上建立真正和平之状态并采取步骤以避免因发生大战而招致毁灭,

重申联合国所负设法解决裁军问题之责任,

表示确信联合国全体会议会员国对于解决此项问题应均能不断有所贡献,

一、决定裁军委员会于一九五九年作为专设性质并由联合国全体会员国组成之;

二、将大会第十三届会议有关裁军之各项文件提案及讨论记录送交裁军委员会;

三、请裁军委员会于适当时开会,并向安全理事会及大会提出必要时向大会特别届会提出裁军方面之建设提案及建议;

四、决议裁军委员会之第一次会议由秘书长与会员国咨商后召开,该委员会在依据大会议事规则第一百六十二条开始工作后,参照该条规定自行制定其议事规则。

(吕军燕译,姚百慧校)

19581106, FD000167

部长会议主席备忘录[1]

(1958年11月6日)

在为温斯顿·丘吉尔爵士[2]准备的庆贺午宴结束后,格拉德温·杰布爵士

---

[1] 文献来源：DDF, 1958, Tome II, pp.635-636。(该备忘录)按照外交部长办公室的意愿所撰写。——原编译者注

[2] 戴高乐将军曾授予英国前首相"解放勋章"。——原编译者注

要求会见戴高乐将军。

杰布大使需要告诉戴高乐将军，在自由贸易区问题上，英国政府丝毫未想采取报复措施，媒体之前的相关报道纯属无稽之谈。然而，他补充说道，英国政府热切希望英法两国可以就此问题达成协议。

戴高乐将军回答大使说，法国政府丝毫不想给任何人带来伤害，而且这也不是共同市场的目的。共同市场定将起步，但英国明显担忧过度了。共同市场的发展将循序渐进，似乎的确不存在给英国造成威胁的严峻风险。

戴高乐将军继续说道，此外，法国政府也希望法英两国可以达成协议。各国仍需进行友好协商。莫德林委员会就相关原则和构想进行了讨论，但鉴于其组织形式，莫德林委员会似乎并不利于协议达成。法英之间更需要一些审慎的协商，以确定两国能做与不能做的事情。

另外，戴高乐将军还向格拉德温·杰布爵士表示，英国的要求有些过分，法国政府对这些要求不能完全满足，否则（即法方满足英国的要求的话）法国可能会被英国所压制。

关于"九月备忘录"，英国大使说在他看来，（虽然）美国理解三边磋商的必要性，但改组北约将是很困难的。戴高乐将军回应说，法国政府的当务之急是在大使层面和在常设小组中与英美一同探讨法国提出的建议。戴高乐将军强调不论怎样，法国在北约中都不会再像之前一样了。

（王祎慈译，刘彦伊校）

19581107，FD000121

乔治-皮科致德姆维尔电（第 2013/NU 号）[①]

（1958 年 11 月 7 日）

联合国大会第十三届会议上关于裁军问题的辩论、通过的决议以及投票的分配，从整体上来说没有发生任何意外。人们也能够通过一些迹象预测出来。外交部对代表团下达的指令考虑到了这一点，当时的气氛不利于法国整体解决裁军问题的观点。

---

① 文献来源：*DDF*，1958，Tome Ⅱ，pp. 659-661。

事实上，法国代表团完全遵守 8 月 29 日①西方国家方案的建议未得到其他任何一个代表团的支持。

尽管好几位发言者都认可受到监督的、有效的、平衡的裁军的必要性，并认为如果没有一个核心的工作小组，那么由 81 个成员国组成的裁军委员会毫无意义，但在投票的时候，他们几乎都是随波逐流。法国代表团不是唯一对 17 国草案②以及三国草案（日本、奥地利、瑞典）③投弃权票的国家，但只有法国代表团认为这些文本偏离了正确的道路；除了以色列代表团，其他代表团都认为这些文本还不够彻底。绝大多数代表团都把全面停止核试验本身当作目的，当作对人类的福音。多数人没有兴趣辨析"停止"和"终止"两个词之间的区别；美国人和英国人也难以坚持下来，确实，当大家在原则问题上屈服以后，就很难不被牵着鼻子走。

第十三届会议上对裁军的辩论是问题演变的转折点：这是对有利于苏联的公共舆论的投降，我们希望它是暂时的。

苏联并非大获全胜。尽管得到苏联支持，但 14 个国家提出的关于停止核试验的印度草案④以 41 票反对、27 票赞成、13 票弃权而遭到否决。佐林先生在其最近一次讲话中表达了对该结果的不满。总之，由 8 月 29 日西方国家方案形成的严密整体不再完整，不平等的伦敦小组委员会被彻底放弃。

英国、美国及其他西方国家意识到了这个问题。它们试图尽可能地控制损害。它们在停止核试验的草案⑤上小心翼翼：由于它们的谨慎，该草案最终获得微弱的优势（49 票，比去年的西方决议少了 8 票）。它们只接受"限于 1959 年特别年度"的 81 个成员国组成的裁军委员会。我们的盟友对当前发展趋势的评估认为，和去年"过时的"立场相比，现在的弊端和危险更小。美国和英国代表团向我们表达了对朱尔·莫克先生的谢意，说他让人听到了正确的声音，但是他们尤其满意的是不需要亲自行动。

---

① 1957 年 8 月 29 日。

② *Documents sur le Désarmement*, XIIIe Session de l'Assemblée des Nations Unies Débats devant l'Assemblée Générale et sa Commission Politique（*New York 16 septembre-13 décembre 1958*），p. 59（n° 16）.

③ Idem, p. 64（n° 27）.

④ Idem, p. 59（n° 17）.

⑤ Idem, p. 59（n° 16）.

到目前为止一直勉强维持团结的西方阵营出现了裂痕也是事实，但考虑到盟友内心的迟疑和小算盘，彼此之间的鸿沟也没有看起来那么严重。如果我们改变一下我们的态度，也不排除双方能拉近一下关系。从这一点来说，我们附和一下美国将要在首届和平利用外层空间（特设）委员会①上提交的议案是有好处的。② 在讨论电离辐射的影响的时候，以及在未来的裁军委员会开始工作的时候，我们还要和他们共同协商。

　　应该注意印度代表团的作用，在整个辩论期间，他们展开了大量的活动，起草了多种议案，不停地寻求贴近西方和苏联的观点，尽力为后面两者提供支持。他们和在本次活动中结盟的南斯拉夫一起得到了亚非支持者的声援。

　　需要强调一个新现象。"核俱乐部"的概念在辩论期间得到了证实，它一直事关"三个大国"。此外，那些不能或者不想加入核俱乐部的国家，即除法国之外的所有其他国家之间，显示出了一定的团结。它们中传统上对我们比较善意的国家，特别是拉丁美洲国家不是很理解我们的积极态度，它们认为我们部署核武器的愿望要多于对某些原则的执着。同时，我们关于81个成员国组成的裁军委员会的态度也常常被认为是一个过气大国的怀旧情结，尽管莫克先生对此作了解释。如果之前我们谈论的是一些而不是一个特设委员会，那么一些代表团，比如挪威，本来已经准备支持我们的修正案："它将建立一个受限的工作委员会。"即便那些最有理智的人也抑制不住在其中扮演一个角色的欲望，并奢望在那些大国失败后捞上一把。盎格鲁-撒克逊人不想与这一浪潮作斗争，毫无疑问，他们在等待时机的到来，以便在必要时将其制止。

　　值得注意的是，佐林先生的最后通牒几乎没有引起什么反应，他威胁说

---

　　① 档案原文为 Commission sur l'espace extra-atmosphérique，但应为和平利用外层空间特设委员会。根据1958年第十三届联大上通过的第1348（XIII）号决议，设立了一个和平利用外层空间特设委员会。决议要求该委员会就有关和平利用外层空间问题，其中包括在联合国范围内在这一方面开展合作的未来组织安排，以及向下一届会议提出报告。根据1959年12月12日第十四届联大上通过的第1472（XIV）号决议，成立了一个常设的和平利用外层空间委员会。在联合国其他机关继续执行其促进裁军进展的任务同时，新的委员会被要求，在其他事项之外，"在认为合适时，审查国际合作的领域，并研究在联合国主持下可以合适地采取的实施和平利用外层空间方案的实际可行的方法"。《联合国与裁军》，第209—210页。

　　② Documents sur le Désarmement, XIIIe Session de l'Assemblée des Nations Unies Débats devant l'Assemblée Générale et sa Commission Politique (New York 16 septembre-13 décembre 1958), p. 84 (n° 4).

如果建立这么一个工作委员会，他将抵制未来的这一委员会。即便墨西哥的草案①未付诸表决，其支持者也不在意本次失败，他们高兴的是苏联代表作出保证，说已经准备好"和所有国家进行谈判或者官方对话，包括在墨西哥草案中涉及的国家"。

有印度和其他力量参加的类似对话某一天或许会发生，也或许会发生在秘书长可能召集新的裁军委员会之前。但在裁军问题或者其某方面的问题摆在联合国面前之前，还要等待正在日内瓦举行的会议会产生什么样的结果。在此之前，或许并不排除，在当前辩论中正接受考验的西方国家的团结性会重新发挥作用。否则，我们加入新裁军委员会的条件问题就会被提出来并会受到沉重的考验。

（吕军燕译、校）

19581121，FD000111

阿尔方致德姆维尔电（第6749—6762号）②
（1958年11月21日）

11月21日，我陪同秘书长③去了国务院，他与新任负责欧洲事务的助理国务卿利文斯顿·麦钱特先生进行了会谈。麦钱特先生身旁是国务院主要部门的代表。我从整体的回顾中整理出如下内容：

1. 突尼斯：若克斯先生向他的对话者介绍了近几个月法国-突尼斯关系的改善。他说，我们已经观察到，布尔吉巴先生的演说有些言过其词但可能很有必要，这将他的行为和亲西方的信念联系起来。我们愿意看见他的地位

---

① Documents sur le Désarmement，XIIIe Session de l'Assemblée des Nations Unies Débats devant l'Assemblée Générale et sa Commission Politique（New York 16 septembre-13 décembre 1958），p. 61（n° 20）.

② 文献来源：DDF，1958，Tome Ⅱ，pp. 722-725。这封电报已通报给了纽约（第2091—2104号），也通报给了拉巴特和突尼斯城。文件前方手写的字迹同样也说明该电报可能已通报给了伦敦（见"与达里当先生的秘书处会阅通报给伦敦的电报"；此外："达里当先生不希望这封电报通报给伦敦。他将与巴德旺先生商谈此事"）。——原编译者注

③ 指法国外交部秘书长路易·若克斯。

得到加强。同样我们也不反对美国和英国向突尼斯军队运送武器装备。①

北非部门的领导人出席了这次会谈,他指出负责非洲事务的助理国务卿萨特斯韦特先生两天前在突尼斯城拜访布尔吉巴先生时,布尔吉巴先生向萨特斯韦特先生表明突尼斯不会放弃预计的运送。听到这个消息,秘书长直截了当地向对话者强调,法国舆论对于所有与北非有关的问题都很敏感。在过去,美国和英国向突尼斯运送某些武器,在法国激起了很强烈的反应,甚至引发了政府危机。因此,在这种等级的事务中应表现出更多的小心和谨慎为宜。若克斯先生提醒道,法国政府已经表明了希望被通报运送至突尼斯的武器登记编号的愿望。这个保证对我们来说是必不可少的;如果这些装备偏离目的地改道而加强了对手的实力,这对我们来说是不利的。然后,波特先生让我们注意到这样等级的通报将极大地刺激布尔吉巴先生,并且危害到整体合作。这就是美国政府建议将清单交给其巴黎武官的原因,由他们在我们每一次表达愿望时着手进行必要的核实。若克斯先生表明这个方案对他来说并不足够。

最后,他向麦钱特先生指出,我们已经就比塞大基地的未来这个内容与突尼斯人进行了接触。问题的本质还没有涉及,但是我们已经感觉到突尼斯在对待这个问题的时候具有亲西方的导向而产生的责任感。

2. 利比亚:负责欧洲事务的助理国务卿询问秘书长如何看待利比亚的形势演变。若克斯先生回答道,这个国家的脆弱凝聚力在很大程度上取决于其执政的王朝,该国也受到了伊拉克事件的巨大影响。此外,利比亚仍然需要大量的财政和经济援助。地处马格里布和埃及两极之间,利比亚的未来充满不确定性。尽管如此,如果我们能够带给马格里布足够的稳定,也许我们可以将利比亚团结进来。对此,这是我们能够抱有的最好的希望。我们的对话者告诉我们,他们赞同这种看待方式,并且埃及在利比亚群众中的宣传效果

---

① 根据1956年6月法国和突尼斯订立的条约,只有法国才能向突尼斯提供武器。起初,法国为突尼斯的2243名军人配备了足够的轻型武器,但拒绝了突尼斯更多的武器要求,尤其是在突尼斯继续支持阿尔及利亚民族解放阵线之时。突尼斯曾向比利时、土耳其、联邦德国、瑞士、意大利提出供应武器的要求,但这些国家慑于法国的压力都拒绝了。1957年9月,突尼斯请求美国提供武器,后也向英国提出类似请求。10月,美国秘密通知突尼斯,美国准备根据《共同安全法》为突尼斯购买美国武器和军火提供便利。11月14日,美英把军火运送给了突尼斯。参见房建国:《美国对阿尔及利亚战争政策研究》,世界知识出版社,2012,第142—147页。

所取得的进步对我们的对话者来讲显然限制了政府中那些不敌对西方势力的人的行动自由。

3. 摩洛哥：若克斯先生提醒道，摩洛哥政府结构的缺失以及某些摩洛哥社会精英对于中立主义倾向的敏感使得摩洛哥处于比突尼斯还脆弱的形势中。法国已经决定大量减少它在摩洛哥的军事部署，尤其是要消除所有看似是武力占领的部署。然而，法国认为对于保留在摩洛哥的基地表现出坚定的态度是必不可少的。这种态度是为了国王的根本利益而服务。当然，我们过去一直理解摩洛哥政府多次要求外国基地和军队撤出的原因。然而，如果我们在这一点上退让，会助长中立主义的浪潮，摩洛哥可能会很快脱离西方，并将突尼斯置于不可阻挡的压力之下。马格里布作为伊斯兰世界抵抗共产主义的堡垒，也可能走到了终点。

北非的领导人指出，国务院完全赞同我们对于形势的分析。在外省，攻击中央政权的令人不安的图谋又出现了。确实，撤出基地不仅给不结盟政治注入了新动力，而且加剧了摩洛哥经济的恶化。拉巴特的领导人对此已经意识到。但是，国务院认为在撤出原则的认识和该原则的实施之间存在回旋的余地，这使得美国能在足够长的期限内保持其立场。事实上，应该就大量问题与摩洛哥进行协商，这可能会需要一段时间。

若克斯先生向对话者发出严正警告来反对这种不可靠的打算。摩洛哥人的思考方式和我们不一样，我们有足够的理由担心一旦在原则上作出让步，我们就会迅速陷入必须执行的境地。对于这个原因，法国政府认为现在应该避免所有可能重新启动谈判的举动。

谈话中还提及将法国的一些责任转移到美国基地的问题。我们已经向麦钱特先生表示，我们没有意愿重新考虑已经交给美国政府的有关该内容的原则协议。但是我们希望在1950年总协议的框架内尽快达成技术性协议，以便调整预计的变化。可以在巴黎对这个协议进行谈判，一旦达成，法国和美国政府将同时通知摩洛哥共同的最终措施。

4. 几内亚：若克斯先生告知欧洲事务助理国务卿，法国政府有建立新共同体机构的义务。安排的日程表使我们无法寄希望于在未来几周内我们可以实现与几内亚关系正常化。此外，接受几内亚进入联合国，在联合国内接受一个政府权能和结构尚未确定的国家，可能会是对这个机构的嘲讽。因此我们希望将接受几内亚推迟到第十四届联合国大会，那个时候这个新的国家将会受到联合国成员国一致支持的保障。

我们的交谈对象没有否认奉劝塞古·杜尔先生放弃任何草率行动可以带来的好处。国务院将尽力说服将于11月29日访问华盛顿的迪亚洛·泰利先生，将其国家的候选资格延期到明年。然而，如果这些努力是徒劳的，那么美国可能会不得不考虑亚非国家对于接纳几内亚加入联合国持有极大的保留态度而可能会产生的反响。因此，华盛顿想知道是否能将这种可能发生的情况推迟到会议结束后，这会使法国有时间来巩固和科纳克里建立的新关系的基础。

秘书长明确向交谈对象们指出，这样的解决方法不能被考虑，而且我们坚定地依靠美国的支持来使我们的观点既要得到科纳克里政府的承认又要在联合国框架内得到承认。

5. 阿尔及利亚：展开谈论政府对阿尔及利亚的政策没有用。这一点国务院深知。但是，若克斯先生提请麦钱特先生注意给予政府时间来执行其计划会获得的益处。议会主席的想法是通过连续的民主选举在阿尔及利亚选出一位精英代表。应该以某种方式使阿尔及利亚各个阶层的人接受教育，这需要花费一些时间。无论如何，我们不能接受民族解放阵线自认为是阿尔及利亚合法代表的要求。

至于联合国对于阿尔及利亚问题的考量，我们的立场可能保持不变。我们没有加入辩论的意愿，但我们不能想象一个阿尔及利亚伪政府的代表被委员会或者联合国大会接受，也不会考虑来自这个机构的任何一个声明。如果大会的决议以采纳一个决定而告终，我们希望这个决定不包含任何邀请各方面来协商的建议。

最后，秘书长提醒道，纽约对自称与法国处于交战状态的民族解放阵线的代表的宽容是令人震惊的。我们希望尽快采取措施中止他们的政治活动。

欧洲司司长随后介入，指出刚刚从海牙停留后回来的国务院法律顾问将很快按照我们的承诺（第6423号电报）与美国司法部长讨论此事。

（房珂珂译，沈练斌校）

19581121，FD000112

阿尔方致德姆维尔电（第6770—6773号）①

（1958年11月21日）

接我的第6749号电报。

关于自由市场，国务院的代表们向若克斯先生重申了狄龙先生向我们作出的保证（第6443号和第6445号电报）：美国全力支持共同市场的政策，因为在其眼里自由贸易区只是共同市场的一个补充。这就是说，美国政府坚定地希望六国考虑的不仅仅是欧洲经济合作组织其他成员国的利益，而且还有签署了关贸总协定的国家的利益。

秘书长着重强调法国的政策倾向于捍卫所有现存的欧洲机构。法国政府尤其希望维持十年以来在欧洲经济合作组织中的合作。但是，法国坚持共同市场并且打算遵守预先约定的共同市场生效的期限。一些明确的建议将会提出以减少我们11个合作方所担心的不公平待遇。现在确定其实质内容还为时太早，但是要考虑到这些提议既关系到限额，也关系到关税率。

在11月21日若克斯先生和利文斯顿·麦钱特先生进行会谈期间，柏林问题被提及。②

从麦钱特先生发布的声明中可见，国务院把苏联的所作所为看作是为了表现其重大影响力。在他看来，西方强国之间的团结应该维持在坚定的共同政策的路线范围内。有关这点，冯·布伦塔诺先生和三位大使在波恩③进行了会谈，联邦政府自身也在朝着这个方向发展，这很鼓舞人心。

国务院目前正与五角大楼协同查验所有可能会发生的情况。西德人从一开始就参与三国之间的磋商在任何情况下都非常重要。

---

① 文献来源：DDF, 1958, Tome Ⅱ, pp. 726-727.
② 11月10日，赫鲁晓夫在苏波人民友好大会上发表讲话，声称西方盟国违背了《波茨坦协定》，已丧失继续留在柏林的合法基础。他宣布《波茨坦协定》的签订国应放弃柏林占领体制，届时苏联将把其在柏林行使的权力移交德意志民主共和国，由西方盟国直接与东德建立关系以便处理与柏林有关的问题。FRUS, 1958-1960, Vol. 8, Berlin Crisis, 1958-1959, p. 46.
③ 关于20日西德外长和三位大使会谈的报告，详见DDF, 1958, Tome Ⅱ, 第347号文件。

若克斯先生回忆起英国的备忘录（我的第 6695 号电报）①，利文斯顿·麦钱特先生明确指出，从伦敦政府和英国驻华盛顿大使馆所做的统计调查可以看出这不涉及最终立场，而仅仅是讨论的基础。

某些指示甚至导致我们被认为后悔在伦敦制定了这个文件。

（房珂译、沈练斌校）

19581121，FD000122
阿尔方致德姆维尔电（第 6744—6748 号）②
（1958 年 11 月 21 日）

参考我的第 6690 号电报。③

我和外交部秘书长④已经告知麦钱特先生法国政府对苏联、英国、美国停止核试验协议中可能增加新条款的担心，新条款为缔约国保证不帮助第三国进行核试验。我们问他，达成这样的协议会不会禁止法美在核武器领域的所有合作。

麦钱特证实了美国政府在协议中添加新条款的打算，同时他要求出席会议的法利先生回答我们提出的两个问题。

法利先生对协议中添加新条款给出了两大理由：第一，阻止苏联帮助中国及其同盟国进行核试验；第二，防止苏联可能因谴责美国通过第三国进行核试验而提议废除协议。

关于生产核武器方面可能展开的合作，法利指出，与苏联签订的停止核试验协议不会影响新的核立法已经同意或者禁止的内容。因此，"实质性发

---

① 11 月 19 日的第 6695—6700 号电报（未转载），向国务院汇报了当日召开的三方会议，这个会议涉及几日前已经发送到华盛顿和巴黎的关于柏林问题的备忘录。英国外交部对迟疑不决的美国代表们提出的方案是，用对民主德国的正式承认换取西方国家占领柏林的权利。法国代表采纳了与国务院相似的立场。——原编译者注

② 文献来源：DDF，1958，Tome II，pp.720-721。

③ 11 月 19 日发自华盛顿的第 6690—6693 号电报，未转载。阿尔方先生的助理被委托会见法利先生，法利先生没有掩饰，如果在日内瓦大会上达成停止核试验协议，美方认为有必要在协议中增加一项条款以使美国政府不能帮助第三国进行核试验。这一条款的目的在于使苏联政府不对中国或者任何一个同盟国提供帮助。对法利先生来说，这一约束只涉及美国政府，不涉及法国政府。——原编译者注

④ 外交部秘书长 11 月 19 日抵达纽约出席联合国大会。——原编译者注

展"的标准会始终有效。

若克斯先生询问美方对日内瓦谈判[1]进程的看法。美方回答道：谈判始终围绕一点，苏联人坚持立即实施停止核试验的协议，而美国人则坚持把停止核试验和监督联系在一起。

美国国务院认为，苏联人不打算接受西方国家希望的监督方式，美方已经证实美国的态度不会因此缓和。如果没有苏联对真正的国际监督详细、具体的承诺，就不可能就停止核试验达成共识。

相反，法利先生补充说，如果能达成一个详细的监督协议，美国国务院将重新考虑在其他裁军领域遇到的进展问题，以使核试验停止期限再延长一年。若克斯指出，在这一领域对苏联作出让步可能会有很大的风险。美方指出，问题首先在于要针对核监督达成令人满意的协议，但现在距此还差得很远。

(李东旭译，吕军燕校)

19581204，FD000098
　　阿尔方致德姆维尔电（第6980—7007号）[2]
　　　　　（1958年12月4日）

参考我的第6895—6897号电报[3]。

根据商定，12月4日上午11时30分在国务院举行了关于审核9月17日法国备忘录的第一次三方会议。除了一些助手，出席会议的还有副国务卿帮办墨菲先生、英国代办胡德子爵及我本人。

---

[1] 指关于防止突然袭击的日内瓦会议，更多会议进程的细节参见：*L'Année Politique*, *1958*, pp. 469-472。——原编译者注

[2] 文献来源：*DDF*, 1958, Tome Ⅱ, pp. 802-808。美国的记录参见：*FRUS*, 1958-1960, Vol. 7, Part 2, Western Europe, pp. 128-137。

[3] 11月29日的电报，未转载。这封电报陈述了定于12月4日上午11时30分在墨菲先生办公室开始的三方会谈的安排：向新闻界提供公报；在会谈开始时，事先通知常驻北约理事会代表以及意大利和西德驻华盛顿大使。斯巴克先生将由美国驻布鲁塞尔大使亲自通知。与会者同意，将严格贯彻公报中的意见，不应将其文本交给外国新闻界的代表，以免给讨论带来新的困难。公报只能官宣。电报参阅了之前11月28日的第6859—6860号电报，未转载。这封电报说，大使当天表示，没有什么能够阻止三方谈判的举行，法国政府已同意向常驻北约理事会代表通报信息的程序。杜勒斯先生随后提议在12月4日召开第一次会议。——原编译者注

在讨论主题内容之前，墨菲先生强调了一些程序性问题。

A. 我们审核的通稿将于当地时间晚上 10 点发布。国务院新闻发言人接到指示，在答复记者时应尽可能谨慎。

B. 墨菲问，随着会议的进行，我们打算采取什么程序向其他北约成员国通报信息。我回答说，我们坚持我们的立场：不必正式通知北约理事会，因为之前的备忘录也没有提交给它。尽管如此，我们认为以个人名义让伙伴们了解一下即将取得的相关成果没有坏处。不过，现在谈论这个问题为时尚早，我们要先看看会得出什么结论，然后再考虑通告他人。墨菲对此表示赞同，但如果情况需要，他保留重新要求正式提交北约理事会的可能性。

C. 副国务卿帮办问我，如何看待下一步的对话进程。我回答说，原则上，我打算征得阁下同意，在下周最后几天动身前往巴黎。在那之前，我们还有时间再举行一两次会议。12 月 25 日之后，有可能甚至很有可能于北约会议间隙在巴黎恢复讨论。墨菲先生对此完全同意。

应副国务卿的要求，我随后介绍了 9 月 17 日备忘录的目的和意图。周六，我会通过华盛顿的外交邮袋给您发送概要，我从中获得了一些启发。

首先，我要提醒的是，我们即将举行的会谈在本阶段具有探讨的性质。随后，将根据各自政府的进一步指示并向军事专家征求意见后明确会谈内容。

我根据总统写给美国总统的信里的措辞指出，我们的目标是使我们的联盟变得更加协调和高效。

然而，事实是，当前北大西洋公约组织已经不能满足"自由世界"的防务所需的安全条件。该公约当时签署时，面对的仅是一种威胁：苏联直接侵略欧洲的危险。虽然这种威胁依然存在，但不再是唯一的威胁。十年之后，全球战略形势早已发生了变化。现在威胁遍及世界各地：北非、中东、撒哈拉以南的非洲、印度洋以及太平洋。它不再局限于军事层面，而是已经扩展到政治和经济层面。

此外，破坏力强、射程远的新式武器的运用导致战略形势发生了变化，我们以前关注的区域显得过于狭小了。最后，美国不再像十年前那样在这一领域保持技术垄断。1948 年[①]签署《北大西洋公约》之前，国务卿本人就曾

---

① 《北大西洋公约》签于 1949 年，原档时间有误。

在参议院外交委员会的一次讲话中指出,未来很有可能需要重新审视那时可能已经过时的战略构想。

然后,我研究了我们一直在寻找的解决北约这些明显缺陷的方法。听了三位顾问的报告①之后,我们的磋商范围扩大到《北大西洋公约》未涵盖的地理区域。正如阁下11月6日向塞尔温·劳埃德先生指出的那样,② 我们并不反对在北约框架内继续进行这种对话,但我刚才收到的斯巴克先生1958年11月17日的报告③表明,与会者增加到15名,必然会遇到磋商的困难以及审核的限制。此外,法国的方案完全属于另一种性质。

另外,我承认,《东南亚集体防务条约》《巴格达条约》以及美国与一些亚洲国家之间双边协定的签署,至少在纸面上为世界其他地区出现的新威胁设置了一些障碍。然而,尽管已经努力加强联系,但是这种协作仍然不够完善,甚至完全没有效果。

近期发生的事件也证实了我们在这方面的看法。我们不是批评夏天美国在中东危机和金门危机中所作的决定。但事实是,在这方面,我们既没有被征求意见,也没有受邀参与评估这些军事行动对世界和平和我们自身安全可能带来的影响。

接下来讨论我们的提案,我指出,本提案主要涉及两个问题:

第一个问题是,成立一个由美、英、法组成的机构,其目标是就全球安全问题作出共同的政治和战略决策。只有这三个国家才能做到这一点,因为它们是仅有的对全世界负责任的国家,同时很快或即将掌握所有的现代化

---

① 1956年5月,北约理事会召开会议,决定成立由加拿大外长皮尔逊、意大利外长马蒂诺、挪威外长朗格组成的三人委员会,其职责是就北约政治协商制度问题向理事会提交报告。此三人由于有丰富的行政经验、熟悉国际事务,又被尊称为"三智者"。"三智者"在来自美、英、法等国众多专家的协助下,最终于1956年12月13日向正在巴黎召开的北约理事会会议提交了报告。这份被称作"三智者报告"的文件正文有六章,其提出的建议完善了北约的政治协商制度,空前扩大了北约成员国合作的领域,北约协商机制在政治、外交、经济、文化、对外战略、组织结构等方面全面开展。该报告随即为北约理事会所接纳。报告英文,见 http://www.nato.int/cps/en/natolive/official_texts_17481.htm;报告中译文,见刘京译:《三人委员会关于北约非军事合作的报告》,徐蓝主编《近现代国际关系史研究》(第5辑),第256—278页。
② 参见:*DDF*, 1958, Tome II, 第318号文件。
③ 在外交部的档案中找不到该报告,在保罗-亨利·斯巴克的回忆录中也没有提到。——原编译者注

127

武器。

为了应对经常出现的批评,根据您第11795—11800号电报的指示,我明确表示,不是要设立一个三方理事会。我们的目的是,就事关世界安全的所有问题进行有组织的磋商,以期找到共同的解决办法和行动计划。这三个国家在德国问题或裁军问题等专门领域内的既有成果应该推行到全世界。很明显,这种有机协商不会强制我们三个国家中的任何一方接受被认为违背其国家利益的解决办法。同样,也不存在对其他国家,如北约其他成员国施加可能违背其意愿的决定。但是,当三个大国达成一致决定后,事实上我们当然希望,其他相关国家对执行共同决议的反对意见会被否决。

我们的第二个提议与第一个不可分割,它更多的是对北大西洋公约组织的关注……①公约所涵盖的地区太小。应该修改军事部署,重新调整战区和指挥区,比如在地中海防务方面考虑一下非洲地区(您的第11041—11045号电报②)。我明确指出,我们没有看到艾森豪威尔的最新意见。绝对不能将政治保障扩大到可能对其拒绝的地区。这基本上是一个军事问题,需要听听该领域主要顾问的意见。这有可能但没有必要导致对《北大西洋公约》的修订。

最后,我总结说,我提出的建议旨在加强联盟力量,使我们每个人都能在作出同时影响我们自身的决定方面发挥更大的作用。我们再也无法想象将所有的责任,无论是政治责任还是军事责任,都寄托在一位合作伙伴身上,尽管我们都信任它。这就是我要求合作伙伴们审议的所有问题,希望能够尽快得到它们的答复。

我陈述完毕之后,墨菲先生说,我刚才所作的解释无疑为辩论提供了明确方向。事实上,在华盛顿,有人担心一个全新的组织会阻碍其他联盟的运作。此外,到目前为止,我们认为协商程序一直是广泛开放的,可以根据每个人的意愿随时进行。我们也不应该忘记,1949年美国在其外交政策方面取得了真正的进展,为欧洲防务作出了非常具体的保障。这不会削弱它的影响。

我回答说,我们很清楚这一点,我们仍然致力于北约的防务工作。然而,

---

① 此处译码缺字。——原编译者注
② 发给华盛顿的第11042—11047号电报(不是第11041—11045号电报)实际上是法国常驻北约理事会代表10月12日关于塞浦路斯问题的第204号电报。——原编译者注

我们意识到，在当今世界形势下，北约已经势力不足，我们需要扩大我们的关注范围。

英国代办接着指出，9月17日备忘录的主要价值是坦率地提出了真实的问题。两年来，英国代表在各种场合声称威胁已经"全球化"。然而，根本问题在于如何为大家普遍认识到的"疾病"找到一剂良药。英国政府或许反对设立一个真正的理事会。他高兴地看到，这并非将决定强加给其他伙伴或者通过这三个伙伴强加给其他盟国，然而英国政府必须考虑其他国家的反应，不仅是欧洲国家，还有英联邦，特别是加拿大。如果要设立一个机构，那它无论如何都必须尽可能非正式。胡德子爵接着问我如何设想这些磋商的实际安排。

我回答说，就纯粹个人的意见而言，从一开始我就设想在华盛顿举行磋商，我们在那里可以最方便地征求军事专家们的意见，因为他们正在那里制定最宏伟的全球战略计划，至少我们是这么认为的。当然，这并不妨碍根据实际需要和部长们的行程考虑三方会谈在其他地方举行。

在华盛顿举行的这些会议上，出席者有国务卿或其代表、英国和法国大使及其主要军事专家，这些军事专家隶属于参谋部。

墨菲先生和胡德子爵随后提出了常设秘书处是否有用的问题。此外，拟签协议的形式是什么？我们是作出书面承诺、交换国书还是仅仅达成口头协议？我表示将向阁下提出这个问题。

然后，墨菲先生请我给出具体说明，如果我们决定明天开始磋商，那将采取何种形式。柏林方面，已经有一个三方机构在运作。而黎巴嫩或约旦方面，作为历史上的典型问题，在时间紧迫的情况下，我们如何能够在实践上有效确保我们彼此的协调？

我回答说，我们想避免的是，面对任何情况，都要临时考虑实际上已经决定的方案。对于世界上的所有重大问题，都需要事先考虑到可能出现的各种情况，通过共同协定，在战略、政治甚至经济方面达成一致意见。我们必须做好一切准备，在任何情况下都不会觉得意外。因此，我们的想法更多的是共同制定大型战略计划，而不是根据具体情况进行日常磋商。比如，难道不应该立即评估苏联对非洲的整体威胁，而不是仅仅考虑某些特定地区吗？这难道不是我们早该做、早该研究的事情吗？墨菲先生和胡德子爵随即表达了他们对一个过于"制度化"、不加区分地扩展到全世界的体系的担忧，每次会议召集多少专家？英国代办也许不喜欢……①大张旗鼓。讨论具体问题的会议或将举行。我们暂且观察一下，是否可以讨论更广泛的问题。

最后，墨菲先生问我，如果有必要，我们是否愿意让一个或多个直接相关国家参加我们的三方会议。

在会谈结束时，副国务卿帮办提出了备忘录第三段提出的问题。下面这句话是什么意思："法国政府……从现在起，将以其为条件，决定它目前对北约的参与情况"②？这是否有点令人不安地表明，从现在起，我们减少对北大西洋组织的支持程度？如果我们不满意，我们是否打算拒绝任何协助支援北约的联合行动？不应忘记，苏联目前的主要目标是破坏"大西洋堡垒"。我们本想做得更好，但是却有可能会破坏或瓦解当前的既有成果。

我回答说，正如我在会谈开始时所说的那样，我们的目的是加强我们的联盟。当然，我们并没有固执地试图改变目前的程序。然而，我们认为，在目前的情况下，北约原则上无法履行赋予它的任务。我们希望，我们提出的想法会得到合作伙伴的支持，除非在我们别无选择并试图建立一个更好的机构的情况下，我们才会诉诸第12条的修改程序③。

然而，墨菲和胡德子爵指出，北约目前不是一个世界组织，而是一个区域防务机构。即便我们希望三方能够更好地协调全球战略计划，我们也不清楚废除一项至少有存在价值的公约有何意义。这或许是下一次对话中需要厘清的一点。

结束对上述电报的总结，为了能够在下周早些时候重启三方会谈，请您尽快就以下几点作出指示：

1. 我们达成的协议必须要用书面形式吗？
2. 是否要成立秘书处？

---

① 此处译码缺字。——原编译者注
② 档案有省略，"九月备忘录"此处的全文为："法国政府认为这样一个安全组织是不可或缺的，从现在起，将以其为条件，决定它目前对北约的参与情况。"参见姚百慧编《戴高乐挑战美国霸权：改组北约的"九月备忘录"》，《法国研究》2022年第2期，第106—109页。
③ 1949年4月4日签订的《北大西洋公约》的第12条规定，在公约生效十年后或其后的任何时候，如果任何缔约国提出要求，应共同协商，以审查公约，同时考虑到当时影响北大西洋地区和平与安全的各种因素，包括根据《联合国宪章》为维护国际和平与安全而制定的世界性和区域性安排。

3. 是否确定原则上将在华盛顿举行大使级会议，并有我们的最高级别军方人员参加？

4. 如果情况需要，是否可以邀请其他国家加入？

5. 我们现在是应该坚持全球协商，还是应该先通过对目标问题的初步研究来检验这种三方协商？

最后，请求您对备忘录第 GE 段①作出明确解释。目前，我们的合作伙伴对这一段不甚理解。在此对您表示感谢。

（吕军燕译、校）

19581210，FD000099

阿尔方致德姆维尔电（第 7105—7120 号）②

（1958 年 12 月 10 日）

参考我的第 6980 号及后续电报，以及您的第 13394—13400 号电报③。

12 月 10 日下午，在国务院召开了第二次三方会谈。墨菲先生和麦克布赖德先生代表美方，哈罗德·卡恰爵士和胡德子爵代表英方。

根据上面提及的您所发电报中的指示，我指出，我方已就 12 月 4 日提出的问题进行研究，但是在两个要点没有澄清之前不可能给予他们明确的答复。

首先，必须要清楚，面对世界和平受到的威胁，我们是否能就建立一个共同行动纲领达成一致，使我们能够在政治和经济领域恢复主动，而不是像现在这样，面对苏联各自为战，对其行动实施为时已晚的报复。

其次，根据共同制定的战略计划，当出现军事冲突的威胁时，三个西方

---

① 指 9 月 17 日的法国备忘录。然而，第 GE 段意义何在？——原编译者注

② 文献来源：*DDF*，1958，Tome II，pp. 833-836。美方的记录参见：*FRUS*，1958-1960，Vol. 7，Part 2，Western Europe，pp. 138-145。

③ 同样也是 12 月 4 日的电报，未保留。部长认为，三个西方政府在"探索性"会谈初期的协商目标，应该是两个原则性问题。有无可能建立一个西方行动计划，解决世界性的、影响和平的问题？因此，巴黎建议调整对欠发达国家的社会经济发展计划，采取面对面的共同政治态度，而不是面对苏联或明或暗的动作处于一盘散沙的状态。在世界某些地区爆发军事冲突的情况下，三个西方大国有无可能在战略上统一行动，以符合预先的准备计划？这是作出使用核武器的决定之前首先要考虑的问题。如果这两个问题得到积极的答复，那么哪些机构来负责是之后要讨论的问题。只有上面提及的问题得到解决之后，才会考虑北约战略区域向非洲和中东扩展的主要问题。——原编译者注

大国必须能够立即作出反应。

这两种情况都要求我们加强合作，形成长久的、有组织的和谐关系。

我补充说，接下来的其他问题更容易解决，但是首先要就基本原则达成一致。

哈罗德·卡恰爵士首先承认，提出的议题触及了问题的核心。他认为有必要首先列出需要重点解决的问题清单，并且必须考虑现实情况。在墨菲先生的支持下，他举例说明，对欠发达国家的援助绝非一片空白。联合国、科伦坡计划、世界银行和国际货币基金组织以及美洲国家组织都有自己的援助方式。我们是否要在不考虑现有机制的情况下建立一个新的特设委员会？他本人不这么认为。

墨菲先生补充说，美国每年向欠发达国家提供的援助约为40亿美元，他们将继续努力。他不认为我们会对美国的互助计划作出评判。

英国大使进一步指出，在制定对欠发达国家经济和社会发展的共同计划时，不仅要考虑受援国名单，更应考虑资源来源。制定共同的政策必须要考虑这一关键因素。

我回答说，我们并非企图抹杀过去。我们知道英国和美国在这方面做了什么。而我方所做已经表明，尤其是在我们的非洲领地上，我们并非对这一问题漠不关心，按比例来说，我们在这方面的经济负担是世界上最高的。但是在当前情况下，问题并不在于列出一个已经做了什么或正在做什么的清单。根据目前的经验，我们应该评估不足之处，制定联合方案，努力协调我们的行动。如同在前面提及的援助案例中，迄今为止，我们多是被动、仓促地应对苏联的一些手段。

另外，这种努力不应局限于经济领域。我们在诸如德国事务或裁军等政治问题上也存在合作。

但是，除了这几点，我们还必须注意到，目前盟军没有任何总体计划，这是我们当前应该寻求建设的内容。

在指出我们之间随时存在基于双边或三方合作的可能性之后，墨菲先生认为，西方国家在政治上总是受到苏联的操纵。我们过去不是主动帮助建立德意志联邦共和国吗？马歇尔计划难道不是西方的倡议然后立即被苏联集团抄袭吗？最后，捷克斯洛伐克事件和柏林封锁催生了一些军事协议，比如北大西洋公约组织,但这些建设都属于西方的功劳。

我没有否认这些例子的价值,但我明确表示,过去的例外现在应该变成规则。对于一些不可预知的地方事件,在不能判断其可能影响范围的情况下,我们有必要制定一些基于连续数据的行动总方针。那么,如果某个具体事件万一发生的话,我们就更容易知道该怎么做以及如何采取行动。而我们之前采取的是相反的方法。

哈罗德·卡恰爵士和墨菲先生再次试图让我明确我们设想的机制的性质和我们希望达成的协议的形式。我重申,谈这些问题为时尚早,重要的是我们首先要就第一项原则达成一致。

随后讨论了三方战略计划的制定。

这时,英国大使再次表示,有必要首先由军事专家起草一份计划清单,该清单包含已经开展的工作。至于核武器的使用,他特别指出,这主要是一个政治问题,因为归根结底,在现行制度下,在北大西洋地区之外,还不是只有美国总统才能决定吗?

作为回应,我明确表示,当然必须考虑已经开展的工作,尽管除了北约本身的防务,我们对现有计划知之甚少。然而自现在起,必须要考虑将北约的战略区域扩大到非洲和地中海的可能性。

哈罗德·卡恰爵士举了伊朗的例子。当然有必要讨论苏联对这个国家的威胁。但是巴格达条约组织做了细致的工作,考虑到了各种可能发生的情况。

如果我们之间开始讨论伊朗局势,是否有必要召集伊朗或将此事提交当地条约专家?另外,我们是否可以保证,当这个问题国家得知在其不知情的情况下,除了它自己还有其他人关心其命运时,它会感到高兴?

墨菲先生在这一点上对英国大使表示支持。他另外补充说,在内部计划方面,除非征求美国不同组织和机构的意见,否则除我们三个国家外,其他国家不会作出任何决定。我接受这一观点,并补充说,在我看来这不是一个我们应该了解的问题。虽然确实应该进行一切可能的咨询,并考虑利益各方的愿望和要求,但原则上必须得出对我们具有决定性意义的结论,作为我们今后联合行动的框架。

在会谈结束时,两位代表向我保证,他们的意见不应被解读为由于还存在有待解决的问题,他们的政府不同意合作,以确保西方世界内部的更大凝聚力。当然，为了实现共同目标，我们还要确定最有效的方法。

在本次会谈中，对方试图提出以下四个问题：

1. 无论是在政治协调还是在制定战略计划时，真的不会忽视已经取得的成果吗？

2. 首先在这两个专题下列出需要解决的具体问题，以避免讨论陷入过于理论化的领域，这难道不合适吗？

3. 当问题特别涉及某一特定国家的领土时，是否应利用现有的组织和公约？

4. 一项可能涵盖全世界、涉及所有政治和战略问题的行动或研究计划是否过于雄心勃勃，是否会产生一个极其臃肿、效率可疑的机构？

我们的谈判对象希望下周在巴黎就整个问题由各代表团团长展开最高级别讨论。届时，一旦制定了总体准则，就有可能于1月初在华盛顿恢复对话。

（吕军燕译、校）

19581217，FD000100

外交部备忘录[①]

（1958年12月17日）

在1958年12月17日的会晤过程中，[②]国务卿再次谈到华盛顿针对9月17日的法国备忘录举行的三方会谈的后续问题。

首先，国务卿询问顾夫·德姆维尔先生，戴高乐将军是否真的希望建立正式的三方"组织机制"。国务卿本人并不支持这样做。他同意法国总理的观点，即决定和平与战争的重大国际事件通常情况下应交由个别国家和极少数人处理。但是，这种协商讨论只有在谨慎的、非官方的且基于相互信任的情况下才能真正有效。例如，签署一份协议可能会深深地触犯到其他国家的敏感神经，还可能会导致福斯特·杜勒斯先生本身很希望看到的在法、英、美之间所建立的协商机制更加艰难。他尤其对意大利、比利时、荷兰、西德和

---

① 文献来源：DDF，1958，Tome Ⅱ，pp. 893-894。
② 杜勒斯和德姆维尔在北约理事会议召开期间进行了会晤，参见：DDF，1958，Tome Ⅱ，第414号文件的注释。

加拿大的反应表示担忧。

顾夫·德姆维尔先生回复称，（虽然）我们更重视事情的实质而非形式，但将军已经表达了对机制性会晤或有组织的会谈的看法。重要的是我们之间确实应该定期进行联络，讨论与我们共同利益息息相关的所有国际问题。

福斯特·杜勒斯先生对此表示同意，并且提出了具体建议。1月初在他返回华盛顿后，杜勒斯先生将会提议在他本人参加的三方会谈中，依次对远东、中东和非洲问题加以讨论，这些问题应由我们一起轮流研究。顺序可以在我们方便时予以修改。国务卿的同僚对阿尔方先生表示，对于任何可能威胁到和平的突发事件，三国小组理应即刻商讨，予以处理。

（马吟婷译，姚百慧校）

19581226，FD000123

德让致德姆维尔电（第4958—4967号）①

（1958年12月26日）

葛罗米柯于12月25日在最高苏维埃会议上发表声明，声明的第一部分有关停止核试验问题和防止突然袭击问题，这两个问题成为日内瓦谈判的主题。

1. 葛罗米柯首先强调停止核试验的至关重要性，他把苏联政府对这件事的态度比作苏联对外政策的试金石。他阐述了自1955年以来苏联对该问题的观点。他着重强调苏联政府的决定是依照最高苏维埃的决策，即自1958年3月31日起单方面停止核试验。② 在提到28国政府已经明确同意这个决定后，葛罗米柯解释了美国和英国的态度是如何迫使苏联不得不重启核试验的，以使其他大国不会取得单方面的优势。关于对停止核试验协议的执行进行监督的可能性，他长篇大论地回击了西方国家的质疑。就这一要点，他提醒说，1958年7月至8月专家们在日内瓦已经达成协议，该协议彰显了苏联观点的

---

① 文献来源：*DDF*，1958，Tome II，pp. 918-920。

② 1958年3月31日，苏联宣布，最高苏维埃已单方面决定，停止在苏联境内进行一切类型的原子武器和氢武器试验。"Decree of the Supreme Soviet Concerning the Discontinuance of Soviet Atomic and Hydrogen Weapons Tests," March 31, 1958, *Documents on Disarmament*, *1945-1959*, Vol. 2, pp. 978-980.

合理性。不管怎样，美国和英国都在加速进行其核试验。葛罗米柯还提到，在上一次联合国大会上应苏联要求进行的辩论中，苏联关于禁止核试验的建议受到否决。①

正是在这些情况下，尽管西方大国并不情愿，但苏联还是同意参加第二次日内瓦会议。

2. 葛罗米柯先生继续说，在日内瓦，苏联提出了它的议案，主要条款为：停止核试验，建立国际监督，包括在协议涉及的国家领土上设置监察站。② 然而，日内瓦会议已持续半年，英国人提出的四个主要条款成了阻止协议签订的障碍。

（1）停止核试验期限限制在一年内。

（2）延期取决于对整体裁军的监督是否取得令人满意的进步。而这个话题西方大国们已经毫无意义地讨论了超过十年之久。

（3）要求在停止核试验的监督机构中采取少数服从多数的原则，这一条款使该机构完全依赖于英美集团。借用著名的巴鲁克计划③，接受这样的要求会使所有缔约国都处在美国富豪的控制之下。

（4）西方大国试图避免停止核试验，声称这些核试验是用于和平目的。苏联政府担心此类核试验也同样可以用于战争目的。因此它建议，如有必要，此类核试验的数量应该受到限制，并且英美方和苏方进行的核试验要数量同等。

3. 葛罗米柯先生接着又把话题转到关于防止突然袭击的会议上。他表明苏联方案的核心在于，建立航空检测区，其实现取决于减少欧洲大陆上的外

---

① 1958年10月31日，苏联向联合国递交了一份声明，其内容与日内瓦会议有关。它说由于苏联在3月31日单方面暂停核试验以后，美英两国加紧了它们进行核武器试验的计划，苏联宣布它有权按两个西方国家从3月31日起进行爆炸的合计数，以"一对一"的比例继续进行试验核爆。《联合国与裁军》，第246—247页。

② La Conférence d'Experts pour Étudier les Mesures Éventuelles qui Pourraient Contribuer à la Prevention d'une Attaque par Surprise et pour Preparer un Rapport aux Gouvernements sur ce Problème（Genève, 10 novembre-18 décembre 1958），Documents soviétiques déposés les 11, 17, 28 novembre, les 12 et 18 décembre.

③ 伯纳德·曼内斯·巴鲁克，美国驻联合国原子能委员会代表。1946年6月14日，巴鲁克提出了一项原子能工业国际化项目，将工业设施和裂变材料的所有权转让给一个超国家机构，即原子能发展总署，由该机构垄断核能生产。在建立这一管制制度之后，将销毁储存的炸弹。世界知识出版社编《裁军问题文件选辑》，世界知识出版社，1958，第8页。

国武装力量以及放弃在东德和西德建立核基地和弹道导弹基地。他谴责说，西方大国对获取苏联核武器和弹道武器情报的兴趣远远大于达成协议。他只是含糊地说，希望西方大国更加合理地衡量局势，在该领域采取合作的道路。

4. 他的发言回到了停止核试验的问题上来。他参与了几个关于在西德部署核武器及美国将军们对可能使用核武器的声明的论战。他希望西方政府可以聆听一下人民的呼声。他再次重申，只要美国和英国同意，苏联已经准备好明天就签署协议，立即、全面、永久地停止核试验，没有任何前提条件。①

5. 大使馆将会明确转达葛罗米柯先生的声明中关于两次日内瓦大会的最主要章节的译文。②

(李东旭译，吕军燕校)

19590107，FD000005
阿尔方致德姆维尔电（第106—114号）③
(1959年1月7日)

1月7日下午国务卿接见了我，他于今天恢复了一切活动。

在谈到他在巴黎与总理和阁下的谈话时，我问杜勒斯先生他打算如何处理三方会谈的问题。

国务卿就他于去年12月17日向阁下所作的声明向我进行了确认。④ 现在适于订立议程，这一议程延展至世界上的诸多地区，我们可能会一个接一个地研究它们。这样，可能会给予三方中的每一方表达他们见解的机会以便达成共识。

在他看来，他希望首先就远东问题进行意见交换。在世界的这一部分，

---

① 苏联外交部长12月25日发布了关于外交政策的声明之后，最高苏维埃5位议员发表了讲话（讲话内容发表在了媒体上）。其中，有科学院院士洛伦季耶夫、总参谋长索科洛夫斯基元帅。他们讲话的译文已经由我驻莫斯科大使馆转发外交部。这篇对西方国家充满攻击性的讲话是对苏联关于柏林主张的辩解（12月27日发自莫斯科的第4982号电报，未转载）。——原编译者注

② 此次葛罗米柯讲话之后，苏联政府关于核试验的政策被批准采纳（12月27日的第4970号电报，未转载）。——原编译者注

③ 文献来源：*DDF*, 1959, Tome Ⅰ, pp. 25-27。美方的记录参见：*FRUS*, 1958-1960, Vol. 7, Part 2, Western Europe, pp. 156-159。

④ 参见19581217，FD000100。

存在着非常危险的形势。尤其是在台湾，一场危机随时可能爆发……争论可能会针对其他国家：朝鲜、日本，特别是菲律宾。在菲律宾，自从麦格赛赛总统去世之后，美国政府对形势的发展演变并不满意。着手进行的有关美方基地制度的谈判没有取得人们所期望的那种进展。

此外，杜勒斯先生补充道，应该详尽研究有关前印度支那的问题。越南民主共和国和老挝之间新近出现了一次重大的边境事件①。柬埔寨和泰国之间的形势也远非令人满意："在这些方面，"国务卿说，"我们非常有兴趣从你们有关这些地区的经验与知识中获益"。

我表示我会向您转达这个建议。对于我来讲，我本以为中东地区能够提供一个更直接的研究领域。然而，杜勒斯不改其主张，认为远东的局势很严重，但界定得很清楚。问题是显而易见的。在中东，恰恰相反，局面变幻不定。对于他来讲，杜勒斯先生还未能在朗特里先生自开罗和巴格达返回②后与其会谈。了解到朗特里的助手所汇报的结论和印象，他对于可能应该采用的政策尚未作出任何决定。

我向国务卿表示我也许会征求您对此的指示，但应该认识到，如果新的重大突发事件在世界上其他任何一个地区发生，对于远东地区形势的考察可能会随时终止，这是一定的。

我补充道，这些政治磋商只是构成了仅仅是我们希望看到的实施计划的一部分。同时，有必要让我们的军事专家考察由法国政府提出的有战略特征的问题，比如建立和北约相关或无关的新的合作平台。对我来说，好像必须特别考虑的是从现在起，非洲和中东在欧洲和地中海发生战况时应该呼吁其所发挥的作用。在法方和英方向我们的常驻小组的行动指挥发出呼吁时，并且在美方向参谋长委员会主席或者向它的代表之一发出呼吁时，这种旨在达成明确结论的观点交流或许可以在华盛顿进行。

杜勒斯对我作了回答，对第二点他今天不能马上答复我。他得咨询美国军方负责人。另外，他并不反对这个想法，而且他以在非洲战区为例问我，

---

① 1958年12月29日，在北越和老挝边境地区的车邦市东北部发生了一起严重事件。——原编译者注

② 1958年12月朗特里访问了中东。卡塞姆对他态度冷淡，而纳赛尔则热情接待。参见程皖：《美国对约旦外交政策研究（1946—1969）》，江西人民出版社，2011，第155页。

在该研究的框架内已向一些西班牙的军人进行询问，对此我们是否看到一些反对意见。我回答道，战略计划的起草首先是和三个大国相关，但是基于此可以设想向西班牙询问并且在对话的某些阶段联合西班牙。

阁下，由杜勒斯提出的政治磋商的计划是否得到您的批准，请向我告之，我会不胜感激。根据美国相关部门的消息，饶伯森和他的助手们将在七八天内准备好他们的文件。

（窦云婷、曹忠鑫译，沈练斌校）

19590113，FD000032
肖韦尔致德姆维尔电（第118—126号）[①]
（1959年1月13日）

英国外交部裁军部门的主任昨天向我的一个助手提供了关于上周在日内瓦召开的大会[②]的一些说明。

总的来说，在伦敦停留几天的奥姆斯比-戈尔先生表达的整体印象是，在会议的第一阶段结束时，苏联代表团表现得比以前更难交流。但是，英国代表对察拉普金先生所表现出来的温和而不容置疑的强硬个性和动机难以作出清晰的分析。他不知道这是否是一种或临时或长久的战术，也不知道困难是否来自所交流话题的特点。反正他的判断悬而未决。我补充说，弗雷德里克·霍耶·米勒先生刚刚向我表明，国务大臣对会议最终达成协议继续持乐观态度。

对苏联行为的分析变得更加复杂，因为苏联代表越来越多地向新闻界发声，因此很难分清他在会议上的发言是出于宣传的目的还是其作为一个谈判者的真正意图。

根据近几天的要点，该英国官员指出以下几点：

1. 否决权。再次召开的日内瓦会议并未就这个关键点作出基本的解释。但是上周末察拉普金先生承诺很快提交一份系列决定清单，这些决定将会统一作出。依据这份清单包含的内容，这种讨论问题的方式更可以看作是一个

[①] 文献来源：*DDF*, 1959, Tome I, pp.46-48。
[②] 指1月5日恢复的停止核试验会议。——原编译者注

好兆头。它对英国代表团抛出的理念给予回复。后者认为如果会谈从原则领域转向具体情况，那么双方的交流将会更加顺畅。

2. 条约期限。察拉普金先生在新闻界充分报道的情况下又回到这个话题。我们通过一些似是而非的论据，从英方角度思考苏联代表团提出一个已经被彻底搁置的问题的原因。我们想到了一个词，声东击西。

3. 地下核爆。苏联代表团在媒体上就美国新提交的文件①表示欢迎，就这一点，几乎没有什么可说的。他们在会议上的发言充满激情，其观点体现为两点，一是正在召开的政策会议应该基于专家的报告，二是所有新的技术问题都应该在条约规定的监督机构的能力范围之内。因此，他们拒绝让在场的专家参与研究美国提交的文件。

4. 高空核爆。和各类报纸的报道相反，这方面的问题未有涉及。然而，这方面出现了一个问题：英美代表团在休会之前建议更深入地研究这一章节，而专家们的报告虽然得出结论认为此类核爆似乎是可控的，但并未提出充分的建议。这条建议似乎得到了察拉普金先生的默许。但是最近的会议显示，在这一点上，苏联也希望严格遵循 8 月份的报告，并反对英国提出的程序，即研究条约草案时必须专门提到这一方面的问题。

5. 苏联条约草案的第 4 款。② 这款条文明确表示，三个大国有义务接受在各自的国土上建立监测站，奥姆斯比-戈尔先生建议这项义务应该扩展到其他的缔约方，并且这项义务不仅是建立监测站，为了方便，还应包括监督机构的地方组织，包括其联络方式，尤其是空中的联络方式。

苏联人非常谨慎并拒绝进行讨论。

6. 自日内瓦会议恢复以来，几乎没有讨论过关于"机动小组"的话题。

（吕军燕译、校）

---

① 1 月 5 日，关于停止核试验的日内瓦会议恢复召开以来，美国代表在一次内部会议上对其同事说，美国专家刚刚得出结论，目前，区分核试验和地震的难度超乎想象。美国代表团已经就此议题正式提交照会，竭力主张通过机动小组展开调查。作为答复，苏联代表团 1 月 7 日发布了一份文件，声称美国的照会中没有任何新元素，并建议未来的监督委员会负责处理此类性质的问题。——原编译者注

② 暗指代苏联 1 月 10 日的照会。参见：*DDF*, 1959, Tome I，第 18 号文件及注释、第 19 号文件。——原编译者注

19590118，FD000006

德姆维尔致阿尔方电（第551—559号）①

（1959年1月18日）

　　向华盛顿和伦敦寄送了9月24日的备忘录②后举行的三方会谈到目前为止仅限于在政治领域内进行一个最佳磋商的研究。法国政府对此很重视，因此它接受了美国通过考察远东形势开始进行这些磋商的提议。但是，如同在我的第216—217号电报③向您指出的那样，这不是我们所顾虑的关键所在，也非最难解决的问题。余下的是那些防御问题，这是些现在很适合同我们的对话者以明确的方式着手处理的问题。

　　1. 您已经了解我们对世界战略的主要担忧。

　　a. 北大西洋联盟框架内的联合指挥部和原则上由常设小组确定的共同战略的存在，不足以确保法国必须参与"自由世界"的防卫所面对的全部问题。一方面，实际上，北约的战略首先是建立在核威慑上，目前只有美国对此实际掌握：这种威慑的使用计划虽然是我们自己防御的基础，但都是些美国的计划，我们并不了解。另一方面，在目前条件下，对可能的大的战区分解是不可想象的。北约的战区必然地同大西洋战区或者比如北极的战区相关联。因此，法国像英国和美国那样参与到世界战略的制定中就很有必要，这种世界战略将世界范围内不同的战区连接起来。

　　事实上，应该赋予华盛顿的常设小组比现在更广泛的任务。以目前的状况，这个常设小组在必要时也许可以作为北约的战略机关存在。但是从另一方面讲，其中的各位成员也许应该接受由他们各自的政府所交付的任务，具体内容就是共同制定"自由世界"的整体战略。此战略的计划制定无需深入

---

① 文献来源：*DDF*, 1959, Tome Ⅰ, pp.65-68。该电文于1月17日拟定，次日发出。

② 实际上，这是1958年9月17日发给英国首相以及美国总统的有关重组北大西洋联盟的备忘录。如果该备忘录经常被提到是发自9月24日，可能是因为外交部直到9月23日晚上（20点40分—20点45分）才建议法国驻伦敦和华盛顿的大使尽快向英国首相或美国国务卿转交备忘录的文本以及传达该备忘录的信件（发往伦敦的电报编号为第9324号，发往华盛顿的电报编号为第10128号）。——原编译者注

③ 1月9日的电报（未转载），在此给出其内容大意。——原编译者注

141

细节，而深入细节的计划制定是为了各成员指挥的每一个战区。但是，有必要依照预计的假设对在这些战区的整体层面上的行动进行定义。此外，三方代表具备在核战争方面制定计划的知识并且能够对此展开讨论，无论是有关轰炸机或者导弹的行动。

b. 上一点的确是最重要的内容，因为其落实通常会导致我们打算的第二项措施，该措施与启动核战争相关。不可接受的是对该主题的决定只属于美国政府，即使目前并且可能在相当长的时间内美国政府掌握众多方式中的最核心内容。该问题可能在北约的框架里提出并且该问题可能理所当然地让很多国家担心。但是，也存在《北大西洋公约》覆盖不到的领域。去年夏天，在处理中东事务以及特别是金门事务的时候我们对此经历过。

事实上，不可想象的是美国请教了它的所有盟国，比如在北大西洋理事会内部。但是，它应该作出同其盟国一致的决定。美国的盟国，即英国和法国，也有世界范围内的利益，拥有或即将拥有原子武器。

这样的说法将会遭到反对：这些事件可能不会留下磋商的时间用来作出决策，时间可能要用小时甚至分钟来计算。这恰恰就是这些计划应该提前得到三个大国批准的原因。如果确实如此，任何延期都不能耽误三国负责任的领导人在充分了解详情的情况下共同作出决议。

2. 在所说的北大西洋联盟的范围内，法国政府已经有机会向它的盟国指出现行的组织机构并不能让它满意。对于战区的结构以及指挥权的分配确实如此。但是这首先是对于不同兵种的法国军队所处的地位的真实反映。构成北约的15个国家中，如果抛开单独构成一个特别问题的联邦德国，仅有三个国家具有使命感、能力以及真正的国家意义上的防御传统。这三个国家中，美国在它的领土上自然保留了其军队中的精锐力量，并且他们具备的异乎寻常的能力在欧洲既保证了他们最重要的指挥权，也保证了他们的主导作用。英国没有同其他国家共享其国家责任的习惯，却也有所作为，因而其领土以及大部分军队完全避开了纳入北约指挥的范围。事实上，英国仅仅将其一支驻扎在欧洲大陆的远征部队纳入进来。

鉴于本组织成立时的情况，再加上法国在地理位置上处在欧洲防御的心脏这一事实，法国已经被置于一个全然不同的境地。它的大部分力量——至少在阿尔及利亚问题出现前，它的陆军——受联盟和综合司令部的调动，其中法国并未发挥重要作用。因为我们的国家自此不再感觉到能够负责自己的防御——事实上也没有负责——我们的国家可能不再对此感兴趣，以便应对可能构成主要令人担忧的事务的其他内容。这才是不能延续下去的情形。这种情形对于联盟本身是悲哀的，其事实上并未从法国能够进行的协作中受益。这种情形特别是对于我们也是悲哀的，因为像法国这样的国家如果不能完全承担其责任是不能存在下去的。

这绝不意味着我们打算离开北大西洋联盟。这仅仅意味着这个联盟应该重新组织以便我们能够在此发挥本属于我们的作用。

北约的两个重要部门对于法国而言是中欧部门和地中海部门。中欧部门按当前设计不会吸引来自我们的特别关注。在阿尔及利亚行动即将结束时，自然应该重新考虑一个问题，即从枫丹白露指挥部撤出的师是否会恢复。可以推测的是，法国政府将打算把他们置于国家的指挥之下。但是目前还不是处理该问题的时候。

从另一方面说，在地中海，从我们的海军力量来讲，需要进行根本性的改革。目前马耳他的指挥部受英国人指挥，其特点是大部分军舰并不属于英国，地中海上的英国舰队在缩减。另外，在那不勒斯有一个美军总司令部，其特点是无法支配美国强大的地中海舰队，而后者一直是美国的国家力量。

如今重建的法国舰队处于被称为西地中海司令部的下级司令部的指挥下，在战时受马耳他支配，并且欧洲盟军最高司令部也会介入。不过，其任务基本上是国家任务，即确保法国沿海和北非沿海的防御并保证法国和北非间的交通安全。这项任务不能成为英方、美方的责任，因此这涉及很多政治问题，而且就我们盟国的政策而言，比如有关阿尔及利亚的政策，绝不会与我们的政策相冲突。在这方面，可以比照一下英国在海军防御方面的情况：其海军防御通常是完全处于英国最高指挥部门的领导之下。

法国政府因此就要因势利导，针对目前的情形作彻底的调整。它打算重新完全获得在地中海的海军控制权，并且在战时和平时都是如此。在战时，海军可能会继续被委派以国家任务奔赴前线，此乃其常规责任所在。另外，即使从联盟的角度来看，法国政府被委以这样的任务也是责无旁贷的。但是，我们认为，这只能在国家的指挥下进行。另外，可以肯定的是，同盟国军队合作进行的部署自现在起或者在适当的时刻也许可以实现。

我们也许必须采取一些举措来调整目前所谓的西地中海司令部的境遇。这个问题的一个解决办法可以参考先例，也许可以将该司令部转变成像可被称为"芒什委员会"的机构这样一个高级司令部，这个司令部可能会成为一个确保法国支配其国家军队的方法，同时其依然置身于北约框架下。但是，目前我们不会提出该内容。

上述解释详细说明了法国政府现在提出三个基本问题的原因，这些问题总结如下：

1. 建立世界战略的三方合作；
2. 启动原子行动的三方决议的必要性；
3. 西地中海上的海军机构的重组。

我们认为这三个问题的处理是必不可少的。这是我们的大西洋政策今后全面发展的条件。如果这三个问题没有处理好，我们必须完全地保留我们行动的自由。从另一方面说，一旦处理好了，我们将能够同我们的盟国讨论一些我们认为有必要的措施，以确保联盟更好地运转并加强欧洲的防御：特别是那些司令部和行动区域的重组，这些内容在9月24日的备忘录中都提到了。

(沈练斌译，姚百慧校)

19590123，FD000007
阿尔方致德姆维尔电（第435—451号）[①]
(1959年1月23日)

参照您的第551—559号电报。

我于1月22日下午受到了国务卿的接见，并向他通报了在您上述电报中所包含的指示内容，即有关在战略领域方面的三方合作。我向杜勒斯先生指出，我们建议在华盛顿进行磋商，并希望达成有关您电报中所提出的三点内容的共同决定。

我首先谈到了建立世界战略的三方合作。我强调，最直接相关的三个大

---

① 文献来源：*DDF*, 1959, Tome I, pp. 88-92. 美方的记录参见：*FRUS*, 1958-1960, Vol. 7, Part 2, Western Europe, pp. 164-166.

国能够也必须对在核战争范围内所制定的计划进行讨论，而不是仅仅依靠美国政府进行威慑（您上述电报的第2页）。

杜勒斯先生打断了我并声明他已经考虑过，坦诚来讲，这种权力应该被视为一种"自由世界"整体的"共同王牌"而"共同所有"。美国总是愿意听取其盟友关于在哪些情况下使用（核武器）是可能的或适当的意见。

在目前，"自由世界"里没有其他的大国有这种可能性来组织这样的大批军火。美国事实上持有几乎全部的现代化武器，这一事实使美国有义务进行磋商。

我记录下了这个声明，并强调我们也许必须要以三方为基础来确定使用核武器的明确条件——或者在北约内部或者在外部。

我引用了您指示中的第一点，提醒道，目前各个战区不能被相互隔离。对于我们来讲，在一个法国和英国各有一名代表再加上一位美军高级军官的常设小组内能够制定一项"自由世界"的整体战略，这对我们来说是必不可少的。计划制定中（虽然）不能涉及细节，但是至少可以提前确定一个整体行动，这个整体行动可能会考虑到最真实的假设。

在谈到您指示的第三个部分时，我向国务卿指出，我们不打算离开北约。在最初的结构上还可以增加一些机构；这些机构不是一成不变的，我们估计这些机构中的相当一部分应该进行调整。

我刻意强调，一个如同法国这样的国家，如果认为它没能完全承担其责任并且认为其他国家在事实上承担了该任务，那么它就不能在完善的条件下确保其自身的防御，也因此不能保证"自由世界"的防御。

我举例说明，从现在开始，我们想将目前在地中海海域主要负责国家任务的海军安置在一个大体上同美国第六舰队相同的情形中。这并不妨碍制定合作计划，这些合作计划在适当的时候可能会生效。

总之，我向杜勒斯指出，我们建议的改革以及我们希望得到的答复，其目标只是确保联盟更好地运作。但是，这些都是影响我们的大西洋政策今后的发展的重要问题。

国务卿向我回答道，对于要达到的目标他完全同意我的想法。对于地中海舰队的特殊问题，他承认无能为力。这是一个很专业的问题，应该由军人们在他们之间进行探讨。

相反，在提出的几个很严重的原则问题的前两点上，他认为，启动对此的磋商事关各方利益，不是同美国那些国防机构磋商，而是直接同国务院磋商。美国的军人可能和所有国家的军人一样，天性多疑。他们不喜欢向本国居民透露秘密，更不用说向外国人了。当然，幸亏国务卿参与国家安全委员会，亲自了解了诸如此类的众多问题。他打算在这个战略领域内告诉我们尽可能多的他所掌握的消息。

我提醒道，这不仅仅事关信息交流，而是要三方拟定一个共同的防御政策。

杜勒斯先生同意这就是目的，但是他重复道，最终决定不该由那些军人们作出，他们不是政策制定者。最终决定是美国总统的专属权力，他事实上是根据他的国务卿的意见来行动。

另外，美国的战略观目前还在全面修订中。带有核弹头的导弹的普遍使用将颠覆昨天还是正确无比的数据。几年前，人们就能够承认在战争状态下，指挥官的作用就是在他的能力范围内打击并摧毁明确标出的敌人的军事目标，比如说基地和机场。自1961—1962年开始，可能会发生一次彻底的革命。不再可能一次性摧毁预先确定的敌方基地。今后，无论哪一个苏联的发射井，（就算）表面上没有攻击性，也将可能掩藏着洲际弹道导弹的发射架。报复行动将因此不能摧毁确定的目标。它可能应该以全面的方法试图让敌人的经济生活和通信瘫痪。

人们因此可以思考，在不久以后所有现存的战略是否会过时。北约的战略计划规定，比如说战争状态启动后，将向欧洲派遣美国军队的几个师并在那里驻扎60天。这是十年前很有道理的观念，但是如果战争是以原子轰炸开始，这个观念就没有任何意义了。原子轰炸可能在一天内就会让8000万的美国人立即消失，而且也可能使这个大洲上的所有生命马上消失。另外，小岛上幸免于难的人会处在一个什么样的悲惨和无力的境地呢？

至此该如何设想当一些主要的军火库被摧毁后，一些附属的作战战区可能将继续存在？如何设想可能仅仅是撒哈拉以南的非洲也许会躲避全面的摧毁？

面对这样的危险，那些军人们就无能为力了。衡量危险的程度，确定这种令人生畏的武器的使用条件，这些都属于文职官员的权力。

我向国务卿回答道，应该检验另外一种假设：即两个阵营中的核大国力量相互抵消，传统的军队可能会开战。在这种情况下，如同我们计划的那样，组织北约战区之外的战区就可能显得很重要。

国务卿承认会有这样的情况,并且这样的实施问题或许能够交送给军事部门;但是他重申道,对于确定世界战略政策,军事部门不是一个正确的对话者。如果它们对秘密情有独钟,这是因为大部分时间它们在各部门内部的意见统一上令人怀疑并且有分歧。它们在文职官员们面前不会一味地提及这种分歧,并且最终它们的迟疑不决也只能化为沉默。

我问国务卿,了解到他刚刚讲过的内容,是否我可以把这些话推断为他不赞成在军事部门间进行磋商并且想把所有问题保留在国务院的范围内。

杜勒斯先生向我回答道,他认为事实上目前应该这样。他建议这样一个程序并不是打算寻求一个脱身之法。因此,几天后就会展开有关远东地区的会谈。比如当我们可能最终达成对朝鲜局势的评判时,英国人或者我们自己力图去了解美国人会对如果中国军队可能越过分界线(这一情况)作出何种反应是很正常的。难道应该期待在这种情况下美国轰炸共产党中国吗?如果这个问题向军事部门提出,这些军事部门都会心照不宣地被迫回答他们对此一无所知,而且事情不会有更大进展。只有总统和介入其中的国务卿能够回答这样的问题。

但是,杜勒斯承认,一旦达成有关根本问题的政治协议,也许有可能要求我们的军事代表就我们的决定的实际落实制定出方案。

总而言之,杜勒斯先生回顾了在下午与法新社的拉格朗日先生的会谈。为了透露给这名记者一些机密信息,他指出他的政府基本上同意9月17日的法国备忘录中所阐述的观点和原则。法国处理这些问题的方法是符合逻辑的,也适合我们的民族传统。出于同样的原因,英美的观念都是务实的。为了达到一个我们共同追求的宏伟目标,杜勒斯现在尽力调解这两种倾向。就是在这种思想支配下,他要求我们研究他今天给我们的建议。

您的第690号电报[①]在本次会晤后已到达我处。

(沈练斌译,姚百慧校)

[①] 1月22日,未转载。该电报着重指出1958年9月17日的备忘录提出的两个不同问题:(一方面)致力于共同作出最终决定的三方合作问题;另一方面,北约问题。有一个与第二点有关的先决问题:有关法国军队身份地位的问题。这涉及给予后者以明确占据优先地位的国家性。这在目前集结于阿尔及利亚的广大地区的陆军中已然实现。这有待于在海军中实现。——原编译者注

19590127，FD000169

欧洲司备忘录①

（1959年1月27日）

英国大使曾秘密传递了戴高乐将军和盖茨克尔先生的会谈纪要，纪要由格拉德温·杰布爵士撰写。在与法方纪要②进行对比后，如下几点值得注意。

1. 三方会谈

盖茨克尔先生以三点内容开启会谈：北约是必要的；北约内美英法三强的政治磋商是必要的；在任何情况下，军队都不能撇开政府独立使用核武器。

戴高乐将军也认为北约是必要的，但北约并不能很好地实现其目标。北约中小国过多，局部利益过多。磋商应在有全球利益的强国之间进行。

盖茨克尔先生担心这类磋商若广为人知，会给北约内部制造困难。因此，他认为磋商应尽可能采用非官方形式。

戴高乐将军认为应将美英法三强与西德、意大利等只具有区域利益的国家相区分。北约应在全球范围内改组，以适应三个世界性强国的利益需求。

盖茨克尔先生担心这类联盟会遭到不结盟国家的强烈反对。尼赫鲁先生已经难以理解当前北约的意义，而一个扩展到全世界的联盟会让他更加震惊。因此，盖茨克尔先生再次说到三边磋商应尽可能采用非官方形式。

戴高乐将军发现，在全球范围内，美国想把一切都留给自己。美国创立了一些区域联盟：北大西洋公约组织、东南亚条约组织，某天可能还会出现非洲防御组织，美国只将全球战略留给自己。不应该任由美国继续错误地走下去了。据说法国政府想创立一个"常设政治小组"，正是出于此种考虑。

2. 核武器

在法方纪要中唯一要增加的一点是戴高乐将军提到的一个细节：关于发动核战争，三强中的任一国家都应拥有绝对否决权，除非本国领土正遭受核攻击。

3. 北约的结构

据英方纪要，戴高乐将军似乎考虑筹备一个三国领导小组，他有时将其

---

① 文献来源：*DDF*, 1959, Tome Ⅰ, pp. 105-109。
② 见附件。

叫作"扩大化北约"，有时叫作"世界安全组织"。这个小组将决定北约在一些地区（大西洋、太平洋等）的政治和战略行动，戴高乐将军将这些地区称为"政治与战略行动区"。目前北约正向属于这些地区的非洲和近东扩展。在军事一体化问题上（见法方纪要第4页），戴高乐将军明确指出，目前诺斯塔德将军的领导应该以常规方式结束。若有人坚持，也可以让诺斯塔德将军继续领导，但这是无用的。任何军队都不应该像现在一样脱离国家。

当盖茨克尔提及"欧洲的"爱国主义这一概念时，戴高乐将军回应称五百或一千年后这是可能的。没有强大国家作为支撑的民主体系——即没有国防力量，比如西欧——很容易坍塌。现行领导应被三国代表组成的参谋部代替，在英国大使看来这与"设计司"是同义词。

对这部分进行总结时，戴高乐将军宣称："北约并不存在，它只是一种幻觉。"

4. 苏联

戴高乐将军通过以下方式表明他的观点：

在对外政策方面赫鲁晓夫比斯大林更自信，但在对内政策方面他没有斯大林自信。目前，他像一个政治家一样作为，利用在国外的行动来增强自己在国内的威望。但苏联与赫鲁晓夫并非一体……苏联所有的战时努力均是为了欧洲，它应该逐渐回归欧洲。中国必定向苏联施压，这也会将苏联推向欧洲。为维持在亚洲的地位，苏联应在西方寻求关系缓和。这是个长期工作。在此期间，苏联将有大动作，正如不久前在柏林问题上的所作所为。[1] 面对这些行为，我们应该毫不含糊，但不应具有攻击性。我们不应让步，但要表明我们准备好协商了。最后，应该增加各种交流，而不仅仅是米高扬和艾森豪威尔间的交流。

大使将此次会谈的纪要交予外交部，纪要不代表法国总统的官方立场，只是为了揭开华盛顿三方会谈的背后意图。[2]

---

[1] 1958年11月27日，苏联政府向美英法和联邦德国递交照会，限期在六个月内改变柏林的地位。（详见本书"大事记"）1959年1月10日，苏联政府再次向美英法和联邦德国递交照会，重申去年11月27日照会内容，并倡议召开会议起草最后的对德和约，明确将危机从柏林问题扩大到整个德国问题。*FRUS*, 1958–1960, Vol. 8, Berlin Crisis, 1958–1959, pp. 133, 246.

[2] 有关华盛顿三方会谈的计划，参见：19590107，FD000005；19590118，FD000006；19590123，FD000007。

附件

1月15日15点30分戴高乐总统与休·盖茨克尔的会谈纪要

1月15日,盖茨克尔先生受到共和国总统一小时的接见,盖茨克尔先生首先谈及有关北约的问题。

关于美法英间创立更有组织性磋商机制的必要性,他立刻表示同意,更何况这一将要创立的政治机制是在英法美三国框架内,而不是在北约框架内:事实上印度从未准确理解北约,甚至有可能因带有北约印记的全球政策而感到不快。但盖茨克尔先生还提出将在美国成立的"常设政治小组"是否应是官方组织的问题。鉴于德、意、加等国可能作出的反应,他支持采用非官方形式。

接下来是关于核武器的问题,盖茨克尔先生提到制造原子弹的决定是工党政府作出的,并且工党支持保守党政府制造氢弹的决定;英国采取此种立场的唯一真实原因是要避免对美国的完全依赖。作为反对党的领袖,盖茨克尔先生并不详细了解英国政府目前在弹道导弹问题上的立场,但他知道这个问题十分复杂,争论还将继续。

目前,英美签订了一项关于发射装置的协定,被称为"双重否定协定":核弹头由美国掌有,英国不能独自使用核导弹,但美国也只能在英国同意的情况下才能使用核导弹。[①] 对一个类似的协定,英国认为是令人满意的,也许法国也会对此感到满意?

戴高乐将军强调,法国还未拥有任何核武器,只要核弹头不由法国自己掌控,法国就仍要依赖美国。但若核弹头不由法国掌控,法国也不会同意在本土建立发射装置。盖茨克尔先生承认英国对双重否定协定感到满意的唯一原因是英国可以拥有一些核武器。

于是盖茨克尔先生强调,在核战争中各国应迅速作出反应,但初始决定应该由各国政府共同作出。大多数英国人不赞同在没有英国政府同意以及未

---

① 全称为《美利坚合众国和大不列颠及北爱尔兰联合王国关于中程弹道导弹的换文》,1958年2月22日签于华盛顿。换文所附备忘录规定,美国向英国提供中程弹道导弹(数量由双方规定),导弹安放在英国境内,其分布地点及条件由双方商定;中程导弹的核弹头由美国保管,所有权、保管和控制权属于美国,但发射装置由英国控制,所以发射此项导弹的决定由双方共同决定。换文全文,见《国际条约集(1958—1959)》,第97—100页。

与英国进行深入探讨的情况下在欧洲使用核武器。只有在美国领土遭到直接侵略时——这种可能性非常小，（英国）才同意立即使用核武器。

在被问及对北约的设想时，戴高乐将军简短地表明他希望在更高的层面，在政治和战略双重领域建立一个三国主导的世界安全组织；这一组织之下将有四个行动区域：大西洋、太平洋、印度洋、北冰洋。大西洋区域尤其应该更向南扩展，其包含范围应比如今广阔得多，中东也应包括在内。

盖茨克尔先生完全赞同这一战略构想，因为最近一次战争就在不远的过去。但在政治层面，他还是看到了一些困难：在北非，让新形式的北约支持法国的政策和让法国接受在阿尔及利亚存在北约的政策一样困难；在中东，鉴于地区的敏感性，我们看不到北约的政策如何在这一地区实行，除非重新进行军事占领，但这是难以想象的。

戴高乐将军随后表示，北约这种高度协调一致的政策应该被三方磋商机制所代替，并表示，总之，他只是加强针对北约现行机制，即一种一体化机制的批评。该机制应被一种合作机制所代替，这种合作机制可以避免（相关）人员脱离国家而存在；只有战时在由三国委派的代表所组成的参谋部中出于组织战区的考虑，才会允许相关人员脱离国家而存在。

盖茨克尔先生完全赞同戴高乐将军关于三方磋商的政治观点，但在军事方面却有所犹豫：英国并不感到它在西德的军队比在塞浦路斯或别处的军队更加"脱离国家"；也许这是一个欧洲盟军最高司令部统帅之内和之外军事力量的比例问题；但法国，与英国一样，都从欧洲盟军最高司令部中撤出了力量，这好像就减弱了争论的必要。此外，戴高乐将军认为（并已向盖茨克尔先生确认）除了由三国委派的代表所组成的参谋部，还需要考虑共同应对战争、协同行动等问题。在这些情况下，一体化和合作的界限在哪里？

在指出运行不良的一体化（法国将撤出海军更会减弱其运行效果）几乎不能再为现行体制辩护后，戴高乐将军从心理和道德上强调对其加以区别：现行体制让欧洲国家在防务方面完全信赖北约甚至美国，防务不再是欧洲自身的事务了。这对欧洲民主制度的运行构成了威胁。

盖茨克尔先生看到了这一观点的价值；也许（这不是他对这些事务的个人看法）人们可以孕育出一种支持军事一体化的"欧洲情感"，但不论怎样，北约中不存在任何此种性质的情感。

谈到与苏联的关系问题，盖茨克尔先生很高兴听到戴高乐将军说应该在各领域保持与苏联的对话，前提是立场坚定、不卷入会打破力量平衡的事务；要让作为俄罗斯人的苏联人重新与西欧取得尽可能多的联系，并不任由其自作主张。

关于阿尔及利亚的未来这一慎重问题，戴高乐将军回答说应改造阿尔及利亚，并找到一条既非独立也非与法国合并的出路，具体细节还不明了。

最后提到伊拉克事件，盖茨克尔先生注意到伊拉克印证了阿拉伯世界存在地区主义倾向的势力；对有侵略倾向的阿拉伯帝国的成立的担忧，如今看来是相当没有意义的。

（王祎慈译，刘彦伊校）

19590129，FD000033
肖韦尔致德姆维尔电（第333—338号）[①]
（1959年1月29日）

参考我的第288号电报[②]。

奥尼尔先生提供的说明，我记录如下：

1. 关于永久终止

关于永久性禁止条款，美国和英国对察拉普金先生一直孜孜以求的论题表示赞同。正如我此前指出的，我们的盟友在裁军问题上放弃联系丝毫无助于解决问题。如果条约不能正确地实施，英国人和美国人自然想将之通告废除。在他们眼里，遵守条约意味着：

（1）任何一方都不能违反规定的禁止条款。

（2）最初的监督业已启动并且正确运行。

（3）监督体系按照既定标准逐步展开。

剩下的工作就是起草条约的条款，条款要涵盖这些隐忧并对条约规定的义务可能被放弃提供担保。这项工作非常微妙，英美代表团似乎对这项工作

---

① 文献来源：*DDF*，1959，Tome Ⅰ，pp. 115-116。
② 发自1月28日，未转载。该电报记录了奥尼尔先生的印象，他曾在日内瓦列席会议，后又代替奥姆斯比-戈尔先生一段时间。据他说，会议重新召开以来，磋商未取得任何实际进展。电报列举了谈判过程中的重重困难。——原编译者注

还未下定决心。苏联代表声称谈判遇阻，只有当对方表示在任何情况下都不会重启核爆时，谈判才会取得进展。因此，他拒绝提交曾经承诺的问题清单，这些问题应该根据条约统一解决。

2. 关于监督

因为此事又引起了几篇新闻报道，察拉普金先生渐渐支持监测站录用国际监督人员（从一到三名直到最后的五名）。但是让步并非重点，重点其实是就这些"监督人员"的性质、权限和职能达成共识。在苏联人的设想中，后者只能是观察者，他们只有核实监督机构人员的工作的资格。只有后者可以使用仪器，准确地说负责监督的操作。这些人员应该从设立监测站的国家的公民里面选取。为了维护这种根本上与英国人相左的观点，苏联代表团声称他们不会将真正监督任务的执行托付给英国人和美国人。有建议吸收中立者加入。为了驳回这个建议，察拉普金先生使用了很多刺激中立者的论据，当中立者在会议笔录中读到这些论据的时候，觉得自己会因为可能制造各种导致条约失效的意外事件而受到指控。

关于监测站应该配备通信设施的问题仅仅简单地讨论了一下。可以预见这个问题困难重重。①

（吕军燕译、校）

19590203，FD000008

阿尔方致德姆维尔电（第611—625号）②

（1959年2月3日）

2月3日上午，在国务卿出发前往欧洲的几个小时前我得到了他的

---

① 1月30日发自伦敦的第362—366号电报，未转载，对现在收录的第333—338号电报作了完善。问题的关键在于"机动小组"，自美国提交关于地下核爆的文件之后（关于这个文件，参见19590113，FD000032），这一问题显示出新的重要性。自从英美两方发现探测此类爆炸以及和地震现象相区分比最初预计的困难之后，它们就倾向于要么增加固定监测站的数量，要么借助机动小组的调查。它们之前选择了第二种方案，在它们看来，机动小组整装待发并能快速自由地进行现场探测非常重要。苏联人提出异议，指控英国人暗中干扰会议并试图秘密监视苏联。他们建议，只有提出申请之后，机动小组（该国公民组成）才能组建，而只有在作出一致决定并与有关国家进行协商之后机动小组才能开始运转。——原编译者注

② 文献来源：DDF，1959，Tome Ⅰ，pp.135-138。

153

接见。①

  我向杜勒斯先生指出，我认为很有必要在他启程前使他了解法国政府对于德国问题的整体态度。总的来讲，巴黎认为有必要表现出很强硬的态度。

  A. 有关柏林，我指出我们现在想要的是自由进入该城市并且要获得我们全部的应得权利。苏联人应该知道万一他们碰巧阻止我们的行进部队，我们可能会采取必要的措施来确保陆地上乃至空中自由进入的畅通。如果他们把权力移交给德意志民主共和国之后，他们想要以旅游的名义进行控制或者制造障碍，我们就可以决定以所有适当的方法达到我们的目的。当然，从我们一方来讲，并非是采取挑衅性的措施。我们寻求路径，但只有在有人针对我们使用武力时我们才会以武力回应。这种立场不排除借助空中补给线的可能性。对于最后这一点，美国一直持反对态度，其原因可见我的第 600 号电报②。

  B. 我们同意和苏联人举行一次外长级会议。然而，正如我已多次向国务卿的下属们指出的那样，我们认为现在不可能确定一个具体的日期，并且从我们这方来讲，我们很遗憾地看到在美国刚刚递交给我们的回复方案中提到了 4 月 22 日。在我们表达出这样的看法，即我们了解苏联最后通牒中的苛求内容时，如果我们表明我们的弱点和恐惧，这只会徒增苏联的强硬立场。另外，如果会议必须举行，就不能接受将苏联提出的两点建议作为会议议程，即签署和平协议和为西柏林建立新政体。我们认为，本次会议应该解决一些真正的问题，即德国的重新统一、和平条约的后续签署、欧洲安全问题。

  最后，我希望盟国的照会提及邀请苏联"在共同商定的时间和地点"举行会议。

  C. 有关那些实质性问题，对我们来讲还涉及不到对德意志民主共和国进行承认的问题。相反，如果万一要进行对话，可以设想逐步达成有关几点务实建议的部分协议，最终形成一个临时协定。从另一方面说，我们一直反对在德国建立"脱离接触区"，并且我很遗憾看到这个想法又出现在新闻媒体

---

  ① 有关杜勒斯的欧洲主要城市之行，参见：DDF，1959，Tome Ⅰ，第 62 号文件的注释，第 74 号、第 77—78 号、第 81 号文件，第 103 号文件的注释。

  ② 2 月 2 日，未转载。根据该份电报，美国军方认为，在技术方面，像 1948 年那样完成西柏林全部补给的"空中补给线"在当前的条件下可能是完全行不通的。——原编译者注

上，还得到了参议院外交委员会新任主席的认可。

D. 国务卿的欧洲之行在巴黎会受到热情的迎接。这样的双边接触是有益的。在不久的将来，并且在同苏联人见面之前，也许应该考虑四个西方国家的外长进行一次会面。

在本次阐述之后，杜勒斯先生回复我说，在有关保持极其强硬的态度的必要性方面他完全同意我的看法。他认为，在美国舆论的任何领域都不存在对该问题的任何让步。但是当使用"强硬"一词时，要特别避免"躲在"抽象当中。因此，至关重要的就是从现在开始确定一个有固定范围的情形，并且不能超出这个范围，否则会有"日复一日使自己被蚕食掉"的风险。应该使苏联人懂得，他们将权力移交给东德并且东德企图控制柏林的进出，这是西方大国从来都不会接受的。因为作为二战战胜国的苏联将控制其他战胜国部队行动的权力交给一个战败国，这是不能容许的。毕竟，从实际情况来看，在同德国的法律关系上，战争状态仍继续存在。即使英国人不同意，也必须运用这个理由。如果德意志民主共和国在苏联的准许下企图控制粮食弹药的运输，那么负责的军官可以同意核实其身份，但不应同意参与检查、管制或在旅行证件上加盖签证章。这是一个很明确的界线，在此可以明确表示出西方世界的决定，在遇到此情形时没有任何可能的含糊和犹豫。

对于大会的日期，国务卿尚未意识到，西方同意在4月22日启动对话是示弱的表现。总之，在1958年9月30日的美方纪要中，已经提出召开一次会议。就目前而言，现在试图确定一个旧的提议好像也是符合逻辑的。

因为他现在了解到这并非我们的观点，他不反对美方纪要的结论被修改以及只是按照法语的表述写作"会议将在共同商定的时间和地点举行"。

杜勒斯先生问我，如果苏联人一味地建议会议在4月底举行，我们的立场会是如何。我的答复是，在这种情况下，情形可能就完全不同了。苏联人可能会先迈出第一步，并且我们或许会考虑其所建议的日期。

在有关未来会议的日程上，他同意我们（的看法）。我们不应该让自己困在苏联的提议当中，恰恰相反，我们应保留自己从全局层面谈论德国问题的权利。另外，要预见到在这个问题上和苏联还会有分歧。苏联人实际上已经表明对于柏林问题他们同意举行四方会谈。但是对于整个德国问题，他们可能会毫不妥协。

我表示，对我来说，我认为最好保持（德国）重新统一、和平协议、欧洲安全这三个问题三位一体。这是我们有可能回到一个更常规的模式的起点。

这个时候，杜勒斯先生指出2月2日他收到了阿登纳总理的函件。阿登纳总理再次引用了他若干次借机阐述的理由，他并不希望看到外长级会议围绕着德国统一的问题进行。西德总理的理由是，如果过于强调这个问题，有可能使人认为冷战以及东西方之间分歧的根源仅仅是德国目前的分裂，并且当这个问题解决的时候，在欧洲就不会存在冲突的根源了。阿登纳先生因此建议向苏联人提议，不要谈论单独的德国问题，而要谈广泛的裁减军备的问题。

对于国务卿来讲，他并不倾向接受这样的建议。事实上，同苏联进行的有关停止核试验的日内瓦会谈已经完全陷入了僵局。苏联人提出了有关检验的不可接受的条件。有可能几天之后会谈就会破裂。此外，这次会议的失败使重启有关防止突然袭击的谈判变得不可能。在这样的情况下，在个别问题的解决（原则上更容易解决）出现两次失败之后，向苏联人提议就裁军进行新的讨论是不太符合逻辑的。

最后，杜勒斯先生告诉我，他并不反对召开一次西方四国外长会议。在这方面，他担心的是麦克米伦先生莫斯科之行的计划，他刚刚从收音机里得知此事。① 总之，绝不能向恐惧让步。如果我们让自己被这种感觉主导，就会有无休止的让步。

（沈练斌译，姚百慧校）

19590205，FD000489
美英法第一次专家级会谈②
（1959年2月5日）
印度支那

出席人员：

美国：帕森斯先生、科克先生、科科伦先生、格林先生、比格尔先生

---

① 有关麦克米伦的莫斯科之行，参见：DDF, 1959, Tome I，第113号文件，第121号文件及注释，第131-II号文件的注释，第132号、第146号、第147号文件。

② 文献来源：DDF, 1959, Tome I, pp. 167-171。

英国：德拉梅尔先生、尤德先生

法国：达里当先生、朗迪先生

亚洲事务助理国务卿帮办帕森斯先生强调了印度支那半岛在整个远东政策中的重要性。印度支那目前的状况是西方能够在这一地区保持势力均衡的一个要素。因此，三国的主要目标应该是保卫该地区、巩固国家防御、稳定经济以及支持各国政府的活动。经历了最初的不稳定状况，目前印度支那各国情况比较稳定。美国遵循两个目标：保护年轻国家的独立，巩固它们的经济和现行政治，旨在使它们成为完全独立和具有主权的国家。

目前，老挝受到的威胁最大。因此，大使级会议将对这个国家的情况进行详细分析。

《日内瓦协定》签署以后，美国曾经希望共产党能够真诚地履行协议。因此，华盛顿支持统一的观点。但美国很快发现，越盟并没有忠实地履行协议。在这种情况下，美国认为不应该建议老挝接受重新统一，因为这种统一建立在王室政府有可能获得独立的基础之上。当时，在权衡老挝面临的风险问题上，英国、法国和美国达成了一致。虽然这三个国家各自采取行动（这无疑是可取的），但它们的努力是朝着同一个方向进行的，而意见的分歧只涉及统一的紧迫性问题。美国对统一的反对比它的两个盟国持续的时间更长。然而，这并不是因为美国的个性问题，而是当时在华盛顿，在法律的托词下，梭发那·富马亲王可能比他想象的卷入的更深。美国并不力求成为老挝的"拯救者"，甚至是卡代先生也不这样想。尽管1957年统一进程①仍有待改善，但其条款已经比之前好得多。由于老挝政府意识到了在此期间受到的威胁，因此政府赢得的时间有利于推迟对抗。尽管老挝人民和他们的外国朋友们作出了相当大的努力，但如果五月份的选举结果并不如预期的那样有利，那么盟国的意见分歧将再次得到修正。但共同政策的路线已确定，这一政策自此将被一直执行。王室政府也取得了令人瞩目的成绩，该政府排除了共产

---

① 1957年11月2日，越南政府与巴特寮之间通过谈判达成一项协议。该协议旨在组建一个民族团结政府，北部两省重新融合，老挝中立，部分巴特寮部队加入皇家军队，其余部队遣散。11月19日，民族团结政府建立，梭发那·富马亲王任总理。——原编译者注

党参政。① 一位新的政治精英与政府合作，因此最终作出了改变货币和汇率制度的决定。同时，政府清除了某些破坏新政府的成员，"这些成员曾在一段时间内是有用的，比如卡代先生"。

美国的态度主要考虑到以下三个方面：

a. 在老挝事务上，美国是新手。美方赞赏法国存在的价值，法国的存在是西方的一个主要王牌。所有的情报以及老挝一切行动的信息，都来自法国。在离开万象时，帕森斯先生说过，法国不认可美国在老挝的行动是法国行动的补充，对这一点他本人深感遗憾，美法两国并不是以竞争的方式互相对立的。

b. 在老挝以及其他两个国家，美国尊重印度支那政府的中立。华盛顿不会迫使这些国家成为东南亚条约组织成员。"非挑衅"政策的好处很明显，尤其是在老挝。

c. 在经济方面，印度支那国家完全依靠外国援助。美国向东南亚国家所提供的援助规模迫使美国避免一切不利的情况，因为这些不利情况可能会使国会更难使用必要的资金。无论如何，美国政府一直努力在不干涉这些国家内政的情况下保障它们的生存。印度支那地区是敏感的，因此应该在该地区保持谨慎：无论地区内部或外部，都应该避免没有必要的挑衅。在这方面，帕森斯先生相信避免三国公开磋商是明智的，因为这种磋商有可能被看作是西方施加压力的一种方式。即使在最不利的情况下（例如1957年4月），三国也应该在共同商讨后分别行动。协调一致很重要。无论是双边或是多边，在一切基本问题上的密切磋商是必要的，帕森斯先生已做好一切准备为之提供便利。

达里当先生赞赏目前三国间卓有成效的协作。他回顾说，作为曾经的统治者，法国在老挝比任何一个国家都要谨慎。法方特别了解梭发那·富马亲王，法方给予他支持是基于相信他是实现统一的唯一途径，他会成功完成这一重任。培②值得鼓励，他正直，并且忠于他的祖国的利益。老挝的中立化被保留下来，老挝的对外关系，尤其是与越南的关系得到了改善。老挝愿意保

---

① 1958年7月22日民族团结政府被推翻，随后于8月15日培·萨纳尼空领导的右翼政府成立。——原编译者注

② 培·萨纳尼空，老挝总理。

持与"自由世界"的联系……最终的胜利取决于对政府的维护，但政变可能会影响政府地位、军队改革和经济稳定。政府、军队和经济的目标将会实现，三国为此努力，其中金融改革尤其有必要。

达里当先生随后提到法国在1955年至1958年完成的项目情况，以及将要启动的新计划，新计划显然涉及贷款问题。在地区问题上，法国和美国应密切协商，共同努力。

帕森斯先生提及艾森伯格先生的任务。① 帕森斯先生认为目前赋予培的权力应该可以保证王室政府在老挝的权威。看起来老挝爱国战线的革命运动已经受到阻碍，甚至得到了抑制。对少数派采取行动尤其重要。

由于整合已经完成，因此有必要重新回到《日内瓦协定》的真正目标上。《日内瓦协定》的目标是致力于国家的重新统一？还是未来以限制老挝主权的方式建立国家？美国并不是签约国，在这个问题上美方赞成老挝政府的意见。达里当先生回应道，即使法律问题不是首要问题，王室政府也不应该预先推测实现目标的可能性。

科克先生提到了苏联同意老挝国际监察及监督委员会的延期。② 英国大使馆的德拉梅尔先生表示苏联如此轻易地同意该决定，着实令人惊讶。英国专家基本赞同以上的情况介绍。他询问关于军队的确切情况："法国人训练军队，美国人支付军队费用，英国人看着。"但英方认为举行三方会谈会有好处，会谈会讨论老挝军队的情况以及它应该是怎样的。老挝军队无法击退外部袭击，但可以遏制地方入侵，并在游击战争过程中确保国内和平。德拉梅尔先生认为，老挝现任政府具有许多令人质疑的因素，他希望了解美方关于该政

---

① 应万象当局的要求，美国驻墨西哥大使馆商务参赞罗伯特·艾森伯格先生被美国国务院选为监督老挝财政管理的专家（1日发自华盛顿的第147号电报，未转载）。——原编译者注

② 1954年7月签订的《关于在越南停止敌对行动的协定》第34、35、45条规定，设立国际委员会负责监察和监督在越南停止敌对行动协定各项规定的实施。委员会由加拿大、印度和波兰的代表组成，主席由印度代表担任；国际委员会设固定和机动的视察小组，由上述各国指派同等人数的军官组成；越南国际监察及监督委员会应同柬埔寨和老挝国际监察及监督委员会密切合作，三国委员会的协调由各委员会的总秘书处负责。世界知识出版社编《国际条约集（1953—1955）》，世界知识出版社，1960，第179—181页。根据《法国外交文件集》中的注释，由于加拿大和印度代表团的投票，波兰代表团成为少数，老挝国际监察及监督委员会决定于1958年7月19日暂停行动。这一决定符合老挝政府的意愿，政府担心国际监察及监督委员会插手其内部事务（1958年8月1日亚洲-大洋洲司发来的文件，未转载）。

府价值的看法。帕森斯先生认为（他"总是恨不得对老挝领导人作出评价"），如果这个政府不是一个理想的团队，那么它至少也是一个好的过渡政府，该政府具有很明显的进步。国务秘书相对于反对派的部长占明显优势，老挝各种力量的平衡已经实现（老牌政治家、青年团体、军队）。帕森斯先生随后强调军队的作用，军队的交流非常好，他评价军队是"国家组织中最好的工具"。德拉梅尔先生想知道美国的援助有没有导致老挝生出某些惰性，使这个国家具有某些超出自己能力的行为习惯。他认为，应该努力使政府和军队保持更适当的规模。帕森斯先生回答道，军事专家会评估老挝军队的规模。直到目前，尽管美国一直支付军事开支，但并没有任何缩减开支的建议。但很明显，在老挝军事力量的效率和训练方面仍需提高。在这方面，达里当先生对法国的计划作了必要的澄清，同时保证各盟友对未来发展能够了解相关情况。色诺问题被提及。帕森斯先生以个人名义表示希望在谈判之后，法老两国能够就该问题达成一项长期协议，在协议基础上确认法国的存在，"撇开其法律来源"。

三国代表参加了对柬埔寨情况的分析，结论是西哈努克得到了广泛的支持，三国有必要与他合作并劝说邻国也这样做。三国应在西贡和曼谷努力，要求两国恢复外交关系，结束新闻攻击，本着和解原则审视边界事件。英国认为柬埔寨不存在共产党……

贝克-弗里斯特派团[①]可以给柬埔寨其他问题（比如柏威夏问题）的解决提供范例。

在经济方面，已经建立起的协调一致应予以保持。在柬埔寨能力不足的方面，重要的是为柬作出长期的规划。

最令人担忧的是曼谷和西贡对西哈努克的敌意。这种敌意可能使冲突一直持续下去，比如刚刚提到的事件。首先有必要提醒柬埔寨和它的两个邻国，共产主义对它们国家的威胁将会促使各国平息争端。帕森斯先生对于西哈努克亲王不再相信美国的友谊表示遗憾。在西哈努克亲王上次访问华盛顿期间，"亲王不知道美方多么努力地在取悦他"。因此，帕森斯先生呼吁，在未来，就像他过去一直做的那样，所有友好的介入都能使亲王相信没有人希望他受

---

① 联合国秘书长任命瑞典大使贝克-弗里斯男爵作为观察员调查了泰柬两国存在争议的边界地区的情况。——原编译者注

到伤害，所有人都将与他合作。

关于柏威夏事件，朗迪先生提供了他与农·金尼先生会谈的详细资料，其部门通过1月29日的第312号信函了解到相关情况。

帕森斯先生提到在越南西南部持续发生的暴力和袭击，尽管情况十分严重，也令人遗憾，但无论如何这不构成真正的危险。此外，帕森斯先生还简要提到了越南国内情况。英国代表团特别强调了越南的经济形势。达里当先生注意到越南的国内和国际状况比1954年预期的要好很多，他建议三国应就某些关心的方面共同进行研究。事实上，在某些问题上确实有必要采取一致的步调，比如企业问题或者保证外国投资的问题。科克先生注意到美方已经获得了部分保证，但这对于吸引美国资本投资越南还是不够的。在此期间，社会主义阵营国家将越盟打造成工业典范，而南越则只拥有次要工业。

英国代表团认为，重要的是在不破坏《日内瓦协定》总体框架的情况下，对国际监察及监督委员会的协议进行修订。为此，十分有必要保证与印度的合作。伦敦还强调加拿大政府对该事件表现出浓厚兴趣。

1. 印度似乎希望在老挝重启监察及监督委员会。英国、美国和法国赞同作为主权国家的老挝的意见，老方不想重启委员会。印度声称老挝议会的休会期没有给老挝爱国战线留任何表达异议的途径。如果情况恶化，必须找到其他方法解决问题。如果放弃监察及监督委员会，那就必须找到替代方案。三国可以领导直接谈判商讨替代方案。

2. 在柬埔寨，监察及监督委员会不再起作用。只要印度同意，西哈努克本人愿意接受结束委员会的方案。在印度领导下的越柬联合委员会有可能提供问题的解决方案。

帕森斯先生认为重要的是应关注老挝和柬埔寨的边境事件，这些事件与之前促使监察及监督委员会建立时的情况是完全不同的。

3. 在越南，国际监察及监督委员会的工作人员过多，虽然这些工作人员在过去发挥了巨大作用。三国同意在不完全撤除委员会人员的情况下，有必要大幅度削减工作人员。为了达到削减的目标，是否需要投票一致同意？达里当先生详细介绍了资金方面的问题，并总结道应将资金问题转达给印度和波兰。科克先生认为加拿大将促使柬埔寨完全取消监察及监督委员会。

（邱琳译、校）

19590207，FD000491
美英法第二次专家级会议①
（1959年2月7日）
印度尼西亚-菲律宾问题

出席人员：

美国：戈登·米恩先生、马歇尔·格林先生、麦克布赖德先生、迪安·布朗先生、弗朗西斯·昂德希尔先生、罗伯特·布兰德先生

英国：德拉梅尔先生、尤德先生

法国：达里当先生、朗迪先生

达里当先生提出了关于印尼政府的稳定和纳苏蒂安将军所起的作用的问题。

印尼事务办公室主任昂德希尔先生首先回答了第二个问题。对美国来说，纳苏蒂安将军仍然是一个政治谜题。将军的思路将会越来越清晰，也许六个月以后三国会更加清楚将军所起的作用。纳苏蒂安将军现年四十岁，在殖民时期受过荷兰人的训练，在占领时期受过日本人的训练。在抵抗战争中，他战功卓著，尤其是领导了1948年打击共产主义革命的行动。1948—1952年纳苏蒂安任参谋长，他致力于印尼军队改革。事实上，他的理论更倾向于职业军队，而非游击队。他将印尼军队送往国外训练，并于1950年使在荷兰训练的部队重返印尼。在远离军队数年之后，纳苏蒂安于1955年重新成为参谋长。纳苏蒂安在《印度尼西亚军事政治评价》中指出，印尼的群岛地理状况使之与"自由世界"紧密相连……他认为共产主义首先是苏联集团的附属品，而且他认为颠覆的危险更多的在于印尼的爱国者而非共产主义理论。事实上，纳苏蒂安是一个投身国家事务的缺乏有效政治能力的职业军人。纳苏蒂安将军本人并不认为自己是苏加诺的对手。也许有些听命于将军的人私下有这样的希望，但他本人只是一个爱国者，并时刻准备牺牲个人的一切来拯救印尼。可以说，纳苏蒂安-朱安达团队在某种形式上填补了自1952年以来哈达离职的空位。实际控制印尼命运的三巨头是相互依靠的。苏加诺是领导者，是政

---

① 文献来源：*DDF*, 1959, Tome Ⅰ, pp. 176-179。

策的主导；朱安达领导政府，但能力一般；纳苏蒂安领导的军队是中坚力量。军方力量在印尼政府中的作用在 1958 年以前一直在不断增长，但其如今似乎变得有限。领导人之间关于印尼体制问题的争论仍在继续，人们可以预见 1945 年宪法的回归，该宪法将使苏加诺对他今天所行使的权力负责。

自 1952 年以来不断增强的共产主义势力如今变得平静，但并没有减弱。政府甚至采用了相当数量的措施，包括军事措施和政治措施，向公众强调共产主义的危险。六个月以来，对于共产党能够利用公众利益这一点，苏加诺没有任何表示。印尼的主要问题是经济形势，其财政状况比以往更糟。目前，政府关注的重点是应对灾难性的经济状况。

如果不过分乐观的话，我们可以期待在六到八个月内政治是稳定的。如果政府保持原样，应该很自然地仍由三人领导，但政府也可能被彻底改变。刚刚四十岁的年轻军人获得高级军职会导致政治后果。他们的前任已经从荷兰人那里学会了不守军纪。年轻军人更急于付诸行动，他们将新的不安定因素引入印尼不稳定的平衡状态中。

法国代表团提到了叛乱的问题。昂德希尔先生指出也许说多起叛乱更确切一些，因为叛乱不仅数量多，性质也不同。在爪哇中部，苏拉威西岛以北，游击队活动的前景很难预料。不时有政治解决叛乱的传言流出。局势的严重性在于这种动荡的状况要求政府必须维持相当数量的部队，对部队的供给是国家经济的负担。但是，目前并没有军事反抗表现出有效的武装叛乱的特点。叛乱者不太可能取代印尼现任政府。

达里当先生同意英国的观点，即我们对局势的评估与美国国务院的评估相比略不乐观。昂德希尔先生把印度尼西亚的基本政治生活比喻为变形虫，变形虫能够吸收更多的冲击，比其他更高级生命形式的生物更加缓慢地进行自我转变。

达里当先生提到了新加坡与马来亚联邦联合的问题。德拉梅尔先生认为联合不具有直接的可能性。诚然，联合一直是英国政府的目标之一，但问题在于新加坡的华人有可能将年轻的马来亚联邦置于严重的困境，马来亚联邦完全意识到了这一点。吉隆坡政府目前没有相关表态，但并不意味着政府对未来获得新加坡没有兴趣！我们需要缓慢而谨慎地解决问题。新加坡新宪法并没有带来预期的结果。英国因此保留废除宪法和重新直接管理的权力。但是鉴于政治原因和亚洲宣传的原因，也许英国会避免使用这一权力。

至于同时将马来亚、新加坡、英属婆罗洲以及这一地区其他领地共同组成联邦的问题，德拉梅尔先生认为英方与相关各方已经谈得不错，但并不是正式谈判。

英国使馆代表宣称英方有意保留在新加坡的基地，以备在情况变化时做特别安排。问题并不在于将海军武器库转移到英国或者在婆罗洲重建基地，因为马来亚联邦即使不接纳新加坡，其为了自身安全也希望英国保留基地。

达里当先生询问英国目前在澳大利亚和新西兰重新部署该地区防卫到了何种程度。德拉梅尔先生澄清道，政治变化已经使英国重新审视与澳大利亚和新西兰签订的地区防御条约，同时他明确指出英国并没有将东南亚的防卫责任交到两个南半球国家的手中。

德拉梅尔先生重新提到了印尼问题，称如果苏加诺由于政治原因甚至健康状况而"意外失踪"，那么在印尼有相当数量的"合适的领导人"可以进行合作。米恩先生指出，印尼领导人的健康状况仍是个谜，而且当事人本人并不在意。德拉梅尔先生认为无论如何，关于苏加诺失踪的情况还是预见一切可能性为妙，而不要给共产党人留机会。米恩先生认为应首先关注宪法问题。也许有人试图让哈达回归。哈达与苏加诺同时当选，尽管哈达意图退出，但他仍是副总统。事实上，议会并没有批准他的辞呈。对权力的争夺将会在哈达、日惹苏丹、纳苏蒂安和朱安达之间展开。如果改变是以和平方式进行，那么赌注将是支持哈达和日惹苏丹。一切都取决于人们对总统的期待，以及是否会恢复1945年宪法。在这种情况下，哈达的机会是最大的。目前，哈达承认苏加诺的个人地位剥夺了他的主动权。十年之后，哈达拒绝活在苏加诺的阴影中。他希望自己所有的条件都能得到满足，并且众所周知，朱安达会继续忠实地为哈达提供政府的情况。

法国代表团询问叛乱存在的方式。昂德希尔先生认为叛乱依靠这个国家而存在，比如1950年以来的伊斯兰教国运动。该运动并没有大量的人员。根据某些情报，他们甚至可能缺乏弹药。需要指出的是，该运动在国外仍很活跃，他们在新加坡有一个办事处，主要从事商业活动，但并不了解该办事处与新加坡政府的关系。

昂德希尔先生再次提到美国对印尼的政治和军事援助，并强调其*有限的*[①]性质和其"反毒"的作用。美国谨慎地关注印尼政治局势的发展。至于武器供应，即使美国不向其出售武器，印尼无论如何都会找到其他的途径。

对英方来说，即使对印尼军队完全信任，但在空军，至少在上层军官中，已经受到了极左因素的严重影响。昂德希尔先生同意这一观点。但他并不认为依靠5000到6000人，印尼空军就能试图打击2万人的军队，而后者具有决定性作用。

法国代表团询问，目前马尼拉政府与华盛顿政府对抗，这一对抗能够在多大程度上影响美国在菲律宾基地的未来。布朗先生回顾了该问题的发展历程，他提到波伦先生也被召回华盛顿解决这一僵局。很明显，1947年协议[②]应该被保留。即使在菲律宾有一小部分中立分子反对美国的存在，但菲律宾政府很明显倾向于西方。在战争情况下，菲方会提供合作。因此，对于美国基地保留在菲律宾岛屿上这一点不必过分担忧。问题的主要困难来自马尼拉政府的习惯，在谈判中该政府从来不讨论具体的问题，而是时不时地以不好的情绪把有关议题的所有方面都提到。因此，当我们谈到基地问题时，我们还不得不听到海关事务、糖、菲律宾货币、新闻攻势、财政问题等内容。直到目前，仍没有解决管辖权问题，这对马尼拉来说是一种"情感的重要性"，而美国希望在大西洋协议的基础上解决这一问题。关于未来基地协议的期限，菲律宾政府还没有任何表示。

（邱琳译、校）

19590207，FD000492

美英法第三次专家级会议[③]

（1959年2月7日）

日本和共产主义在亚洲的经济攻势

出席人员：

---

① 原文为斜体。

② 1947年3月14日协议规定菲律宾向美国出租基地；两国随后于3月21日签署了共同防御协定。相应的协定内容见《国际条约集（1945—1947）》，第342—464页。

③ 文献来源：*DDF*, 1959, Tome Ⅰ, pp.179-181。

美国：贝恩先生、科尔曼先生、默多克先生、戈登·帕尔默先生、斯奈德先生、麦克布赖德先生、迪安·布朗先生、贾维斯先生、埃德蒙·马丁先生

英国：德拉梅尔先生、尤德先生

法国：达里当先生、朗迪先生

一、日本

法国代表团提出美国提议修订与日本的共同安全条约的新协议问题。

贝恩先生提醒道，岸信介先生和藤山先生曾提议对条约进行修订，当时美方也认为有此必要，但没有首先提出建议。杜勒斯先生明白到秋天时应该准备好在任何时候都可以谈论这一议题。但是，日本政府的内阁危机使该问题直到今天都没有被谈及。

直到当时，实际上美方在日本掌握着自由度。但显然，如果日方想的话，它就能够通过撤出基地人员的方法阻止美国基地的运转。这表明，对美方来说，未来有必要就美国军事力量在日本基地实施的行动与日方进行协商。

贝恩先生赞同法国代表团的意见，他承认核武器问题在未来的谈判中影响很大。根据最新分析，空军战术力量的部署将取决于日本政府。根据大量信息，美国认为应将日本的大型岛屿基地作为过境平台、货物集散地和后勤基地，船舶基地尤其重要。基地和军工厂的支援不仅有利于美国在该地区的利益，同时也有利于日本所有盟友在亚洲地区的利益。

考虑到日本反对部署核武器，以及根据"旧金山和约"，美国将继续承认日本对冲绳列岛和小笠原诸岛的主权，法国代表团询问美国是否在未来的安全条约中将冲绳地区包括在内。

贝恩先生认为，如果美国在日本的基地的作用像刚才所描述的那样，那么美国在该地区拥有一个进攻基地就很重要。这就是冲绳的作用。因此，可以说对安全条约的修订不影响"旧金山和约"的条款，也不影响美国在冲绳的存在状态。

英国代表团询问日本是否承认这一条约。贝恩先生相信日本政府和领导人能够作出肯定的回答。虽然他对公众意见和某些政治因素并不确定，但是，日本能够保留基地的原因在于与它最密切相关的利益。不仅仅是这些基地每年能够为日本带来5亿美元的净收益，而且日本能够得到显而易见的军事保

护，这对于一个财政上并不宽裕的政府来说并不是没有益处的。美国的存在事实上保证了东南亚地区的和平，日本在这一地区努力重建它的市场。基于同样的原因，美国并不打算如流言所说，把基地和在日本的武器库转移到太平洋或者火奴鲁鲁。

关于日本的"去核化"，也可以做同样的推测。有理由相信，日本政府目前已清楚"核威慑"在亚洲的作用。

英国代表团询问岸信介政府的未来，并对日本内阁首相表现出明显的保留意见。岸信介的权力受"派系主义"回潮所累，如果他的继任者出现问题，就应该提出建议。

美国代表团认为，岸信介先生在几个月以前就已经身处困境，但他仍是在派系影响下最合适的人选。政府可能被改组，但社会党人夺取政权的可能性是值得怀疑的。至于"反核化"的中立派，他们并不是强大的政治力量。对日本与北京关系的考验可以被视为衡量日本政府"合理反应"的指标。

二、中国的"经济攻势"

中国处处长马丁先生强调了共产党中国迅猛的"经济攻势"。

在讨论期间，美国代表团没有忽略强调对亚洲不发达国家提供各种援助项目的重要性，美方强调坚持在远东地区严格按照巴黎统筹委员会的要求进行管控。

法国代表团强调寻求遏制中国"经济攻势"的方法的必要性。法方提出了关于东南亚条约组织的经济复兴以及对在东南亚的日本企业提供支持的建议……但这些建议没有获得明确答复。

(邱琳译、校)

19590228，FD000171

共和国总统备忘录[①]

(1959年2月28日)

在斯巴克先生的要求下，戴高乐将军在2月28日接见了他。

---

① 文献来源：*DDF*，1959，Tome Ⅰ，pp.247-248。

这位北约秘书长此次前来是要告诉戴高乐将军他的担忧。在他看来,西方正处于十分糟糕的境遇中。西方不知道自己想要什么,也没有任何确定的政策。麦克米伦先生的出访没有任何意义。关于德国的柏林危机,斯巴克先生十分怀疑美国根本不想求助于联合国。戴高乐将军回应称他也有此担忧。斯巴克先生认为求助于联合国将是最不合适的,这不过是在做无用功。

此外,斯巴克先生也对美国国防部的动向表示担忧。据他所知,美军可能已经做好了打击苏联的充足准备。美方可能认为现在是最好的时刻,也是最后的时刻,因为四五年后,苏联将超过美国,但现在苏联的导弹还未达到尖端水平,而美国的空军力量却十分强大。艾森豪威尔总统和杜勒斯先生的身体每况愈下,在此情况下,他十分担心美国国防部的作用会越来越大。

斯巴克先生思考在此环境下我们能做什么。他认为只有戴高乐将军能将西方团结起来,我们应该听到他的声音。

关于北约,斯巴克先生发现法国拒绝将本国的领空防御系统融入北约、拒绝建立中远程弹道导弹装置。他认为法国政府应使美国作出承诺,除非该国同意,否则北约不从任何成员国领土上发射核武器。美国与土耳其、希腊和意大利签订了协议,在这类双边协议的框架下,北约的所有成员国都有可能被卷入核战争,而它们自身却几乎无力影响决策。斯巴克先生认为这是无法接受的。

戴高乐将军向斯巴克先生表示,法国不会加剧北约的危机。但法国不会再朝目前的方向走下去了。法国不接受将本国的领空防御系统融入北约,并将重新指挥其地中海舰队。戴高乐将军总结道,如果我们成功解决了柏林危机,那就应该继续讨论北约的问题了。

(王祎慈译,刘彦伊校)

19590306,FD000034
肖韦尔致德姆维尔电(第793—802号)[①]
(1959年3月6日)

麦克米伦先生刚刚在莫斯科表态,支持对可能在欧洲某一地区限制核武

---

① 文献来源:*DDF*,1959,Tome Ⅰ,pp.283-285。

器和常规武器进行研究。有意思的是,这令人想起过去的几个月里英国政府在这方面所采取的立场。

我不想多谈我们收集到的各种迹象,其实它们已经暴露了英国部门玩弄"脱离接触"概念的倾向。我的第 3480 号电报①以及阿尔方先生的第 6125 号②、6148 号③电报里已就这一点作出汇报。我还记得,英国外交部年初曾打算在日内瓦会议上就针对武器限制的反对声音展开讨论(我的第 89 号电报④),杜勒斯先生上个月曾指出,他的英国谈判者对不同的"削减"方法很感兴趣。大家后来知道,保守党媒体几个月前曾向政府建议仔细研究腊帕茨基新计划。

抛开猜测的政府倾向,根据其主要的公开声明,可以确认以下两点:

1. 在 12 月 4 日的辩论期间,赛尔温·劳埃德先生在重提关于德国的老话题(在自由选举条件下实现统一,统一后的德国可以自由选择联盟)之后,确定了以下三点欧洲安全体系要素:

(1) 避免西德从统一中获利。外交大臣提醒说,阿登纳总理此前提到过东德非军事化的可能性。

(2) 欧洲应建立防止突然袭击的体系。该体系应基于足够广阔的区域,而且不仅仅限制在欧洲范围内。(劳埃德先生提到了北极地区。)

---

① 通过 1958 年 10 月 30 日的第 3480—3482 号电报,大使汇报说,英国外交部助理次官奥尼尔先生确定地说,英国代表团在本次会议上就防止突然袭击接到的指示非常清楚:控制区的界限或概念要排除在讨论之外。然而,对于奥尼尔先生来说,英国的政策无法把控制区或监测区排除在外。——原编译者注

② 通过 1958 年 10 月 17 日的第 6125—6129 号电报(未转载),阿尔方先生指出,经其询问,杜勒斯先生表示了对欧洲狭窄的监测区的反对,认为它会在短期内导致德国的中立化以及美军撤回美洲大陆。相反,他觉得控制北极地区很有必要,以避免苏联从北极对美国发动袭击。——原编译者注

③ 通过 1958 年 10 月 18 日的第 6148—6150 号电报(未转载),阿尔方先生提到欧洲监测区的问题。杜勒斯先生的意思是,如果建立一个这样的区域,那么它的范围要足够广阔,并且要包括一部分重要的苏联领土。美国国务卿声明说,一般意义上讲,在控制区的界限范围内,他觉得法国和美国的观点相比英国更加接近,他希望英国不要再回到艾登先生提出的区域观上来。——原编译者注

④ 通过 1 月 12 日的第 89 号电报(未转载),大使指出已经通过其助手和英国外交部恢复联系。苏联声明恢复 1 月 15 日会议的照会文本刚刚收到。法国外交官声称,授权三国大使陈述西方观点将会避免和莫斯科交换照会时的分歧;这些观点公开后,在舆论眼中有助于会议的召开。英国外交部代表表示已经准备好支持这些观点,并表示不反对由美国驻莫斯科大使单独主持的关于会议职权范围的谈判。他补充说,在坚持会议应保持在严格的技术框架内的同时,可以考虑将讨论的范围扩大到军控方面。——原编译者注

（3）在允许德国统一的规则下，应该在尽可能广阔的区域禁止现有力量和武器。但是劳埃德先生又说，或许监测的想法即便在欧洲总规则之外也可使用。

外交大臣驳回了"腊帕茨基第一计划"，认为它会改变力量平衡，并且给出了自己的解析版本，认为它将降低北大西洋公约组织的防御能力，会违背联盟成员之间的互不歧视基本原则，可能造成美国驻欧部队撤离的局面。劳埃德先生最后还对"脱离接触"提出批评，声称不会考虑任何超出欧洲政治规则背景之外的措施。

2. 外交大臣因为塞浦路斯谈判而没能在最后召开1月19日的外交政策辩论，是奥姆斯比-戈尔宣读了他的领导准备的发言稿。即便发言稿的好几部分都只不过是重复其12月4日的发言，我们仍然觉察到，除了在自由选举主题方面的温和态度，在安全领域方面也有进步。同样的标准被用于判断所有的安全措施：力量平衡的维护，北大西洋公约组织的维护，即使它的某些力量受到削弱，以及美国驻欧力量的维护。导致德国中立的整个政策也被措辞严厉地废除了。相反，在12月4日的发言中，一件偶然的、与发言中的其他内容自相矛盾的事情变为一种肯定，兵员和武器限制区或许先于总规则之前在欧洲建立。其建立将会是消除紧张局势进程的一部分。盖茨克尔先生问外交大臣，政府是否准备在德国统一之前执行裁军政策。奥姆斯比-戈尔先生回避说，对他来说，明确在何处建立限制区不合时宜。他的话模棱两可。他们允许考虑限制区（与防止突然袭击的更广阔范围区域不同）可以在政策规范之前建立。

（吕军燕译、校）

19590310，FD000175

英法在马蒂尼翁宫的会谈备忘录[①]
（1959年3月10日）

15时30分至16时30分

与会者：

---

① 文献来源：*DDF*, 1959, Tome Ⅰ, pp. 327-331。

英方：麦克米伦先生、赛尔温·劳埃德先生、格拉德温·杰布爵士、乔治·扬爵士、安东尼·朗博尔德爵士、霍普先生、布鲁克斯·理查兹先生

法方：德勃雷先生、顾夫·德姆维尔先生、若克斯先生、肖韦尔先生、拉辛先生、巴拉迪克先生、勒贝尔先生、阿芒里克先生

顾夫·德姆维尔先生汇报了外交部长间的会谈内容。

会谈首先涉及如何回应3月2日的苏联照会：具体日程将由四国工作组草拟；关于西德能否参与的问题，四国已一致同意采用2月16日的方式。①

之后各国部长讨论了柏林进出的问题，并强调不论怎样，要保持柏林为自由市；英国表示最糟糕的方式就是虚张声势。

顾夫·德姆维尔先生说在他看来，保持进出柏林的权利所带来的一切实际问题都很难解决，但这些都不是主要问题；主要问题是共同意愿，即一种不任由自己被驱逐出柏林的共同意愿。他同意要进行军事准备，以警告苏联并让苏联看到西方的决心。

关于柏林地位问题，各国部长一致承认苏联提议将苏军部署在西柏林似乎并不是认真的，除非这是种旨在间接地回到旧体制的方法——即四国占领柏林。

各国部长最后讨论了军备限制区的问题；他们承认西德将很难接受一个会将目前的分界线最终固定下来的措施。

劳埃德先生补充说，应该由四国工作组来起草对峰会会议和柏林问题的回应。

目前，对"应急方案"的研究有些被搁置了，诚然此项研究已明显不再紧急，但也不应该将其完全忘记。

麦克米伦先生表示应该首先回应苏联的公函，以拥有足够的时间共同分析西方将在这场危机中采取何种态度。他与德勃雷先生有同样的考虑，认为应该尽快回复。顾夫·德姆维尔先生补充说道，这是完全可能的，因为我们可以在之后的几天中作出答复。

---

① 1959年2月16日美英法三国照会苏联政府，建议举行美英法苏四国外长会议讨论德国问题。3月2日，苏联复照，基本上接受了西方的建议。从此，西方盟国开始了日内瓦外长会议的准备阶段。*FRUS*, 1958-1960, Vol. 8, Berlin Crisis, 1958-1959, pp. 371, 408.

德勃雷先生提醒道，麦克米伦先生和戴高乐将军提到过改组北约的问题。

现在，他请求他的对话者们思考（他们所应采取的）态度，这一态度在他看来对北约尤其是对法英的未来都至关重要。

事实上，针对欧洲以外地区的问题，尤其是地中海和非洲地区的问题，我们应该更好地调整两国政策。面对世界上所有严重的问题，我们都应努力合作、团结一致，否则北约就可能受到严重的打击。

在北约中，法国自身面对着两个问题：阿尔及利亚问题和法兰西共同体的结构问题，这两个问题的发展会深刻影响法国的未来。

关于阿尔及利亚，法国政府的态度众所周知。让叛乱军领导人到巴黎商议停火协定，不预先采取政治立场，而是随着事态发展不断调整自身态度，最终重归和平，使北非经济逐渐发展，阿尔及利亚的命运由全民公投决定。

英国政府应该了解，讨论阿尔及利亚这一政治问题的不只是专家；法国民众的情绪也被深深地激起，原因有如下几个：尤其是因为在阿尔及利亚服兵役的青年对他们在这个国家见到的所有成果大为震惊，也是因为法国舆论已不再能接受再度出现从前在北非所发生过的（那种）遗弃。

法国的盟国，尤其是英国，应该意识到法国十分关注它们对待阿拉伯问题的态度。事实上，法国与摩洛哥、突尼斯和其他阿拉伯国家间仍存在不同程度的问题，每次遇到这些问题时，法国都会十分认真地审视盟国的态度，因为法国对叛乱可能获得的任何潜在外援都十分敏感。我们的立场和反应均是以国家利益为先；在国外也应该牢记这一点，以警惕在此方面民众可能产生的强烈反应。

麦克米伦对法国总理的陈述非常感兴趣，并向他询问阿尔及利亚的形势将如何发展，是否可能向更好的方向发展。德勃雷先生说形势一定会更好，原因有两个：首先是因为法国将动用更强的军事力量；其次是因为在国内方面，阿尔及利亚的社会和经济结构在政府的努力下始终不断发展。

此外，阿尔及利亚形势的好转也符合"自由世界"的利益。

德勃雷先生在结束这一话题时表示，希望阿尔及利亚叛乱的领导人能感受到西方世界的支持正在减少，而且不久就将完全消失。

之后，德勃雷先生终于谈到了法兰西共同体，共同体于去年秋季成立，如今已开始运转,除几内亚表示拒绝外,马达加斯加、四个赤道非洲国家和六个西非国家已然选择在共同体下自治。

目前,正是这种自治模式饱受争议;共同体中一些国家较为富有,如科特迪瓦,另一些较贫穷;一些国家拥有更强的国家意识,如马达加斯加。

但是,这些国家均有一小部分政治精英。

同时,还应确定共同的行动能力范畴;我们在良好的共同意愿中积极努力。此外,令人瞩目的是自现在起,共同体的内部问题——如在布拉维柴尔出现的问题[①]——将不会引起任何针对共同体结构本身的反响。诚然,离心力确实存在,但与共同体的凝聚力相比,离心力鲜有成效。

法国政府决定让民主机制自由运行,并给予尽可能多的援助,同时避免直接的行政干预。

法国认为如此行动有利于西方本应在非洲完成的使命:避免黑人世界脱离西方,将其维持在西方世界内部。

英法之间还应定期举行会议,以协调两国政策,避免地方性争论,从而维持黑人世界在西方框架中的稳定。

麦克米伦先生强调,英国怀着最大的同情考虑法国在非洲遇到的问题;我们意识到,撒哈拉以北和以南非洲的问题对于西方来说越来越急迫。对于多种族的国家来说尤其如此,如阿尔及利亚、肯尼亚和尼亚萨兰,在这些地方,受过西方教育的白人和愈加意识到自身特性的黑人共处一地。

英国认为,面对这些问题,它们没有最终的答案;可能法国也处在同样的境地;英法两国仍需交流经验。

德勃雷先生承认非洲问题可能没有最终答案;但不管怎样,搅动黑人世界的两种趋势带来了很大的忧虑:开罗的帝国主义和共产主义。

在不过于预先寻找答案的前提下,我们需要协调两国领地的发展,以避免一些西方国家——比如我们的盟友美国——可能会犯的错误。

劳埃德先生询问在三个层面运行的法英协商机制(常规外交联系、外交部官员间会议、部长级会议)是否令人满意。

---

① 2月16日至20日,法属刚果经历了严重的动乱。由于部落和党派的竞争,布拉柴维尔许多人伤亡。

德勃雷先生回答称，该机制运转良好，但部长级会议可以更频繁些。他尤其强调，仅在事件发生后进行研究是不够的，应该共同决定未来我们将做些什么，并在行动前进行商议。在这一点上，如果未付出额外的努力，我们就会遭遇严重的困境。

此时，顾夫·德姆维尔强调今年各类会议使两国部长可以经常会面。

劳埃德先生认为，关于非洲问题的磋商一定要尽量秘密地进行，以避免其他西方国家想要参与其中。

德勃雷先生重复道，一定要重视未来，因为目前非洲的一切都在改变。为进一步阐明他的思想，他还补充说道，英国和法国均可对一些撒哈拉以南的非洲国家的政府产生影响，并且这些国家有时会间接使英法卷入它们的国际关系；我们应该就给予这些国家的政策建议进行协商，以避免某些国家（如加纳）的态度会扰乱我们的统一行动。

劳埃德先生指出，英国政府的实际影响力有时要比人们想象的小得多，比如英国对加纳的影响。

德勃雷先生指出，不管怎样，对于我们能够施加影响的黑人国家政府，可以要求它们平息争论，因为这些争论经常会影响法英关系。

因此，法英两国应共同商讨对非政策以避免西方丢掉黑人世界。这样行动不只对英法有利，更对整个西方有利。

德勃雷先生希望英国各部部长仔细思考这一问题，当他赴伦敦时可以再次对此进行讨论。

劳埃德先生承认，截至现在，在有关非洲的法英磋商中，我们并未就未来进行充分探讨。

德勃雷先生复述了麦克米伦先生的话：没有最终的措施；这是一定的，因为非洲永远在发展。但应该付出努力，让这些变化不会朝着不利于我们的方向发展，并且这是一项值得尝试的事业。

接下来，德勃雷先生就一个非常重要的问题进行举例，即黑人大学生问题。要避免他们去国外——即苏联、捷克斯洛伐克，甚至在某些情况下可能是美国——接受颠覆性或革命性的思想。另外，还应在非洲本地建立教育机构，引导黑人大学生，为的是不会培养出今后采取反对西方立场的精英。

但是，在巴黎、伦敦还有其他地方，我们都应互相帮助以在大学中接待这些年轻的黑人精英。这是个至关重要的问题。

劳埃德先生承认,刚刚提到的这一点非常重要。有关黑人精英的问题表明,在今后的会谈中,就非洲五年或十年后的发展前景进行交流探讨是非常必要的。

德勃雷先生强调,对西方来说,非洲今后的意义主要在战略和军事层面,而不仅仅是经济层面,因此从这个角度说,今后的会谈就更为重要了。

为回应杰布爵士的问题,他明确指出,尤其应该将在莫斯科或布拉格的大学生吸引到我们的首都来。

让黑人大学生直接了解欧洲世界及其氛围是至关重要的。本地教育应主要发展与科学和技术相关的科目,并且地方教育终究应以欧洲的学校和大学为导向。

最后他总结道,他深信,不论在任何情况下,英法其中一国在非洲的失败对另一国来说都不是成功。

麦克米伦先生感谢德勃雷先生的这番话并补充道,可能只有在德勃雷到访伦敦时我们才能讨论经济问题。

就另一个问题他补充道,目前在赫鲁晓夫的众多讲话中,他看到了某些不自信。

德勃雷先生注意到,苏联领导人赫鲁晓夫想通过数量众多的讲话扰乱西方世界并在其内部制造分裂。此外,也不需对苏联的一切讲话都过于关注,西方只需了解苏联的意图就好。

麦克米伦先生对此表示认同,但他重申道,苏联十分关心自身的威望。说到底,也许让赫鲁晓夫先生感到如此满意的,是西方领导人称其为"我的兄弟先生"。

在劳埃德先生和若克斯先生再次提到苏联舆论——它已被其本国政府的和平宣传所毒害——可以在一系列危机中所发挥的作用后,德勃雷先生对英方与会者到访巴黎表示了感谢。

(王祎慈译,刘彦伊校)

19590313，FD000035

德姆维尔致法国驻华盛顿、伦敦外交代表电

（第 2942—2947 号、第 2676—2681 号）[1]

（1959 年 3 月 13 日）

沃兹沃思先生 3 月 12 日就日内瓦会议[2]的工作给德罗斯先生作出如下指示。

几周来，未取得任何进展。苏联人似乎觉得西方人所作的让步是他们更进一步的预兆。察拉普金先生则稳如泰山。美国外交官认为，莫斯科正在等待麦克米伦先生出访华盛顿的结果，希望英国首相强调的理念在与赫鲁晓夫先生的会谈中能够具体化。

关于这些理念的具体内容，沃兹沃思先生说未被完全告知。然而他指出，其基本内容是建议对监督机构每年在成员国领土上可能实施的检测的次数早作限制。作为交换，苏联应该对这些任务不再行使否决权。

这个新想法在华盛顿受到批评。大家认为这种对检测次数的理解容易弄虚作假，而且会不断地将监督机构置于窘境，因为它们不得不在许可的任务"配额"和放弃未经核实的嫌疑迹象之间的担忧中作出选择。

关于麦克米伦先生追求的程序问题，沃兹沃思先生补充说，在出访莫斯科之前，英国人已经就此理念和其美国伙伴作了探讨，但是未签署协议。似乎今天英国人否认此前已经把它作为一项坚决的建议提交给了赫鲁晓夫先生。苏联政府首脑则因为英美非常尴尬而急于将其公开备案。

美国外交官还给出了如下信息：

英美双方现在几乎已经完全向苏联方面解释了它们关于监督体系的概念。近几日它们承认，除非受到严重破坏，条约缔结的期限为无限期。察拉普金先生不接受这种有保留的条件。

英国人设想的监督委员会将由三个西方国家、两个共产主义国家和两个中立国家组成，以使苏联人明白，西方国家不会占据多数席位。这条建议也

---

[1] 文献来源：*DDF*, 1959, Tome Ⅰ, pp. 340-342.
[2] 此处指停止核试验会议。——原编译者注

未获得成功。

苏联人只说在参加会议的三个国家的领土上实施监测。不知道这是否意味着它们不想谈及中国或者不愿引起它们已经提前达成共识的遐想。美国人试图不久后再给他们提供一张地图,上面会标注专家会议预计的170个监测站,以测试他们的反应。

对于意见完全分歧的部分,特别是在委员会核实嫌疑迹象来源的检测上的否决权和法规方面,美国人不会考虑任何让步。他们完全不敢肯定,参议院是否会批准在他们的建议基础上达成的协议。五角大楼和原子能委员会已经在日内瓦会议成员国方面完成了大量工作,并特别强调了自然地震和低于5000吨地下核爆炸的辨别困难。面对这种联盟,美国国务院由于首脑的缺席而感到无力。

沃兹沃思先生被问到,是否估计苏联人在峰会上会保持让步,他回答说,在当前取得的成果基础上,这样的一个会议谈论这个话题不会"超过二十五分钟",日内瓦会议主席一直坚持不要谈论已经充分[1]准备的主题以确保达成协议。

(吕军燕译、校)

19590320,FD000036
肖韦尔致德姆维尔电(第975—986号)[2]
(1959年3月20日)

根据今天3月20日从英国外交部原子能事务及裁军部门领导那里收集到的信息:

1. 日内瓦会议昨晚休会。4月13日会议复会。苏联代表团之前一段时间率先同美国人交谈,并谨慎建议说,每个政府代表团或许都需要休会几周,以便作好总结和准备后续工作。美国代表团昨天在会上建议休会三周。察拉普金先生以其惯有的方式答复速记员说,他已经准备好继续会谈,但是他对其同事的建议没有明确异议。

---

[1] 是否应该为:未充分?——原编译者注
[2] 文献来源:*DDF*, 1959, Tome I, pp.383-385。

177

为了研究恢复工作的条件，英国外交部在等待其参加日内瓦会议的代表团尤其是首相返回后的下一步战术及其提出的建议。

在研究正在举行的会议和外交部长会议及政府首脑会议之间存在的联系时，海恩沃斯先生不会排除这样一种可能性，即有相关利益的三个国家的部长很有可能在部长会议期间提出继续区分两个阵营的主要观点。

2. 对于莫斯科会谈显示的东西，英国官员补充了以下细节：当麦克米伦先生提出其规定检测配额的建议时，赫鲁晓夫先生表示欢迎并声称："这证明您不会特别优待某一个阵营。"后来，葛罗米柯先生询问劳埃德先生他是否能够提供目前其掌握的涉及检测配额的数字，而外交大臣避而不答。

英国在华盛顿会谈中抛出其提案。海恩沃斯先生对这一提案只是显示出一种适度的乐观。他未作任何表示，仅说大家在这里只是介绍4月13日日内瓦会议重启后的一些形式上的建议。在日内瓦，苏联代表未向其同事提及这一提案。

此外，在提出其提案之前，首相似乎对专家的研究未作筛选。海恩沃斯先生表示，他对于每年检测的次数没有任何概念，经过深入考察，这个数字将被认为是最小值。并不排除这个由技术研究得到的数字非常高。因此，从政治上来说，这很可能冒着被指控破坏谈判的风险。据他来看，平均两到三周检测一次似乎比较合理。他补充说，关键在于执行的频率，频繁检测导致被抓到的风险会让打算违背协议的政府退缩。

3. 一些人提出，如果排除弱国核武器试验以及外层空间核武器试验，减小范围，那么将大大方便协定的执行，况且彼此的监督显得如此困难。被问及这项提案时，英国外交部官员回答说，不会研究对弱国导弹试验的监督，并评估了苏联人接受美国在1月份的日内瓦会议上提交的议案[1]时的困难性。他补充道，将某些爆炸排除在禁令之外，对于英国政府来说在政治上非常敏感。美国国务院也持这种看法，然而五角大楼和其日内瓦代表显然支持这种区分。[这里我注意到劳埃德先生在佩拉先生面前提及（美国政治的）"双头现象"，说它会影响美国代表团在日内瓦会议上的行动。]关于外层空间核武器试验，其监督难度众所周知，去年的专家报告对此既未隐瞒也未解决。但是，我们未考虑到苏联人试图令困难变得无法克服。

---

[1] 关于这份议案，参见 19590113, FD000032 注释。

4. 我的助手提醒注意说，苏斯洛夫先生面对工党议员时宣称，其政府不反对监测站的人员同时由站点所在国公民以及其他国家的监督者组成。海恩沃斯先生承认，实际上，这个问题不难解决。另外，美国代表团在这方面……①有保留地作出妥协，但其认为，在确保制定关于某些重大问题的协议之前解决这个分歧或许就是一个错误。对于除两三个主要问题外一切问题皆能解决的观点，他们坚持表示怀疑。对于日内瓦会议的失败，他们似乎必须要么屈服，要么承担责任。

（吕军燕译、校）

19590326，FD000016

阿尔方致德姆维尔电（第1666—1673号）②

（1959年3月26日）

参阅我的第1615—1631号电报③。

英国和美国的官方评论自然地促成了于3月20日至24日在戴维营和华盛顿举行的会谈的圆满成功。④ 令人不快的是在如此深入的会谈之后，竟然有人发表西方阵营不睦的言论。

但是，在麦克米伦离开美国后，英国人和美国人似乎在即将到来的5月为解决苏联面临的主要问题方面仍然存在严重分歧。

在3月25日的总统新闻发布会上，在面对一些英国发言人试图解释结果或未达成结果的方式时，总统多次表现出很恼火的样子。⑤

当被问及外长会议是否自动变为峰会时，艾森豪威尔先生用了比较强硬的语调作了回答，并使用了这样的表述："只有在观察到的事态发展到被认为

---

① 译码缺失。——原编译者注
② 文献来源：*DDF*, 1959, Tome I, pp. 421-423。
③ 3月24日，汇报了英美在戴维营和华盛顿就德国问题的会谈情况。参见：*DDF*, 1959, Tome I, 第178号文件注释。
④ 麦克米伦应为3月19日至23日访问美国，其行程见 *FRUS*, 1958-1960, Vol. 7, Part 2, Western Europe, Doc. 355, "Editorial Note"；艾森豪威尔的回忆，见［美］德怀特·艾森豪威尔：《艾森豪威尔回忆录——白宫岁月（下）：缔造和平（1956—1961年）》（一），第395—399页。
⑤ 记者招待会情况，见 "The American Presidency Project," https://www.presidency.ucsb.edu/node/235357。

可以时才能够这样做。"他还补充道:"如果有人能给出不一样的见地,这是错误地解释我在对话时所说的内容。"

同样,当被问及关于英国在中欧的兵力和军备"解冻"方案时,艾森豪威尔先生回答道:"我不知道谁曾告诉您这些。如果有人宣称我同意这个计划,他就是与我背道而驰。"美国总统的这番澄清话语解释了外交部的高官在上周会见之后对获得的结果进行分析时所处的困境(发自伦敦的第1031—1035号电报[①],发往华盛顿的第3411—3415号电报)。

毫无疑问,艾森豪威尔和麦克米伦的对话是两个有着多年交情的老朋友在正常互信的基础上进行的。但是,会谈一结束,双方发言人就试图为自己和政府获得不确定的优势。如果协议能够达成,部分是模棱两可的,并且其后果也即将出现。英国政府现存的灵活政策确实令美国总统担忧。艾森豪威尔将美国的对外政策重新掌握在个人的领导之下,他坚持要向世人表明,作为美国的国家元首,应该由他作出决定,但这个决定不应该是在英国与加拿大联合之下强加于他的。

在会晤后,英美关系让人不安。然而,应该注意的是,除了对他们政府首脑选举的忧心,英国人认为还要完成一项真正的和解任务,因此英国人不会认为自己是被打败了。英国驻华盛顿使馆的武官和文官在国会、媒体和军队领域里很活跃,为的是强调他们认为的在美国最高领导人处发现的强硬政策会导致世界大战的巨大危险。他们在这方面的努力已经取得成效。一些疑虑已经出现,且不说一些媒体评论者,很多美国参议院外交委员会的成员都认为,如同其主席富布莱特先生所认为的,迟早有一天得达成和解。

杜勒斯先生的健康状况只能让他勉强参与英美对话。国务卿的威望仍非常重要。他在这样的场合说的一些话就能表明这一点,特别是在他生病前的几个月也亲自表明了这一点。

然而,艾森豪威尔先生是易受影响的。国务卿的意见可能更难能可贵,

[①] 3月25日,未转载。在此电报中,大使汇报了同弗雷德里克·霍耶·米勒爵士进行的有关戴维营会谈的谈话。常务副国务秘书长所表述的内容对于肖韦尔先生"好像有点空洞"。在华盛顿的那些英国人所报告的唯一令人有印象的事似乎是为了回复3月2日的苏联照会而起草的一个共同文件。它是有关召集峰会、欧洲裁减军备中心区域、柏林问题以及使联合国发挥可能的作用等内容的。——原编译者注

并且随着时间的推移，其信息将更加含糊。只是现在面对英国的灵活性，美国的态度仍然依赖于坚定的政策。另外，总统已经得到来自巴黎的建议以及法国总统的信函①所提供的支持。在戴维营会谈前，我已经证实在这一领域法美观点的相似所带来的意义。这一点在会晤时没有被忘记。

(张臣臣译，沈练斌校)

19590331，FD000017
阿尔方致外交部电（第1719—1727号、第1730—1734号）②
(1959年3月31日)

谨代表部长。③

3月31日一早，我受到了赫脱先生的接见。谈话直入主题，对昨天白天收到的苏联照会进行了快速分析。代理国务卿表明，他让人对多份照会进行了研究，以便确定是否要在答复中体现出差异。总之，美国方面普遍认为，苏联在这种情形下采用了一种温和的语气。我们避免正式对如下两点表态：从部长级会议过渡到峰会，西德加入的模式。然而，我指出，赫鲁晓夫装作把这两点视为已获得的成果。

赫脱先生然后提出了有关柏林问题的《应急文件》，该文件将于下午在三方基础上④进行评估。墨菲先生明确指出，美国政府对由法国方面提出的针对

---

① 可能指3月11日戴高乐将军给美国总统的信件，在 DDF, 1959, Tome Ⅰ, 第16号文件的注释中曾提及。3月26日，在英美会谈一结束，法国总统再次写信给艾森豪威尔将军表示对巴黎和华盛顿间形成的统一阵线感到高兴（Charles de Gaulle, *Lettres, Notes et Carnets*, T. Ⅷ, juin 1958 - décembre 1960, p. 208）。——原编译者注

② 文献来源：*DDF*, 1959, Tome Ⅰ, pp. 433 - 437。美方记录见：DNSA, BC01071; *FRUS*, 1958 - 1960, Vol. 7, Part 2, Western Europe, pp. 192 - 193。

③ 此时德姆维尔在华盛顿同美国、英国、西德外长商讨苏联3月30日和31日的照会所引发的形势。——原编译者注

④ 这是指一份相关的工作文件。在这份文件中，美国国务院全面总结了从1958年12月11日至1959年3月31日在华盛顿进行的各种有关进入柏林问题的协商。该文件于3月17日通过发自华盛顿的第756号快件已经转到法国外交部；它未被转载。——原编译者注

第10段和第11段（见我的1697号电报①）新草拟的内容进行了评估。总的看来，这些文字的内容好像还是可以接受的。我指出，《应急文件》到现在已经讨论数周了，呈现出一种迷失在细枝末节和无限推迟作出政治决策的趋势。重要的是，在要对我们实施封锁的情况下，得明确表现出我们决定保留我们的进入权和通行权。但是，很难设想出所有的假设情况，因为我们可能从本质上忽视了发生该事件的方式。针对这一点，只有在为了通知联合国我们根据《联合国宪章》第51条（自卫权）可能会采取的行动时，对我来说好像才可能求助于联合国。如果我们还想另行作为，我们会冒使行动瘫痪的风险。

赫脱先生给出了回复，他同意这些大体上的原则。但是，英国人已经强调当船队遇阻时，还是有可能在求助于武力举措前进行新的谈判。选择将该事务提交给纽约的最佳时机的问题因此被提出。从美国方面来讲，还保持着对此问题的很坚决的态度。

但是，与此同时，美国政府正在考虑表明其决心的合适的军事举措。

除了已经采取的措施，还要考虑使北约盟军总司令处在戒备状态以及在波罗的海和黑海采取适当的措施来封锁苏联的国际贸易。另外，只有经过深思熟虑才能采取这些措施，因为这个级别的封锁不能无限进行。

然后，赫脱先生要求了解一下我们对四方小组报告的印象。我指出，如果我们想达成一个共同协议，其中一个主要困难可能是要明确"脱离接触"概念的意思和范围。我认为，使用该词进行表达仍旧比较含糊并且不太容易理解。

麦钱特先生作了补充，他提及戴维营的英美会谈，认为英国迟早有一天会试图把"脱离接触"问题同和欧洲安全相关的所有建议分开。事实上，这可能只是涉及冻结在中欧的兵力和军备。即使以这种形式，美国政府也不是很支持这个想法，并且无论如何，它认为这项研究只是涉及政治层面上的规定。

---

① 3月30日，未转载。该电报对当天由美国副国务卿帮办、英国和法国大使召开的会议作了汇报，该会议旨在评估3月11日有关在紧急情况下为保留进入柏林的路径而采取的措施的文件（即前一条注释中提到的那份美国文件）。法国外交官强调在美国1958年12月11日的照会（该照会的内容，见 DDF, 1959, Tome Ⅰ, 第17号文件注释）中相继增添的内容，只会使主要内容愈加不明确，即：我们决定在柏林保留的自由通行路径是陆地方式还是空中方式？英国大使指出，在没有向伦敦请示的情况下，他不能接受所建议的修改内容。墨菲先生向大使询问过，是否趁着3月31日三国外长举行会议的机会给出一个答复。——原编译者注

同样，英美之间在柏林地位问题上仍然存在某种分歧。赫脱先生明确指出，在这一点上，苏联人加速了危机，不应该是我们作出让步并且建议制定出新的规章。我们当然可以满足于已取得的成果。然而，塞尔温·劳埃德先生建议，也许应该向苏联提出一份基于合同的新协议，该协议只限于西柏林，但要避免提及把征服权作为我们出席会议的理由。英国人提出的这个想法被国务院拒绝了，就如同被我们拒绝一样。

美国人的想法和我们一样，认为部长级会议会很漫长，而且峰会只能在夏季过半时举行。

在3月31日的会议中，我向赫脱先生谈及了西班牙可能要加入北约一事。我表示，我已经得知接纳工作正在进行并且法国政府一直积极考虑着其候选国资格。当然，还是要采取一些心理层面的防范措施，特别是为了消除一些斯堪的纳维亚国家的敌意。

我的对话者答复说，在达成一致意见之前，公开提出这样的问题会令人不快。国务院的官员们已经同挪威、丹麦和冰岛进行了对话。好像对抗在减弱。无论如何，问题还没有发展到能够当机立断作出决定的程度。

3月31日，我向赫脱先生介绍了一些有关近期建立的三方合作的细节，但没触及实质问题。我强调，要辩论的问题与其说是政治性的，不如说是军事性的。重要的是，先要达成一个协议来建立一个全球战略，同时确定大的战场。当针对这样一个基本原则的协议达成之时，我们也许就能够评估一些更细节的问题，比如北约指挥部的重组问题。

法国舰队从地中海撤出应该在另一种情景中进行评估。我只是说，已经采取的措施在任何情况下都不能被视为旨在削弱我们所依赖的联盟。

赫脱先生对此没作任何评论。麦钱特先生只是补充说，他近期会向大使馆提交一份旨在明确"贝劳伍德"号航母法律地位的方案。

最后，我告诉赫脱先生，关于地中海舰队间的合作协议的谈判最近已在巴黎展开。

3月31日，在我们同代理国务卿会谈结束的时候，我提出了民族解放阵线代表的地位问题。美国政府作出的禁止国务院接见叛乱分子的决定是一项有效的举措（我的第 1694 号电报①）。但是，这仍是不够的。我们无法理解民族解放阵线的代表如何能够在该国得到合法入境移民的地位。此外，他们在美国境内从事政治活动，并在美国司法部被登记为一个美国不承认其存在的政治团体的代理人。赫脱先生及其同事因此再次强调，根据美国法律的规定，不可能对他们拒发签证。针对阿尔及利亚代表的驱逐措施只有在他们违反了该国法律或者受到其宗主国即法国的刑事判决时才可实施。如果我们能够对此有确切的证据，事态也许会从一个新的基础上重新发展。

另外，美国在这方面的立法正在进行修订。最高法院最近在一份颇具争议的判决中重申，不能将从事共产主义宣传活动的外国人从美国驱除出境。面对国会的反应，应该加入一条法律使法院的判决无效。对此，可能会加入一些条款，以使我们满意。然而，赫脱先生很提防在这一问题上给我们一些明确的保证。

我最后指出，美国向阿尔及利亚代表表现出的宽容在法国产生了很坏的影响。如果由此而产生的局面还要延续下去，这会影响我们两国之间的友谊。

（沈练斌译、校）

19590331，FD000018
  阿尔方致外交部电（第 1740—1745 号）②
  （1959 年 3 月 31 日）

在 3 月 31 日下午召开的会议中，三位外长专门评估了在柏林要采取的紧急应对措施（《应急方案》）。

1.《应急方案》

德姆维尔先生提出的有关求助于联合国的风险以及在必要时作出政治决定以确保通行自由的意见经简单讨论后达成了一致。塞尔温·劳埃德先生事

---

① 3 月 30 日发自华盛顿的第 1694—1696 号电报，未转载。该电报提及欧洲事务助理国务卿同阿尔方的会谈。麦钱特先生向他的对话者通报了国务院禁止向民族解放阵线代表提供帮助的决定。这违背了美国行政方面一直以来听取任何要求被接见的人的呼声的传统。但是，行政方面不能给出这样正式的保证，即在任何情况下，所有美国公务员可能都会避开费尔哈特·阿巴斯的代表。这些代表也不会再在国务院被接见了。——原编译者注

② 文献来源：DDF, 1959, Tome Ⅰ, pp.437-438。

实上已经承认，在苏联同意召开会议①之后，情况和商讨开始时的设想有所不同。预计采取何种举措只有在峰会失败时才能确定。如果失败无可避免，紧张程度陡然增长将会显而易见。因此，不能排除某些军事准备。我另用电报向您通报由三位部长同意的第十段和第十一段的内容。最主要的内容现在包含在第十段里，该段落确定了原则性观点（我的第1697号电报）。

2. 3月30日的苏联照会②

之前定好的是该照会不提及来自三个大国的书面答复。部长们在报刊上发布的简短公报中，心满意足地记录下了苏联的回复，同时再次提及苏联有关峰会以及西德参赞的问题的看法。驻在莫斯科的大使们近期将会负责向葛罗米柯先生作一个口头表述，向他确认我们正在准备5月11日的日内瓦会议。

3. 意大利的参会

三位部长对于意大利参加会议的请求达成了一致。③ 他们认为最好是把参加国限制在对于德国具有特殊责任的四个大国中。如果保留住这条规则不太可能，他们将提出让意大利也参加会议的建议作为对苏联提出的将波兰和捷克斯洛伐克纳入的建议的回复，④ 因为意大利同波兰以及捷克斯洛伐克有着同等的地位。如果这两个国家只是具备观察国的身份，那么意大利也应该被赋予同样的地位。如果这两个国家是具有同等权利的成员国，意大利也应当以同等的条件加入。

4. 美国的军事举措

塞尔温·劳埃德先生提出了美国飞机在超过1万英尺的高度通过空中走廊飞往柏林的问题。赫脱先生对此问题给出了解释。国防部认为，在空中桥梁仅限用于柏林驻防的情况下，它不得不使用最新型的运输机，该飞机的飞行高度必须达到2万英尺。因此，美国军方要求，为了维护其权利，美国会

---

① 在3月30日对西方照会进行答复的照会中，苏联政府同意召开外长级会议的提议中所建议的时间和地点：5月11日，日内瓦。——原编译者注
② 关于这份照会，参见：*DDF*，1959，Tome Ⅰ，第191—192号、第194号文件。
③ 关于这一问题，参见：*DDF*，1959，Tome Ⅰ，第154号文件。
④ 暗示苏联3月2日的照会，参见：*DDF*，1959，Tome Ⅰ，第119号文件及注释、第126号文件。——原编译者注

进行一定数量超过1万英尺极限高度的飞行。苏联曾经企图强行规定这一极限高度，而西方联盟事实上从未对此表示认可。经过在政府内部长时间的讨论之后，一次高级别的决议已经作出。首次飞行是在我的第1709—1711号电报中提到的条件下完成的。[①]

塞尔温·劳埃德先生非常怀疑这些飞行演习的效用。美国通过已完成的行动再次显示了其权利。可它在一次可能会比较严重的事故中会获取什么呢？

本次讨论仅限于这些观点的交流，因为赫脱先生注意到在政府内部对这些问题已经重新作了评估，但是仍未得到一个最终的解决方法。

（沈练斌译、校）

19590409，FD000019

摩洛哥处备忘录[②]

（1959年4月9日）

美国对摩洛哥和突尼斯的政策

在美国毫无保留地支持了法国对于摩洛哥和突尼斯的政策后，美国现在既不再表现出对于这两个国家内部事务的谨慎态度，也不再表现出有关这两个国家与法国关系的谨小慎微。

法国占有地缘优势，凭借其在历史中的作用，因此努力想通过其参与将这两个国家留在西方阵营，同时保住法国在这两个国家的战略、经济和文化领域里的核心利益，这些利益赋予法国优先地位。

虽然为了确保西方的影响力，美国一开始就意识到必须保持法国在摩洛哥和突尼斯的主导地位——以这种观点看，美国向这两个国家提供的援助只是与我们相配合的一个补充——但现在美国好像打算和我们竞争，而且目前更多的是在突尼斯而不是在摩洛哥。美国认为这样会更好地捍卫西方的利益，以对抗摩洛哥和突尼斯制定的"不依赖"政策。

[①] 3月30日的电报说明已经采取的措施。美国车队在宪兵的护送下行进。高速公路上的车队数量有所增加。第1709号电报还提到3月11日文件第2段规定的准备性军事措施。——原编译者注（节译）

[②] 文献来源：DDF, 1959, Tome I, pp. 474-476。有可能是由皮埃尔·德索整理完成。——原编译者注

有两个问题清楚地表现出美国政策的这种倾向，这两个问题可以让我们表达出一些对美国政府不满的明确责难：向突尼斯和摩洛哥提供美国军事物资的问题，以及美国空军在摩洛哥占领的基地问题。

一、向突尼斯和摩洛哥提供美国军事物资

事实上，从所附的专门为该问题而整理的纪要①中可以得出以下内容：

——一方面，美国政府自1957年秋季开始就迎合 *布尔吉巴总统的平衡游戏*②。自萨基埃特事件③后，布尔吉巴总统就尝试不断向美国发出请求，特别是对有关东方要挟很敏感的请求来抵消法国的影响。

——另一方面，美国政府一心图求从1959年1月开始它会引发摩洛哥政府对武器的需求，而摩洛哥政府在这方面一直以来收到的都是向法国政府恳求的帮助。

二、美国空军在摩洛哥占领的基地

法国政府在1958年7月10日向摩洛哥政府阐述的有关在摩洛哥由法国军队占领的基地的意见中表述了以下内容：

——不包括根据1950年的协议提供给美国的基地（4个空军基地和1个海军航空基地）④；

——表示如果其最终保留4个战略性基地，并有足够的时间撤离另外5个基地以及在卡萨布兰卡获得便利，法国政府就准备单方面宣告其实施地面

---

① 《法国外交文件集》中未收录该附件。
② 原文为斜体。
③ 萨基埃特·西迪·尤素夫村位于突阿边界的突尼斯一方，距离边界1.5千米。由于突尼斯阿尔及利亚民族解放阵线和民族解放军的存在，据法国情报评估，这里已成为阿尔及利亚人的村镇，是阿军的训练营、军火库、补给站和娱乐中心，在突尼斯的五六千名阿军中有2500人在此驻扎。为了打击所谓的"叛军"集中地，法军于1958年2月8日对萨基埃特进行了持续1小时的空袭。空袭造成了实际的人道主义灾难和接踵而至的外交冲突。空袭造成68名突尼斯人死亡，近130人受伤。在该村附近执行任务的国际红十字会的两辆卡车也被击毁。法突关系由此破裂。突尼斯要求所有法国军队撤出突尼斯，禁止法国士兵从兵营中外出，不再给法国在突基地提供物资，驱逐法国在突民众，关闭法国的领事馆，威胁要收回比塞大军事基地并转给美国或北约使用。突尼斯迅速把事件报告给联合国秘书长，请求安理会开会讨论。为缓和法突关系、在联合国之外解决萨基埃特事件，美国联合英国组成了斡旋使团。美英的干预是法国加亚尔政府4月14日倒台的重要外因。姚百慧：《美国与1958年法国政府危机》，《世界历史》2021年第1期，第79—92页。
④ 1950年1月27日美法签订的共同防御援助协定并未规定具体的基地名称。世界知识出版社编《国际条约集（1950—1952）》，世界知识出版社，1959，第8—14页。

部队撤离的打算。

然而，虽然美国政府已得知这些意见，并在我们的同意下自1957年5月起同摩洛哥政府进行了有关由美国军队使用的基地的谈判，但它采取了与我们不同的立场，导致我们的意见很难被摩洛哥接受。

a. 尽管我们表示反对，它实际上在1958年9月10日告知摩洛哥政府其准备承认撤出基地的原则，但是它希望达成一份可以使用这些基地若干年的临时协议（根据约斯特先生给贝拉弗里杰先生发的指示是7年，贝拉弗里杰先生更希望期限是2年）。

b. 另外，美国政府没有遵守1959年3月12日法美驻摩洛哥空军司令官间的换文承诺。

这封换文确定了法国政府10月18日决议的实施模式，即在美国政府的要求下从美国空军占领的摩洛哥基地中撤出法国的存在。

然而，美国政府于1959年4月2日在没有事先通知我们的前提下向摩洛哥政府表示，对于所有与这些基地有关的谈判达成以下内容：

——它承认摩洛哥对于这些基地的基本主权，却完全不提其法国性质；

——它接受以摩洛哥旗帜和摩洛哥哨兵的形式来作为其主权的标志。而我们已经多次向它指出，我们反对这样的一种举措，因为这有可能在摩洛哥和突尼斯的法国基地产生反响。

因此，美国政府显然背离了我们在这个问题上的立场，但事实上：

——悄无声息地从摩洛哥撤出外国军队的势头（美国军队从中受益），很大程度上是因为法摩关系的改善，而且它保持住这样的一个势头是完全受益的；

——法国和美国的共同目标是在摩洛哥保存对保卫"自由世界"必要的战略基地的部署。

美国政府对该事务的态度很大一部分是受其驻拉巴特大使约斯特先生的启发。约斯特先生从上任伊始就不惜以牺牲我们的利益为代价向摩洛哥采用承诺好处和恭维讨好的姿态。

似乎只能希望向美国政府指出：

——所有有损于法国在摩洛哥和突尼斯的主导影响力但并非专有影响力的做法归根结底都是与西方利益相违背；

——因此，已经出现这样的必要性，美国政府和法国政府在各自分别同摩洛哥和突尼斯进行谈判的同时保持紧密的合作,并且对于这两个国家采取的政策保持协调一致。

(沈练斌译、校)

19590409,FD000037

德勃雷致阿登纳的信①
(1959年4月9日)

总理阁下:

我认真拜读了您3月25日的信件②,对您表达最诚挚的感谢。

部分媒体,尤其是英国新闻界,就某些涉及或许在欧洲设立武器限制区的提案作出的反应令您感到不安,我对此毫不意外。大家都知道,记者报道重大主题时有时会夸大其词。

总之,您很清楚法国政府关于此事的看法:您上次出访巴黎时③我们已经明确表达。共和国总统在其最近一次的新闻发布会上就国际公共舆论的声明④肯定毋庸置疑。

---

① 文献来源:*DDF*,1959,Tome Ⅰ,pp.468—469。4月9日德姆维尔通过第1907—1909号电报把信发给勒迪克,让其转交阿登纳。

② 该信件转载自*DDF*,1959,Tome Ⅰ,第181号文件。

③ 3月初。参见:*DDF*,1959,Tome Ⅰ,第131号文件。

④ 3月25日,戴高乐在爱丽舍宫召开新闻发布会,专门介绍外交政策。他称苏联挑起的柏林危机引起了全世界的严重不安。莫斯科提出了三个紧密联系的问题:可能采取措施来阻碍美英法三国的军事人员在西柏林和西区之间通行的问题,德国人民的命运问题,在欧洲建立一个主要包括德国在内的中立化地区的问题。有一些人可能设想,法国想从危机中捞取利益,但这不是法国的政策,"我们不同意采取任何使德国人民感到失望,或是损害他们的和平前途,或者损坏那种经过多少斗争和流了多少眼泪以后在莱茵河两岸所产生的希望的行动"。也有人说,由于法国没有像美苏那样有毁灭性的手段,所以它应该尽量处于冲突之外,必要时,处于战争之外。"这对法国来说,就是意味着为了保持生命而丧失我们生活的理由。"因此,"我们认为美、英、法三国决不能同意让它们驻柏林的部队的往来受到任何阻碍……我们不允许把西柏林交给潘考夫制度"。此外,"我们不准备承认潘考夫这个制度是一个独立和享有主权的国家,因为它的存在仅仅是由于苏联的占领和一个无情的独裁制度"。在法国看来,"德国人民的正常命运就是把目前德国的两部分重新统一成为单一的、完全自由的德国,只要它对西部、东部、北部和南部的现有边界线不再提出异议,并提出有朝一日参加到为了合作、自由和和平而根据条约组成的整个欧洲组织中来"。关于使德国成为一个中立化地区的问题,这种"隔离"或"脱离接触"本身对法国来说没有任何价值。"因为,如果裁军区域离乌拉尔山的距离同离大西洋的距离不相等的话,那么,法国怎么能得到安全呢?"在回答记者提问时,戴高乐称,禁止西柏林军队通行是一种"冒险"。《戴高乐言论集(1958年5月—1964年1月)》,第76—80页、第86页。

189

我很高兴在德姆维尔先生的陪同下,于 5 月 6 日和 7 日去波恩拜访您。
总理阁下,请接收我最诚挚的友谊。

米歇尔·德勃雷
1959 年 4 月 9 日,于巴黎

(吕军燕译、校)

19590411,FD000038
阿尔方致德姆维尔电(第 1957—1961 号)①
(1959 年 4 月 11 日)

昨天,沃兹沃思先生在斯贝尔斯先生的陪同下重新前往日内瓦。来自美国国务院裁军处的斯贝尔斯接替贝克先生担任美国代表团团长的顾问。

沃兹沃思先生离开华盛顿时,他的指示还需作些调整。今天最后一轮审查这些指示,并且赫脱先生给予了支持。

沃兹沃思先生指示的主要内容涵盖在美国国务院让我提交的照会文本内,并且将在 4 月 13 日周一送交北约理事会。我将在下文中向您展示其内容。

美国驻日内瓦代表团接到了指示,要在下周一重新谈判时让苏联人了解提案的内容,包括立即签署停止外层空间核试验协议。英国人赞同这项议案,他们放弃了给每个缔约方按年分配一定的检测次数的想法。

草案

自 3 月 19 日以来一直处于休会状态的停止核试验大会将于今天下午在日内瓦恢复谈判。在休会期间,英国和美国仔细回顾了它们对目前使协议陷入僵局的主要未决问题的立场,并得出结论,除非苏联准备放弃对全面否决权的要求,并同意切实可行的现场检测程序,否则当前不存在达成全面协议的基础,该协议要有能够保证我们对协议的信心所必需的监督方式。不过,我们仍然认为谈判不能失败。

因此,英国和美国代表团建议采取另一种方法,以便将目前为止在谈判

---

① 文献来源:*DDF*,1958,Tome Ⅰ,pp. 478-479。

中取得的进展变为容易实现的初步协议。

该方法涉及：

（1）原则上同意在目前的谈判中或在国际管制委员会成立后达成有关监督机制的协议，从而分阶段实施全面商定并且接受监督的中止核试验协议。

（2）可立即商定谈判的第一阶段，其中包括停止外层空间核试验，由设在美国、英国和苏联领土上的若干固定监测站检测核试验区域以及进行飞机航班取样。监测站的数量和检测频率将以日内瓦专家关于大气侦测报告的建议为根据，并且所需监测站的数量少于整个系统所需的数量，在此阶段不需要提出程序问题和投票表决的问题。

（3）在大会上或在监督委员会建立后，要继续努力解决允许监测地下和高空核试验的政治和技术问题。此外，要加强停止核试验的义务，以尽快使协议扩大至涉及各种环境的监督体系。应该立即开展以此为目的联合研究、调查和谈判。

(李东旭译，吕军燕校)

19590413，FD000039
肖韦尔致德姆维尔电（第1229—1236号）[1]
（1959年4月13日）

周末，我曾让人在日内瓦会议重新召开前夕，就英国外交部对停止核试验的看法询问外交部助理次官奥尼尔。他表示英美两国政府在10多天以来一直在积极地探讨新立场，这可能会影响到谈判策略甚至是议案主题。由于新方案尚未成为最终协议的主题，他认为不应该透露其条款。

奥尼尔先生今天上午会见了我的助手，并向他提供了以下详细情况：

1. 由于英美两国政府已经最终决定，去年的专家汇报不再适用于最新的技术数据，两国已经重新寻找新方案。因此他们向苏联提议了一份大纲，内容见阿尔方先生的第1957号电报，奥尼尔先生这样描述如下新方案。

目前，向苏联政府提供了一份替代方案：

---

[1] 文献来源：*DDF*, 1959, Tome Ⅰ, pp.479-480。

191

(1) 三国可以同意全面停止核爆炸，前提是苏联接受三个条件：

a. 苏联放弃否决权

然而，除了派遣人员进行现场检测，苏联还要求在其他方面行使否决权，比如某些行政方面的决策，监督机构是否有违反协议的决策，是否接受上述机构关于监测人员的技术调查结果；

b. 西方国家要求现场检测应该依据某些科学标准自主决定；

c. 三国政府同意对专家会议后收集的最新科学信息进行联合研。

如果苏联同意以上三个条件，北约盟国打算承担全面禁止核试验带来的风险。这个风险是确实存在的。专家的最新研究显示，为使现场检测系统能够监测地下核试验，应划定一些即使苏联同意但实际上却无法实施监测的范围。

（2）如果第一个方案被拒绝，北约盟国则打算划定禁止大气层核试验的范围，即5万米高空以下。在这种情况下，就可以实施日内瓦会议报告的条款了。监督体系将会更简单，监测点的数量会显著减少，且不再需要进行现场检测。

这只是开始的第一步，三个大国将继续联合研究和磋商，以扩大禁止核试验的限制范围。至于范围……

2. 英国高级官员表示西方代表团打算自今天会议起提出这项新建议，尽管会议由察拉普金主持并且他可能希望在会议期间发表声明。

今天结束时，上述内容将会被媒体大量报道。

可是媒体不知道的是，艾森豪威尔总统和麦克米伦先生分别向赫鲁晓夫先生致信，强调英美新立场的重要性，这显然标志着谈判的一个新转折。

(李东旭译，吕军燕校)

19590422，FD000020

阿尔方致德姆维尔电（第2143—2144号）[①]

（1959年4月22日）

4月22日，墨菲先生询问法国政府秘书长若克斯先生，法国总理和诺

---

① 文献来源：*DDF*, 1959, Tome Ⅰ, p.542。

斯塔德将军刚刚就在法国领土上存放核武器事宜举行会谈后，法国政府是如何打算的。① 美国（副）国务卿帮办指出，考虑到国际紧张局势，必须就可能很快使用这些武器制定措施。如果不能与法国达成协议，美国将考虑其他方案。在了解法国的想法前，诺斯塔德不希望走到这一步。

若克斯先生重申了法国的立场并表明在回到巴黎后，把美国政府的担心汇报给法国政府。

墨菲先生指出在下一次会晤期间，赫脱先生无疑希望可以和您探讨这一问题。

(李东旭译，吕军燕校)

19590428，FD000021
赫脱拜访戴高乐的报告②
（1959年4月28日）

在持续三十分钟的会谈中，戴高乐将军和美国国务卿克里斯蒂安·赫脱先生专门讨论了在将要举行的重大国际会议期间要采取的态度、针对德国问

---

① 在法国存储核武器事宜可追溯到1952年。1952年10月4日，在舒曼—迪恩换文中规定，美国不会在法国政府安排的军事基地里引进非约定武器。然而，1956年12月12日北约部长理事会在巴黎批准的战略指导考虑率先使用核武器策略。1957年4月2日，美国大使向外交部重新提交了一份换文计划，建议废除舒曼—迪恩换文中关于非约定武器的限定。1957年12月16—19日在巴黎举行的北约成员国领导人会议公告强调了在欧洲建立核储备的决定。巴黎和华盛顿之间不断地就各种议案及反对议案进行交流。1958年6月17日，法国国防委员会明确了法国政府的立场（19581103，FD000097注释）。9月24日和法国国防参谋长卡卡尼耶会谈时，戴高乐宣布如果不能负责保管核弹头，法国将不接受把核弹头存放在其领土上。(1958年9月24日国防参谋长委员会主席发来的文件，未转载。)伴随着柏林危机的开始，诺斯塔德将军认为，依赖部署在兰斯、埃坦和图勒基地上的9个战斗轰炸机联队的战略核武器是必不可少的；他坚决要求法国允许在其领土上存放核武器，以提供上面提到的9个联队所需的弹药。(1959年3月20日法国驻北约代表团团长发来的文件，未转载。) 1959年4月17日，北约最高军事指挥官给米歇尔·德勃雷先生写信表示，"在柏林问题造成紧张局势的时候，这些空军联队对北约军事力量作出了重要贡献"。他补充说："我需要重复您参观欧洲盟军最高司令部时我对您讲的话，即在紧急情况和目前条件下部署这些联队，如果联军的军需品不允许存放在法国，那么这些联队就无用武之地。"——原编译者注

② 文献来源：DDF, 1959, Tome Ⅰ, pp. 559-562. 美方的记录见：FRUS, 1958-1960, Vol. 8, The Berlin Crisis, 1958-1959, pp. 652-655；DNSA, BC01225. 赫脱来巴黎参加美、英、法、联邦德国四国外长会议，讨论柏林问题，其行程可见：FRUS, 1958-1960, Vol. 8, The Berlin Crisis, 1958-1959, Doc. 129, Editorial Note。

题要采取的立场以及近东局势问题。

关于外交部长级会议的准备工作，赫脱先生表示希望盟国在剩下的几天内能够消除依然在彼此间存在的观点上的分歧，以便在召开会议时表现出无懈可击的统一阵线。

戴高乐将军同样有此考虑。对此，他认为，我们越是试图对一些细节内容达成一致，我们就越是会损坏我们之间在大的路线方面达成一致的机会，而唯独这才是至关重要的。至于我们在会议期间的策略，至少在会面初期我们急于求成或者采取主动都是不利的。苏联人是当前危机的始作俑者，应该由他们来给出一些意见。我们就让他们来干吧。我们不要提供给他们对来自我们这方的各类意见计诱我们的机会，然后在他们选定的某一个领域，在细节上让我们产生分歧。在第二阶段，我们可以采取主动引导辩论围绕我们选定的领域，这可以让我们使对手陷入困境，或者更理想的是产生可喜的结果。为了使自己的想法更明确，将军建议西方国家在适当的时候提议建立一个援助不发达国家的组织，而西方和东方大国都会参与其中。

国务卿本人认为，最好在外交部长级会议上提出西方国家的建议，因为苏联人如果拒绝这些建议，就会使自己失去世界舆论的支持。

戴高乐将军和赫脱先生都不期待这次外交部长级会议能取得实质性成果。他们一致认为，峰会草案不能接受的最低要求，对柏林来说是一种舒适的权宜之计。但是他们对这次外交部长级会议的重要性有不同看法：赫脱先生认为只有赫鲁晓夫在苏联人中掌握决策权力，因此最好把辩论的基础建立在可以碰到一位有资格的对话者的地方，即在"峰"会上。

将军本人则更看重部长级会议。他认为，这样的会议应该是个检验场，可以把这些问题大概理出一个头绪并且在即将举行的几次会议里隐约看到解决的可行性，因为仅仅在峰会上进行所谓的斗争很可能是危险和徒劳的。

国务卿认为，他和艾森豪威尔总统都赞同戴高乐将军的这样一个想法，即麦克米伦先生的莫斯科之行很受关注，从这时起就要竭力在苏联领导人的话语里找到西方和苏联间的谅解要素。两位政治家一致形成这样一种预见：在下一次的大会期间，英国人力求成为东西方间诚实的中间人，总是迅速接受赫鲁晓夫的部分意见。

将军和赫脱先生估计我们可能召开一个长系列国际会议，而不是两个大会。他们更愿意参会成员有所缩减。然而，如果应该增加成员，他们一致同意把意大利接纳进来。

德国问题

将军重申了他对德国问题的一些观点。他并不认为苏联人当前的思想状态可以从整体上解决问题。赫脱先生还是想要从眼下就尝试一下。将军更愿意待苏联人发生某些变化时，以更大的成功把握再接手问题。

戴高乐总统认为没有人会认为德国的统一是当务之急，这对于苏联人、波兰人、德国人等也是如此。他认为他们东方的边界应该划在奥德河—尼斯河一线；由此产生的领土损失是 1945 年战败的结果——处在该条分界线以东领土的德国居民撤回到了德国；波兰失去这一区域以及对该国产生的政治后果将是令人失望的。德国应该得到远期或近期统一的承诺、从现在起加入联盟的权力以及最终拥有军备的权利，作为放弃这些领土的代价……

东方问题

赫脱先生宣称伊拉克的局势在急速恶化。[①] 共产党今后会在政府、行政部门、警察部门中发挥主导作用。他看不出卡塞姆将军如何能制止住正在滑向人民民主制度的发展趋势。

赫脱先生同意戴高乐将军的看法，认为苏联在中东只看到一条通向非洲的道路，这里是一块空白宽阔的土地，苏联在此可以绕过欧洲并且威胁拉丁美洲。

华沙会议

对于戴高乐总统提出的关于中国参加华沙条约组织会议[②]的意义的问题，赫脱先生回答道，中国出席本次会议与其说取决于苏联对中国的友好姿态，不如说是北京向莫斯科施压的结果……

（沈练斌译、校）

[①] 关于伊拉克的局势，参见：*DDF*，1959，Tome Ⅰ，第 9—10 号文件、第 25 号文件及注释、第 79 号文件、第 85 号文件、第 149 号文件及注释。

[②] 华沙条约组织的外长级会议于 4 月 27—28 日在波兰首都召开。这是中国第一次受邀以观察员国的身份参加该会议。——原编译者注

19590428，FD000022

德勃雷致霍顿的信[1]

（1959年4月28日）

我亲爱的大使：

自从您来到巴黎，我们已形成了如此坦诚的交谈习惯，以至于今天我希望再一次以这样的方式和您谈一下美国有关北非的政策。

我们的联盟是保持世界稳定最坚实的基础之一，但我得说，它好像并没有在北非有所扩展。

在那里我们为了自由国家的共同利益同叛乱进行斗争，这些叛乱活动的代表在美国——特别是在纽约和华盛顿——拥有很大的活动自由；这些人持有假护照，其中一些人已经被司法部门判处刑罚，却可以逍遥法外地进行宣传，实施一系列反对我们的活动；难道反叛者的旗帜几天前不是在卡内基音乐厅前飘扬吗？

在摩洛哥，我没有感觉到我们的行动——无论是在军事基地[2]还是在武器供给方面——得到了有效配合。

在突尼斯，叛乱头目逃亡于此，在代表贵国的官员处找到了专注于他们宣传内容的耳朵。

难道这些不会马上就让我们疏远彼此吗？然而，我们在北非代表着稳定、繁荣以及和平的唯一机会；只有我们能够阻止这片对于西方世界防御极其重要的区域毁灭在无政府状态而最终落入与自由为敌的人的手中。我们同时在此保护一些根本利益，并不惜使用所有必要的力量来实现此目标。

另外，您很清楚，我们的理想与你们的理想是一致的——它们最初不是被鼓励的吗？——我们的政府和戴高乐将军一样，希望施行一种自由主义和改革的政策，一种唯一能够在阿尔及利亚协调两个阵营的要求的政策：这项任务不是在几天内就可以完成的。

---

[1] 文献来源：*DDF*，1959，Tome Ⅰ，pp. 562–563。

[2] 关于军事基地的情况，参见：*DDF*，1959，Tome Ⅰ，第36号文件、第206号文件及注释；19590409，FD000019。

但是，我必须告诉您，绝不能让新生的民族主义的诱惑——这些民族主义往往只用极权主义的神秘感满足少数领导人的胃口——导致美国的政策玩火，抛弃多年来最为忠诚的老盟友，转而支持这些运动——正如近期已经被多次证明的那样……而且由于其一直提高出价，这些运动甚至从西方获得了他们同西方进行斗争的武器。

在不发达世界，我们会与马克思主义交锋，这种较量对于我们的未来具有决定性意义；我们必须团结起来进行这样的斗争，因为我们知道我们共同掌握着自由这笔财富。

对于我们这方来讲，我们深信——并且我是代表我们所有的公众舆论讲这番话——我们正在北非捍卫这笔财富，如果没有得到支持，我们认为这是难以想象的。对于叛乱的纵容目前是其最好的王牌，我承认我理解不了这种纵容；您在法国的所有朋友都不能理解这种纵容。

您坦诚向我们讲述您的见解这再正常不过；但是，不应该顺着这些影响通过对抗性的政策制造隔阂。这些隔阂会对我们造成共同的损害，也将难以修补。

我一直考虑加强我们间的联系，这种联系将我们联合起来。我非常肯定的是，只有我们团结起来，才能通过力量平衡确保共存，以便毫不犹疑地向您开诚布公地表达我的想法，就像我已经做到的这样；难道坦诚不是牢固友谊的不可辩驳的证据吗？

我请您……

(沈练斌译、校)

19590429，FD000023

戴高乐对美国在法建立核武库建议的批示[①]

(1959年4月29日)

关于美国大使致外交部长的信件[②]中所提方案。

这将会涉及以下问题的实践：

[①] 文献来源：*DDF*，1959，Tome Ⅰ，pp. 563-565。
[②] 见附件。

1. 关于无异议地接受在法国境内存放美国原子弹。

然而，因为全球战略和最终决定使用原子武器始终属于美国的专属领域，一切都不会有什么改变。另外，这些还会使他们拒绝对我们自己研发的核武器提供帮助以及使他们为了禁止我们进行核试验而越过我们与苏联协商。

2. 至于在此文件中预先确定的实施方式，实际上导致任由美国支配在法国境内安置的原子弹。

事实上，一旦美国的原子弹存放在受美国控制的地方，则所谓"核武库的安全和保管责任将落在法国身上"就是空洞且站不住脚的。我们怎么能想象，在必要的情况下，一个无关紧要的法国岗哨能够阻止一个美国中队去把寄存在法国本土的供其使用的炸弹装到美国飞机上呢？

3. 唯一有效的保障必须包括：在一个联合的运作框架内，让在法国境内存放的原子弹属于法国。

4. 考虑到国际形势以及开放东西方交流的迫切需要；

考虑到我们就全球战略进行的对话以及对北约的补充性改革；

考虑到美国在法存放核武器可能带来的后果，以及这种存放所带来的军事优势之间微薄的不平衡，我看不出为什么我们要再次急于向美国的意志屈服。[①]

附件

美国大使致外交部长的信中所提方案

部长先生：

援引 1952 年 12 月 4 日我们两国政府签署的条约的第三条以及根据同一天法国外长与美国大使的换文[②]，我谨告知阁下，我国政府希望获准在法国境内建立核武库以满足驻扎在法国的隶属北约的美国军队的需求。

据了解，根据我们两国政府间的对话，以及根据北大西洋理事会 1957 年 12 月 19 日发表的公报第 20 条和第 21 条的规定，存放在法国本土的核武器也

[①] 附在这份文件上的插页里提到了以下内容：库赛尔对勒斯说：戴高乐将军将接受由法国单独掌管一个在美国基地外的核武库。——原编译者注

[②] 这封换文见 19590422，FD000020 注释。

可以用于满足北约内部的法国军队的需要。

关于建立核武库的安排如下：

1. 在法国境内存放核武器的规模和性质应该由两国政府根据需要，委派人员协议决定。

关于存放的位置将按照联盟的军事计划和在欧洲最高盟军指挥官的同意下，根据相同的条件固定下来。

2. 核武库的安全与保管责任将落在法国身上。武器的维护工作将由美国负责。

3. 由此，在法国境内建立的核储备应在法美政府的许可下进行使用，并应在它们根据《北大西洋公约》第五条所作承诺的框架内进行。

4. 美军的核武库将建在法国政府向美国空军提供的机场的地面上。

用于布置场地和建设机场的必要费用将由美国政府承担；用于存放由法国空军使用的核武器的费用由法国政府承担。

我提议，如果贵国政府能接受上述建议，那么这封信和您表示接受的答复就是我们两国政府就这一问题达成的协议。本协议将于您答复之日起生效。

(杨紫桐译，姚百慧校)

19590429，FD000024

赫脱与德姆维尔的会谈备忘录[①]

（1959年4月29日）

与会人员：德姆维尔、若克斯、吕塞、赫脱、霍顿、麦钱特、莱昂。

国务卿首先强调，在会议召开之前，在联盟内部要达成共同立场，否则我们在日内瓦面对苏联人的时候将会陷入很危险的境地。此外，在出发去日内瓦之前，把我们的计划详细告知我们的北约盟国是比较恰当的。

赫脱先生在会议结束之后必须要回到华盛顿，然后直接赶往日内瓦；也许德姆维尔先生可以以四位部长的名义在北约理事会上发言？

德姆维尔先生回复说，这也可以在常驻代表的级别上进行。

---

① 文献来源：*DDF*, 1959, Tome Ⅰ, pp. 565-566。美方的记录见：*FRUS*, 1958-1960, Vol. 8, The Berlin Crisis, 1958-1959, pp. 658-661。

赫脱先生说他曾在华盛顿见到斯巴克先生，后者想来日内瓦，并在会议期间与北约国家沟通。

美国国务卿想要知道，我们是否准备在我们要派去的代表团中包括上一名军人。他也因此这么安排了，但他希望不单单是美国这么安排。

外交部长表示，我们的代表团中将会有一名陆军上校。

美国代表团预计在5月9日到达日内瓦。

赫脱先生于是讲述了在他来之前与冯·布伦塔诺先生的对话，看起来西德人对四方集团拟定的最新计划①大体认同。他们拒绝由国境线划分的安全防御区，而只接受由经线划分的防御区。同样，他们完全拒绝允许苏联在联邦德国境内进行监察，这样做就等于经济间谍活动或向他们转让《巴黎协定》所产生的监察权。冯·布伦塔诺先生现在完全同意德国重新统一的计划。

赫脱先生又表达了他对欧洲安全问题的担忧，并且他相信为了试图调和观点，应该委派一个特别委员会小组。

德姆维尔先生提出，在将要展开的讨论中，为了更方便，德国重新统一的问题应该与安全问题分开讨论。一般情况下，他希望在后一领域进行，我们计划中的条款可以不那么明确，少些细节，但多把全面裁军和欧洲安全联系起来。

赫脱先生在这一揽子协议的关键原则被保留的前提下同意了。此外，他知道限制军备将会给我们造成很大的问题。

外交部长也意识到了这一点，原因有二：我们在阿尔及利亚的需求，以及目前拟出的计划中并未提及核裁军问题。舆论将很难理解一份仅限制常规武器的裁军计划。

尽管有这些反对，国务卿还是认为这一揽子协议有着一定的吸引力，应该不会在谈判一开始还没有进入实质性讨论时就被苏联人拒绝。

国务卿和外交部长接着研究了几个待解决的问题：联合国在柏林扮演的角色；捷克斯洛伐克和波兰的参与；西德以何种方式出现在会场。至于哈马舍尔德先生在5月11日会议开幕时究竟该扮演什么样的角色，外交部长表达了保留意见。

---

① 关于这个计划，见 *DDF*，1959，Tome Ⅰ，第241号文件。

但是，赫脱先生对联合国秘书长将他的一名助手留在会场没有异议，以便在必要时可以与之协商。

德姆维尔先生认为这种出席是不必要的，并且应该避免联合国通过这种方式干涉谈判。

（杨紫桐译，姚百慧校）

19590430，FD000040

肖韦尔致德姆维尔电（第1561—1566号）[①]

（1959年4月30日）

日内瓦停止核试验大会。我的一名助手4月30日会见了英国外交部助理次官，他根据奥尼尔先生提供的信息总结如下：

1. 不出所料，谈判围绕苏联代表团的议案展开，该议案来自4月25日赫鲁晓夫先生的书信内容，并再次提到麦克米伦先生在莫斯科抛出的观点。[②] 对于如何理解该议案，察拉普金先生最初表示怀疑。不过他指出，从今以后，在主要问题上已经没有了误解：在每年的检测次数上即将达成一致，这避免了否决权的使用。

2. 由于显而易见的原因，英国代表团不能抵制这种策略，也不会避开磋商。奥尼尔认为美国代表团（至少目前）也准备好了基于苏联议案的谈判。

3. 苏联代表力求让英美两国接受检测的定额分配原则，之后再讨论有关检测的条款。英美两国显然拒绝掉入陷阱。

4. 这些条款中有些涉及对监测期限及覆盖范围等内容的保证，这些主题仅在谈判初期有所涉及。它们似乎不是最难解决的。

[①] 文献来源：DDF, 1959, Tome I, pp. 567-568。

[②] 艾森豪威尔总统在4月13日写给赫鲁晓夫先生的信中说，如果苏联继续反对西方国家认为地下核爆炸监督所必须的条件，我们可以在谈判的第一阶段禁止在50千米以下的高空进行外层空间核试验。外交部声称麦克米伦先生支持美国总统的提议。4月25日，赫鲁晓夫先生通过塔斯社发表了其23日写给艾森豪威尔先生和麦克米伦先生的信。他认为英美确定的解决方案不符合探究的目标：阻止制造更具杀伤性的新型核武器。高于50千米的核爆炸可能会毒化大气层和地球，核辐射余波会污染动物赖以生存的植物。苏联元首将其议案看作是"不道德的交易"。他提议以麦克米伦先生在访问莫斯科期间提出的建议为基础来组织监督：如果监测站的报告证实有疑似核爆炸的现象，则每年组织一定次数的检测。在4月25日的新闻发布会上，察拉普金表示在这种情况下不会行使否决权。——原编译者注

此外，应该就进行检测的科学标准达成一致。事实上很显然，即使在所谓的定额分配体系内，试图让苏联人接受赋予监督机构以绝对自由、可紧急派遣队伍前往其领土的确定地点也是不合理的。避免随意的检测方法，必须以科学事实为依据。因此，监督机构只需在某些科学标准上达成一致，监督机构只需去验证，而不必去讨论。关于科学标准的协议将引发一些争论，但奥尼尔先生认为最后可以达成。

5. 主要问题还是商讨每年的检测次数限额。大家都知道，因为要提供足够的保证，这应该会是一个很高的数字，所以麦克米伦先生设想的方法看起来不很现实。

任何一方都没有给出关于检测次数的建议，甚至没有给出一个范围。实际上，这也是谈判受阻的一点。英美两国认为关键要让苏联代表团对新的科学数据进行验证，美国代表团声称自1月份起开展的共同研究都毫无意义。只有基于研究的结果，才能确定被劳埃德先生称为最大未知数的检测次数。

6. 麦克米伦先生还在拟定给赫鲁晓夫先生的回信，可能在这周末回复他，这封信将会借鉴前面关注的内容。

奥尼尔先生坦白说，赫鲁晓夫先生对4月13日议案的批评令人尴尬：从外层空间污染的角度来说，在50千米高空发生的核爆炸与其他爆炸一样有害。为了减少明显的余波，必须将核试验置于更高的高度。为了将4月13日议案的第一阶段的成果明确化，能够通过参考专家报告作出选择的部分，都已经确定。

(李东旭译，吕军燕校)

19590501, FD000025

法美会谈的报告[1]
(1959年5月1日)

在几句欢迎词之后，对话就下一次东西方谈判展开：[2]

---

[1] 文献来源：*DDF*, 1959, Tome Ⅰ, pp. 587-592。美方的记录见：*CUSSDCF*, France, Foreign Affairs, 1955-1959, 9: 0043-0049。

[2] 根据《美国对外关系文件集》中的编者说明，赫脱4月27日离开华盛顿前往法国，28日与戴高乐会晤，29—30日与联邦德国、法国等国外长会晤，参加四国工作组会议，5月1日与德勃雷会晤。*FRUS*, 1958-1960, Vol. 8, The Berlin Crisis, 1958-1959, Doc. 274, "Editorial Note"。

赫脱：到目前为止，我们在西方集团内部已经取得了良好的成果。当然，最困难的问题将在日内瓦出现，而我们希望，当问题出现时，我们的团结不会受到损害。

德姆维尔：显然，在与苏联人的交往中将产生一些实际的困难。至于会议的议程，想要提前确定好会议细节的想法是没有必要的。

德勃雷：毫无疑问，苏联人将会非常强硬；他们不计成本地想要在柏林取得成功。一旦他们获得如此巨大的成功，将会导致很严重的后果。而英国，至少在几个礼拜之前，都没有清楚地预见到这一点。

德姆维尔：我们的会议当然应该是严肃的，也就是说，应该为今后首脑级的接触做好切实的准备。而英国对此曾有着很不一样的看法；现在看起来，他们的观点已经改变了，并且他们意识到国家首脑无法在未经准备的情况下参与对话。

德勃雷：我想，在首脑会议上，我们应该讨论一些有别于部长会议议题的内容。

赫脱：当然不应该有事先决定的商议议程，每一位国家首脑都可以自由地提出各种问题。

德勃雷：此外，我想，如果苏方真有协商诚意的话，就应该就他们在中东、非洲或其他地区的意图作出提问。

赫脱：戴高乐将军在我们的谈话中[①]曾对我提到对欠发达国家的援助；我赞成让这个议题在首脑会议中被提及，但我们希望能提前了解你们的意向。

德勃雷：我们必须务实地处理这个问题：苏联利用欠发达国家来维持冷战。让我们宣布，必须以通过坚持国际合作的提议，来消除苏联这一行动的政治性质。归根结底，我们应该向苏联提出的议案是让一切问题去政治化。即使我们失败了，这也不是没有可能，国际社会也将意识到我们坚定提高欠发达国家生活水平的决心。

赫脱：我必须向您说明的是，我们并不打算把我们将要用于援助欠发达国家的资源与大家的放在一起；我们能做到的是加入这一共同行动，但每个国家在这一行动之后用于援助欠发达国家的资源需要各自独立。

---

① 该对谈记录见 19590428，FD000021。

德勃雷：不要再继续对苏联的反应过度猜测了，我们应该告诉他们的是：我们已经做好了跟他们一起合作的准备，共同援助那些他们时下正出于维持冷战而非提高其生活水平的目的去援助的国家和地区。

德姆维尔：也要考虑到问题的其他方面，也就是那些我将其划分为"积极中立"的国家，他们利用两个阵营的矛盾来为自己争取好处。在中东就是如此，印度尼西亚也是，只不过后者程度更轻。

德勃雷：首脑会议将以理想的方式满足苏联和共产党的宣传需求；也许苏联也像英国人所说的那样，渴望解决某些问题。但是，首脑会议主要将会满足他们宣传机器的需要；让我们以同样的立场来作出回应。另外，即使存在着对于援助欠发达国家行动的真实效果的质疑，让公众看到我们在这一领域的主动性也是好的。这是对"自由世界"的宣传。这种宣传是首要的。苏联的宣传机器实际上非常有效率，也许您们在贵国感受得不明显，因为您们的舆论极少受共产主义的影响。

德姆维尔：您在美国推行的是两党外交政策。

赫脱：现阶段确实如此，但这一情况是否会持续很长时间，以及在选举前，我们的外交政策能否避免成为我们两个主要党派之间的讨论问题都是值得怀疑的。总之，我同意您关于要搞清苏联的宣传在未来几个月（先是在日内瓦会议上，特别是在首脑会议期间）会如何发展的想法。

德勃雷：站在我们的立场上，我必须说我们很幸运地提前完成了选举。

德姆维尔：而且在外交政策方面，只有共产主义者这么一个敌人；我们这种一致性最近在国民议会上表现得特别明显。①

我能不能问问您，对首脑会议的举办地是否已经有了想法？赫鲁晓夫先生曾对旧金山表达了兴趣，这可能是因为在那里将会有宣传的好机会。

赫脱：我们并不反对会议在美国举行，除了在纽约，在那里我们担心我们苏联客人的安全问题，尤其是如果他们如预想中的那样想要环美游览，特别是参观那几个大型工业城市的话。

至于日内瓦，我知道有些人对那里有着出于迷信般的敌意，那座城市承

---

① 4月28—30日国民议会就外交事务的辩论，见 *L'Année Politique*，1959，pp. 372-374。——原编译者注

载着太多失败了。

德勃雷：您可能希望我们现在来谈论一下北约的问题？

赫脱：我们乐意这样做，因为我想要跟您谈论一下核储备问题[①]；事态紧急，因为如果发生危机的话，在法国的九支大队对于诺斯塔德将军来说是十分必要的；而且我们都知道，危机随时都有可能发生，特别是在柏林。

诺斯塔德将军已经向您们表达了我们想要尽快将事情解决的意愿；如果这不可行，我们就要转移我们的飞机。

德勃雷：我将会很直白地就这点表态，因为德姆维尔先生、我本人曾经很深入地与戴高乐将军探讨过这个问题；与将军的这一讨论更加必要，因为他在担任总理时，就决定重新审查一些重大战略问题，而且我们不可能在未曾与他讨论的情况下在这方面采取行动。

我想，在这里以及在华盛顿，现在都是探讨北约给法国带来的问题的时候了。

我希望您在三点问题上自由地说出您的看法；根据这三点问题的解决方式，您刚刚提出的问题也会得到解决。

首先是"九月备忘录"中政府已经向您们表明了的，希望与您们、我们和英国一道就全球目标的共同政策进行密切磋商的意愿。

其次是关于在地中海、北非以及更大的非洲地区内法国国家利益优先的重要性。这一点我曾经跟美国的外交官表达过，但戴高乐将军回归政坛后新的法国政府还未明确表达过自己的立场。无论你们愿意与否，我们在非洲地区的国家利益都是不容忽视的。在地中海地区以及阿尔及利亚，我们的利益甚至是基本的、必须的。因此，我们要在整个西方世界对于地中海及非洲地区的目标上，与所有潜在的北约成员国达成完全的一致。因此，对法国政府来说，至关重要的是协调法国在欧洲的国家安全的迫切需求及法国在地中海彼岸的国家安全的迫切需求。如果拒绝协调这两项当务之急，则是迎着危机向前走。

最后，也就是我的第三点，是关于原子能合作的问题，我们在工业和军备领域都需要合作。法国作为美国的一个盟国，肩负着特殊的责任，它应该

[①] 关于此问题，参见：19590422，FD000020；19590429，FD000023。

成为一个核武器大国。我们将尽力达成这个目标，而贵国对我们的帮助将会是很有用的。

我来总结一下，我们认为与您在我上面说的三点问题上进行开诚布公的交流是必要的。我知道在第一点和第三点里我们听起来像个索取者，但在第二点上我们是在捍卫整个西方世界的利益。

赫脱：我很遗憾您将刚刚提到的这三个问题和我们的核储备问题联系在一起；后者是非常紧急的，它关乎的不仅仅是贵国的国家利益，更是我们的共同防御安全。也就是说，这应该是您所考虑的首要问题。

如果我回到刚才您谈到的内容，您知道我们已经在华盛顿开始探讨您所说的第一个问题：这也是若克斯先生访美的原因。

至于第二点问题，您刚刚写信给我们的大使，我们希望非常仔细地研究这个问题，需要一段时间才能答复您。

至于第三点问题，这里有司法上的限制；您知道这些限制直到贵国第一颗原子弹试爆成功之时都不会停止。

您知道我们愿意在核反应堆领域对贵国提供帮助；但在法国舰队的单方面行动之后，我们现在也无能为力了。在燃料方面，我们已经尽了最大限度的努力，而且即将签署一份协议①。在这件事上，我们正在试图与美国国会最难攻克的委员会和最有能力阻挠行政机关行动的人打交道。

德姆维尔：您觉得转移飞机将会带来一些难题吗？

赫脱：我并不确定，但我知道我们应该转移飞机。

德姆维尔：我想英国应该有地方放置这些飞机。

德勃雷：关于地中海舰队，我相信，我们将能够在本月中下旬提出合作建议。应该在地中海建立一个新的组织，一旦我们建立了全国性的指挥规章，就可以开始讨论合作了。可能您就看不到那些阻挡我们继续讨论在地中海和

---

① 5月7日，美国与包括法国在内的北约六国签署了多份协定，这些协定是几个月来关于核武器合作讨论的结果。与法国签署的协定名为《美利坚合众国政府和法兰西共和国政府为共同防御目的而在使用原子能方面进行合作的协定》。根据该协定，法国将获得多达400千克的浓缩铀，其中铀235同位素浓缩到2%以上的铀中铀235的净含量不超过300千克。该协定没有时长限制，可以由两个政府终止协定；但是，应在协定生效后十年内作出燃料交付。该协定的主要目标是促进法国建造一艘核潜艇。协定全文见《国际条约集（1958—1959）》，第567—571页。

非洲地区的共同目标以及涉及原子武器的其他重要合作的障碍了吧？

赫脱：您能给我指明一下原子弹储备与您刚才提出的三点之间的联系吗？

德勃雷：它们之间的联系在我们看来是十分紧密的；从我国政府的观点来看，从严格的军事角度来看，很难理解我们两国之间没有完全的团结。而事情的底线是，北约内部的团结是不能被破坏的。

赫脱：您看，让我们感到为难的是，我们并不要求你们单独为我们做任何事，我们向你们提出的显然是一个符合共同利益的请求。

德勃雷：然而，您要理解，我们只能通过与您讨论所有这些问题来解决我们面临的问题。

因为我充分认识到目前的困难程度，我相信这些问题只有通过与你们进行全面谈判才能得到解决；无论现在的局势多么紧张，我们都必须将影响我国国家安全的问题联系在一起，无论是在南方还是在北方，这些问题最终也会影响整个西方世界的未来。

赫脱：我想您能够理解，想要解决您提出的这些问题需要一些时间来探讨，但我提出的问题是紧迫的。根据您刚才所说的内容，我想您明白诺斯塔德将军将不得不转移他的飞机。

这件事情人尽皆知，特别是在美国，这也使得我们很难在对这个问题作出令人满意的解释的同时，继续与您讨论您提出的其他问题。

德勃雷：我们不会无视您的困难，但您也要理解我们在原子能领域不得不作出的巨大的财政努力。

这其中当然会有贵国的司法限制问题，但您也知道，无论是在同位素分离工厂还是在军事制成品方面，我们的负担都将会因你们的合作而减轻，如果我们能依靠你们的原子能援助，我们的共同防卫将会得到促进。

赫脱：您当然明白，我们的立法是为了防止我们向许多不具备必要的知识资本的国家提供核武器，而据我们所知，贵国已经快具备这些知识资本了。如果这项法令不存在，我们就很难拒绝向意大利、日本和其他国家提供信息。

德勃雷：我深信，我们双方都很清楚，我以这种方式与你们交流是出于坦诚。因为在事情的实质上，面对着共产主义的威胁，您们不能对法国深层的政治意图保有怀疑，我们也不会怀疑您的深层意图。

我们所有的努力都是为了建立一个团结而强大的法国，而这对西方世界来说有利无害。

另一个问题：您知道当下共产主义者的军队在非洲的存在引起了我们格外的忧虑；我们西方人必须避免，让自己再次被派驻的军队打个措手不及；否则的话非洲的觉醒就在几年以后，届时情况将对我们非常不利。

赫脱：这显然是一个很严重的问题，我们正在研究它；也许我们可以在一个地区达成一个军事化协定，但如果我们没法建立由警察维持的秩序的话，这个协定也没什么作用，就像在中东那样。

德勃雷：并不仅仅是驻军的问题；也包括在黑人世界的工会组织，因为苏联此刻在撒哈拉以南的非洲作出的努力要比在撒哈拉以北的非洲还多。

德姆维尔：特别是在布鲁塞尔管辖下的比属刚果，因为它对比利时来说负担太重了。

德勃雷：危险的是在撒哈拉以南的非洲建立人民民主专政。

赫脱：我知道我们正在华盛顿讨论这些问题，甚至还为这个问题成立了专门的工作组。

德勃雷：还有一些黑人留学生在共产主义国家或者中国逗留的问题，以及一些撒哈拉以南非洲国家在种族方面的宣传，这些在几内亚都十分明显，而我们认为甚至苏联人都为这些种族主义感到担忧。

赫脱：很抱歉，我现在不能与您探讨您提出的关于阿尔及利亚的问题；但我们正在非常认真地研究这些问题。

会谈结束时，国务卿因他能够在巴黎待上几天而表示满意，总理则祝愿他旅程愉快。

（杨紫桐译，苟无忌、朱颖校）

19590504，FD000026

阿尔方致德姆维尔电（第 2328—2335 号）[①]

（1959 年 5 月 4 日）

5 月 1 日，我陪同吕夫先生与财政部长进行了长时间会晤。

[①] 文献来源：*DDF*, 1959, Tome Ⅰ, pp. 599-601。

首先，安德森先生极力称赞了法国的经济与金融复兴计划，他正密切关注该计划的发展。他称赞了该计划在技术方面的优势，并特别指出法郎贬值后①，国内物价只出现了小幅上涨。他指出，从根本上恢复经济秩序的关键，在于有效防止物价以及工资水平的持续性上涨。据他所述，法国已经表明有可能避免这种风险，特别是通过更广泛地开放边境，允许外国竞争对价格施压。在某些情况下，由于利率的提升，这种方式会伴随出现信贷稀缺的现象，正如去年英国实行的那样，不过如今法国已经度过了该阶段。

另外，财政部长强调倘若没有制度方面的改革和戴高乐将军的勇气与权威，我们不可能实现财政体系的重建。遗憾的是，美国政府由于受到来自国会、企业中有影响力的团体或工会的压力，无法如其所愿地像法国那样贯彻相关整顿政策，以此实现经济的复苏。安德森先生特别提到了两种困难：其一，削减给联邦政府预算造成重负的多种津贴；其二，反对当下美国生产者当中的某些贸易保护主义的论调。他表示："每天我都要被迫驳回受到参议员或众议员支持的新的提高关税的要求。总统和我都认为坚持尽可能自由的对外贸易政策十分重要，就此而言，我想我们为此付出的努力即将战胜我们所遭受的攻击。"

此外，戴高乐将军在3月25日新闻发布会上提出的西方世界与苏联应携手努力援助经济欠发达国家的观点，令财政部长感到惊讶。② 安德森先生表示他了解此观点的政治利益，但是技术上很难实施，甚至十分危险。在他看来，实际上各国的经济和金融体系千差万别，因此我们很难运用同样的国际援助机制。苏联将要通过提供不可兑换的卢布，或者几年来精心准备的技术援助，以此展示它的慷慨。财政部长更倾向于认为，两种体系应各自采取办法对需要帮助的人施以援助。

就西方而言，他认为最好的办法是重新采纳美国去年在新德里召开的世

---

① 法郎贬值发生于1958年12月，参见：DDF, 1958, Tome Ⅱ, 第442号文件的注释。

② 戴高乐在当天的记者招待会上谈到德国及柏林、阿尔及利亚、市政选举和财政复兴、法国从北约撤出地中海舰队的原因等问题。戴高乐问："为什么我们不把我们的一部分原料、制成品和食品，把我们的一部分科学家、技术和经济人员，把部分汽车、轮船和飞机集中起来，用于消除贫困、开发资源、援助不发达国家人民的工作呢？"他建议，这应该列为未来东西方会议议程中的一个主要问题。《戴高乐言论集（1958年5月—1964年1月）》，第80—81页。

界银行董事会会议上所提出的计划,即建立世界银行新的分支机构。安德森先生提到了"国际开发协会"的项目,该机构由世界银行成员国提供资金(因此苏联被排除在外),将为不发达国家提供长期低息贷款,如有必要,也可以用本国货币偿还。

我提醒安德森先生,法国总统认为当今世界的主要问题,是亚非国家二十亿人民的生活水平与欧美发达国家人民生活水平之间的巨大差异。柏林的地位、潘科组织的存在以及"脱离接触"的提议等,这些都不是主要问题,只有解决这一重要的人道问题,才是维持和平的根本。

尽管两种体系现在相互对立,但在这一点上还是有很多讨论的空间,也可能会有新的建树。就专业技术层面而言,戴高乐将军并未提出任何见解。

我特别注意到安德森先生的反应。事实上,尽管他之前在专业技术方面提出的反对意见在我看来并不是非常有说服力,但是他的看法可能对总统和政府产生较大影响。我们已认识到该计划的重要性,倘若我们要把建立一个援助欠发达国家人民的联合组织列入东西方会议的日程中,难道不应该提前和我们的英国与美国盟友研究制定相关原则,然后确立实施该计划的技术方案吗?①

(马吟婷译,姚百慧校)

19590522,FD000027
阿尔方致德姆维尔电(第2632—2636号)②
(1959年5月22日)

今日(5月22日)我陪同比内主席③与艾森豪威尔总统进行了约四十分钟的会晤。

首先,会谈就我国经济与金融复兴问题展开讨论。艾森豪威尔先生对我

---

① 注:应要求重新发送部分内容,因而此电报并不完整。——原编译者注
② 文献来源:*DDF*, 1959, Tome Ⅰ, pp.662-664. 美方的记录见:*FRUS*, 1958-1960, Vol.7, Part 2, Western Europe, pp.214-216.
③ 财政部长为接受纽约大学授予他的奖章,于5月21日上午抵达美国。他将主持召开关于法国经济复兴与共同市场的相关会议(《世界报》1959年5月22日,第14版;5月23日,第14版)。——原编译者注

国采取的改革措施予以高度赞赏,① 并表示我国的经济改革为整个"自由世界"提供了极具参考价值的范例。他强调开采撒哈拉油田带来的特殊利益——撒哈拉油田的产量将进一步促使西欧不再依赖中东石油的供给。

因此,艾森豪威尔先生对于法国重新成为民族国家的佼佼者甚感欣慰,据他所言,这只会有利于我们两国关系的改善。

然而,法国关于北约运作问题的某些决定令他深感忧虑。在他看来,北约对西方世界的防御而言具有前所未有的重要性,任何可能破坏我们之间团结的举措都会立刻成为苏联对抗我们的武器,使我们付出代价。

总统尤其提到了我国驻地中海舰队的变动,以及签订关于在目前驻扎在法国的美国飞机上建立必要的原子储备的协议所遇到的瓶颈这两个问题。②

安托万·比内先生回复道,法国政府和美国政府一样致力于加强北约。然而,戴高乐将军曾指出,为了更好地使联合军队树立民族责任意识,应该对联盟的某些军事机构进行调整。虽然我们希望进行一些调整,但并非为了放松北约内部将我们联系起来的纽带,相反,我们正是为了促使美法两国之间的合作具有更高的价值和效率才出此方案。

比内先生补充道,法国有充分的理由对原子能问题感到不满。倘若我们是真正平等的合作伙伴,我们就应该坦诚地分享我们在现代武器领域中所具备的科学技术知识,特别是关系到核武器问题。法国被迫以高昂的财政支出为代价,自行重新研发已被美国盟友甚至已被苏联掌握的(核武器)制造的核心技术,这是不正常的。毫无疑问,我们一向不认同美国的立法和国会精神:这是美国的内政。人人都乐于承认法国成功地完成了转型,而美国参议院与众议院却没有认识到与这样的法国进行全面且真诚的合作的益处,对此

---

① 有关具体措施,参见 *L'Année Politique*, 1959, pp. 159-173。——原编译者注

② 关于此问题,参见 19590422,FD000020 的注释和 19590429,FD000023。德勃雷先生告知赫脱先生,戴高乐将军拒绝就核武器储备问题与美国展开任何协商(参见 19590501,FD000025),正如德罗斯先生寄给阿尔方先生的一封私人信件(未转载)中所表明的那样。杜勒斯于 5 月 6 日与法国大使在华盛顿就各种问题进行讨论时坦言道,他对于该问题非常关心,并且十分重视此问题与阿尔及利亚和三方会谈进展情况之间的联系。阿尔方在回信中表示联盟是不可分割的,联盟需要法国的盟友们提供在现代战争中必不可少的防御措施(5 月 6 日来自华盛顿的第 2380—2382 号电报,未转载)。而同一天(即 5 月 6 日),美国与波恩、海牙、雅典与安卡拉等政府已经达成建立核储备的相关协议(5 月 6 日发自华盛顿的第 2385 号电报,未转载;参见 19590501,FD000025 及注释)。——原编译者注

我们无法理解。

　　这些言论似乎使艾森豪威尔总统感到震惊。对他而言，他当然希望能够找到一个足以同时回应技术、心理、政治三方面问题的答案。然而，据他所说，对于在法国领土上建立核储备这一特殊情况，他急需在与戴高乐将军讨论核心问题之前，至少找到一个临时性方案。艾森豪威尔先生十分期待这次会见，并且二人的会晤很可能在峰会期间举行。

（马吟婷译，姚百慧校）

19590522，FD000041
阿尔方致德姆维尔电（第 2620—2631 号）①
（1959 年 5 月 22 日）

　　法利先生的助手们今天下午在美国国务院召集了欧洲原子能共同体除卢森堡以外的其他成员国的使馆代表，并向他们提交了美国与这些国家双边协议的修正案。

　　1. 我在下文中会向您传达美国 1957 年 7 月 3 日提出的关于 1956 年 6 月 20 日法美协议修正案的内容②。我将在下一个外交邮袋里向您传达美国与比利时、荷兰、西德和意大利的双边协议修正案的内容。

　　2. 关于我们的修正案，美国的提议符合我们的要求，在我的第 2534—2539 号电报③和韦尔斯先生给勒努先生的信件（见我的第 2590—2594 号电报④）中已经向您转达了。

　　另外，为了使协议清晰化和自由化，修正案还涉及一些较小的修改。

　　(1) 第一条的 A 段中，为了详细说明用于研究以及现在不受数量限制的

---

　　① 文献来源：*DDF*，1959，Tome Ⅰ，pp. 664-665。

　　② 法美民用原子能合作协议于 1956 年 6 月 19 日签订。这个协议同意交换非保密数据信息，涉及研究反应堆和动力反应堆、健康和安全问题、同位素的使用；协议考虑到美国向法国提供 90 千克铀 235 形式的核燃料（其中 6 千克纯度为 90%，剩下的纯度最高为 20%）。1957 年 7 月 3 日在华盛顿签署的第一个协议修订涉及可从美国购买 90—2500 千克铀。——原编译者注

　　③ 通过 5 月 19 日的第 2534—2539 号电报（未转载），大使意识到美国政府要采取行动，法国希望修改法美双边协议，以符合法国原子能委员会在写给韦尔斯的信件里提出的要求。美国代表已经根据每个提案提出观点。——原编译者注

　　④ 5 月 22 日的电报转达了韦尔斯先生回复法国原子能委员会的内容（未转载）。——原编译者注

原材料不一定要在第 4 条规定的框架内使用，故删除草案中（1956 年协议中的第六条）的"如第四条规定"一词。

在同一条款内，因为至今为止没有任何交换，故"将被出售或移交"代替了"被交换"一词。

最后，由于删除了协议第六条中构成限制的最后一句话，故在同一段落结尾增加了"除了原料反应堆"这句话。

（2）在第二条 A 段中，美国人引用了"原料测试反应堆和反应堆实验"，同时在第二条的 B 段里增加了"反应堆实验"的字样，以扩大 2.5 千克铀的使用范围，而且这也符合实际。

（3）美国与意大利、西德和荷兰协议修正案的主要内容与我们的相似，只有浓度为 20% 的铀 235 数量不同，意大利为 7000 千克，西德为 2500 千克，荷兰为 500 千克。至于与比利时协议的修正案，增加了不限制浓度为 20% 的铀 235 数量的条款，维持了关于浓度为 90% 的铀 235 数量的条款，但是扩展到在反应堆的研究和实验方面的核燃料的使用。

（4）我的助手表示他将向您转交美国政府和原子能委员会制定的草案。会议结束后，他向对方提问美国政府是否不会考虑实行共同政策，这可以让我们在实施某些计划时少些阻力。对方答复说，就欧洲原子能共同体成员国而言，美国政府希望尽可能地走"谅解"协议的道路，但他们不得不再次采用双边协议，尽管它们几乎是相同的；我的助手表示，希望这一方法从今往后不要完全把法国排除在外。

附件①

美国政府和法国政府关于民用原子能利用合作协议的修正案

美国政府和法国政府，

希望进一步修改《关于民用原子能利用合作协议》（以下简称《合作协议》）。该协议 1956 年 6 月 19 日签订于华盛顿，1957 年 7 月 3 日被修订（以下简称《修正案》）。

---

① 附件为英文。

双方同意：

第一条

《合作协议》第六条 A 款，修改如下：

"A. 研究材料

与和平利用原子能有关的既定研究项目相关的原材料，包括原材料、特殊核材料、副产品材料、其他放射性同位素、稳定同位素，在《合作协议》第三条的限制条件下，将被出售或移交给法国政府，以用于研究而非驱动反应堆；当这些材料不用于商业目的时，其数量和条件可以商谈。"

第二条

修正《合作协议》第八条的修正案中的第二条的 A、B、C 款删除，由以下 A、B、C 款代替：

"A. 除非本条 C 款另有规定，否则委员会将依据与法国政府达成的协议，根据合同中规定的价格、条件和交付时间，按照约定的数量，出售或租借铀（湿法分离）的同位素中浓度达到 20% 的铀。这些燃料仅限用于研究试验动力堆、示范动力堆、动力反应堆、材料试验反应堆和反应堆试验，这些设施将由法国政府在与委员会磋商后建造，或委托私人公司在法国建造，并根据有关试验的需要……但是，[①] 在本协议期间，出售或租借的此种包含铀（湿法分离）的同位素的铀的净额不得超过 2500 千克。该净额应为本协议期间出售或租借给法国政府的包含铀（湿法分离）的同位素的铀的总量减去本协议期间转售或以其他方式退还给美国政府或转让给任何其他国家或经美国政府批准的国际组织的包含铀（湿法分离）的同位素的铀的总量。

"B. 在本条 A 款的限制下，由委员会根据本款所转移的、处于法国政府监管的铀 235 同位素浓缩铀的数量，在任何情况下都不会超过充分负荷限定的反应堆项目的需要，这种反应堆是法国政府决定建造，或由法国政府授权由私人建造，并由美国燃料驱动。依照规定，委员会认为，为了此种反应堆或替代"反应堆试验"更有效和继续运行，提供额外数量是必要的，但被替换的燃料是辐射冷却，或者属于本段所规定由法国重新处理的物资，因为委员会的意图是尽可能地充分利用已转移的物资。

---

① 电码有脱漏。——原编译者注

"C. 根据请求和自身判断，委员会将在前述特殊核材料的一部分中提供浓度达到90%的材料供"测试反应堆材料和反应堆试验"研究之用，每个试验的驱动燃料不超过8千克含铀235的材料。"

第三条

本修正案将被视作《合作协议》的内在部分，自各政府收到对方政府关于其已遵守该修正案生效的所有法律和宪法要求的书面通知之日起生效。

双方已根据正式的授权签署此协议，特此证明。

本协议签订于华盛顿，以英文和法文两种文本写成，两种文本同等作准。

美国生效日：

法国生效日：

（李东旭、姚百慧译，吕军燕校）

19590525，FD000028

戴高乐致艾森豪威尔的信[①]

（1959年5月25日）

尊敬的总统先生，

尊敬的艾森豪威尔将军：

鉴于贵我两国之间的关系及我们之间的私人友谊，我向您明确法国刚刚就其防御问题[②]决定采取的某些立场的精神及本质，这已经超越了我们当前的共同组织范围。这是一件有意义的事情。我相信您会理解并且赞赏我的理由。

但在此之前，我要向您说明，我从未如此坚信过，"自由国家"间的联盟在当前的环境下绝对是必需的。政府、议会、绝大多数法国人民都和我一样对此深信不疑……我们这些实行现代文明及真正民主的国家必须团结起来，共同行动，联合防卫。哪怕有一日法国灭亡，在前线被抛弃，我们都将永远

[①] 文献来源：*DDF*, 1959, Tome Ⅰ, pp. 692-694; Charles De Gaulle, *Lettres, Notes et Carnets*, T. Ⅷ, juin 1958-décembre 1960, pp. 225-228。美方的记录见：*FRUS*, 1958-1960, Vol. 7, Part 2, Western Europe, pp. 229-231; DNSA, BC01302; DNSA, NP00551。

[②] 指3月初法国地中海舰队撤出北约司令部。——原编译者注

属于"自由阵营"。我的意思是，为了自己的利益，法国哪怕采取北约未"制定"的措施，也不会损害我们的联盟。

然而，事实是这个联盟除了在事关西欧直接安全的方面，没有任何的共同政策。因此，美国、英国以及法国在东方、地中海、北非、撒哈拉以南的非洲等问题上采取的态度和行动完全不同。如此状况下，这些地区怎样才能采取我们共同的战略？

然而，今后敌对的威胁恰恰来自东方或非洲。由于法国对此尤感重视，所以我们很自然要采取符合我们责任的措施。因此，尽管法国加入北约对于欧洲大陆没有什么改变，但是法国很快将在整个地中海以及北非地区建立行动司令部。该司令部将接受法国政府安排的任务。我们的政府因此理所当然地根据情况考虑，或者和华盛顿与伦敦，或者与北约，一起研究、协调可以在该地区展开彼此能够进行合作的条件。

同时，对法国和欧共体来说，法国司令部其中一项职责是承担撒哈拉以南非洲的防务。我们要做好准备，将司令部的计划与非洲和西方国家的现有计划相结合，这些国家和我们法国一样，在非洲这一广大地区受到苏联阴谋论的质疑。同时，我们要准备好就可能在印度洋和太平洋发生的事件展开合作。

此外，请您注意这样一个事实，核武器及其可能引发的反应态势会强迫法国采取某些预防措施。显然，如果我们能够利用你们的成果，那么问题就可能会以完全不同的方式呈现。但是美国打算对法国保守秘密，我们不得不以高昂代价亲自去揭开秘密。对于这一点，我们无话可说，唯有遗憾。但事实并非如此，美国保留着使用或者不使用它拥有的核设施的全部自主权。因为对于我们来说，你们在这样的领域推动的整个单边反应导致的结果促使我们提出明确的质疑，并尽我所能采取正当的保护措施。

我们之间如果未结同盟，我承认你们将证明自己对可能爆发的核战争的垄断。但是我们已经联系在一起，以至于此类战争爆发的时候，无论由你们引起，还是针对你们，法国都无可避免地立即被彻底摧毁。很显然，无论在任何状况下，我们都不会将自己的生死托付给别人，哪怕是最好的朋友。因此，如果有必要，法国坚持以最基本的方式参与盟友们的决策：核导弹的使用，以及发射时间、目标。由于法国没能和美国及英国就此议题签订必需的协议，因此我们无法赞同这样的导弹今后在我们的领土上部署和使用，除非我们能够完全、永久地控制。

正如我此前有机会写信告诉您的那样，我相信如果美国、英国和法国为了世界安全在政治和战略领域建立有组织的合作，这些问题就能够在我们之间得到解决。我认为，我们的联盟将得到更好的保障，对自己和其他国家将更加积极。

为了我们两个国家和全世界，我强烈希望，当前形势和我们的个人能力能够使我和您一起尽快解决这些主要问题。如果有一天您能够来法国，您将史无前例地受到法国公众及各阶层人士的热烈欢迎。法国人将对您表达真挚的友谊和信任，这必将在整个欧洲，在全世界都产生重要影响。

尊敬的艾森豪威尔将军，请接受我最诚挚的尊敬和真切的友谊。

又及：我知道，在约翰·福斯特·杜勒斯生命的最后时刻，您面临的最困难的境况，我对他的才华、他的热情、他对我们西方国家的帮助表示深切的思念。

（吕军燕译、校）

19590609，FD000029
阿尔方致德姆维尔电（第2808—2812号）[①]
（1959年6月9日）

6月9日，我与诺斯塔德将军会晤，我在另一封电报中对此作了汇报，他当时刚刚结束在参议院拨款委员会的长时间质询。委员们都读过今天早上的报纸，他们一直在问他关于原子弹储备和9个空军中队撤离的问题。[②] 他得悉，大多数问题和回答都不会记录在案，但是他想告诉我从这场事关我们利

[①] 文献来源：*DDF*, 1959, Tome I, pp. 787-788。
[②] 《东方共和报》援引《华盛顿邮报》的消息称，6月7日，北约欧洲盟军最高司令诺斯塔德将军决定从法国逐步撤出驻扎在那里的所有美国轰炸机。次日，欧洲盟军最高司令部发表声明，称在与法国政府"就北约驻法国武装部队作战武器的各个方面"达成协议之前，为确保驻扎在法国领土上的北约"空军部队的效率而考虑一些措施是很自然的"。在这场争论之后，法国政府首次公开表示，它不打算"对北约作出新的承诺"，也就是说，正式拒绝在其他地面上安装发射台（"Directives pour le Porte-parole du Département au sujet des Stocks Atomiques," Utilisées le 9 juin 1959）。——原编译者注

益的辩论中获得的个人感受。

参议员们接受撤军，并建议撤到美国，从他们漠不关心的态度来看，我们对建立储备的拒绝可能比美国更令北约困扰。

新闻解读引发的舆论（我的2800号电报①）源于发言人不要损害法美关系、保持联盟凝聚力的声明；他们可能担心更激烈的评论和反应。他本人在电话中受到众议院拨款委员会一些成员的责怪，昨天星期一，在新闻发布前，他向众议院作证时没有提及此事。

我提醒诺斯塔德将军，我们认为，在世界某地发生冲突的时候，一个好的盟友会需要我们适当参与作出是否使用核武器的决定。在这一点得到满足之前，除非我们能够控制，否则我们不可能同意在我们的土地上储存这种炮弹。

诺斯塔德将军回答说，在《北大西洋公约》所覆盖的地区，法国可根据现行规则参与可能爆发的核战争。我回答说，由于威胁是全球性的，我们能否参与决策的问题必须在所有可能的战区得到解决。

我补充说，另外让我们感到遗憾的是，面对我们的明确请求，美国没有任何解释，就拒绝向我们提供连苏联人都知道的制造武器的秘密。

诺斯塔德将军当时告诉我，在他看来，由于担心我们获得好处，国会将比以往更不愿意修改核秘密限制交换的立法："美国的孤立主义可能再次出现。我们必须尽一切努力防止这种悲剧发生。"

我已经指出，这样的发展对美国本身来说是灾难性的。我们要改变的不是联盟，而是它的一些形式和规则，只有这样，我们才能变得更加强大和团结。

诺斯塔德将军希望戴高乐将军和艾森豪威尔总统能够会面。但他认为，白宫方面必须为此精心准备。②

（吕军燕译、校）

---

① 同为6月9日，未转载（新闻分析）。——原编译者注
② 6月10日，大使在第2823号电报（未转载）中回顾了他前一天与诺斯塔德将军的会晤，诺斯塔德将军向阿尔方先生告知了以下指示，这些指示将不会通知北约理事会：(1) 五角大楼要求他把9个空军中队中的3个撤到美国，但他拒绝了；(2) 他打算在英国和西德分别建立6个和3个空军中队，将3个相对落后的中队撤出西德；(3) 他会确保部队调动不会过于匆忙。——原编译者注

19590613，FD000030

德勃雷与霍顿会谈备忘录[1]

（1959年6月13日）

6月13日星期六中午12点30分，总理应邀接见了美国大使。塞西尔·莱昂先生和阿芒里克先生出席了长达30分钟的会晤。

霍顿先生带来了一份备忘录[2]，作为对德勃雷先生4月28日信件[3]的回应；这份备忘录撰写于6月13日，重申了美国的传统立场：美国始终尽力帮助法国，却并不总是完全了解法国的相关政策；美国的法律规定使其无法对民族解放阵线的活动予以限制；在更广泛的北非政策方面，华盛顿与法国的目标并无差异。

美国大使表示，他来这里是为了给信函增加口头评论，以此强调美国政府合作的意愿。他强调了一项特殊措施，即国务院任何级别的部门和人员不再接待民族解放阵线的代表。同时，他希望利用这次会晤更好地了解法国对德勃雷先生信中所提问题的立场。

于是，总理解释了为何我们认为美国对民族解放阵线人员的态度对阿尔及利亚问题的发展造成了严重的后果。

我们的西方盟友已对叛乱领导者持有强烈的保留态度。但是，每当我们要求他们加强其保留态度时，他们就用美国的例子反对我们。例如，当我们请求罗马当局禁止民族解放阵线要员在意大利逗留时，罗马当局就是这样做的；当加拿大禁止对尚德利进行采访时也是这样告诉我们的。

在我们看来，将所有民主国家对政治避难者的收留款待与赋予后者随意宣传的自由加以区分，既是必要的，也是完全可能的。就民族解放阵线的情况而言，更为严重的是他们的宣传实际上会导致纯粹的恐怖主义活动，而且他们自称阿尔及利亚人，而并非他们从某些国家获得的护照上注明的国籍。

因此，我们依然坚信，如果美国当局愿意，他们本可以更强硬地对待民

---

[1] 文献来源：*DDF*, 1959, Tome Ⅰ, pp. 819-821。记录为16日整理。
[2] 见附件。
[3] 19590428，FD000022。

族解放阵线的代表。

霍顿先生表示他对法国总理的解释很感兴趣，他将即刻转告给美国政府。德勃雷先生也表示很快会对备忘录作出书面答复。

在关于和突尼斯以及和摩洛哥的关系这一更为宽泛的问题上，大使重新解释了美国政府对合作的忧虑，继而法国总理也进一步阐明，他并不怀疑高层行政与军事人员对合作有所担忧，但是对下层人员特别是在拉巴特和突尼斯两个地方的下层人员而言，可能未必如此。[①] 我们认为已经有令人不快的先例发生过。

大使承诺华盛顿将会继续探讨这个问题。

在会见的尾声，霍顿先生指出戴高乐将军和美国总统在不久之后的会见将会非常有用。

附件

备忘录

美国大使馆，巴黎，1959年6月13日

关于总理先生4月28日的信件，似乎对美国与法国在北非的政策存在诸多误解。我们真诚地希望误会能得到澄清。

在所谓的对北非缺乏团结的问题上，我们记得多年来即使在美国政府没有完全理解或完全认同法国政策的时候，在关于北非的各种问题上美国也向法国政府提供了有力的政治支持，这些支持已使美国频繁受到国内外的批判，却似乎也没有得到法国的充分理解。

无论现在还是未来，阿尔及利亚的冲突显然都是北非的难题，其结果对北非这样一个对西方安全至关重要的地区的走向起决定作用。阿尔及利亚问题的重要性和复杂性是不可低估的。美国政府希望法国当下能够就该问题成功地提供一个开明且持久的解决方案。然而，无论是对法国提出的政治解决方案，抑或是对法国有关何时能取得成功的预估，美国政府都毫不知情。因此，美国很难对它尚未完全获知的政策予以全力支持。尽管如上所述，美国

[①] 关于法国外交官对美国驻突尼斯代表的批评，参见 *DDF*，1959，Tome Ⅰ，第216号和第313号文件。——原编译者注

政府已经尽力避免做任何会阻碍问题得以解决的事情。

至于总理所关心的民族解放阵线在美国活动的问题，需要说明的是该组织未享有官方身份。事实上，美国政府对该组织的态度从未损害过法国的利益，也没有阻碍问题的和平解决。尽管如此，众所周知，美国和法国一样拥有历史悠久的自由主义传统，这使得美国通常允许外国人或外国团体组织入境，且允许他们公开表达自己的看法，虽然这些观点美国政府并不一定认同。

关于协调对西北部非洲独立国政策的问题，美国政府从未有过任何企图破坏法国与这些国家紧密关系的行为。相反，我们希望美国的努力能够进一步协助法国帮助这些国家取得进步，与之共同加强"自由世界"的力量。因此，美法在此问题上的基本目标相同，不存在任何矛盾。总之，美国政府真挚地希望维护并加强这些独立国与法国之间的传统友谊。

（马吟婷译，姚百慧校）

19590620，FD000031

德姆维尔致驻外使节通电（第82号）[①]

（1959年6月20日）

关于政府拒绝在法国建立核武器储备以增加北约空军力量的问题（北约空军基地位于我国领土内），外媒予以较多关注。[②] 这些议论通常反映出大家对真正的问题一无所知，我认为十分有必要向您表明法国政府的态度。如果您考虑到当地的情况且认为有必要，可以通过这些指示澄清事实真相。在解释的过程中（我）无意与我们的盟友产生争论，唯一的目的就是让别人更好地理解我们的立场。

[①] 文献来源：*DDF*, 1959, Tome Ⅰ, pp. 859–860。这封电报已发送（通过电报给北约驻地，通过邮件给其他各驻地）到伦敦、华盛顿、渥太华、安卡拉、雅典、波恩、布鲁塞尔、哥本哈根、海牙、里斯本、卢森堡、奥斯陆、罗马、贝尔格莱德、新德里、拉巴特、东京、卡拉奇、赫尔辛基、维也纳、伯尔尼、斯德哥尔摩、莫斯科、突尼斯、华沙、西贡、布拉格、马德里，以及常驻北约代表。它已传达给外交部的驻外大使馆或总领事馆。该电报于6月16日编辑，20日发送。——原编译者注

[②] 有关该问题，参见19590609，FD000029文件及注释。

德勒斯先生在北约理事会中表示,① 在法国建立核武器储备的问题与世界安全组织的一般性问题息息相关。目前,在"自由世界"所参与的许多问题上,还没有一个严密的组织来捍卫"自由世界"的利益。法国对众多国家,甚至是北约范围以外地区的安全负有责任,因此,该问题对法国来说非常重要。在世界其他地区,西方的根本利益受到了威胁。这些地区的安全,要由那些对全世界各种事务负有责任的国家来捍卫。现在急需这样的一个组织。法国政府已经提出了这个问题,只要尚未就此作出决定,它无法就参加北约的条件作出新承诺。对部署核武器储备所作的安排,没有考虑到防御的整体需求,因此属于本原则所决定的范围之内。

因此,在这个问题上无需抱有如下想法,即我们将以交换有关制造核武器的信息为条件达成协议。

法国这样做,绝不是为了满足法国的基本利益从而予以施压,它的动机源于全体西方国家的共同关切,即倘若缺少这个西方国家借此捍卫"自由世界"根本利益的组织,那么我们这些国家将在受威胁的地区遭遇新的政治失败,抑或是被卷入到这些地区的冲突当中。

(马吟婷译,姚百慧校)

19590707,FD000179

欧洲司备忘录②

(1959年7月7日)

(中欧处)

日内瓦会议和裁军

在日内瓦会议的有限会议期间,裁军问题被再三提及。特别是在6月15

---

① 依据6月11日的宣言［见同日法国常驻北约代表致巴黎的第50050号电报（编号疑有误——译者注）,内容已经在此重述,该电报本书不再收录］。应斯巴克先生及其多名同事的要求,此宣言的文本已通过德勒斯先生转交给北约委员会其他代表。——原编译者注

② 文献来源：DDF, 1959, Tome Ⅱ, pp. 22-24。备忘录由外交事务顾问、欧洲（裁军）处副处长米歇尔·勒让德尔先生撰写,它介绍了7月13日重启日内瓦第二阶段外长会议前四国的立场。有关第一阶段（5月11日至6月20日）,参见DDF, 1959, Tome Ⅰ, 第300号、第321号、第342号文件,第347号文件以及附件卷。（为了参考附件卷,会加上 bis、ter 等特别标识,如 DDF, 1959, Tome Ⅰ, 273[bis]、273[ter]。）——原编译者注

日的会议上，①葛罗米柯先生作了如下声明："是否有可能共同向联合国大会建议，成立一个更为有限的组织以便研究这个问题？我已经说过我们打算讨论这一建议并且研究这样一些问题，如这样一个组织的构成以及成员国的数量。如果你们现在还没有准备好就其进行讨论，我也不会坚决要求。可能我们的继任者会聚在一起研究这一问题。"

6月17日，由于西方国家的外长们不希望转移对柏林问题的关注，便以缺少有能力的专家为由回复说，联合国的代表们可以重新讨论裁军问题并建议采取谈判程序。葛罗米柯先生在表明他倾向于由外长们自己研究这一问题后，没有再坚持。

苏联人的意图很可能是，在如果没有就柏林问题达成一致的情况下，通过提出重启裁军谈判以达成一项协议，从而获得西方国家的认可以召开峰会。苏联人也可能希望在联合国大会召开前在裁军方面做做姿态，但因为他们的82国裁军委员会提案显然一无所获，所以他们可能在大会上身陷困境。

在今年5月的伦敦专家组会议上，英国代表的态度已表明了英国政府的立场。西方的"和平计划"②中有两处提及恢复全面裁军谈判，而只有当发现自己在美、法、西德代表团的同意面前已被孤立时，英国人才接受了这两处提法。事实上，他们的愿望是在恢复任何全面裁军谈判之前先达成一项关于停止核试验的协议。他们害怕如果恢复全面裁军谈判，会导致目前已在日内瓦进行了六个月的停止核试验谈判复杂化并放慢速度。

相反，美国人似乎打算接受恢复裁军谈判的方针。对于法国来说，它有意不让日内瓦三方会议延长下去，且有意恢复有关裁军的总体谈判，如果没有达成协议，则可以进行一些重要的意见交换。

恢复裁军谈判的先决条件是找到自1957年10月开始的有关裁军委员会以及小组委员会构成的争论的解决办法。鉴于1957年和1958年在纽约的代表们为了解决这一问题而付出的努力是徒劳的，如果人们真的希望达成一项

---

① 1959年6月15日，赫脱、葛罗米柯、劳埃德以及德姆维尔举行了第12次限制性会议。在会议的最后，葛罗米柯先生提到了裁军问题以及建立一个新组织的问题。参见：Ministère des Affaires Etrangères, *Réunions des Ministres des Affaires Étrangères des Etats-Unis, de France, de Grande Bretagne et d'U. R. S. S., Genève, 11 mai-20 juin, 13 juillet-5 août 1959, Procès-verbaux des Séances Restreintes Entretiens Privés-Propositions* (Paris: Imprimerie Nationale, 1959), pp. 81-87。

② "Western Peace Plan Introduce at the Geneva Foreign Ministers Meeting," May 14, 1959, *Documents on Disarmament, 1945-1959*, Vol. 2, pp. 1413-1419.

协议，那么再度将这一任务交付给代表们是不合适的。日内瓦的有限外长会议或许能找到达成协议的方法。

两个问题如下所示：

1. 裁军委员会。直到1957年，委员会都是由安理会成员国再加上加拿大组成的。在1957年的大会上，就苏联人提出的增加成员国数量的要求进行了一次长时间的讨论。西方国家提出的25个成员国的解决方案获得了三分之二的票数，但苏联人对此表示反对，他们提议增至32个成员国。①

西方国家的提案力求让反对1957年8月29日的完全区分方案，特别是要清楚区分禁止核试验和管控生产用于军事目的的裂变材料的方案的国家占多数。苏联人提出的32国提案是为了获得意见相反的成员国的支持。25国委员会从未召开过（会议）。

1958年，苏联人使人们接受了他们提出的由联合国82个成员国组成裁军委员会的提案，这一委员会也从未召开过（会议）。

实际上，如果抛开安理会成员国而组成（一个委员会），那么找到一个所有人都接受的方式真的十分困难。这也有可能冒开增加安理会成员数的先例的风险。因此，最合理的解决方案可能是回到旧有的方式，也就是回到由安理会成员国组成（委员会）的方式。况且，与有关工作和谈判组织的构成这一问题相比，该问题可以被看作是次要的。

2. 苏联人不接受回到以前的裁军小组委员会组成的安排上，然而，这样一种组成是最为合理的（安理会常任理事国，除去中国，加上作为中小国家代表的加拿大）。苏联人总是要求对等。接受（苏联人的要求）显然会创造一个先例；美国到目前为止仍对此坚决反对（能想到的例子是，美国只是在有保留的、谨慎的情况下，在有关突然袭击的会议上接受了对等）。

尽管如此，人们会思忖，对于一个专门的且权能有限的组织来说，是

---

① 联合国大会第十二届会议期间，关于裁军委员会的机构组成问题引起了争论。印度提出了"扩大裁军委员会及其小组委员会的成员"提案；苏联强调邀请更多国家参加裁军谈判的必要性，还建议设立一个由联合国全体会员国组成的常设裁军委员会。苏联的决议草案于1957年11月6日在第一委员会以51票反对、9票同意、21票弃权被否决。11月9日，大会以60票同意、9票反对、11票弃权通过了第1150（XII）号决议，扩大了裁军委员会的成员，增列了14个国家。然而，苏联声称，它的反对理由依然存在，因此苏联不参加扩大了的裁军委员会及其小组委员会的工作。《联合国与裁军》，第84—85页。

否这一方式（指要求对等）可能也不是最坏的。不管怎样，这一方式比引入中立国更可取，因为在许多方面，引入中立国这一论点与苏联的论点近乎一样危险。苏联可能会附加两个它的"卫星国"，而这并不会让人不舒服。因此，组成可能是：美国、英国、法国、苏联以及两个"卫星国"（波兰和捷克斯洛伐克）。

不过，应该避免将西方国家这边的圈子扩大至意大利和加拿大，因为这可能会导致另外两个"卫星国"的加入，就像在有关突然袭击的会议上那样。这样就有可能在大会之外，通过主要的三个核大国之间的对话来继续进行真正的谈判。

这样一种方式（3+3）可能会从根本上使苏联人感兴趣，且对于西方国家来说，这可能是最不令人感到不适且最不危险的方式。

(刘彦伊译，姚百慧校)

19590716，FD000065

斯巴克致戴高乐的备忘录[①]
（1959年7月16日）

该备忘录旨在考察法国与北约之间的关系。

显然，法国在过去几个月中反对军事当局提出的一些建议，并且表露出了某些态度，这造成了一个困难的局面，同时也引起了大多数合作伙伴的焦虑和不满。（拒绝协助航空系统一体化。[②] 拒绝将共同融资规则应用于中程弹

[①] 文献来源：*DDF*, 1959, Tome Ⅱ, pp. 56-59。美方的记录见：USDDO, CK2349314580-83；*FRUS*, 1958-1960, Vol. 7, Part 1, Western European Integration and Security, Canada, pp. 467-468。斯巴克的回忆，见 Paul-Henri Spaak, *The Continuing Battle*: *Memoirs of a European*, *1936-1966*, pp. 320-322。7月16日当天，戴高乐接见了斯巴克，后者提交了这份备忘录。

[②] 1957年12月13日，北约理事会注意到其军事委员会的一项决议批准了西欧一体化防空系统的原则。1958年4月8日，军事委员会向北约理事会提交了一份报告（MC 54/1）。法国政府对此提出了保留意见，宣称在空军一体化之前进行协调为时过早。在1959年1月7日的一次会议上，法国国防委员会决定，"在就我们1958年9月17日的备忘录进行谈判之前，不能设想按照军事委员会草案（MC 54/1）的精神解决这一问题（欧洲防空）。北约理事会规定，一体化可以在对其有利的国家之间生效，法国表示愿意研究任何合作方案；由于联盟大多数成员国的反对，解决方案没有被接受。1959年3月，与舰队一样，法国通知北约，它不同意将其战术防空（领土防空）纳入北约指挥机构的框架，但准备与它们合作。参见 *DDF*, 1959, Tome Ⅱ, 第103号文件注释。

225

道导弹。撤回地中海舰队。拒绝接受美国飞机储存核武器。)

在寻找这些异议的解决方法之前,似乎有必要试着清楚地提出问题,并了解法国的要求。我想试着陈述一下我所看到的情况。

A. 在欧洲使用战术核武器与战略核武器的责任

必须考虑两个假设。

1. 我们都会是全面核打击的受害者

这一点毫无疑问。我们会自动执行现在已经作出的决定,每个国家都承担起相应的责任。

2. 我们都是常规侵略的受害者

北约的观念认为,要抵御这种侵略,我们不得不使用我们的战术核武器。这是我们在常规武器领域恢复被破坏的危险平衡的唯一途径。因此,我们会根据1954年所制定的一项决议采取行动。

但问题可能在于,我们是否正在通过使用战略核武器来扩大核战争。

在这种假设之下,很显然我们有时间来进行反思和协商(用几天的时间,或至少能用几个小时来进行探讨)。

因此,我们需要制定出决策机制。

显然,必须避免全体一致和否决权的规则。

我们可以设想在北约内部成立一个特设委员会,由那些同意在其土地上部署战略核武器的国家所组成。这一委员会将作出决议。

这将避免那些由双边决定所带来的严重弊端,那些决定将不可避免地导致所有同意在其领土上部署战略核武器的国家发生全面核战争,而这些国家却没有真正地拥有话语权。

B. 在北约的地理范围之外使用核武器的责任

在我看来,在这一区域内运用前文所提到的制度似乎是不可能的事。这事实上相当于北约国家对美国的政策拥有了真正的否决权。同时,我又觉得似乎可行,并且我认为建立一个信息和协商制度很有必要。显然,在世界上任何角落所爆发的核战争都可能会对所有北约国家产生影响。

这种协商机制似乎不难想象。

C. 帮助法国进行核试验

我想我已经了解到,美国或将有悖于自己在某些情况下的说法,准备在法国实施一套与英国完全相同的制度。这就要求法国要在核研究领域取得美国立法所要求的"实质性进展"。

究竟是什么样的进展呢？

如若美国从现在起能在这一方面提供一些指导，甚至是一些保障，难道不是大有益处吗？

就我个人而言，我认为我们应该争取更进一步。我所提到的美国立法曾经是合乎逻辑的，并且在美国拥有核垄断的时期，这一立法可能较为适用。自从我们知道苏联人已经在这一领域取得进展以来，这一法律显然更值得商榷。

要解决这一问题，我认为应该对以下几个基本点进行思考：

a. 法国决定拥有自己的原子弹，我相信，没有什么能让它放弃这项行动。

b. 可以肯定的是，法国会在或长或短的时间内，通过花费较多或较少的资金来取得成功。

c. 如果法国能从这全力投入的领域中省些力气，并将这节省下来的全部或部分精力用于共同防御的其他方面，难道不是更加明智的做法吗？

大家都会从中获益。

D. 法国参与全球战略

1. 法国所谈到的制定全球战略的必要性的观点是正确的。

显然，北约在中东和非洲的防务正在转变。

我们不能固守"马奇诺防线"的防御理念。

2. 法国也有理由认为，鉴于其在欧洲—非洲轴线上极其重要的地位，它断言如果发生世界大战，非常有必要将它与超出北约框架的战略联系起来。

但是，这就是问题变得困难之处，事实上，让法国在全球战略中占有一席之地，这究竟意味着什么？

a. 我们已经谈到了管理委员会。一个真正的管理委员会是不可能存在的。它既不能以多数原则，也不能以全体一致的原则进行运作。

它还将面对所有北约国家的敌意，以及如澳大利亚和新西兰等一些其他国家的敌意。

此外，创立一个真正的管理委员会将在欧洲引起一股强烈的中立之势。

b. 在全球范围内，是否有可能对指挥权进行分配？

在北约的框架内，毫无疑问这是一个需要重新考虑的问题，我认为没有什么能妨碍对这一问题的研究。

在全球范围内，分配指挥权必然意味着一种真正的共同外交政策，在目前的状况下，这种政策是无法实现的。

那该如何呢？难道不能为了研究北约地理范围外的政治和军事问题，在联盟内部创立几个特设委员会来深入探究这些问题并制定共同准则吗？这些准则可以全部或部分地传达给所有北约国家。人们会认为，设立非洲委员会、中东委员会、远东委员会以及南亚委员会是非常有用的。

这样的一个组织的优势在于，那些参与到所有特设委员会的联盟的主要合作伙伴，将能以此来全面了解与其利益和责任相关的世界局势。此外，其他合作伙伴将有机会就它们所感兴趣的问题发表意见（比利时和葡萄牙对非洲问题；土耳其对中东问题；荷兰对东南亚问题）。

也许还可以设立一个核问题特别委员会，以此来对特殊的问题进行研究。[①]

（李梦磊译，姚百慧校）

19590716，FD000180
德姆维尔致法国驻埃塞俄比亚、苏丹、几内亚、利比亚外交代表电[②]
（1959年7月16日）

在法国拒绝了加纳关于在撒哈拉地区进行核爆炸试验计划的照会之后，[③]阿克拉政府曾发动类似的抗议向我们表达态度，但非洲国家似乎对于该如何做犹豫不决。利比亚大使对秘书长进行了口头表态，其态度更倾向于获得对于公共卫生的保证，而不是对我们的意愿表达抗议。利比里亚政府向我们在蒙罗维亚的代表提供了一份措辞温和的照会，外交部目前正在对该文件进行

[①] 一张手写的便条，大概由弗朗索瓦·德罗斯先生撰写，附于本文件："9月16日。部长认为德勒斯不应主动向斯巴克谈论这份文件。如果他谈到这个问题，我们的代表会说这一问题正在研究。"——原编译者注

[②] 文献来源：DDF，1959，Tome Ⅱ，p.53。电报号依次为：第453—454号、第278—279号、第554—555号、第235—236号。

[③] 7月3日，加纳就可能在撒哈拉地区进行核试验发出了一份抗议照会。次日，法国外交部要求其驻阿克拉代表将照会还给加纳外交部长，该照会被认为是对法国内政的干涉。7月7日，来自阿克拉的第403—408号电报（未保留）报告了法国代表对加纳部长的做法。——原编译者注

审议。

在这种情况下，我认为我们不应该阻挠任何符合我们利益的发展。因此，如果您收到一份措辞严谨的照会，其中不包括我7月6日电报①第二段中概述的加纳照会的表述，您可以接受它，并表明您对法国政府下一步将做什么持保留态度。请您立刻发文给我，我会给您指示。

（李梦磊译、校）

19590724，FD000066

德勒斯致德罗斯的信②
（1959年7月24日）

我亲爱的朋友：

在北约秘书长斯巴克先生与戴高乐将军会谈后，斯巴克的一位同事根据其报告撰写了这份记录③。

我将一份副本寄送给您，请您保密。

致以诚挚的问候。

附件

与斯巴克先生会谈后的记录
1959年7月20日，星期一

绝密记录

斯巴克先生于7月17日星期五下午同戴高乐将军进行了会谈。在此次会谈期间，斯巴克给出了一份几天前他亲自撰写的备忘录。（此后，他向我表示同样还向美国代表团提供了这份备忘录的副本——后者显得不是很满意；我不知道他是否也向英国代表团提供了一份副本，但这很有可能。）

---

① 该封电报发至亚的斯亚贝巴（第434—436号）、蒙罗维亚（第234—236号）、喀土穆（第260—262号）、科纳克里（第512—514号）、的黎波里（第217—218号）。第2段转载了7月4日发给阿克拉的关于加纳照会不予受理的电报（文件未转载）。——原编译者注

② 文献来源：*DDF*，1959，Tome Ⅱ，pp. 100-102。

③ 会谈期间，斯巴克先生提交了一份备忘录，见19590716，FD000065。

斯巴克在 7 月 20 日的今天和我简要谈论了他与戴高乐将军此前的会谈。这次会谈非常真诚。

"当然，我对北约持赞同态度，法国绝不会离开北约这样一个为世界自由而服务的防御性组织，如果战争爆发，那么我们都会牵涉其中……因此法国绝不会离开北约。

"但有三点让我分心：非洲、一体化、核武器。

"1. 在非洲方面，我非常关心对这片大陆的防御情况的保障，这里有法国巨大的相关利益。我只是注意到，北约在保护非洲大陆免受战争影响方面没有帮我起到任何作用。因此，我必须亲自处理。可以说我不得不这么做。

"2. 在一体化方面，我不喜欢这个词，我反感这个词……我认为我们可以通过合作和协调来达成我们所希望的大部分成果。

"3. 在核武器方面，我知道美国人表示他们打算给我一些他们给英国人的权利。但我想要的更多，我认为在北约覆盖的地区以外使用原子弹会牵涉到北约国家，尤其是英国和法国。我不要求获得对美国人使用原子弹的否决权，但我认为必须就原子弹的使用条件进行讨论。如果在这次讨论之后，即便英国和法国提出异议，美国也仍要使用原子弹的话，我认为这会破坏联盟。"

斯巴克接着说，他听到戴高乐将军作出了如下假设：

若在金门岛或妈祖岛一侧发生的一起事件致使美国人对中国领土使用原子弹，中国人则通过向美国人投掷原子弹来予以回击，那《北大西洋公约》是否会起作用呢？

斯巴克提醒道，《公约》第五条没有说由北约所集结的武装袭击只是针对由苏联所发起的武装袭击："各缔约国同意对于欧洲或北美之一个或数个缔约国之武装攻击，应视为对缔约国全体之攻击，等等。"

《公约》第六条规定："第五条所述对于一个或数个缔约国之武装攻击，包括对于欧洲或北美任何一缔约国之领土，等等。"

（李梦磊译，姚百慧校）

19590727，FD000183
佩兰关于法国核武器政策的备忘录[①]
（1959年7月27日）

编号2K 128，绝密

总体方向——政府奉行多年来所制定的政策，决定尽快引爆一枚试验性的钚原子弹。第一次爆炸将于明年冬末在撒哈拉沙漠进行，此次爆炸将具有双重意义：

——一方面，这会成为外交和军事威望的一个要素；

——另一方面，这是实现核武器的第一步。

虽然这只是一枚原子弹（广岛型），相当于几万吨的常规炸药，而美国、苏联和英国多年以来一直拥有相当于几百万吨炸药的热核氢弹，但在外交威望方面还是具有一定的重要性，即可以清楚地展示法国在核装备方面的领先地位，并且法国即便不拥有核武器，也能成为第四大国，而它至少已经朝着制造这种武器迈出了决定性的一步。这次爆炸对美国来说尤为重要，因为美国可能会认为这使法国有资格从他们那里得到有效援助，从而为法国军队提供战术核武器。在重大外交谈判中，外交威望也很重要，即便对苏联来说也是如此。

在军事方面，第一颗试验性炸弹的爆炸是发展两种核武器的起点：一种是较轻的易于运输或短距离投射的武器，即所谓的战术武器，其威力等于1000—10000吨炸药；另一种是较重的武器，即所谓的战略武器，其威力约为10万吨炸药，可用于摧毁大型城市。

最后，第一枚原子弹的研制是制造具有巨大能量的热核炸弹的起点，它是一个开始，构成了目前的战略武器，而战略武器的全面使用将会成为人类史无前例的一场灾难，其主要目的则是恐吓。法国已经在考虑第三个目标，今年拨款约10亿法郎，用于建造第一枚试验性氢弹和铀同位素分离厂，该工厂将耗资超过1200亿美元，其建造的原因是相较于使用钚，使用浓缩铀235

[①] 文献来源：*DDF*, 1959, Tome Ⅱ, pp. 175-178。该备忘录被提交给共和国总统。8月14日，库蒂尔通过第1K 202号函件发送给德姆维尔。

可以制造更好的氢弹引剂。

法国拥有少量的核武器,即使它是大国,也可能给人一种强大和独立的危险错觉。在第二次世界大战中,即使是为了抵抗外部压力,也不能使用核武器(有扩大冲突的风险,例如英国在苏伊士运河区的驻军)。如果发生重大战争,法国即使受到入侵的威胁,无论如何都不能主动使用核武器,也不能使用战略武器,因为它的脆弱性要大得多(这相当于国家性自杀,法国可能会被几十枚氢弹摧毁)。

因此,令我感到不安的是,总参谋部将建立一支具有打击力量的部队作为法国核武器的首要目标,其最初拥有少量威力巨大的核武器,几年后就会配备热核氢弹。这种打击力量的存在有可能使法国在发生冲突时处于极端危险之中,因为法国很容易在没有充分权衡使用这支部队的直接后果的情况下就动用它。

为了减少这种可能产生的致命危险,在任何情况下使用核武器都必须根据共和国总统的个人命令来作出决定。

法国核爆炸试验计划的实施和国际外交形势

法国第一次试验性原子弹爆炸将是一次空中爆炸,在筹备过程中,目前拥有核武器的三国政府正在日内瓦进行艰苦的谈判,以期阻止试验性原子弹爆炸。在这场谈判进行时,核武器试验实际上已经暂停。

寻求达成一项永久停止试验性核爆炸的协议主要有两个原因:

a. 由于这些爆炸而覆盖全世界的放射性沉降物开始变得令人担忧,在目前的水平下,这肯定是导致一些致命白血病的原因,尽管这些白血病的相对增加幅度非常小,但却会造成大量人员伤亡。

b. 控制和全面停止试验性核爆炸将是限制核武器的第一步,相对容易实现。这将意味着,一方面,停止目前拥有核武器的国家之间的军备竞赛;另一方面,新国家几乎不可能自行开发和制造核武器。这种控制相对容易,同时非常重要,因为它可以从遍布世界各地的固定国际站点(在重要地区彼此相距约1000千米)进行。在苏联设立这种站点已经是一种缓和的迹象,标志着……紧张局势有所缓和。

为了解决第一个问题,根据西方的一项提案,只要达成一项禁止空中核爆炸的公约，允许进行地下核爆炸，就不会带来任何短距离或长距离的放射性沉降物。这种地下爆炸已经试验过，并且在非常好的条件下，可以进行核武器的测试（当量高达10万吨）。这种测试方法尚未用于热核武器（百万吨级及以上）；毫无疑问这可能适用于它们，尽管要困难得多。

法国在缔结停止空中爆炸公约情况下的处境

如果在法国的第一次爆炸（这必定是空中爆炸）之前在日内瓦通过了这样的公约，法国在提出推迟加入公约的同时，可以合理地争辩说，它在准备第一次爆炸时投入过多，已无法改变爆炸的性质。此外，这次爆炸几乎不会增加过去热核爆炸产生的大量放射性物质，这些放射性物质将在几年内从平流层中消失。

法国即便推迟加入停止空中爆炸的协议，也比仅用一次核爆炸来加入"核俱乐部"要好，这表明法国有责任和意愿加入行动，以避免放射性有害物质在全球范围内继续增加。

为了利用这一机会，法国要与军事核大国达成协议，我们必须在第一次空中爆炸后，通过地下爆炸继续进行试验。在几次延误后，我们在阿尔及利亚南部选定了一个可能的地点，似乎有可能在1960年至1961年的冬季进行爆炸计划，而仅仅几个月的推迟对后续发展来说并不重要。

相反地，如果在面对美国、英国和苏联之间达成的一项停止空中爆炸的协议时法国拒绝加入，它将会被大国的"核俱乐部"排除在外，因为仅仅依靠一枚在1960年爆炸的广岛型炸弹，是不可能真正进入"俱乐部"的。如果在这种情况下，法国在第一次计划的爆炸之后继续进行空中爆炸，为了微不足道的经济利益，它将不得不面对一种非常敌对的国际舆论，尤其是在非洲国家，甚至是属于法兰西共同体的非洲国家。

虽然我们可以考虑面对这种敌意，况且其程度相对较弱，但对法国的第一次原子弹爆炸来说，这种推迟是非常不利的，因为它必须证明法国的技术成功和它将获得的力量。通过进行其他的空中爆炸来延长和增加这种敌意是不合理的，而我们可以用这种启发性的方式进行必要的测试，以获得原型武器。

因此，我认为现在必须启动地下地点的准备工作，以便能够实施计划于

1960年至1961年冬季进行的试验性爆炸，并作出相应的决策，停止向准备在拉甘进行的空中爆炸提供任何费用。

在我看来，现在要求美国向我们提供类似于他们为我们准备第一次空中爆炸时所提供的援助，以便准备一个地下爆炸地点和说明所需的仪器，这也是明智的。

关于停止所有核爆炸（包括地下核爆炸）的公约

法国可能对于推迟加入这样一项公约仍然有很大的兴趣，但它应保留在1960年进行第一次空中爆炸和1961年进行地下爆炸的权利。如果美国同意向我们提供从第一次爆炸的试验装置转向原型战术武器所需的信息，也许法国会放弃这第二项保留意见。

法国加入全面停止试验性核爆炸公约的一个主要利益是能够让这项公约普遍化，确保在法国之后新的国家无法加入，甚至无法获得基本的核武器。法国将进入"核俱乐部"并关上大门。这也是阻止中国在6到8年内获得独立的核武器的唯一希望，而苏联可能并不希望如此。

对其他国家的核军事援助

在我看来，法国显然希望在其之后其他国家不会获得初级形式的核武器。否则它就不能再声称自己是第四大军事核大国，并且很快就会回到第一个"核小国"的位置。

通过直接帮助其他任何国家发展核武器，法国将加剧世界的不安全性并加大核战争的威胁。因此，法国在加入核大国行列时会表现得缺乏责任感。

以色列的情况尤其如此，法国与其签订了一项秘密协议，原则上完全和平地帮助它建造一个钚反应堆，然后建造一个钚提取厂。严重的是，国防部的一些部门还与以色列在核武器研究的相关领域缔结了一项合作协定。几个月前，负责核能的总理特使对原子能委员会总干事作出书面指示，恢复了这项屡次搁浅的协定。总理给总理特使的一封信将决定暂时搁置该协定，但原子能委员会未收到任何书面确认。①

（李梦磊译、校）

19590728，FD000182
肖韦尔致德姆维尔电（第 2294—2298 号）②
（1959 年 7 月 28 日）

使馆参赞 7 月 27 日就关于核试验的日内瓦会议的进展情况询问了奥尼尔先生。

外交部助理次官说过去一个月的会议在谈判上没有取得任何显著进展。

1. 最近这几周发生的最引人注目的事件是三大国技术专家之间达成了一致，他们于 7 月 10 日向大会提交了一份联合报告。③ 这份文件日后将公布，媒体已于次日公布了其部分梗概。文件的结论是有可能控制所有发生在太空的爆炸。文件明确指出了要完成这一目标所要使用的方法。乍一看，这构成了英美论断的胜利，因为它让位于地面站系统和人造卫星的使用。但事实上，该协议是以西方的让步为代价的：在已提出的四种地面观测手段中，有一种（后向散射雷达）不得不放弃，因为苏联人固执地拒绝所有能够对空中运动进行某些观测的方法。

正如英国外交部预测的那样，谈判的这一事项已经得到解决，但这只触及次要的困难。

---

① 1957 年 8 月，布尔热-莫努里先生和以色列政府的一名代表签署了一项协定，规定两国在生产核武器方面进行合作。根据该文件，国防部和以色列代表于 1957 年 8 月 23 日签署了一项协议，宣布两国将在研究和制造核武器方面进行合作（总秘书处的说明，1959 年 4 月 16 日核问题协调，未转载）。然而，1958 年 6 月 17 日在戴高乐将军主持下召开的国防委员会会议决定，法国政府将充分保留其关于继续与外国在军用原子制造方面进行合作的立场。因此，总理米歇尔·德勃雷先生请总理特使雅克·苏斯戴尔先生让法以各项协定进入搁置状态（德勃雷先生 5 月 5 日和 6 月 8 日的信，未转载）。第二封信表明，今后与美国政府的对话要求保证法国核知识的绝对保密性："我们已经帮助他们的专家（以色列专家）扩充了知识；国家利益要求我们坚持这一点。我告诉您，我认为法国不能冒险通过与外国的特殊关系来进入'核俱乐部'。"——原编译者注

② 文献来源：*DDF*, 1959, Tome II, pp. 116-117。

③ 6 月 29 日，美英苏三国科学家提交了一份关于监督高海拔爆炸的临时性报告。7 月 10 日，大会收到了由帕诺夫斯基（美国）、亨利·休姆（英国）、费奥多罗夫（苏联）三人签署的意见一致的最终报告。在报告中，科学家们确认了使用人造卫星方式监测距离地面约 30 万千米的爆炸的可能性。关于这一问题，参见 *L'Année Politique*, 1959, pp. 445-446。——原编译者注

2. 站点的构成问题几乎没有进展。奥尼尔先生表示，正是他的政府使华盛顿同意提交那项媒体已经公布的提案，即把站点技术人员的三分之一分配给东道国，三分之一分配给其他两个核大国，三分之一分配给一个无核国家。① 大多数非技术人员将由该站点所在国提供。站点的首席技术人员不能是该地区国家的国民。媒体已经报道察拉普金先生如何要求东道国为其领土上的每个站点提供 30 名技术人员中的 20 名，并粗暴地拒绝无核国家国民的参与。由此，苏联代表向前走了一小步。然而，这两种立场仍然相去甚远，奥尼尔先生指出，英美无意在这个问题上再作让步。

3. 一些小问题已经得到解决或正在讨论中。已商定监督机构的总部设在维也纳。② 美国代表提交了关于筹备委员会的组成和运作的条约附件草案。③

4. 主要问题没有取得任何进展。苏联没有任何想要讨论地下爆炸技术材料的迹象。因此，检查配额问题仍处于停滞状态。

奥尼尔先生总结说，在这样的情况下，协议很难达成。即使峰会的结果是解冻了地下爆炸的问题，长达数月的艰难谈判依然是不可避免的。这位英国官员以半开玩笑的语气重复了在上一次会谈时已经提过的意见，他补充说，法国政府可能打算在这项正在三个核大国之间进行讨论的协议达成之前爆炸第一颗核弹。

(曹忠鑫译，姚百慧校)

---

① 7月20日，美国和英国代表提议，监测站应该由三部分人员组成，即三分之一美国人或英国人，三分之一苏联人，三分之一其他国家人员（包括法国人和中国人）。西方代表建议每个监测站的领导不能是该站点所处国家的人。参见 *L'Année Politique*, 1959, p. 446。——原编译者注

② 7月24日，美国、英国、苏联的代表选择维也纳作为未来禁止核试验监督机构的总部。——原编译者注

③ 7月27日，美国提议设立一个"筹备委员会"，该委员会将在签署条约之后开展工作，并在经批准后转为"国际管制委员会"。这个筹备委员会将由美英苏三国专家组成。附件草案规定可以接纳其他国家的技术人员来扩大委员会。——原编译者注

19590804，FD000067

德勒斯致德罗斯的信①

（1959年8月4日）

我亲爱的朋友：

继7月24日我寄出的信件②之后，我向您寄出一份由斯巴克的一位同事撰写的新的绝密文件，该文件详述了北约秘书长同美国代表的谈话，主题为前者与戴高乐将军的会谈。

致以诚挚的问候。

附件

1959年7月29日与斯巴克先生关于其备忘录的后续问题的新谈话

绝密，2号，1959年7月30日

斯巴克对我表示，伯吉斯大使告诉他，国务院高度关切的是，斯巴克向戴高乐将军提交了他的备忘录③，却没有事先对他所提及的一些事情的准确性与美国当局进行核实。

在他的备忘录中，斯巴克说道（段落C. 帮助法国进行核试验）："我想我已经了解到，美国或将有悖于自己在某些情况下的说法，准备在法国实施一套与英国完全相同的制度。这就要求法国要在核研究领域取得美国立法所要求的'实质性进展'。"

此外，斯巴克个人建议说"我们应该争取更进一步"（也就是说无视法国可能取得的实质性进展）。斯巴克补充说："我所提到的美国立法曾经是合乎逻辑的，并且在美国拥有核垄断的时期，这一立法可能较为适用。自从我们知道苏联人已经在这一领域取得进展以来，这一法律显然更值得商榷。"

伯吉斯非常清楚地告诉斯巴克，他在文本中错误地解读了美国的实际情况。《麦克马洪法》的著名修正案使美国当局能与英国人在核能方面进行非常

---

① 文献来源：DDF, 1959, Tome Ⅱ, pp.140-141。
② 19590724, FD000066.
③ 19590716, FD000065.

紧密的合作,并且为他们提供方案、秘密图纸等。这一修正案是在只有英国能从中受益的条件下通过的。(我不认为文本专指英国,但一切又好像它是被特指的目标。)

伯吉斯向斯巴克提供了关于众议院和参议院对筹备工作的讨论报告,从中可以看出,美国政府的说法完全属实。

斯巴克对我说他会研读这些文本,但他对华盛顿所持有的僵化态度表示非常担忧。

他补充说,弗里茨·诺尔廷已从美国首都返回,并且他向伯吉斯报告说,美国高层并不倾向于认可戴高乐将军所提的要求,即便部分要求是合理的(或是可以满足的)。

(李梦磊译、姚百慧校)

19590818,FD000184

肖韦尔致德姆维尔电(第2480—2490号)[①]

(1959年8月18日)

1. 奥尼尔先生于8月18日向大使馆参赞作了如下的阐述:明天在华盛顿举行的关于裁减军备的四国公报的讨论[②]可能将显示出英国与美国的观点之间存在一定的分歧。这种评价的差异首先体现在四国在日内瓦达成的那份协议的特点上。英国外交部收到的报告显示,国务院内各部门对赫脱先生达成的协议并不感兴趣。由于赫脱先生不在华盛顿,因此他们试图缩小该协议的范围。更确切地说,他们努力把协议说成是……[③]他们认为它将是决定性的,如果苏联接受协议,特别是同意设立一个新的成员有限的联合国裁减军备委员会的话。

英国外交部回应:

a. 英国外交部不想对已经接受的方案附加条件,相反,英国外交部希望

---

① 文献来源:*DDF*, 1959, Tome II, pp. 186-188。
② 8月5日,在四国外长会议闭幕时发表的声明中,设想就恢复裁减军备谈判达成协议。——原编译者注
③ 缺文。——原编译者注

将协议最终确定下来。

b. 保持裁减军备审议委员会的现状——即其荒唐而瘫痪的组成——有很多好处。

事实上，在我看来，如果我们坚持要简化联合国和地位对等的委员会的关系，只为后者提供一个尽可能同样无效的竞争对手，这是相当合理的。

因此，这些部门非常坚持不提出联合国委员会的改革问题。在迫不得已时，如果趋势朝着这一方向发展，这个问题在联合国大会辩论过程中就是如此表现的，这些部门可能会接受这样的情况。

2. 对于接受哈马舍尔德先生关于向82人委员会报告有关设立十国委员会的建议①，英国外交部与美国国务院达成了一致。但是，如果所有人都同意（按照北约三国报告中的表述）"委员会目前不易召集"这样的情况，那么赞成于9月第二周举行会议的美国人和认为在联合国大会之前举行会议更有战略意义的英国人之间就会出现分歧。奥尼尔先生承认，在这方面，几天来在英国驻纽约代表团论点的影响下，他的观点已经有了进一步的变化。在联合国大会之前举行一次会议可能会缓和表现出的一些反对意见，并改善大会辩论的氛围。另外，正如贝拉尔先生报告的那样，会议可能还有机会在某些参加大会的"头面人物"缺席的情况下进行。

3. 关于在大会上对裁减军备的讨论，英国外交部认为，希望在议程中列入一项涵盖与裁减军备问题有关的所有问题的内容，而不是在诸如对爱尔兰禁止转让核武器的提议、对摩洛哥和印度禁止核武器试验之类的提议这种细

---

① 自1957年以来，关于裁减军备的谈判一直处于搁置状态。联合国大会第十二届会议（1958年）的一项决议将裁减军备委员会的成员数目增加到82个（即联合国所有成员国）。最初，该委员会仅包括安全理事会成员，以及不是安理会成员的加拿大。从1957年起，这个数字将增加到25个。为了改变这种局面，四位外长在日内瓦探寻重启讨论的程序方法。8月1日，在和赫脱先生的私下谈话中，葛罗米柯建议排除中立国，并在对等的基础上建立一个类似于防止突然袭击大会的组织形式的机构，即包括五个西方国家（加拿大、法国、美国、意大利、英国）和五个东方国家（阿尔巴尼亚、波兰、罗马尼亚、捷克斯洛伐克、苏联）。8月5日，四位外长接受了十国委员会的名称，并达成一致：新的机构将向联合国报告工作，十国委员将使用联合国的服务和设施。哈马舍尔德先生认为这是将《联合国宪章》赋予联合国处理该问题的职权给剥夺了。在8月5日的一份备忘录中，哈马舍尔德先生对此显得非常沉默。他本来认为，这个未来的机构是裁减军备委员会的雏形。他一直提出在未来对等的裁减军备委员会与联合国之间建立联系的问题。（有关该事项请见8月6日发自纽约的第1077—1082号电报，未转载。）——原编译者注

枝末节的问题上作出刻意重要的决定。因此，我们希望哈马舍尔德先生将主动在临时议程中增加一项名为"裁减军备问题"的内容。

我的同事回顾了我们提出的由参加日内瓦会议①的四大国将该内容列入议程的建议。

奥尼尔先生回答说，最好将这一事项交给秘书长考虑，因为与苏联人就委员会问题的对话迟迟未能进行。

在这方面，预计在大会辩论期间，四大国将重申它们在裁军委员会会议上所作的声明。根据我们的程序建议，如果苏联人愿意的话，辩论应该会顺利进行。

但困难将来自前面所列举的提议。无论是在对列入议程的事项进行辩论的时候还是在可能进行的深入讨论中，针对摩洛哥的提议我们将使用一些论据，我可以从现在起就把这些论据介绍给英国外交部，这样可能会有一些好处。这可能会为我们提供额外的机会，就此表明我们期待我们的盟友对于我们的核试验在世界范围内采取什么样的立场。

（李智琪译，沈练斌校）

19590820，FD000185
肖韦尔致德姆维尔电（第 2506—2513 号）②
（1959 年 8 月 20 日）

在与奥尼尔先生的最近一次谈话中，我的一位同事提到了在英国或海外，尤其是在非洲，有一些反对法国未来核试验的新闻宣传和敌对示威活动。在

---

① 根据 8 月 10 日的电报（未转载），法国承认在日内瓦达成协定的功劳归功于四国，并提出联合国采取主动并由联合国进一步提出要求将裁减军备的问题列入联合国大会的议程是有好处的。联合国提出这一要求的同时要拟定这样一个标题："裁军——美国、法国、英国和苏联政府的公报"。这种做法的好处在于，以四国提交的文件为基础而进行的讨论更容易引导可预见性的讨论。这在实质上会有助于避免委员会仓促召开会议，同时使秘书长满意。——原编译者注

② 文献来源：*DDF*, 1959, Tome Ⅱ, pp. 200-202。

阐述了8月10日提交给奥尼尔的公报中的某些要点之后,① 我的同事指出,我们看到的这些运动,其所带来的影响在不同层面都是非常不利的,但似乎没有遇到任何反对意见。当然,在英国,几乎没有什么事情能够遏制工党的攻击,因为任何与核武器有关的问题都能成为煽动性的话题。我们痛惜的是,所有这些运动,无论是公开的还是秘密的,都能找到一片完全自由的空间。非洲领导人的示威也是如此。然而,英国政府已经进行了大量试验,它所获得的科学成果让其在探讨此话题时具有权威性。它尤其能够启发非洲领导人,其中一些真诚的人成了政治导向学者对其施加影响的受害者(参看我的第1076/AL号电报②)。

因此,我们可以合理地期望英国政府在意识到有关运动所造成的巨大损害后,能够利用其威信采取行动,确保其观点能够为人所知,同时证明这里或其他地方所表达的担忧都是没有根据的。

伦诺克斯·博伊德在下议院的发言③似乎受到了这种担忧的启发。他用几句话指出了一些需要展开的主题,以便把事情弄清楚。同样,大使馆注意到英国广播公司的一档阿拉伯语节目得出的结论是:"没有理由担心这些试验会对撒哈拉周边人民的健康造成影响,因为他们受到的影响不会比那些在内华达州试验中受到影响的美国人更加严重。"无论在英国还是在非洲,这种能够被听到并表达的言论都是大有助益的。但并非所有的评论都是相同的风格。

---

① 法国外交部曾想通过在一份报告中列出由科学和医学专家委员会制定的保护措施来表达担忧,这一行为是徒劳的。由法国外交部公报转述的法国驻蒙罗维亚大使馆的官方最新情况指出,法国的核试验将在一个完全无人居住的地区进行,在撒哈拉中心,"距离蒙罗维亚约2750千米"(8月11日的《费加罗报》和《战斗报》)。——原编译者注

② 文件未转载。——原编译者注

③ 针对工党议员的干预,殖民地大臣伦诺克斯·博伊德指出,有关英国的西非殖民地对撒哈拉核试验项目感到担忧的信息已转达给法国政府。然而,他希望工党成员"不要做任何事情,以免让因为核试验而已经在欧洲传播的误导性影响再散播到非洲",他注意到"法兰西共同体执行委员会同意了法国政府的诉求"(7月24日发自伦敦的第2269号电报,未保留)。——原编译者注

我的同事回忆起普罗富莫在下议院所作的表述。①

奥尼尔问我们是否希望英国政府发表声明。我的同事答复说，他不负责提出任何具体要求。我们的目的是指出一种非常有害的情况，并表示我们认为英国政府有充分的机会和方法来表明其立场，但很不幸它并没有这么做。此外，摩洛哥向联合国提出的申诉将迫使所有人表明立场。现在采取行动而不让情况恶化不是更好吗？

（助理）次官指出，当这些声明并非基于对有关爆炸数据的了解时，会更难以对情况进行说明。我的同事表示，对这些数据的了解并不是必须的，根据经验可知，从采取预防措施的那一刻起，相较于人口中心与我们试验基地的距离，核爆炸不会引起任何风险。

奥尼尔先生明确表示，他理解我们为什么想要结束我们不得不抱怨的局面，并表示，他不应对此作任何回应或评论，但他将怀着"同情"向上级报告他此前记录的谈话。

（李梦磊译、校）

19590820，FD000186
勒贝尔致德姆维尔（第3748—3752号）②
（1959年8月20日）

8月20日，我的同事询问法利先生对代办处消息的看法，根据代办处的

---

① 在回答工党发言人的提问时，国务大臣普罗富莫表示，英国政府向法国政府表达了尼日利亚众议院的担忧，但英国对此并不支持。他补充说，他从法国总理那里得到了承诺，即法方将会"以最高关注度"对这一问题进行审查。（7月28日的第2299—2301号电报，未转载）。应外交部的要求，使馆公使衔参赞正在与外交部采取措施，强调英国驻巴黎大使馆6月14日的干预行动并不意味着英国政府是尼日利亚问题的代言人；没有任何迹象表明这份旨在提供给该部资料的报告将成为向议会宣布的主题；普罗富莫的言论最终表明，巴黎没有拒绝尼日利亚的抗议，但对英国作出了保证。法国外交官坚持认为，造成英国没有脱离一些非洲国家的抗议的印象会有严重的弊端，而法国的核计划已经获得共同体政府的批准，加纳和利比里亚所表达的担忧只是一种针对法国在非洲立场的"手段"（7月30日的第2326—2329号电报，未转载）。——原编译者注

② 文献来源：*DDF*，1959，Tome II，pp. 203-204。

消息，关于停止核试验的日内瓦会议可能在几个星期内结束。①

法利先生的回答如下：

A. 准确地说，益格鲁-撒克逊方面希望暂停日内瓦会议一段时间。美国和英国代表团的团长就该主题与察拉普金先生进行了接触，并等候他的回应。如果回应是积极的，将在最近公布暂停工作。②

法利先生明确表示，在这件事上，美国政府打算表现出谨慎，避免给人以它想暂停协商而苏联却想继续下去的印象。另外一个问题是，如果决定暂停日内瓦的工作，应避免让人认为，这是为了让艾森豪威尔和赫鲁晓夫在他们这一级的会晤中有完全的自由对停止核试验问题加以讨论。事实上，在美国方面，人们认为在美苏两国政府首脑即将举行的会谈中，这一问题不应像在日内瓦举行的外长级会谈中那样进行实质性的处理。

B. 至于为什么我们在现阶段希望暂停日内瓦会谈，法利先生主要提及了既有的看法：协商已经走进死胡同，是时候反思问题的一些方面以及给美国代表一些新的指示。关于新的指示，他没有给出更多的细节。他只是表示这取决于一系列的因素。在国会中，汉弗莱参议员越来越坚决地要求美国政府作出让步。相反，安德森参议员越来越反对作出妥协。原子能委员会和五角大楼要求重启核试验，最近一次是建议在10月31日即美国已暂停核试验满一年后开始。

联合国大会将于10月31日召开会议，这将对美国政府造成困难。如果它决定恢复试验，宣布这个决定的时刻会是个糟糕的选择。相反，如果它决定继续它的承诺，它不应该作出再延长一年的让步，因为这会给苏联带来巨大的好处。

---

① 关于停止核试验的日内瓦会议从8月4日到20日继续召开，但在西方和苏联阵营间关于监测站的构成、年度监测的次数及其平等性方面，美国、英国、苏联三个核国家间并不一致。对于政治意见的分歧，西方代表认为停止试验的问题最好在政府层面商讨。益格鲁-撒克逊人同意推迟会议的工作，直到赫鲁晓夫访美（预计从9月15日到28日）后。在8月20日的会议后，在联合国秘书长的私人代表纳拉亚南先生出席的一次非正式会议期间，苏联代表察拉普金获悉了西方的提议。他没有提出反对，只要求询问本国政府的意见。参见 *L'Année Politique*, 1959, pp. 461-462。——原编译者注

② 8月26日，会议决定休会到10月12日。事实上，会议在10月27日才重新开始。——原编译者注

法利先生提醒道，最后要知道的是在两国政府首脑会见后，苏联的打算是什么。在日内瓦会议方面，有一些因素将会影响美国政府作出的决定。

（张臣臣、姚百慧译，姚百慧校）

19590904，FD000187

政治事务司备忘录①

（1959年9月4日）

和法利先生的谈话②表明，和法国达成核协议的问题一直是国务院重点研究的主题。回复来得很快，没有任何犹豫和修改。对于行政方面来说，这也许是令人不悦的一个限定期限，但这个期限就要到了，人们也都知道这一点。

从法国和北约间的全面关系中得出的论点在某种程度上起到了最后一着的作用。一遇到困难情形，我们就会把这套话拿出来讲。（这可以与所报告的对生产中程弹道导弹的态度进行比较。有关其生产，国务院已经停止了协商进程，它担心这可能将讨论引向多多少少要脱离北约框架的双边协议。③）

这样的态度可以解决两个问题：

只有在行政方面能够真正地确认这样的援助确实正在加强北约的时候，它才会提供援助，这样的切实考虑也是唯一的框架，在这个框架里行政方面可以使这一类的协议在面对国会和舆论时得到通过。而在国会和舆论那里，集体安全的观点或奥秘是一个"禁忌"，也可能是唯一的美国影响力较强的领域，以至于华盛顿认为所给予的援助只能是服务于美国同意的目标。

一种施压的方法。

事实上，在核协议方面，这一论点并非无懈可击。国会联席委员会在解释实质性进展的概念时可能犯了一个错误。它很难否认这个事实，即法国已经满足了这个委员会自己提出的条件。它会明白，如果它试图这么做，对于

---

① 文献来源：*DDF*, 1959, Tome Ⅱ, pp. 302-305。由条约司司长和原子事务部主任弗朗索瓦·德罗斯为德姆维尔起草。

② 参见下文附件中收录的注释。

③ 有关中程弹道导弹和法国的立场，参见 19581103，FD000097 注释。8月31日条约司的一份未收录的记录表明，美国已经停止就在欧洲生产此类弹道导弹所开展的对话，因为美国总统正准备向法国总统就核问题和中程弹道导弹问题提出具体建议。——原编译者注

联盟来讲，它会作出比使它担心的法国的政治姿态更有害的政治姿态。

在我看来，华盛顿不可能不权衡在1960年或1962年达成一项协议的利与弊。

因此我确信，如果9月2日和3日的谈话①明确了法美间的基调，就有可能在我们在撒哈拉的首次爆炸后达成一项协议。

这样的一份协议可能只能提出交换情报和提供产品的总原则。(1958年与英国的协议就是这种情况，协议细节在1959年的谈判文本中才确定下来。)但原则一旦确立，其余的就接踵而来。

我也相信，如果形势允许我们在这一领域考虑如此这般地来发展我们和美国的关系，我们就要在我们进行爆炸前和他们展开对话。(我们甚至在想，如果我们有希望取得成功，我们是否应该考虑在1960年春天之前引爆一枚以上的炸弹——这是可能的——从而向美国国会施加压力。)

我相信，在政治环境改善的情况下，必须早在1960年就赢得这场比赛。

接下来，困难在1961年会达到最高峰。对于未来，从严格意义来讲，任何预测都过于贸然。但可以想象，如果两年中（这两年将会以若干系列的试验以及伴随而来的所有困难为标志）没有与美国达成协议的可能性，法国的心态将会是什么样。

我现在认识到的是，不单是法国政府会面对这些困难。自从我们完成第一次试验，美国关心的就是如果美国对我们的努力熟视无睹，这事实上是否不会构成对北约的最大威胁。

---

① 实际上，在9月4日艾森豪威尔离开法国前，他与戴高乐还有一次谈话。这几次谈话的记录见 DDF, 1959, Tome Ⅱ, 第108号文件；FRUS, 1958–1960, Vol. 7, Part 2, Western Europe, pp. 255–277。另见［法］夏尔·戴高乐：《希望回忆录》，第185—190页；［美］德怀特·艾森豪威尔：《艾森豪威尔回忆录——白宫岁月（下）：缔造和平（1956—1961年）》(二)，第478—487页。

附件

政治事务司备忘录
与哈利博士的谈话
(巴黎，1959年9月4日)

1. 停止核试验协定的范围①

"不参加由第三方大国主导的核试验"的条款措辞已经过仔细斟酌。这些措辞不应该禁止美国同盟国的合作，因为根据法律，这种合作符合美国的利益。

如果某一天达成一份协议，该协议将不会妨碍与英国的合作，并且如果这被认定为符合美国的利益，也不会阻止同法国建立合作。

2. 解读《麦克马洪法》

行政方面不会受到国会对"实质性进展"概念解释的约束。(从中可以得出一个结论就是，在美国政府看来，它②要进行的试验数量并没有绝对要求。)

另外，法利先生承认，法国符合美国国会在其解释中注明的其他一切要求（生产能力、实验室、工业设施、人员、试验场地）。

两个因素更为重要：

行政方面必须能够让国会和公众相信，这样的协议符合美国的利益。因此，相关国家与美国之间关系的普遍状态、该国家在联盟中的立场以及稳定性都是最重要的。

当行政方面通过《麦克马洪法》时，如同国会一样，行政方面把目光放在了英国身上。"第四国的问题"还没有出现，国会认为将就此停止。如今，

---

① 1958年8月22日，美英两国在一份联合备忘录中宣布了两国的共同决定，即以专家报告为基础，"迅速与进行过核试验的其他国家进行停止试验谈判，并建立国际监督体系"。同一天，艾森豪威尔总统宣布："在考虑的协议框架内并在互惠的基础上，从谈判开始起，美国准备停止所有原子或者氢武器试验，为期一年。如果苏联在此期间不恢复试验，并且如果在其他的裁减军备领域取得实质性进展，则将延长停止期。"同时，请参见19580822，FD000116注释。莫斯科应该会在有所保留的前提下同意。11月27日，在停止核试验大会上，苏联代表提出了一项折中提案。1958年12月18日，通过了未来协议的四条条款：根据第一款，协议的每一方承诺不在其控制的领土上进行核爆炸，并且不鼓励其他大国进行核试验。——原编译者注

② 我们理解为法国。——原编译者注

法国是第四国。国会将会害怕在法国之后还有其他国家出现。国会应当习惯第四国的概念,而不是判断自己是否为其他国家打开了大门。

法利先生明白,一旦技术条件得到满足,拒绝合作可能会构成一种具有重要意义的政治行为。

3. 观点一致

从美国的政治局势来看,1961年将会很艰难,因为会产生一位新总统和新一届国会。等到1962年意味着法国将会进行很多试验。

如果满足上述第2条所列的条件,那么1960年可能会更有利。法利先生同意这一分析。

假设在日内瓦缔结停止试验的协议,如果法国不加入该协议,将很难同法国达成合作协议。

4. 潜艇反应堆[①]

该提议是在北约框架内提出的。为了美国能出售这样的反应堆,美国希望得到保证:潜艇将用于加强联盟。因此,诺斯塔德将军的意见很重要。但是,在北约框架内缔结该协议是不正确的。

5. 苏联从未在日内瓦提出过法国核弹的问题。但是,苏联多次提到不增加核大国数量的好处。

(施卜玮、李智琪译,沈练斌校)

19590910,FD000069

德勒斯致德姆维尔电(第243号)[②]

(1959年9月10日)

斯巴克在图尔发表演讲时向我提出了以下几点意见:

1. 他承认有必要制定一项全球战略,并赞同法国在这方面所提的要求。鉴于各大国的特殊责任,他同意大国有权进行三方协商。但他认为,三方协商应该在北约内部以特别委员会的形式来进行多次协商,除了美国、法国和英国,那些受直接影响的国家也应该参加该委员会,例如在非洲问题方面,

---

[①] 关于这个问题,见19590311,FD000011。
[②] 文献来源:*DDF*, 1959, Tome II, pp. 321-322。

有比利时和葡萄牙，在亚洲问题方面，有荷兰。因此，他公开了他在 7 月 16 日给戴高乐将军的备忘录①中所提的建议。

在这方面我要补充的是，北约秘书长对他在上述文件中提出的问题没有正式收到任何答复而感到苦涩。现在他的想法已经表现出来：他很可能会在某一天向理事会表达以上情况。

2. 关于阿尔及利亚，斯巴克完全支持我们的论点。联盟必须是完整的，并且他不认为协议的某些合作伙伴会不和法国在联合国一起投票。此外，他还为我们在阿尔及利亚的政策作了热烈的辩护；与此同时，他坚定的话语和信念震撼了外国听众，甚至是我在理事会的那些已经知道要遵循什么的同事们。但他希望法国在北大西洋理事会上就阿尔及利亚的问题开展辩论：他说我们的论点是如此有力，我们只会从中获益。

3. 斯巴克肯定受到了对我们非常有利的观念的启发。但他是北约的一名优秀的秘书长，他希望能增加活动并且扩大责任。

4. 他去了意大利和土耳其。我只能在 21 号见到他，届时理事会必须在西德参加为期三天的演习。我一定会在这个场合与他会面，并亲自与他就其上次发言时提出的问题进行交谈。在此之前，我希望能收到部里对其发言里的各项建议的反馈。

（李梦磊译，姚百慧校）

19590917，FD000144

戴高乐接见德赛的备忘录②

（1959 年 9 月 17 日）

共和国总统与印度联邦财政和经济事务部长德赛先生的会谈主要涉及三个议题：

1. 经济计划

德赛先生对经济发展进行了说明。第一方案成功实施。去年，第二方案的实施遇到了比较严重的困难，但借助世界银行的帮助，可以说已经克服了

---

① 19590716，FD000065。
② 文献来源：*DDF*，1959，Tome Ⅱ，pp. 353—354。

不利的情况。

每一个方案，尤其是正在制定的第三方案，都推动了印度的经济自治，六七年以后印度将会完全实现自治。

2. 中印关系

德赛先生在回答共和国总统的问题时指出，中国和印度同时在发展经济，但方法不同，商品的销售竞争不会引起大问题，比如纺织品，因为两国都有取之不竭的国内市场。

关于边界争端①，德赛先生试图尽量缩小其范围。他指出，中国的主张由来已久，并认为如果这些主张现在导致了危机，那么危机是可以克服的。

3. 老挝

对于戴高乐将军的问题："老挝事件是大问题还是小问题？"外交事务委员会成员德赛先生回答道，他认为事件本身并不严重，但如果大国介入，则会变得严重。

在依印度部长看来，大部分老挝民众反对越南政府。这一状况的复杂性一方面是由于……民众对越南政府的憎恶，另一方面是由于在越南的部分美国人所扮演的令人遗憾的角色，美国人个人的自负比美国的利益更令人担忧。

（邱琳、窦云婷译、校）

19590922，FD000070

总秘书处备忘录②
（1959年9月22日）
盟国间就总体政治和军事利益问题的磋商

9月2日和3日的法美会谈为两种不同的协商制度奠定了基础，这些制度一方面将探讨一般的战略问题，另一方面则会就摩洛哥和突尼斯的军事援助和财政援助问题进行商讨。

---

① 关于中印边界争端，参见：*DDF*，1959，Tome Ⅰ，第207号文件及注释、第242号文件、第317号文件；*DDF*，1959，Tome Ⅱ，第129号文件及注释。

② 文献来源：*DDF*，1959，Tome Ⅱ，pp.373-374。

A. 关于全球战略问题的磋商

戴高乐将军和艾森豪威尔总统于1959年9月2日在巴黎同意就全球战略问题与英国进行三方协商。艾森豪威尔总统表示希望不要采用过于严格的程序。他提议设立"特设委员会"来对每类问题进行研究，并且各大国可以在委员会上提出他们所选择的问题。

我们接受了这一模式。我们建议设立特设委员会，研究与整个"自由世界"相关的主要问题，如非洲、战略命令、对欠发达国家的援助、财政政策和经济政策的协调。

我们也同意这些委员会提出一些特别的问题，但我们坚持认为对特殊案件的审查（如老挝和几内亚）不能掩盖制定一项一般性政策的必要性。

麦钱特与阿尔方一起研究了这些决策的机制。委员会将设立在华盛顿；这三个大国将由大使作为代表。议程包括了由三个政府其中之一所提出的问题，但问题必须是由国家元首和外交部长们所处理的主题。在保留协调权的同时，大使们会将技术问题交给军事、财政等"小组委员会"进行审议。

B. 关于摩洛哥和突尼斯的军事和财政援助的谈话

希望艾森豪威尔总统在9月3日于朗布依埃所提出的这些讨论首先是双边性质的讨论。它们可以立刻在华盛顿进行。之后我们的大使馆会告知英国人。

法国军事专家准备在本周中前往华盛顿会见刚刚访问过突尼斯和拉巴特的美国专家。摩洛哥和突尼斯事务部的一名官员德拉图尔也会参加这次行程。

在当地，法国专家将得到大使馆的一名成员、一名高级参赞以及热莱将军的一名或几名助理的协助。

在初步接触期间，他们将深入审查突尼斯和摩洛哥军队的实际武器需求，以及突尼斯和摩洛哥政府向若干国家提出的有关需求。此外，他们还会研究为民族解放阵线的利益而可能输送武器的问题。

在华盛顿特派团逗留期间，不会立即作出任何决定。

此后，该委员会可以永久设立，并对突尼斯和摩洛哥所提出的财政援助要求进行进一步研究。

（李梦磊译，姚百慧校）

19590923，FD000188
肖韦尔致德姆维尔电（第 2845—2853 号）[1]
（1959 年 9 月 23 日）

就赛尔温·劳埃德先生 9 月 17 日讲话中关于裁军的部分，我的一个同事向奥尼尔先生提出了许多问题。[2] 根据外交部助理次官的回应，我将几点内容记录如下：

1. 与可能流行的假设相反，在最后一刻，劳埃德先生并未提出旨在削弱赫鲁晓夫先生次日可能提出的方案的影响的议案。[3] 他在离开伦敦前就已作好了这一决定。

2. 这个决定在一定程度上反映了对选举的担忧。无论如何，对保守党政府来说，重要的是在竞选期间提出一项新的裁军倡议。诚然，赫鲁晓夫先生的讲话获得了更广泛的反响，但现在保守党也能够很容易地宣称伦敦和莫斯科都提出了全面裁军的完整计划。

3. 这实际上就是劳埃德先生想要给他的建议所赋予的特征。从 1957 年开始，政府实际上在回应批评时陷入窘境，批评者谴责政府，无论是 1957 年 8 月 29 日的方案，还是更局部的在日内瓦的讨论（突然袭击、核试验），目标都过于有限。劳埃德先生回应议会时称，法英计划[4]并没有被放弃，但是这种说法不能令人信服。他的新方案同 1956 年的计划有继承关系，已被国会平静地通过，这应该会让政府的地位更舒服些。

4. 9 月 17 日的提案是被奥尼尔先生称为经过"相当深入的"研究的结

---

[1] 文献来源：*DDF*，1959，Tome Ⅱ，pp. 377-379。
[2] 劳埃德 9 月 17 日向联合国大会提出的计划，将作为十国委员会工作的基础。该计划设想了三个阶段。第一阶段涉及一系列技术会议，这些技术会议将研究所有已提出的问题（停止核试验、防止突然袭击），以及当时暂停工作的问题。第二阶段是在可控情况下执行在关于常规武器削减、核武器生产和储备的削减的会议上作出的决定，以及建立关于防止突然袭击和利用外层空间的监督体系。第三阶段是执行禁令，在可控情况下减少核储备并将常规武器削减至国内安全所需要的水平。*Documents on Disarmament*，1945-1959，Vol. 2，pp. 1147-1153。
[3] 有关赫鲁晓夫 9 月 18 日在联合国提出的计划，参见《联合国与裁军》，第 94—95 页；本书"大事记"。
[4] 关于 1956 年 3 月 19 日提交给裁军委员会小组委员会的法英计划，参见 *Documents on Disarmament*，1945-1959，Vol. 1，pp. 595-598。

果，然而人们却觉得它无法持久。劳埃德先生亲自介入。我们知道他对此问题保有强烈的兴趣。

5. 如果保守党赢得了选举，9月17日的这个计划就会成为在明年组成的新裁军委员会上英国代表团的提议的基础。

6. 如果把这个计划和法英计划对比，两者之间的相似性显而易见，但也不应该有错觉。二者的区别又多又大。这两个计划的相似之处不仅在于它们各自的内容方面，还在于它们的目标范围、所设想的措施的渐进性，以及由此产生的制度精神方面。

7. 英国新计划的主要特点之一，就是如其发起人已经指出的，他们认为第一阶段的举措从现在开始就能协商或实施。因此，在外交部看来，第一阶段是和1957年8月29日的计划目标相同的、片面的裁军计划。

8. 至于同1956年计划的区别，9月17日的这个计划不包含任何过渡阶段的安排。在把裁军和政治问题的解决联系起来这方面，在奥尼尔先生看来，目前已经被放在一旁了。此外，这个计划的结构特点乍看起来并没有那么严格。而实际上，在预想的第二阶段，常规武器与核武器将同样多地得到削减，这必然有进步意义。它们的局限依然在于不够精确，而在第三阶段会进一步采取解决措施。

9. 这个计划最初的特征之一就是完成纯粹的"消极"控制的设想。也许被委托的机构也可能承担"不断增加的保卫和平的责任"。奥尼尔先生确认，在提案的这个方面，应该重新考虑桑兹先生去年提出的观点（参见我1958年6月13日的第1861号①和第1931号②电报），该观点坚持使整体裁军确定下来，并坚持通过真正的"国际部队"让解决国际冲突的规则被遵守。此外，劳埃德先生从去年开始就为"联合国部队"组织说情。

10. 外交部倾向于认为，新计划包含了向毫无学术性的苏联观点的让步。

---

① 1958年6月11日发自伦敦的第1861—1866号电报（未转载）汇报了6月10日下议院关于裁军讨论的摘要。邓肯·桑兹先生和赛尔温·劳埃德先生发表了两个演说，强烈支持核试验和生产的必要性。——原编译者注

② 1968年6月13日发自的伦敦第1931—1934号电报（未转载）谈及了国防大臣邓肯·桑兹先生在下议院提出的整体裁军方案。通过提出这个计划，国防大臣巧妙地利用了国内政治的手段，打乱了反对派的意见。——原编译者注

在所建议的第一阶段的措施中，突出了要召开关于突然袭击的会议，"这既能检验问题的技术方面，也能检验其政治方面"。当然，这次会议附带了政治条件，因为它与一项原则性协议有关，其中包括召开一次关于停止将裂变材料用于军事目的的技术会议，然而，这种保留似乎更不牢靠。我们不能因此排除，英国新提案更为直接的结果，是在不利情况下重新推进关于防止突然袭击的协商。

(任子晴、姚百慧译，姚百慧校)

19590930，FD000071

政治事务司备忘录[①]
(1959年9月30日)
7月16日斯巴克先生致戴高乐将军的备忘录[②]

在该文件中，北约秘书长对各种假设进行了研究。秘书长认为，这些假设或许应该可以满足法国的要求，并且解决悬而未决的问题。

这些建议出自北约秘书长也是情理之中。这些建议的目的是在这个组织内创建一些也许可以给法国一些保证的机制，这也是法国一直在寻求的保证。事实上，阅读该文件后留下的印象是，它从法国的角度所作的分析是基于对政府政策的评估，而这种评估肯定有不准确的地方。

首先，斯巴克先生认为应该在北约框架内寻求解决方法。然而，我们作出的基本评价是，北约是一个负责安全的区域性组织，同时，对我们提出的问题如同对美国人和英国人提出的一样，是一个世界性问题——法国对于北约完成其使命的方式没有什么要批评的，这种使命即确保欧洲的防御。法国明确表示唯一有所保留的是针对在"一体化"这一表述中体现出的防御组织的概念，这种一体化剥夺了法国完成本属于其自身的在北约之外的任务所需要的灵活性力量。

另外，北约并非我们进行批评的目的所在。北约只是构成批评中的内容，或者，我们可以这样说，我们为了建立一个使"自由世界"的防御更令人满

[①] 文献来源：*DDF*, 1959, Tome Ⅱ, pp. 405-408.
[②] 19590716, FD000065.

意的组织而付诸努力，但北约正遭受我们这些努力的反作用的冲击。只要这些努力没有冠以成功的光环，我们在北约内部的合作就会受到遏制。我们已经提出了一个我们认为至关重要的问题，我们确实希望这个问题得到解决。此外，对我们来说，在一体化问题和核库存问题上，如果我们满足了北约的要求，我们将以不可逆的方式致力于某些重要问题，这些问题必须在全球安全问题的范围内，而不仅仅在北约范围内得到解决。

总之，斯巴克先生的文件努力在北约框架里找到我们在这个机构之外面临的问题的解决方法。

说到此，秘书长给出了一些具体的意见：

1. 成立一个特别核心委员会，该委员会由可能接受在其领土上部署战略核武器的国家组成。

由该委员会在苏联以常规方式发动攻击的情况下作出使用这些武器的决定，因为这样的攻击会留给西方磋商的时间。

斯巴克先生的初衷只是如此：一方面要避免可能容易导致西方防御瘫痪的一致原则，另一方面要避免一个单边或者双边的决定，这样的决定可能会不可避免地将所有在其领土上发动战略作战的国家拖入一场原子战争中。可以肯定的是，在目前的体制下，每个国家能够凭借其单独的否决权阻止启动架设在其领土上的这类武器，而这样的体制在危机情况下向苏联政府提供了使各盟国分裂的可能性。因此我们可以考虑，苏联会释放的信息是，苏联对反对使用这类武器的国家将不实施报复行动。

但是，如果既不了解该委员会如何作决策，又不了解美国准备在欧洲（土耳其、希腊、意大利、英国）架设中程弹道导弹的任务的性质，就很难准确评判对斯巴克先生的意见的"支持（疑为法语 faveur）"[①]。到目前为止，我们了解到战略性质的作战仅限于英国和美国空军，并且分别由英国轰炸机司令部和美国战略空军司令部负责协调它们之间的作战。相反，一些中程导弹将置于欧洲盟军最高司令的管控之下。关于这方面，法国认为它不能接受在其领土上部署战略装置，而法国对于战略空军司令部和轰炸机司令部的安排没有发言权。法国并不满足仅仅有权同意或者拒绝在其领土上使用这类导

---

① 无法识别的涂改字迹。——原编译者注

弹，因为即使法国表示拒绝，由于其地理位置的原因，它被引入到冲突中的风险还是很大的。

事实上，问题并不在于有权拒绝，而在于确保在任何地方使用这类武器的决定应该是一个有法国参与的决定。

此外，这涉及对效率的切实考虑。如果在斯巴克先生设想的核心委员会中，每个成员在关键时刻退缩，严格来讲就没有"威慑"而言了。然而，我们看不出如何会以多数票通过这样的决定。

法国政府提出相反的意见，即法国和英国参与整体战略构想的制定和如何使用这些手段的决策。法国政府认为，这可以更好地确保威慑力量不会被削弱。因为如果这三个大国同意，人们会认为其他国家也将仿效。

2. 关于北约地区以外的问题，斯巴克先生建议在该机构内成立一些特别核心委员会。这些委员会会研究政治和军事问题，并制定共同准则。法国、美国和英国会加入这些委员会，并且在非洲、中东和亚洲有特殊利益的大国也会被纳入处理这些利益的各个委员会。

法国并不主张忽视法国任何盟国的特殊利益。但是我们很难看出北约的各个委员会如何能完成预期的任务，因为北约的地域管辖权必然是保持不变的。这些委员会要么服从于理事会的权威，而理事会的管辖权会扩展到条约覆盖区域之外；要么它们不听从理事会，因此可能与北约貌合神离，而北约只是提供秘书处和办公场所。

在北约负责其所在地区安全的情况下，关键问题仍然是为西方在世界上其他地区的利益提供安全保障。因此，这就涉及与北约一起做些事情来实现它。

3. 最后，斯巴克先生阐述了一个想法，即美国可能要修改《麦克马洪法》。众所周知，秘书长已经好几次公开表达了他的观点，当然带有对我们有用的意图。

事实上，这样的修改并非属于那几次总统大选之前的下届国会期间的可能性范畴。了解到法国各项工作进展程度，这样的修改甚至可能不符合我们的利益。法国不久就可以达到这样一种条件，即允许在技术层面进行达成一项有关原子能应用于军事合作协议的谈判。在未来很长的若干年中，法国在该领域中将会是独一无二的。因此，立法修改不应该朝着可以让其他国家也会具备这种核能力的方向进行,这是法国的利益所在。相对于在中小国家中名列第一,法国更想成为排名第三的西方大国。所以,法国在碰运气,尝试在不久或者长久的未来同美国达成这样一个协议,因为这样的一天将近,尽管法国已经达到美国国会提出的技术要求,而美国拒绝同法国签署这样一份协议只能是出于一项最高级别的政治决策。

(沈练斌译、校)

19591001,FD000072

总理办公室备忘录[①]
(1959年10月1日)

10月1日,总理为斯巴克先生提供了午餐,以下问题在午餐期间被谈及。

1. 北约秘书长强调,由于目前的机制无法解决当前的一些困难,世界形势的发展可能表明,对北大西洋组织进行某种改革已迫在眉睫。他特别强调扩大本组织在经济领域的活动。

他补充道,虽然共同市场六国间进行政治协商是有益的,但有必要避免加重英国本已深切的忧虑,也不要给人留下一种印象,即在欧洲经济共同体成立后,有人正在建立一个新机构来与之对抗。

总理承认斯巴克先生关于必要改革的意见是合理的,他指出,关于六国政治磋商方面,我们已经数次表明过自己的观点,即向英国表示欢迎。这过去一直是取决于英国自身缄默不语的态度:英国为此做好准备了吗?

2. 对于共产主义在非洲有所发展的问题,对话双方互换了观点,并一致同意要进一步扩大北约在该地区的行动。有必要进行一些磋商,这些磋商可以在理事会自身内部进行,或者通过一些核心委员会进行。

秘书长认为,比利时和葡萄牙已经准备好在这方面进行充分合作;英国的政策不甚明了,美国犹豫不决。大西洋的协调一致可以使"自由世界"应对某种威胁,而这种威胁的严重性仍被一些联盟的成员所低估,比如挪威和丹麦。

---

① 文献来源:*DDF*, 1959, Tome Ⅱ, pp.410-411。为外交部秘书长整理编纂。——原编译者注

斯巴克先生还准备在一份临时性活动报告里提及这一重要问题,他打算在十二月份给出这份报告。

3. 总理和秘书长同时对承认北约在向不发达国家进行帮助方面将能够起到更重要的作用达成共识。

斯巴克先生强调,他认为不可能在全世界范围内向这样的国家提供援助:因为没有足够的资源,并且苏联的选择性政策的例子表明,这样的方式才真正会卓有成效。在这种情况下,应该尝试在联盟内部组织一个援助机构,为世界上对"自由世界",特别是对非洲最重要的地区的利益开展工作。

总理对斯巴克先生的意见表现出浓厚的兴趣,表示要对这些意见做深入研究。

4. 会谈中提及北大西洋理事会访问撒哈拉的可能性。斯巴克先生并不确定常驻代表们将会赞成全体出动,但是他认为,他们中的大部分人会很愿意做这样的访问。他看到总理支持理事会大部分成员到撒哈拉进行访问,对此感到满意。

对该内容的讨论引发了有关能源储存(撒哈拉的天然气和石油)重要性以及阿尔及利亚局势进展情况的长时间的谈话。总理再次重申了我们对于该问题的核心立场,秘书长对我们的立场很赞赏,同时补充道,常驻代表们对于戴高乐将军声明的反响好像整体上是很赞同的。

5. 谈话还涉及东西方关系,并且秘书长借此指出美国有关峰会的立场现在好像越发趋近于英国的立场,即无先决条件地接受一次会面,除非苏联明确表示将不会对达成一份有关柏林的协议设定明确的时间界限。

(沈练斌译、校)

19591006，FD000189

联合国司备忘录①

（1959年10月6日）

裁军：关于导弹的可能建议

一、关于发射火箭和卫星作为可能的核武器运载工具的通知

公布关于飞行技术方面的通知的想法被普遍接受。

1. 作为*国际地球物理年*②的一部分，大家同意应将发射方案通知观测站（根据国际地球物理年协议），当然，这些飞行器的观测需要几个国家的观测站的参与。

拉克拉维埃先生（新成立的负责国际地球物理年进一步工作的国际委员会的秘书）说，这一协议将得到遵守。因此，布鲁塞尔天文台在月球三号发射的前一天或前两天得到了通知。③

2. 关于国际空间研究委员会④

为了便于对飞行器进行一般性观测，有人建议"发射国"提前几周通知飞行器发射的频率。但是，这项建议的通过被推迟到同包括苏联在内的空间理事会成员的专家委员会协商之后。下一次国际空间研究委员会会议将于1960年初在尼斯举行。

3. 关于联合国

早在1958年4月，联合国法律事务主任兼哈马舍尔德先生的顾问沙克特先生就曾建议，联合国应成立一个机构，该机构其中一项任务应该是监管和接收发射通知（轨道指示等）。

1959年4月，该部门在为我国出席和平利用外层空间特设委员会的代表团编写的说明中强调，有必要（如果只是为了空中交通安全）发布发射外层空间卫星和火箭的通知，说明预期的轨道和波长。

---

① 文献来源：*DDF*，1959，Tome Ⅱ，pp. 425-427。
② 原文为斜体。
③ 10月4日。——原编译者注
④ 文件说明：国际地球物理年设立的国际空间研究委员会。——原编译者注

联合国特设委员会要求"对飞行器的发射、呼号、标志以及轨道和轨道特征进行登记"。

委员会指出"对发射进行登记可能是向其他国家通报发射情况的有效手段,这将使它们能够适当区分此类飞行器和其他物体,并酌情采取措施保护它们的利益"。

鉴于上述情况,法国提出的公布发射情况的建议似乎会受到欢迎。

似乎没有必要具体说明应通知发射的飞行器的类别。如果以后提出任何问题,采用重量或范围标准应该很容易。

科学和军事飞行器之间的一些混淆似乎并不令人烦恼,因为无论如何,关于发布科学飞行器发射的通知存在广泛的共识。

二、军用飞行器的发射控制和禁止

拥有这类武器的国家和其他国家都一再提到对其进行控制。

1. 早在1957年2月(即第一颗卫星发射之前),美国政府就向联合国提交了一份备忘录,建议"控制和限制恒星飞行器的发射"。

1957年8月29日的西方裁军计划反映了这一想法,1957年11月14日的联合国大会决议采纳了这一想法。它要求研究一种检查制度,以确保通过外层空间发射的物体完全用于和平和科学目的。

在联合国第十三届大会(1958年)上,莫克先生建议在裁军委员会内设立一个小组,研究"控制外层空间的问题"。①

2. 1957年3月18日,苏联曾向裁军小组委员会提议,对适合用作原子弹或氢弹的遥控火箭实行国际管制。

1958年3月15日,② 他们为了有可能召开的首脑会议和联合国辩论,提议就太空问题以及基地的清理……达成一项广泛的协议,他们声称这是一个与太空有关的问题。

---

① 1958年10月20日莫克的演讲,见 *Documents sur le Désarmement*, XIIIe *Session de l'Assemblée des Nations Unies Débats devant l'Assemblée Générale et sa Commission Politique* (*New York 16 septembre–13 décembre 1958*), pp. 15–20。

② 1958年3月15日苏联常驻代表给联合国秘书长的关于禁止将宇宙空间用于军事目的、废除在其他国家领土上的外国军事基地和开展宇宙空间研究的国际合作的照会,见 *Documents on Disarmament*, *1945–1959*, Vol. 2, pp. 973–977。

苏联备忘录的内容包括：各国政府有义务按照商定的国际方案发射火箭，"并在联合国框架内建立适当的国际监督，以检查第一点（火箭）和第二点（基地）所指义务的履行情况"。

至于赫鲁晓夫先生 1959 年 9 月 19 日向联合国提出的建议①，其强调了火箭的危险性，并要求销毁这些火箭及其发射台。但这只能在第三阶段进行，而基地和军队在第二阶段就会被取消。

国际管制机构（仅在第三阶段创建）将可以自由访问所有要检查的目标。

根据目前的新闻分析，赫鲁晓夫先生在昨天的讲话中似乎并没有明确表达这些观点。不过，他确实提议召开一次关于宇宙问题的科学会议，并确认，只要联合国和平利用外层空间特别委员会仍保持目前的组成，苏联就不会参加该委员会。

3. 迪芬贝克（时任总理）早在 1958 年 2 月 8 日就建议成立一个向联合国负责的国际航天局，该机构将拥有检查和控制权，以保证外层空间完全用于科学与和平目的。大国将通过国际公约承诺公布卫星和导弹的发射情况，并交流经验成果。虽然该建议没有被提交给一个国际机构，而是在加拿大律师协会上提出的，但不能忽视迪芬贝克先生的立场。

4. 太空中立。

1958 年初，艾森豪威尔总统向布尔加宁元帅提出太空中立。② 这种被称为"和平空间"的理论当时引起了英国军方的一些反感，他们担心这将破坏西方国家防御力量的组织，而中程火箭正是其中的一个部分。

然而，在联合国大会第十三届会议上，瓦尔德海姆先生（奥地利）和皮乔尼先生（意大利）等几位代表呼吁制定一项国际公约，紧急禁止将外层空间用于军事目的。

5. 最后，英国 1959 年 9 月 17 日的裁军计划规定，禁止将外层空间用于军事目的（第三阶段）。

但这不是首要问题。第一阶段要进行的是在就核试验达成协议之后，对

---

① 苏联代表在联合国的提议，见 *Documents on Disarmament*, *1945-1959*, Vol. 2, pp. 1460-1474。
② 这项提议载于艾森豪威尔 1958 年 1 月 12 日给布尔加宁 1957 年 12 月 10 日来函的复函中。这两封信见 *Documents on Disarmament*, *1945-1959*, Vol. 2, pp. 918-926, pp. 932-941。

利用太空所带来的问题进行研究。

第二阶段将建立防止突然袭击的检查系统（包括导弹检查），以及就保证和平利用宇宙空间的系统达成协议，同时这也是核裁军和常规裁军的开始。

禁止将宇宙空间用于军事目的以及禁止所有大规模杀伤性武器将在最后阶段进行。

（曹忠鑫译、杨紫桐校）

19591007，FD000190

塞杜致德姆维尔电（第2771—2774号）①

（1959年10月7日）

参考您发的第4333号电报②。

为设立欧洲原子能共同体的供应机构③而申请的程序已于10月7日在卡斯滕斯先生处完成。他已经了解我们的想法。

卡斯滕斯先生幽默地回顾道，现在法国和德意志联邦共和国的立场都与几年前这两个国家捍卫的观点截然相反。随后，他强调了以下几点：

A. 目前原料和裂变材料已经过剩，这一点没有争议。因此，供应机构的一大存在理由在很大程度上就丧失了意义。

B. 但是很遗憾，由于一些政治原因，对于一个重要的问题还采用不了《欧洲原子能共同体条约》的条款。卡斯滕斯先生毫不避讳地表示，巴尔克先生对这个供应机构一直非常不赞同。但联邦政府已经接受该条约，并希望它得到执行。他担心，因为铀储量充足而且可能会一直保持下去，在此基础上要求推迟成立供应机构恐怕将是无限期的推迟。

C. 因此，向奥菲尔斯教授发出的指示是支持创建这个供应机构的，但也

---

① 文献来源：*DDF*，1959，Tome Ⅱ，pp. 430-431。

② 第4333—4340号电报于10月6日送至波恩以及其他站点。该电报未被收录。该电报列出了必须推迟设立供应机构的理由（见下注）。原料和裂变材料市场供应充足，这使欧共体成员国能毫不费力地解决各自的需求。

③ 供应机构被置于欧洲原子能共同体委员会管理之下，欧洲原子能共同体委员会可以对该机构发布指示，对其决定有否决权。供应机构对在成员国领土上生产的矿石、原料和特殊裂变材料拥有选择权，以及就从共同体内外供应此类矿石材料签订合同的专有权。

261

要求人员编制要缩减到很少的数量。联邦政府也同意该机构将其采购权授权给有关政府或公司，前提是它们得向机构递交合同。

卡斯滕斯先生希望这对我们来说是一个可接受的折中方案。

D. 奥菲尔斯教授将被告知我们希望在设立供应机构的原则问题方面对工作团体的职权予以限制，请他务必予以考量。

（施卜玮译，沈练斌校）

19591019，FD000191

阿尔方致德姆维尔电（第 4836—4843 号）[1]

（1959 年 10 月 19 日）

参考您的第 11270—11272 号电报[2]。

10 月 19 日，我见到了负责联合国事务的助理国务卿威尔科克斯先生，我向他提出了即将在纽约开展的有关我们撒哈拉试验的辩论问题。

我告诉他，根据您提供的信息和朱尔·莫克主席给我的数据，我们的试验不会对公众健康构成任何威胁。我强调，英国已经试图安抚尼日利亚当局。我问威尔科克斯，美国政府能否利用其在这一领域的丰富经验，以其认为合适的方式进行干预，向联合国的某些成员表明，我们所采取的预防措施相当令人满意。

我还指出，法国政府和公众舆论很难理解美国政府在这种情况下不支持我们的观点，尽管美国自己已经进行了大量的试验，却没有人质疑它这样做的权利。

威尔科克斯回答说，美国政府当然愿意尽其所能地帮助我们。然而，他并没有隐瞒这个问题给他带来了许多困难。关于裁军的辩论正在进行中，暂停核试验的想法虽然本身无法实现裁军，但大家都有这样的想法。此外，美国政府即将重启在日内瓦与苏联和英国政府进行的关于停止试验的谈判。

---

[1] 文献来源：DDF, 1959, Tome Ⅱ, pp. 472-474。

[2] 在 10 月 14 日的第 11270—11272 号电报中，法国外交部提到英国政府向尼日利亚提出的有关撒哈拉核试验可能存在危险的建议，这毫无疑问向美国政府证实了麦克米伦先生和哈韦尔研究中心负责人所表达的意见。巴黎希望在联合国辩论期间，美国代表团能够宣传一种有助于以客观态度辩论并平息非洲和亚洲代表团的忧虑的意见。——原编译者注

三、档案选编

　　为了有效地帮助我们，首先必须知道摩洛哥代表团将提出何种决议案。这可能是对法国试验项目的具体谴责；这也可能是一个更笼统的案文，要求大会投票赞成全面停止核试验。另一种选择是请大会作出规定，只要关于停止试验的谈判正在进行，各成员国就需要暂停试验。① 摩洛哥人甚至可能想到一项决议案，呼吁所有进行试验的国家采取必要的预防措施，并联系邻国，以安抚它们或主动帮助它们安装放射性沉降物核查装置。无论如何，威尔科克斯告诉我，法国在纽约和华盛顿的代表必须在未来几天内与相应的美国当局保持密切联系，并与他们交换所有可能与摩洛哥代表团及其亚非伙伴的意图有关的信息。这将使我们有可能决定如何设法使辩论不产生不利影响。

　　我回答威尔科克斯说，我注意到美国打算尽可能帮助我们，尽管这一意图并没有像我所希望的那样明确表达。我指出，他刚刚告诉我的关于将于10月27日恢复的工作，联合国针对我们的试验作出的任何决定都将对日内瓦谈判产生明确的影响。如果美国代表必须解释他们的政府如何在拒绝暂停自己的无条件试验的同时，还允许联合国通过一项决议来阻止一个成员国进行无风险试验，他们将会非常尴尬。我补充说，如果日内瓦谈判不成功，很容易想象，如果法国今年受到谴责，日本代表团明年将对美国在太平洋的试验提出质疑。在这种情况下，美国的利益和我们的利益不是契合的吗？威尔科克斯承认这些论点的重要性，并立即提醒我，美国只承诺在1959年12月31日前不进行试验。他认为，对于美国政府来说，如果谈判失败，他们必须避免任何可能干扰其行动自由的事情，以便于12月31日之后继续谈判。

　　就威尔科克斯告诉我的情况而言，在我看来，一方面美国当局希望日内瓦谈判的结果能够使他们获得所要求的保证，而另一方面，联合国针对我们在撒哈拉试验所采取的任何行动都会使美方自己感到非常尴尬。

　　在接下来的几天里，我打算向其他发言者提出我今天向威尔科克斯提出

---

① 以"这也可能是"为开头，并在这里结束的文本是第二天（10月20日）更正的主题，我们已考虑到这一点。——原编译者注

263

的论点。①

(李梦磊译、校)

19591023，FD000192
德姆维尔致帕罗迪电（第3895—3915号）②
(1959年10月23日)

参照之前发过的电报③。

一、来自宇宙射线和土壤的自然放射性在地球上一直存在。在同一个地方，这种放射性会随着时间的推移而变化。它在地球上的每一个地方都不相等。它会随着海拔高度增加，例如，当海平面上升到海拔1000米的高原时，这种放射性会增加50%。

与这种自然放射性相比，迄今为止所进行的所有核爆炸所产生的放射性

---

① 通过10月24日发自纽约的第1920—1924号电报（未保留），贝拉尔传达了朱尔·莫克的消息。后者提到了科希丘什科-莫里泽与美国国务院国际组织事务助理国务卿威尔科克斯、负责非洲事务的助理国务卿萨特斯韦特以及同样负责这些事务的弗格森先生的谈话。法国外交官的这些对话者们谈到了在撒哈拉的核爆炸问题，并"非常关注"其情感反响和政治影响。他们被全世界普遍存在的"巨大恐惧"所震惊，并提出这样一种假设，即大家将针对法国的决议投弃权票，并提出另一项建议全面暂停原子弹爆炸的案文。因此，法国不能指望美国人，只能避免歧视性的提案。朱尔·莫克正要与一些代表团接触以使他们放心；他建议法国代表向非洲各国政府提出类似于法国驻摩洛哥大使馆的建议（这些建议请参照第202号文件）。10月26日，通过第5052—5056号电报（未转载），阿尔方表示，他在10月19日与威尔科克斯的会面后，还继续同使馆公使衔参赞勒贝尔以及威尔科克斯的助理沃尔纳进行了交谈。沃尔纳曾提到，美国政府希望在联合国辩论期间帮助法国，但其自身也面临两难境地。美国暂停了核试验而法国却准备进行试验。尽管沃尔纳不愿作出承诺，但他表示，美国代表团可以进行干预，以证明法国的试验不存在危害。公使衔参赞试图确定美国对可以预想到的摩洛哥决议的态度；在他看来，与其他部门不同的是，美国国务院的联合国部门的态度仍然模糊不清。——原编译者注

② 文献来源：DDF，1959, Tome II, pp. 499-503。电报编码第3895—3915号与下条注释中的电报编码第3894—3897号有重叠，疑一处有误。根据《法国外交文件集》中的注释，该文件在10月29日被送交至拉丁美洲驻点，于11月2日发至特拉维夫、渥太华、哥本哈根、奥斯陆、海牙、雅典、安卡拉、里斯本和雷克雅未克。从10月26日起，它被发送至亚的斯亚贝巴、蒙罗维亚、突尼斯、喀土穆、的黎波里等非洲驻点，用以消除民众的忧虑。

③ 同一天，第3894—3897号发给拉巴特的电报（未保留）中列出了摩洛哥政府自2—3月以来对法国核爆炸计划的强烈抗议，以及巴黎的回应。关于摩洛哥代表团在纽约所提出的技术方面的问题，法国驻拉巴特大使被要求提供资料，以补充先前通过第97号电报传递的资料（关于这份电报，参见19591030，FD000193注释）。此处转载的是新指示。——原编译者注

剂量微不足道。在试验开始前,北半球海平面受到的年平均剂量为145毫伦琴。在目前已经完成的超过200次的核爆炸之后,这一剂量为每年150毫伦琴,增长了3.4%。

就其本身而言,法国的第一次试验只会使当前的环境放射率增加千分之二,即每年150毫伦琴,相比之下,若宇宙射线的强度等量增加,则会让该地水平线增加20厘米。

我们必须将这些数据与以下事实进行比较:一般人群,包括最敏感和最脆弱的儿童,每年接受的平均耐受剂量为500毫伦琴,而对于成人来说,5000毫伦琴的剂量都被认为是安全的。

最后,核爆炸引起的放射性会随着时间的推移而降低。假设爆炸后一小时的放射性总量为1000,则衰变曲线如下:

爆炸后7小时为100;48小时后为10;2周后为1;3个月后为0.1。

二、核弹爆炸后会迅速形成一团云,在爆炸现场会升起一条长烟柱。

1. 爆炸产生的大部分放射性,包括可能影响几百千米范围内的所有放射性,都包含在云层中(云会迅速升至6000—9000米的高度),随后在失去大部分放射性后(见上文第一段),以细颗粒物的形式非常缓慢地返回到土壤中。

在此做一个悲观假设,在风速达到每小时28千米的所有海拔高度下,尽管有空中和地面监视,还是有一位游牧者在爆炸前穿过这一区域,距离现场有150千米的风向距离或15千米的垂直距离,并且不限时间地在那里停留,他将吸收的剂量会低于在原子能机构的工作人员会吸收的无风险剂量。如果他在爆炸发生24小时后进入这个区域,这一剂量会减少至五十分之一,如果他在两周后进入这个区域,这个剂量将会减少到千分之一。

同样,对于居住在距离爆炸现场下风向1500千米处的人,法国设想的试验产生的当前年平均剂量的增加额大约为8毫伦琴,即第一年里剂量为2毫伦琴,并且随后几年里剂量会不断减少。在50年的较长时间内,我们可以估计,总是在相同距离的人将会接收到共24毫伦琴的放射剂量,而他在相同时间内所接收的天然放射性的剂量将会在5600—7500毫伦琴。

在美国进行的测量证实了这一点,距离爆炸现场(相当于从马拉喀什到拉甘之间的距离)1000千米处所增加的放射性可以忽略不计,也就是说,对

265

于美国而言，经过 6 年和 45 次爆炸之后，放射性增加了百分之五毫伦琴，也就是说被大众，包括儿童和胎儿所接收的剂量不到千分之一。

2. 除了云，核试验还伴随着一个由所有颗粒、岩石、泥土等共同形成的柱子，在爆炸的热气体作用下升腾而起。与云的微小尘埃相比，这些颗粒相对较重，几乎会立即落回到距离试验点几千米范围内的地面上。这些碎片的放射性降低的方式与云相同。

此外，其他国家进行的试验表明，这些重碎片不会"飘动"或非常缓慢地移动，对于一些距离爆炸地点不到 20 千米的地方，研究中心也没有采取特别的安全措施。法国军营也将安置于距爆炸现场约 50 千米处，在试验过后，数千人将在那里居住很长时间。

三、考虑到这些一般性因素，应该增加以下内容，这些内容更具体地涉及法国政府计划的试验以及在此情况下适用的保护措施。

为了确保最大的安全条件，法国政府成立了一个特别委员会来研究与核试验有关的安全问题。

该委员会的任务是研究并服从在核爆炸期间，各部长们提出的必须满足的技术条件的提案，以便确定：

——对于在试验场参加测试的人员来说，安全程度必须被充分确认。

——对于位于试验场范围之外的区域，特别是与其相邻的区域内的所有人口及任何财产来说，安全程度必须被充分确认。

该委员会由原子能高级专员弗朗西斯·佩兰担任主席，除了最优秀的民用和军事技术人员，还包括两名专门研究核问题的著名医生：来自原子能专员办公室的埃伯哈特博士，来自陆军卫生部的热诺博士，以及国家卫生研究所所长布格纳德教授和国家气象局局长维奥先生。

必须强调的是，尽管国防部长负责这项试验，但安全委员会并不在他的指挥之下，后者会独立提出一些主管当局并不认同的建议。

该委员会已经确定了工作人员可能受到的辐射的最大剂量，这会根据预期的暴露时间不同而变化。所采用的标准比美国的标准更为严格。例如，平民的最大耐受剂量是每年 1.5 伦琴，而美国允许这一数值达到每年 3.9 伦琴。美国随后制定了将这些辐射减少到最低限度的措施。

最重要的两点是：

——最大限度地减少携带到云中的放射性物质的数量；

——在爆炸发生时应符合的天气条件。

关于第一点的预防措施是，在最适当的高度触发爆炸，以尽量减少进入云层的放射性物质的数量。

对撒哈拉沙漠风向系统的全面研究已经进行了近两年。已经建立了五个拥有最先进设备的新气象站。他们的观察结果在公共工程和运输部下属的国家气象局的特殊部门中得到了利用。我们都知道，7000—9000 米，是由爆炸引起的云层所达到的高度，主要的风向是由西向东，我们认为朝着摩洛哥的风向吹拂 1000 千米这是不可能的事。在风向东吹拂过法国领土之前，放射性将不再明显。

在拉甘附近可能会带来危险的区域，一些军事设施将会被设立，以禁止汽车和游牧人员通行。同时我们还会制定一些安全条例，以免给飞机带来危险。

目前对撒哈拉沙漠中空气、植物和水中存在的放射性的测量已经完成，这一测量将在试验后继续进行。一个由数百名工作人员组成的特殊小组配备了必要的测量和通信设备，他们将对数百千米内可能由法国爆炸试验引起的放射性增加进行控制。

只有当风的方向能驱使云穿过撒哈拉沙漠地区数百千米时，爆炸试验才会进行。在这一点上，爆炸试验所选择的场地提供了很大的可能性，因为相较于美国内华达州试验场的 50 度和苏联发射场的 125 度，实现这种爆炸的有利区域是 270 度。

最后一点要注意的是相对于邻国和周边城市，关于法国试验所选地点与美国、英国和苏联核试验场所之间的比较。对地图进行简单研究就会发现，相较于内华达州试验场到旧金山（250 万居民）的距离，以及到居住了 500 万美国人的洛杉矶、帕萨迪纳、圣贝纳迪诺、长岛城市群的距离来说，马拉喀什离法国试验场要远得多（1000 千米）。亚卡台地试验场到上述城市群的距离不到 500 千米。

（李梦磊译、校）

19591030，FD000193

德姆维尔致法国驻拉丁美洲外交代表通电（第118号）①

（1959年10月30日）

在摩洛哥的倡议下，联合国大会将于11月3日就法国在撒哈拉的核爆炸问题展开辩论。② 基于此次辩论推动者的政治动机以及对任何核试验都有敌意的背景，这场辩论对我们而言会非常困难。

代表法方参加辩论的朱尔·莫克停止了与拉丁美洲各代表团的接触，几乎所有代表团都以一种不让人担心他们最终态度的状态来参与讨论。因此，建议您与相应级别的外交部人员进一步对话，以作出有利于纽约代表团的指示。

从技术上讲，为了向对话者保证我们计划中的试验对邻国的安全性，您将要使用您所掌握的数据（第97号通告③和吉约马先生的声明④）以及我通

---

① 文献来源：DDF，1959，Tome Ⅱ，pp.509—511。该电文于10月29日编写，次日发送。

② 10月6日，摩洛哥代表在联合国发表讲话，主要提到法国—摩洛哥的争端。关于阿尔及利亚问题，他详细阐述了叛乱的历史并为其辩护，同时把摩洛哥帮助解决冲突失败的责任推到法国身上。虽然承认9月16日戴高乐将军的宣言（关于这一宣言，见DDF，1959，Tome Ⅱ，第132号文件注释）是重要的一步，但他批评了执行自决原则的条件。关于法国的核试验，他声称所有亚非国家都反对这些试验，法国甚至没有得到共同体国家的支持。至于外国武装部队在摩洛哥的存在，在提到正在与美国就其基地进行对话之后，他反对法国和西班牙拒绝撤离原则的态度。最后，在谈到毛里塔尼亚时，他抗议将"国家领土"并入共同体。——原编译者注

③ 8月6日的这份电报没有转载，它建议法国代表提供一些资料，说明法国在进行核试验时将会采取的保障措施。这些预防措施得到了安全委员会的批准，该委员会由核领域和卫生领域的杰出科学家组成。试验地点选定在撒哈拉的一片沙漠区域，该地区距离人口聚集区很远，人们不会受到爆炸的影响。特殊气象站将确定可能影响放射性沉降物的方向和范围的气象数据。所采取的预防措施将确保第一次沉降物影响将发生在周边几百千米没有人口定居点和生物的地区；考虑到英国人和苏联人已经进行了大约200次核爆炸和热核爆炸，那么由于第二次沉降物而增加的放射性剂量是微不足道的。美国和苏联在本国领土上进行了法国准备进行的试验，并且英国在澳大利亚也已经进行了这样的试验。然而，无论是内华达州的试验场，还是西伯利亚中部的试验场，抑或是马拉林加的试验场，它们都没有能与法国试验场相媲美的隔离条件：在这三个国家中，没有任何一个国家的试验场到最近居民区的距离能达到法国所达到的1000千米。最后，我们将管制地面和空中交通，以避免任何污染，空气和水的放射性将被控制在几百千米的半径之内。因此，我们已经采取了一切安全措施，以确保撒哈拉和邻近国家的人民不会遭受放射性沉降物的影响。——原编译者注

④ 9月10日在社区执行委员会上发表。法国武装部队部长在声明中详细说明了法国政府所采取的预防措施。——原编译者注

过空邮单独向您发送的数据（鉴于临近辩论，如果最后一次通告未及时送达，您最好立刻采取行动而不要等待）。您可以补充说，英国政府已经向尼日利亚当局充分保证，科学地向他们证明法国的试验不会对他们的国家及邻国构成威胁。

然而，您尤其需要强调这个问题的政治方面，这似乎是拉丁美洲犹豫不决的核心所在，这种犹豫倾向于取消所有核试验。回顾我们在裁军问题上的一贯立场，您要强调这一点的合理性和逻辑性。我个人在1959年9月30日的大会讲话中重申，"裁军方案必须包括前线的核武器，也就是说除了停止试验，还要考虑到停止生产、逐步转化库存，并最终禁止持有及使用核武器"。① 只有在没有采取这种真正的裁军措施的情况下，我们才被迫推行核武器方案。他们声称若阻止我们这样做，会导致一个针对法国的歧视性决定产生，而对核武器的垄断属于三个核大国，它们可以自由地增加核武器数量并加以完善。因此，您要表明，法国进行试验的决定与我们的立场毫无矛盾，任何人都不能与支持裁军的国家发生争执。因此，第三方能够在关于撒哈拉（核爆炸）的辩论中给予我们的支持绝不会妨碍他们在一般裁军问题上的自由。

仅限布宜诺斯艾利斯：重要的是，在采取行动之前，您应该知道阿马德奥正式向朱尔·莫克表示，在关于撒哈拉（核爆炸）的辩论中他的政府愿意帮助我们。不过他也表达了一些政治上的担忧，这也是这份通告会发给您的原因。

（李梦磊译、校）

19591110，FD000074
德勒斯致德姆维尔电（第291号）②
（1959年11月10日）

参考我之前的电报③。

1959年11月10日在理事会上发表的关于法国从北约撤出地中海舰队的声明全文如下：

---

① 德姆维尔的讲话节录，见 *Documents on Disarmament*，1945—1959，Vol. 2，pp. 1483—1486。
② 文献来源：*DDF*，1959，Tome Ⅱ，pp. 538—539。
③ 同样在11月10日，德勒斯先生的第290号电报（未转载）宣布，在当天的全体会议上，北约理事会审议了常设小组10月2日关于法国从北约撤出地中海舰队的后果的报告（S.G.M.569-59号文件）。他介绍了法国代表在会上所作的发言，该发言载于本档的第291号电报。——原编译者注

法国政府认为，在军事结构和北大西洋联盟的战略构想中，法国的某些基本利益没有得到充分考虑①，特别是在非洲。此外，法国舰队在地中海执行战时任务的优先次序问题超出了联盟的地理、政治和军事范围。

常设小组仅在北约框架内分析了法国政府在 SGM-569-59 号文件中对该舰队所作安排的后果。

正如我国常驻小组军事代表所强调的那样，法国的决定是在面对全球威胁时的更广泛、更现实的防御框架内作出的，目的是确保和保持海军在应对联盟任务或国家任务方面的灵活性。

军事资产会继续保持，在数量和质量上都不会降低，法国对共同防务的参与也不会因此而减少。

法国极为重视其在地中海上的往来安全，显示了它打击任何海上威胁并维持足够战力的决心。

此外，显然有必要缔结合作协定，以确保我们和盟军部队之间的最佳效率。为此，谈判已经开始并将在常设小组内继续进行。

（吕军燕译、校）

19591119，FD000075

阿尔方致德姆维尔电（第 5556—5557 号）②
（1959 年 11 月 19 日）

11 月 19 日，斯巴克先生与赫脱先生和狄龙先生分别进行了半小时的谈话。

1. 在与赫脱先生的谈话中，北约秘书长斯巴克先生警告说，过分强调当前表面的国际缓和局势非常危险。他要求赫脱先生在即将于巴黎举行的部长级会议上澄清，美国在欧洲的承诺不会改变。他认为，欧洲盟友现在需要的是"领导能力"。

根据参加会晤的国务院官员的说法，赫脱先生向斯巴克先生作了保证。

2. 与狄龙先生会面时，斯巴克先生指出，欧洲国家的经济状况在过去几

---

① 在页边空白处，打了问号。——原编译者注
② 文献来源：DDF, 1959, Tome Ⅱ, pp. 583-584。事实上，电报上写着"S. S."（意为没有签名）。——原编译者注

个月里有了很大的改善，但不应草率地得出可以放心地减少对欧洲的军事援助的结论。

狄龙先生答复说，美国政府不会考虑此类强硬措施，并确认"优先购买美国货"的条款只会适用于"开发贷款基金"下的款项。

（吕军燕译、校）

19591124，FD000194

阿尔方致德姆维尔电（第 5672—5677 号）①

（1959 年 11 月 24 日）

来自朱尔·莫克先生。

在热纳韦先生、勒让德尔先生以及珀朗先生的陪同下，我于 11 月 24 日早上与艾森豪威尔总统的科学问题特别助理基斯佳科夫斯基先生进行了一次长谈。他的聪慧、坦率、洞若观火的才智给我留下了深刻印象。在一场有趣的谈话中，我们谈到了如下问题：

1. 关于停止核试验的日内瓦会议②

基斯佳科夫斯基先生立即自发地表达了他对这次会议和可能出现的结果的强烈保留意见。在他看来，从科学上很难将一次地下爆炸与一场地震区分开来，且美国将不会同意在有关控制问题没有得到明确保证的情况下走上停止（核试验）的道路。他非常信任刚到日内瓦的菲斯克博士领导的新的技术小组的才能。基斯佳科夫斯基先生认为会议将会持续一段难以估计的时间。另外，他强调即便达成了一项协议，它也可能无法阻止核竞赛的继续，只能将这样一项协议当作裁军的开始。

2. 核武器运载手段控制

我向基斯佳科夫斯基先生陈述了我们的一些有关运载手段的控制和有关

---

① 文献来源：*DDF*, 1959, Tome Ⅱ, pp. 609-611。
② 有关停止核试验的日内瓦会议已于 8 月 27 日中断了它的工作并已经决定于 10 月 12 日再度召开。实际上，这些工作直到 10 月 27 日才重新开始。在 11 月，三个核大国的代表们关注于一个由美国提出的具体的技术问题，即地下爆炸的识别问题。在三个星期里，相继召开了正式会议和非正式会议。11 月 24 日，美英苏三方代表同意委任一个技术工作专家小组去进行研究。参见 *L'Année Politique*, *1959*, pp. 533-534，542-543。——原编译者注

该问题的紧迫性的观点。他在原则上表示同意，但是他立即提出了如下意见：

a. 鉴于他们当前的领先（态势），苏联人不太可能走上这一道路。他们可能会在有关防止突然袭击的会议上采取同样的负面立场。在基斯佳科夫斯基先生看来，美国将会在火箭和外层空间领域赶超苏联，但不会早于五至十年。

b. 此外，如果苏联人接受一项有关火箭控制的谈判，那么很明显，撤销美国的海外基地以及对战略空军司令部行动的控制和限制将会成为（对苏联的）补偿。然而，在基斯佳科夫斯基先生看来，没有任何美军会在没有装备有核武器的战略空军司令部的保护下留在国外，特别是欧洲。因此，在这样一项谈判的假设下，危险可能是看着美国走向孤立主义并退回到美国的堡垒。

3. 核武器控制

基斯佳科夫斯基先生完全赞同我们有关不可能控制可裂变材料和核武器的看法。他认为，相反，就像我一直所主张的那样，对将来可裂变材料产品的控制在技术上是可能的，同样，对将核武储备转用于和平目的进行控制在技术上也是可能的。

4. 裁军计划的声明阶段

我陈述了我们的想法，即预备阶段可能有些好处，在该阶段，一个国际组织可能会乐于接受一些"声明"。基斯佳科夫斯基先生对此主题持保留意见。实际上，他认为当苏联给予的迹象无法得到证实时，对一个民主政体来说几乎不可能去作一个虚假的声明。因此，从一开始可能就会有根本性的不平等。

5. 地理上的限制区问题

基斯佳科夫斯基先生自己提出了这一问题。他认为从理论上说该问题不应被推后，因为它可能会构成（考察）苏联人在有关监测方面的意图的有趣测试。在他看来，这样一个区域应该是狭窄的，并且一端延伸到北方，比如挪威，另一端延伸到南方，比如土耳其。我立即告诉他，鉴于当前欧洲各国政府的反对，欧洲的地缘战略形势——根据该形势，向西一千米相当于向东十千米，以及现代武器的发展——这一提议是不切实际的。基斯佳科夫斯基先生对此没有坚持，他说该问题不在他的权限之内。

（刘彦伊译，姚百慧校）

19591127，FD000195

政治事务司备忘录①
（1959年11月27日）
有关原子能军事应用的法美谈判

一、核动力应用于海军

A.《麦克马洪法》修正之前

在1955年（根据政府的指示，我国驻华盛顿大使为此在海军上将伯克和海军上将诺米之间奔走联络）和1956年，经我国驻美大使再三参与，并陈明在某些领域我们欢迎法美两国之间的合作之后，两国政府在《麦克马洪法》修改之前，就美国在原子能的军事应用方面给予法国援助达成了一些初步协议。（两国的合作）领域只涉及潜水艇，因为我们需要浓缩铀以作为潜水艇的燃料。1957年秋，国务院告知我们《麦克马洪法》已然到期，故国务院不能再继续满足我们的需求。

B. 1957年12月在巴黎举行的北约国家政府首脑会议

在这次会议上，艾森豪威尔总统声称，美国政府打算在国会着手启动修改《麦克马洪法》的程序，以便扩大美国与它的盟国在有关核能的军事应用这一领域的合作。总统的声明是总体性的，对除核潜艇项目之外的项目提出了一些明确的议案。

C.《麦克马洪法》修改之后（1958年6月）

1. 1958年7月，在和部长会议主席的会谈中，杜勒斯先生证实称，通过投票表决《麦克马洪法》修正案（修正案在国会获批需要一点时间），美国在海军核动力推进方面的意图是可以实现的。国务卿先生还明确表示，美国已准备好与我方就我们的核潜艇问题达成协议进行谈判。

2. 谈判于1958年秋开始：

——1958年9月一个美方的委员会访问法国，并递交了一份备忘录；

---

① 文献来源：*DDF*, 1959, Tome Ⅱ, pp. 626-628。本文件同19591127，FD000493，都是日期相同的一份政治事务司备忘录的附件，它们是为了1959年12月戴高乐和艾森豪威尔之间的一系列会谈而准备。该文件已被呈递给德姆维尔。

——10月22日，对该备忘录的回复经部长会议主席批准，被呈交给美国政府。

我方的要求包括为我们的潜艇提供一个反应堆、必要的核燃料和有关资料，以及由法国原子能委员会为法国潜艇陆上的原型反应堆提供核燃料。

3. 1958年12月，国务卿在核问题上的特别顾问法利先生告知我们，出于一些安全方面的原因，宜将有关为Q-244号潜艇购置反应堆的问题和有关为陆上的原型反应堆提供核燃料的问题分开处理。前者属于国防部、原子能委员会以及国家海军之间的协定的范围之内；后者则属于原子能委员会和原子能专员之间的协定的范围之内。

4. 回应原子能专员的要求的第二份协议很快就达成了，该协议于1959年5月7日签署。① 与此相反，有关潜艇反应堆的谈判很快就濒于破裂且自4月以来就处于停滞状态。在1959年5月1日和总理的会谈中，赫脱先生向总理证实，由于我方在海军事务上的决定，美国政府已然倾向于认为当前不宜再继续推进有关该协议的谈判，（因为）在由我方的一系列决定所造成的气氛下，该协议已经变得更难获得国会的批准。②

5. 自从有关燃料的协议开始生效，我方就告知国务院（7月24日）我们已经准备好就Q-244号潜艇反应堆的问题重启谈判。美国行政部门人员对这一提议表示欢迎，然而国会仍对该协议持保留态度。

二、核武器

在核武器方面，法美之间并没有合作协议。

然而，在1958年2月，当一个法国专家代表团应杜勒斯先生于1957年12月发出的邀请前往位于内华达州的核试验场时，签署（合作协议）是合适的。此外，在遵守《麦克马洪法》条款的前提下，国务院、国防部以及原子能委员会在某种程度上愿意努力在一些次要方面给予我方以帮助。这一援助与这一精神对于我们1958年在美国购置保密级别的电子设备尤其具有显著效用，这些设备将用于我们军事核计划的研究中心和拉甘试验场。

我们还得以向美国派遣一个军事专家代表团以研究亚临界质量下装配所

---

① 见19590501，FD000025注释。
② 见19590501，FD000025。

带来的问题。该代表团获准进入研究这一问题的美国实验室,特别是作为美国核武发祥地的洛斯阿拉莫斯实验室。

最近,在库蒂尔先生与戈尔德施密特先生以及麦科恩先生和美国原子能委员会的格拉哈姆先生的一系列会谈之后,当前在地下试验方面出现了一种新的可能性。美国原子能委员会的代表们可能会欢迎派遣一个新的法国代表团来研究如何组织地下核试验,这是一个复杂的问题,对该问题的解决需要经过漫长而艰苦卓绝的研究。

这里涉及的是一些次要问题,美国当局对此表示理解,且在这些问题上美国的援助是重要的。但有关筹备这些代表团的会谈也表明,在缺乏一个协议(该协议的达成至关重要,且在我们的爆炸得以实现后,该协议使我们有可能获取有关核武器的必要情报,并在需要时为这些武器获取可裂变物质)的情况下,在这一领域很难走得更远。

下列附件[①]探讨的是有关达成这样一个协议的可能性,以及为达成这样一个协议可能需要采取的措施。

(刘彦伊译,杨紫桐校)

19591127,FD000196
    肖韦尔致德姆维尔电(第1564/CQA号)[②]
      (1959年11月27日)

我在信中向您汇报了英国新闻界对共和国总统11月10日关于核武器的

[①] 19591127,FD000493。

[②] 文献来源:*DDF*,1959,Tome II,pp. 631—634。

275

声明所作的大量评论。① 在不讨论左右两派立场的情况下，我想提请您注意，11月19日《泰晤士报》的社论非常有用。在戴高乐将军11月3日参加的在高等军事学院举行的会议的大纲公布后不久，② 这篇文章就发布了。它总结了国家元首在那次会议上提出的主题。11月3日和10日的内容明确的声明导致这份独立报纸得出结论，不论英国和美国可能抱有什么幻想，显然法国将向前迈进：法国政府将使其成为一个独立的核大国。必须清楚地理解这一点，不论是这种行为的代价，还是在日内瓦举行的会谈，它们都不会使戴高乐将军偏离他自己的目标。这篇社论的作者（格兰特先生）补充说，现在的情况非常明朗，我们不应该再希望通过在欧洲建立一支北约打击部队来阻止独立威慑力量的扩散。《泰晤士报》提出，英国向法国提供核武器的想法仍然存在。尽管它有缺点，但在专栏作家看来，其优点是能防止法国危及自战争以来英国在军备控制领域所取得的最有希望的成就。

---

① 戴高乐将军在11月10日的记者招待会上谈到了东西方首脑会议等问题。当被问及他在核问题上的立场时，他迅速回顾了核武器的发明，并注意到美英苏已能摧毁全部有生命的东西，而联合国从未要求它们摧毁甚至是停止生产核武器，也从未谴责过世界各地进行的大约200次的核试验。因此，联合国部分成员国对预计在撒哈拉进行的非进攻性核爆炸表现得如此激动，是过分的、矫揉造作的，是对法国的"任性的攻击"。虽然美英苏已经暂停核试验，但威胁并未消除，而是在日益增加。如果它们能就停止核试验达成协议，法国对此只能表示赞同，"但是，如果人们要求法国放弃原子武器，而其他国家却继续保持这类武器并予以大量制造，那么，要法国接受这种要求，是不可能的"。虽然两大阵营的原子力量之间所建立起来的均势，是目前保持世界和平的一个因素，但"谁能说未来将发生什么呢？""谁能说，在发展中突然取得的某种先进成就，特别是在宇宙火箭方面，不会使两个阵营中的一个获得优势，从而使它的和平措施不再有用了呢？谁能说，在将来政治情况完全改变时——这种情况在地球上曾经发生过——两个垄断核武器的国家不会来瓜分世界达成协议？谁能说，在必要时，这两个敌对国家，在彼此同意不用这种武器来攻击主要敌人，以免本身受到攻击的同时，不会去毁灭其他国家呢？"戴高乐称："法国拥有核武器装备，是对世界的均势作出贡献。"如果联合国能有效地消除这个威胁，像莫克建议的那样，以把死亡的运载工具交给国际监督作为开始，那么法国会毫不犹豫、心悦诚服地遵从国际法律；但如果联合国做不到这些，那么相关的行为只是同法国找茬的拙劣做法。《戴高乐言论集（1958年5月—1964年1月）》，第112—114页。

② 11月3日，戴高乐在高等军事学院和三个军校发表演说，提到三方面内容。其一，"法国的防务必须属于法国"。虽然在必要时，法国的防务要同其他国家的防务相互配合，"但是法国必须有自己的防务，法国必须靠自己的力量、为自己的利益并用自己的方法来保卫自己"。其二，法国必须在最近几年拥有一支可称为"打击力量"的部队，该部队以属于法国的原子武装为基础。其三，战争行动总有其偶然性，要深思熟虑认真准备，而首长的行动取决于他的个性。戴高乐的结论是："一个国家对于有关国家命运问题的各种可能性，包括战争的可能性，都应该考虑到。在所有的国家中，特别是在我们国家中，没有比它的防务更重要的事情了。"《戴高乐言论集（1958年5月—1964年1月）》，第105—108页。

我注意到，《泰晤士报》的建议基于一种理念，即法国政府不会接受对其核武器的任何联合控制，这不仅不同于所谓的北约威慑力量，北约在这里拥有许多支持者和影响力，而且也与最近在某些舆论领域取得了一些进展的法英核武库不同。

共和国总统的声明不仅在新闻界和最杰出的专家之中引起轰动，也带来了一些问题或建议。正如我向您指出的（我 11 月 17 日的来文①），这些声明在议会中得到了呼应。11 月 11 日，在劳埃德先生缺席的情况下，工党反对派纠缠了艾伦先生②和普罗富莫先生。11 月 16 日，国务卿本人不得不接受贝万先生和希利先生的询问。尽管不可避免地会有重复，但交换意见并非没有意义。我随函附上译文③，并附上 11 月 10 日会议的摘要，其间首相已经不得不回答有关我们在撒哈拉进行核试验项目的问题。

对这些文本的分析清楚地表明了反对派领导人和政府对我们核政策的各自立场。我向各部门推荐了他们的解读，它们显示了社会党议员的热情，保守党的细致入微和为难，这些解读以交换辩论观点为特征，可以想见，每当反对派找到理由开始辩论时，这些论调就会重复。

在工党方面，所提出的问题简而言之是：

——法国的试验不会使非洲领土受到放射性沉降物的威胁吗？

——难道不担心这种试验会激起非洲人民的不满吗？

——英国政府是否尽其所能地说服法国政府放弃试验？其政策是否考虑到拥有核武器的国家数量增加的危险？因此，它是赞成还是反对法国的试验？

——政府是否邀请法国参加目前正在日内瓦进行谈判的协议？

——劳埃德先生是否在巴黎讨论了计划在撒哈拉进行的试验，他是否对此进行了陈述？

——政府如何看待戴高乐将军 11 月 10 日发表的声明，即使在日内瓦达成协议，法国也将继续进行这项试验，法国决定只有在三个核大国放弃其核

---

① 这是发自伦敦的第 3439—3442 号电报，未转载。英国外交大臣不得不面对工党议员关于核试验项目的一系列问题。大使指出，工党决心让英国政府表示不赞成法国的计划（或者反过来表明它是后者的"帮凶"），而劳埃德先生则避免任何可能惹恼巴黎的声明。——原编译者注

② 疑为 W. 丹尼斯·艾伦（W. Denis Allen），他于 1956—1959 年任英国外交部副次官。

③ 《法国外交文件集》中收录的文件后无附件。

武器库存的情况下才加入该协议，而这不是英国、苏联和美国政府的政策吗？

——如果法国不加入该协议，英国是否会支持其核政策？

对于这些不计其数的问题，英国的各位大臣给出的答案可归纳为以下三点：（1）法国的试验所带来的危险可以忽略不计；（2）法国政府的决定只与它自己有关，英国无须赞同或反对；（3）目前关于停止试验的协议正在日内瓦进行谈判；英国政府希望法国加入，但首先要做的是达成协议。如果这三个国家成功地做到了这一点，它们将处于更有利的地位，可以要求其他国家加入。这是麦克米伦和劳埃德坚持不懈所提出的第三点。在以这种万能答案来回答大多数问题的同时，他们拒绝冒险发表更大胆的评论。但是我注意到，11月11日，希利敦促普罗富莫说明戴高乐将军刚刚表达的法国的政策是否得到英国政府的赞同，普罗富莫明确表示，尽管共和国总统说了这些话，但伦敦政府希望法国愿意改变其立场，即不再以有效的核裁军作为加入停止试验的协议的条件。

这是政府公开采取的立场。我们知道这符合其真正的政策。一方面，它包括在其殖民地、许多国家和联合国向我们提供持续和全面的支持，以阻止针对我们计划的运动。英国政府这样做是更值得称赞的，因为它对抗着反对派运动和来自渥太华和堪培拉政府所采取的截然不同的立场所带来的更大压力。就在最近几天，我发现一些迹象表明，在纽约进行的最后一周的辩论对劳埃德来说非常困难，因为他的一些同事对他施加了巨大的压力。

另一方面，我们不应忽视这样一个事实，即尽管英国政府支持我们进行一系列核试验的权利，但其政策是，一旦在日内瓦进行的谈判达成协议，他们就不鼓励我们继续进行这些试验。一旦我们成为"核俱乐部"的一员，不只是反对派，就连政府都会想尽各种方法来关闭这个俱乐部。

（李梦磊译、校）

19591127，FD000493

政治事务司备忘录①
（1959 年 11 月 27 日）
美国对法国核计划的援助

本附件意在总结法美就原子能的军事应用达成协议的可能性以及法国政府为达成此协议可能需要采取的措施。

美国方面的前景

1. 谈判框架——《麦克马洪法》

对协议的谈判可能只会在 1958 年获批的《麦克马洪法》的框架内进行，该法使得对他国的援助取决于该国所取得的成果：核爆炸、武器生产计划的存在等。（虽然）对《麦克马洪法》的一项新修正倾向于使给予美援的条件更具灵活性，（但）实际上，该修正也许不太可能在我们所期望的期限内实现。

此外，我们有意在该法的既有框架内缔结（协议）——该法将美援留给那些依靠它们自己的资源而成功成为核大国的国家，且（援助）将根据这些国家付出的努力（来决定）。

2. 在达成协议上所存在的障碍

主要有两大障碍：

a. 国会的联席委员会对《麦克马洪法》的解读

在对《麦克马洪法》进行投票时，该委员会在两院支持下赞成对《麦克马洪法》的一些条款进行狭义解释（附件一②），这些条款规定，一国为获取美援"必须取得的不仅仅是核武器的理论知识或有限数量的核装置的试验"。这段话虽然明显不具法律效力，但它表明了两院中某些议员的态度，即为获准允，所有核武合作协议都必须要呈交他们（审阅）。

b. 有关停止核试验的谈判

该谈判对法美可能（达成）的协议而言具有一些确凿的危险。实际上，

---

① 文献来源：*DDF*, 1959, Tome II, pp. 628–630。

② 未转载（1958 年 6 月 5 日国会原子能联席委员会关于支持《麦克马洪法》修正案的最终报告的摘要）。——原编译者注

正在谈判中的协议规定，三国政府应"避免援助、参与，或以某种形式支持未参与该协议的国家进行核试验"。若该协议得以施行，美国政府对该条款的解读将影响到（达成）法美协议的可能性。我们姑且可以不为了自己的试验去争取援助，但美援对我们的武器生产（特别是弹头）来说是不可或缺的。

国会中的一些成员，其中包括参议员汉弗莱（附件二[1]），已经提出要对该条款以及正在日内瓦进行的整个协议的谈判作出狭义的解释。此外，这一解读引发了这样一种观念，该观念煽动称这一谈判正在关闭"核俱乐部"的大门。这一看法与国会给予《麦克马洪法》的解读相汇合。

政府可兹利用以促进协议达成之措施。

这些措施可能会有助于：

——抵消障碍；

——拟定协议。

1. 需要消除的障碍：

a. 可能达成的有关停止核试验的条约

需要让美国政府明白的是，对第三方试验中的不参与条款的任何解读，最好都不要因为法国拒绝签署合作制造协议而反对法国，否则就会导致对两国关系最严重的政治后果。在这一点上，美国政府应该不要让它的苏联合作伙伴或者其国会建立任何模棱两可（的理解）。

b. 国会的解读

1959 年，在谈话中，国务院的代表们已多次向我们指出，我们的初次试验也许不大可能构成令人满意的条件，以使我们获得我们希求的协议。这使行政部门看上去似乎是在重复国会联席委员会所给出的解读。不过，《麦克马洪法》并没有这样的内容。在这方面，《麦克马洪法》只明确规定，只有在另一共同签约的成员在核武器发展方面获得实质性进展的情况下，才有可能达

---

[1] 文件未被保留。该文件转载了 7 月 31 日驻华盛顿的法新社的一份电报，该电报报道了作为参议院裁军委员会主席的民主党参议员汉弗莱就新近与北约成员国达成的一系列关于核武器的协议，向艾森豪威尔总统进行询问的详细情况。在他 7 月 25 日的发言中，汉弗莱先生强调称"为数众多的美国人和外国人对协议的必要性心存疑虑"（有关这些协议，见 19590501，FD000025 注释）。他希望看到总统证实称，"如果情报与核材料有碍于欧洲裁军或德国重新统一的话，那么该协议不应迫使美国以任何形式承担向成员国提供这些供应物的义务"。——原编译者注

成协议。到了1960年，我们将同时具备这些条件。我们不要求修订《麦克马洪法》，但我们要求严格执行该法案。

此外，据联席委员会的说法，该法案的意图并非支持第四国加入拥有核能力（的大国行列）。在这方面，我们可以这样回应，法国将依靠它自己的办法建立起核能力并加入核大国的行列。此外，既然联席委员会在1958年6月指出："当今，英国是唯一符合这些条件的国家……"（到1960年春，这将不再是正确的），那么新国家加入核大国就是有可能的。

美国政府仍会反对我们，称我们的首次核爆炸实际上不是具有军事性质的装置，因此，我们的实质性进展尚未达到"发展核武器"的阶段。我们对这一异议的回应是，我方的计划预备在1960年底之前（1960年秋至1961年春）进行多次其他试验，这些试验将涉及不同类型的具有军事性能的装置。

2. 拟定协议

在这项耗资数百亿美元的工作中，在信息与产品交付领域的任何援助都将大大减轻法国的负担。如果协定谈判的开启需要等到法国的首次试验之后，那么距协定生效可能还有很长一段时间。因此，我们的努力应着眼于尽快奠定基础，以便一项考虑到国会审议时限的协定能够在国会下届会议期间生效。若未实现这一结果，就需要考虑到将会有新一任总统和新一届国会，无人能预测将要施加的时限。因此，必须作出原则性决定，以便依据前述一、二节采取必要行动。

最后，显然，一旦作出这样的决定，实现我们的目标将需要很长时间。

英国在战争时期曾与美国合作，且二者在1958年合作所取得的成就远超1960年时我们将会取得的成就，（但）一开始并没有达成有效的武器合作协定。1958年7月的《英美协定》只规定了这一合作的原则，且只解决了潜艇反应堆的问题。直到1959年，武器制造领域的援助才得到解决。我们可能也必须分阶段进行。但这似乎是尽快全面解决这一问题的另一个原因。

最后，应当指出，缔结这样一项协定——如果它符合法国的利益——也符合美国对暂停核试验及其在日内瓦就这一问题进行的谈判的关切。美国的援助，无论是在早期阶段，还是随着我们自己在武器制造领域的知识的发展，都将使我们免于进行一些不必要的试验，并可能在一定程度上促进法国加入一项停止核试验的条约。当然，这取决于对条文的适当调整，以确保我们的地位与目前条约草案为三个主要签署国规定的地位相同。

（刘彦伊译，杨紫桐校）

19591211，FD000076
德姆维尔致阿尔方电（第14159—14162号）[1]
（1959年12月11日）

在12月10日举行的北约军事委员会第二十三次会议上，特文宁将军就北约防务实现有效提升的障碍发表了一项声明。

我将此声明总结如下，供您参考，然后随下一个外交邮袋发送给您原文。这份声明是对法国政策的一次极其激烈的攻击，涉及：

1. 原子弹库存以及空军部队集中于法国本土之外的机场，是个薄弱环节，必须对这些部队的部署及未来利用进行新的研究；

2. 组织防空一体化失败迫使美国政府更加理性地提供资源和援助，以提高防空效率；

3. 地中海舰队以及法国的决定损害了集体安全原则。

特文宁将军呼吁其同事努力让人们理解："在某些情况下，政府应根据军事现实修正甚至完全改变其政治评估。"

北约内的美国人在这一声明上不够慎重，美联社发自巴黎的一则电讯特别提及此事。来自华盛顿的另一份由海托华先生签发的电讯宣称，赫脱先生计划下周处理这些问题。

我向北约的美国代表团就这些轻率行为表示抗议，应我的要求，斯巴克先生决定，北约新闻处在评论中仅需说明，军事委员会会议保密，片面、轻率的报道只会使人对正在进行的辩论产生误解。国防部新闻发言人也将采取

---

[1] 文献来源：DDF, 1959, Tome Ⅱ, pp. 704-705。特文宁声明的英文原文见 FRUS, 1958-1960, Vol. 7, Part 1, Western European Integration and Security, Canada, pp. 525-527。

同样的姿态。①

最后，斯巴克先生于星期六下午12时召集各代表团团长，向他们通报这一事件。

我会随时通知您这件事情的进展。②

（吕军燕译、校）

19591217，FD000077

政治事务司备忘录③
（1959年12月17日）
防务问题的状态

法国和美国主要关心的防务问题如下：

1. 中程弹道导弹的部署和原子储备问题

根据1957年12月在巴黎召开的北约成员国政府首脑会议的决定（参考公报的第20条和第21条）以及军事委员会批准的关于盟军部队级别的文件（军事委员会的第70号文件），美国提出向法国提供中程弹道导弹的建议，并向法国提交了一份关于在其领土上部署原子弹储备以服务驻法美军和法国战

---

① 同一天，政治事务司的一份备忘录（未转载）对特文宁将军的声明发表了评论，特别是呼吁军方向政府表明，政府应根据军事现实修正甚至完全改变其政治评估，这"是对一个联盟成员国政府决策机制前所未有的干涉"。这是"美国政府内部的协调行动"。问题是，它是否只是通过寻找某种解释作为解决办法，还是屈服于一种从未衡量过后果的情绪恶劣的运动，或者这是一项旨在掩盖其部队开始撤出欧洲的操作。唯一的结果是将下一次北约会议变成以"法国危机"为主题的会议，这项倡议的领导人们是在鼓动苏联的计谋。——原编译者注

② 12月16日，在北约理事会全体会议上，武装部队部长吉约马先生对特文宁将军予以反驳。吉约马先生指出，民主政府的军事首脑对政府的态度说三道四是不寻常的。因此，"法国政府不能接受……一个友好盟国的参谋长的劝诱，在不久的将来调整其政策"。法国部长补充说，法国的政策绝不是"不合作的政策"。"法国与北大西洋联盟利益攸关，一直致力于北约区域内的密切合作，类似的合作在邻近区域并不常见。然而，北约地区的秩序和安全与邻近区域的安全密不可分。"吉约马邀请整个北约理事会联合抗议新闻界直接或间接地获悉军事委员会的审议情况（12月16日法国常驻北约代表的第360号电报，未保留）。

然而，美国国防部长托马斯·盖茨先生应该会赞同特文宁将军声明中的措辞。前一天，赫脱先生强调了一体化的必要性，重申了政府打算履行其所有义务的保证，但又声称欧洲的经济活力正在恢复，是时候承担更大份额的共同防务负担了。——原编译者注

③ 文献来源：*DDF*, 1959, Tome II, pp. 736-738。

283

术航空轰炸机的协定草案。根据《麦克马洪法》，控制和保管这些储备仍然是美国的责任。北约欧洲盟军最高司令只有在两国政府同意的情况下才能下令将这些武器移交给部队，其使用也将遵从最高司令的命令。①

法国作出的决定是，在华盛顿政府对 1958 年 9 月 20 日的备忘录②作出积极答复之前，不会就美国的这些要求给予任何回应。1959 年 6 月 11 日，我国驻北约理事会代表就此问题作了说明。

戴高乐将军在 1959 年 10 月 6 日给美国总统的信③中表明了在核储备问题上的立场：只有在美国政府接受发动核战争时双方共同决定的原则的情况下，才有可能达成协议。

由于无法在美国空军中队驻法国的基地附近部署原子弹储备，负责在欧洲实施防务计划的诺斯塔德将军决定将其所有空军部队转移至西德和英国，那里已经建立了必要的储备，这项工作将于 1 月 15 日完成。

此外，1959 年 11 月 19 日，美国向法国提出了一项关于我国驻西德和北约部队储存和使用核武器的协定。法国政府原则上表示赞成。相关部门目前正在研究细节。

2. 空军防务一体化问题

1957 年 12 月的北约公报（第 2 条）指出，需要"尽可能推进"一体化建设，特别是在防空领域。

军事委员会对这一问题进行了研究，并在 54/1 号（MC. 54/1）文件中提出了一些建议。为了支持一体化，委员会强调了技术革命（提高攻击手段的速度）。委员会认为，除非几乎立即发出警报和作出开火决定，否则不可能进行防御。美国和北约欧洲盟军最高司令部一直在推动这一进程，我们的欧洲伙伴紧随其后。法国政府则拒绝一体化，而是提倡彼此协调，并要求对以下具体问题进行研究：防空部队的参战规则；和平时期开火权的下放；对公海

---

① 文件说明：应当注意的是，美国与意大利和土耳其签订了此类协议，尤其明确规定了这些储备或装备将按照北约欧洲盟军最高司令的计划使用。在与英国的协议中，监管条款相同，但美国驻欧洲司令部不干预目标选择或使用决定，这部分内容可能是由英国皇家空军轰炸机司令部和美国战略空军司令部之间的协议规定的。——原编译者注（节译）

② 应为 9 月 17 日的"九月备忘录"。

③ 该信译文见马吟婷编《戴高乐挑战北约霸权：法国从北约撤出地中海舰队》，《法国研究》2022 年第 3 期，第 110—111 页。

海域的涵盖。(国防委员会1959年1月7日的决定。)

鉴于我们的意见,北约欧洲盟军最高司令部在推进"空防一体化"进程中对这一问题进行了重新研究。从法国的角度来看,在坚持我们开火权立场的同时,似乎有可能接受前线地区的警报系统一体化,从而形成前后方地区国家防空的紧密联系。

3. 地中海上的海军合作问题

1959年3月6日,我国常驻北约代表向北约理事会主席宣布,法国决定恢复由本国指挥其地中海舰队。

戴高乐将军在1959年10月6日给艾森豪威尔总统的信中评论了撤军的原因,并表示愿意委托常设小组研究法国舰队与北约地中海司令部海军合作的条件。

1959年12月10日,法国常驻小组代表热莱将军奉命向常设小组转达我们对地中海海军合作的设想。

热莱将军的美国同行认为,合作协议不应该由常设小组而应该由盟军司令部组织谈判。

4. 武器生产问题

1957年12月,艾森豪威尔总统就曾表示,他的国家愿意帮助欧洲诸强生产现代武器。

虽然某些项目("布雷盖"轰炸机、"霍克"战斗机)获得了美国的财政和技术援助,但我们仍然不清楚美国在欧洲生产中程火箭的意图。

一个非正式工作组在北约召开会议,在美国分管生产的副国务卿积极协助下对这一问题进行研究。

首先,有关国家和北约军事当局对该武器的特性(射程和服役日期)的分歧得到了解决。我们现在不知道美国是否会有该计划的后续行动。国防部长在北约辩论期间(12月16日)[1]声称,政府正在认真研究此事。

5. 核潜艇问题

尽管这是一个需要通过双边协议解决的问题,但是在北约理事会上,艾

---

[1] 本次辩论期间,法国和美国产生了一些分歧。参见19591211,FD000076及注释。——原编译者注

森豪威尔总统于 1957 年 12 月表示，美国可以向其盟国提供核潜艇反应堆。

法国政府通过努力才达成了一项为陆上原型反应堆提供核燃料的协议。

（吕军燕译、校）

19591221，FD000198
德姆维尔致驻苏东五国外交代表电①
（1959 年 12 月 21 号）

根据四国外交部长在日内瓦会议上作出，并于 1959 年 9 月 7 日公布的决定，一方由美国、加拿大、法国、英国、意大利，另一方由苏联、保加利亚、波兰、捷克斯洛伐克、罗马尼亚组成的关于裁军问题的十国委员会可能在 1960 年初召集会议。

美国政府、加拿大政府、法国政府、英国政府、意大利政府同意向其他有关五国政府建议：在瑞士政府同意的情况下，于 1960 年 3 月 15 日或者 3 月 15 日左右，在日内瓦开始协商。它们要求法国政府以它们的名义，如同法国自己的提议一样，向相关政府提出建议。②

请驻莫斯科、华沙、布加勒斯特、布拉格和索非亚的代表，分别立即告知苏联政府、波兰政府、罗马尼亚政府、捷克斯洛伐克政府、保加利亚政府建议召开十国委员会的上述时间和地点，对此我非常感谢。

您可以指明联合国秘书长已经知晓了这个活动。

（张臣臣译，姚百慧校）

---

① 文献来源：*DDF*, 1959, Tome II, p.748. 此电报分别发往法国驻苏联、波兰、罗马尼亚、匈牙利、保加利亚的使节，编号依次为：第 6313—6314 号、第 1084—1085 号、第 195—196 号、第 449—450 号、第 186—187 号。

② 在 11 月 17 日的华盛顿会议期间，英国和法国代表表示，十国会议应该在峰会之前而不是之后举行。——原编译者注

19591221，FD000199

美法英加意有关裁军问题的外长会议[1]
（1959年12月21日）[2]

顾夫·德姆维尔先生在会议开幕时对和其他三位外长一同出席[3]的加拿大外长格林先生和意大利外长佩拉先生表示欢迎。

（会议中）提及了下述五个问题：

1. 十国委员会会议的日期

顾夫·德姆维尔先生提醒说，已经考虑了3月15日或3月15日左右的一天。

格林先生、佩拉先生以及赫脱先生表示赞同。

佩拉先生提出了有关（召开）西方国家政府代表预备会议的问题，以便决定西方国家立场的指导性原则。

2. 十国委员会会议的准备

顾夫·德姆维尔先生建议在华盛顿召开一个西方五国工作委员会的会议。

赫脱先生提议在1月25日召开，这样就可以在十国委员会会议召开前留出六个星期进行准备工作。如果西方代表愿意，比如为了（进行）预备性会谈和确定议程，他们也许可以提前几天抵达华盛顿。

赛尔温·劳埃德先生表示赞同，但认为预备性会谈也许应该在25日前一个星期开始，以便讨论议程和其他一些问题。

佩拉先生提出1月的会议应以两种方式召开。一种是专家级会议，也许可以从1月25日开始；另一种则是根据赛尔温·劳埃德先生刚刚说的，是政府代表级会议，（代表）也许应该是驻华盛顿的大使们，以便确定总的政治立场。

其他四位外长同意这一提议。因此，商定将在1月18日举行一场驻华盛

---

[1] 文献来源：DDF, 1959, Tome II, pp.783-785。
[2] 应该是21日而不是12日，因为保存在档案中的文件标错日期了。——原编译者注
[3] 北约部长理事会会议从12月15日起开始召开（L'Année Politique, 1959, 第563页及其后）。在会议的最后阶段，它聚焦于裁军十国委员会的工作，并在21日下午召开了一场（由）参加了该委员会的西方五国外长（举行的）会议。——原编译者注

顿大使间或者各国希望任命的代表间的有关政治立场的预备会议，并从 1 月 25 日开始举行技术型专家会议。

3. 与苏联和其他四个东欧国家的会谈

赫脱先生提议由会议主席顾夫·德姆维尔先生以他自己和其他四位外长的名义，向十国委员会的五个东方成员国政府提出在 3 月 15 日或 3 月 15 日左右的一个日期在日内瓦举行该委员会会议的建议。

大家都对此表示同意。邀请将立即由法国向东方五国的首都发出。大家也一致同意法国政府将会（将此）告知联合国秘书长并将恳请瑞士政府的同意。

4. 公报的草拟

顾夫·德姆维尔先生念了公报的第一段，它未加修改就被接受了。接着他念了第二段，在此，一方面补充了"须经瑞士政府同意"的表述；另一方面，由于格林先生强调称联合国在裁军问题上十分重要，故在他的要求下补充了"他们也一致同意将这一提议告知联合国秘书长"的表述。

顾夫·德姆维尔先生接着念了第三段并提议将"五国政府代表……"替换成"一个由五国政府代表组成的委员会……"；顾夫·德姆维尔先生补充道，实际上，重要的是组建一个共同进行工作的机构。

佩拉先生认为还是说"代表们"更好，且认为这是为了避免长时间争论的更为简单的方法。在 1 月 18 日有关政治立场的会议上，大家将决定"小组"这一称呼是否是必须的。

格林先生支持佩拉先生。

赫脱先生和赛尔温·劳埃德先生表示赞同。

顾夫·德姆维尔先生不再坚持，但提请注意实际上这将是一个工作委员会。

5. 与北约的磋商和联系

格林先生提出了与北约进行磋商以及与北约各机构保持紧密联系的问题。他希望有关裁军的工作在盟军最高司令部和欧洲盟军最高司令部同意的情况下也在北约内部进行。这些研究应该会构成必不可少的基础材料；他认为强化北约及其军事当局的协商性作用是适当的；他也认为探寻保障北约和十国委员会的西方五国代表之间紧密联系的最佳方法是适当的。

佩拉先生支持格林先生的发言，他说，我们的心是和北约连在一起的。因此，应该收集可能来自北约各机构的所有看法。五国常驻北大西洋理事会的代表们可以就此发表一个联合声明。

赛尔温·劳埃德先生同意应该与北约建立紧密联系。但是，他有一点保留意见。他说，应避免两个工作委员会——一个在北约内，另一个在北约外——进行相似的研究。大量的时间必然将用来准备十国会议。应避免任何可能延长期限（的事情发生）。如果我们要求北约进行一项技术研究，我们就会冒六个月后才能获得答复的风险。无论如何，这都必须与秘书长和总司令进行磋商。

顾夫·德姆维尔先生提请注意称，实际上，这两种态度间不存在对立。所提出的问题是要知道如何与北约进行磋商以及如何保持联系。如果五国之外的北大西洋公约组织成员国中的一员或者任何一个军事当局有一些想法，每个人都将会非常乐于对这些想法进行研究。无论如何，这都是在明天的北大西洋理事会会议上才需要探讨的问题。

接替不得不离开会场的赫脱先生的麦钱特先生支持顾夫·德姆维尔先生。

佩拉先生和格林先生都支持这一提议。

因此，下述文本被采用：

"理事会也真心欢迎由十国委员会中的西方五国于12月21日发表的有关裁军的声明，且尤其欢迎他们在商议的过程中（愿意）维持与理事会进行磋商的意愿。为此目的，外长们向北约常设理事会和军事当局作出了指示，即把控制裁军问题放在首位以及思考它们可以对控制裁军计划的准备工作作出哪些贡献。"

此外，根据顾夫·德姆维尔先生的建议，大家一致同意佩拉先生在12月22日的北大西洋理事会会议上就裁军问题作为五位外长的发言人。

6. 公报的具体时间

顾夫·德姆维尔先生提议法国举行新闻发布会的时间为6点30分。

在格林先生——他在5点举行新闻发布会——的要求下，最后一个小时将用于向新闻界发布公报。

（刘彦伊译，姚百慧校）

19600114，FD000042

政治事务司备忘录①
(1960年1月14日)
法国与停止核爆炸

1月8日和12日关于附带主题事项②的纪要以原子能事务处的名义提请注意以下问题：

事实上，核俱乐部成员某一天可能会同意在监督状态下停止生产（核）武器和用于军事目的的（核）燃料。由于已经生产了大量的燃料，它们也许会搁置一些必要的东西以避免可能的军事行动，而库存调整并不能保证既有燃料都用于和平目的。在这种情况下，三个大国也许会同意对停止生产事宜稍稍监督一下，因为它们并非真正乐于寻求逃避监督措施。如果这件事在未来几年能够达成，那么作为对策，为了不独自承受协议的影响，法国必须指出，这些监督措施是不充分的，是令人不满意的。其就此类问题的国际立场将会变得越来越艰难。

因此，从这一点上说，不再坚持将停止核试验、暂停生产和库存调整捆绑在一起就变得合情合理。

然而，在当前形势下，在我们的核试验即将完成的大好形势下，我们并不会因此而同意参加可能会在日内瓦达成的协议。

实际上，在这份协议里，美国可能（因此另外两国也可能）保留进行地下核试验的权利。类似的核试验也许会部分满足我们的需求。但是，如果法国必须要独立进行可以使其在某一天拥有热核武器的一系列试验，我们则不必考虑以地下的方式进行热核试验。总之，从现在起，只考虑地下试验（A型原子弹）会妨碍我们计划的执行。

因此，现在的问题是，要认清动机。如果我们放弃截止到目前我们一直表达的愿望，我们就要对拒绝参加可能在日内瓦达成的协议作出解释。

其实，问题在于下面这句话：我们在撒哈拉进行的耗费巨大的钚爆炸试

---

① 文献来源：*DDF*, 1960, Tome Ⅰ, pp.35-37。
② 1月8日的纪要收录于后面的附件里。1月12日的纪要（未保留）来自国防部总参谋部：本文件重新将其收录，并对其结论进行了澄清和修正。——原编译者注

验并非是为了满足小小的虚荣心。这些试验只有一个目的，那就是我们能够拥有核武器。我们采取这种方式是迫不得已，因为我们掌握武器生产技术的盟友们不想和我们分享他们的知识。和美国的一纸合作协议会导致我们加入停止核试验的进程。

前面所讲的符合指引我们行为的政治需要。因此，应该承认，在裁军谈判中什么也不做会影响我们对这两种情况选择的自由：继续试验或者和美国达成协议。

前面所讲的话导致1月12日会议纪要末尾的草案应该这样修正：

1. 法国不再主张将停止核试验、停止生产和库存调整捆绑在一起，我们接受把停止核试验当作一个独立的问题，前提条件是，这并不意味着我们已经准备好加入这么一个协议。对我们来说，主要是要提防停止试验以及停止生产带来的危险；

2. 研究法国加入停止核试验协议的条件，而且这些条件可以使法国得到期待已久的、有别于其自己掌握的核试验的方法。

附件

政治事务司备忘录

（裁军办公室）

法国关于停止核试验的立场

（1960年1月8日）

我们打算在国防领域（埃利将军、总司令热纳韦、拉沃将军）就停止核试验和日内瓦会议问题再测试一次我们的立场。

下列事情会受到重视：

1. 法国即将进行的核试验。

2. 峰会期间可能就停止核试验达成的协议，这会将我们置于困难的境地。

3. 几乎可以肯定，如果协议达成，地下核试验就会重启，或许会受到监督和限制。

4. 如果法国某一天必须改变自己的立场，那么它的利益一方面在于以创始成员的身份成为协议的一部分，另一方面则是关上"核俱乐部"的大门。

在这些情况下,当前法国的思路如下:

1. 对停止核试验问题采取沉默和等待的态度,不再坚持将停止核试验、暂停生产和库存调整捆绑在一起的一贯论调;

2. 对日内瓦谈判逐步采取更加关注的态度;

3. 如果在日内瓦一定要签署协议,则需研究可能加入的条件:和其他三个国家同等的创始会员身份,和美国合作,延迟限制后续的爆炸计划。

根据这些文字,由国防总参谋部准备的纪要将在下周初发至办公厅。

(吕军燕译、校)

19600116,FD000200

政治事务司备忘录①

(1960年1月16日)

(裁军办公室)

关于裁军问题

所附文件②构成一份裁减军备总计划的要点,这些文件可能会作为建议报送给1月25日在华盛顿举行的西方五国专家委员会会议。应当指出的是,这些建议不具有政府性质,但显示了我们想法的总体方向,可能构成专家筹备工作的基础之一;只有在专家的共同研究、交流想法和盟国之间的密切协商之后,政府才会确定最终立场。

这些文件与朱尔·莫克先生在联合国阐述的想法以及最近几个月中向美国、英国、意大利和加拿大提出的"建议"总体上一致。它们只涉及一份裁减军备总计划的第一和第二阶段;第三阶段可能不会表现出拟定上的特别困难;这可能会是生产检验、禁止持有和使用以及销毁达到协商水平的阶段,这符合各国国内安全的需要和《联合国宪章》规定的义务。

前两个阶段提出了如下的一些主要困难:

一、核武器的运输工具

我们总的想法是重启裁减军备谈判的同时把重点放在主要武器上:核武

---

① 文献来源:*DDF*,1960,Tome Ⅰ,pp.46-49。
② 未转载(这都是与本记录中依次谈及的问题相关的资料)。——原编译者注

器的运输工具是指火箭、卫星以及主要的航空设备（符合某些标准的飞机）和航海设备（潜水艇和火箭运载舰）。

这一建议的缺点显然是对甚至是威慑的内容提出质疑，即当前平衡的根本基础。以下是在这里由我们的盟国有时对我们的建议提出的批评：

1. 关于火箭和卫星，第一阶段中关于发射计划的声明，以及第二阶段中的预先通知和现场核查都没有受到批评。这些措施将促进国际合作，并通过对等存在防止因一方在技术上突然领先于另一方而导致破坏平衡。

2. 相反，虽然对所有发射基础设施进行申报和监督的渐进措施本身是可取的，而且对西方来说这无疑是很有意义的，因为西方对苏联的发射场知之甚少，但这些渐进措施所带来的严重缺点是会逐渐破坏威慑的基本原则之一，即这些报复性发射场的保密性和无懈可击性。

3. 同样，在航海和航空方面，预计在第二阶段的限制和检验可能会损害对西方特别重要的威慑因素（盟军最高司令、"北极星"导弹），并因此受到批评。

如果我们放弃对火箭发射场进行申报和监督的渐进措施，也要放弃对其他核武器运输工具（航空和航海）的限制和检验。人们会这么想，从逻辑上讲，整体军备的限制和检验是否并非不可能，因为这可能是控制次要军备而不是决定性军备的问题。对于拥有现代武器的大国而言，控制裁减军备的问题今后会遭遇相当大的、也许是无法克服的困难。值得一提的是，1958年在有关突然袭击的会议期间，西方代表团已经准备并向苏联提供了有关火箭控制和远程飞行的详细文件。

在所有这些方面，政府的立场必须明确和清楚。

二、核武器

在关于核武器的文件中，没有提到停止核试验的问题，因为在这一点上，我们目前的立场与我们盟国的立场不一致。在其他问题上（在可控情况下停止生产军用裂变材料和重新转换库存），这是已经表述过的传统立场。

然而，存在两个严重的问题：

1. 鉴于新的情况，我们对停止核试验和日内瓦会议的态度。

2. 鉴于核武器储备的重要性，苏联和美国可能会决定对在可控情况下停止生产军用裂变材料进行谈判，在这种情况下我们的态度。

国防部在所附信①中已将这两个问题提交给国务院，政府的立场应该要明确下来。

三、常规军备

关于常规军备，存在两个问题：

1. 部队编制的裁减

我们显然不希望将重点放在这个问题上，原因如下：

——鉴于现代武器的发展，部队编制的重要性相对下降；

——由于阿尔及利亚战争，我们的部队编制目前在增加；

——美国在欧洲的部队编制问题，如果不解决政治问题而减少兵力，将引发各种后果。

国防部的立场是仅在第二阶段和满足以下两个条件时才接受第一次裁减编制：

a. 确定在可接受的水平以上允许保留的现役后备役军人的编制，并授权特别准许，以维持内部安全；

b. 在可控情况下限制常规武器装备，同时限制部队编制。

2. 指定装备的国际监督

在1957年8月29日的西方计划中，我们接受了在尤查验的情况下第一次裁减部队编制（美国和苏联为250万人，法国和英国为75万人），同时，我们还接受了根据一致接受的清单对指定武器进行国际监督。

国防部今后会非常反对这项措施。国防部认为，这项措施可能给人一种按照苏联理论进行可控的裁减军备的错觉。

在所有这些问题上，我们可能在面对我们的盟国时被孤立，政府的态度将必须确定下来。

四、受地域限制的裁减军备

赛尔温·劳埃德先生在1959年9月17日提交给联合国的裁减军备计划中

---

① 这可能是有关1月14日的快件 n°0073/E. M. G. D. N. /A. G. /A. L.，未转载。该快件转发了一份"法国和停止核试验"的照会。作为该照会的结论，以下内容被提出：（1）法国不再主张停止试验、停止生产和转化库存之间的联系。法国与其盟国的立场保持一致，将有权要求它们提供某些技术补偿；（2）对法国无条件或有条件地加入正在准备中的关于停止试验的协议的可能性进行研究，并以此对法国以一种或另一种形式参加日内瓦会议的可能性进行研究。——原编译者注

提议召开一次为防止突然袭击的会议。会议不仅涉及问题的技术方面，还涉及"政治"方面，即欧洲的监督区或裁减军备区。英国人曾多次向我们表明，他们仍然忠于1957年的西方立场和1959年5月的"和平计划"。

法国的立场与此类似。然而，在华盛顿的会谈中，必须再次明确这一点，特别是如果我们的盟国的态度又有了进一步变化。

五、最后，在其他领域：武器的买卖和转让、削减军事预算、国际维和机构，在华盛顿的会谈中无疑会出现一些困难。

（李智琪译，沈练斌校）

19600223，FD000043

政治事务司备忘录①
（1960年2月23日）
日内瓦停止核试验会议

尽管办公厅还未掌握苏联的反对议案，但是截至目前搜集到的信息却给人一种强烈的感觉，即在日内瓦的谈判者会倾向于妥协（参见原子能事务处1960年2月17日备忘录②）。苏联专家建议全面停止核爆炸以建立专家们在1958年就设想过的监督体系。至于超过2万吨级的地下试验，会宽限三年时间，以确定比前期更有效的检测手段。

艾森豪威尔总统则声称，谈判也许会漫长而艰难，但是最新的几份提案表明苏联的立场趋于温和，他会认真进行研究。国务卿赫脱则更显乐观，认为会议已走出了死胡同。

因此，应该考虑面对三个大国可能的协议，法国处于何种境地。

如果这样一个协议能够达成，那么它只会基于停止核试验，并且完全不会知道停止生产军用导弹材料和停止用于核武器生产所带来的问题。

显然，整个协议将会把今天仅仅是三个大国之间的一份多边协议变为国际法，并建立一个监控体系，这份协议将置法国于艰难境地。确实，所有持

---

① 文献来源：DDF, 1960, Tome Ⅰ, pp. 205-207。该文件为部长所撰。——原编译者注
② 见附件。

赞同停止核试验立场的国家和那些既无意愿也无手段装备核武器的国家应该都会签署这么一个协议。我们今后的试验计划不仅仅会使我们完全孤立，还可能被苏联和或许已经加入甚至长期加入共产主义集团的某些国家当作它们重获自由的借口。如果条约被签订，那么对于法国来说，继续进行试验会变得很困难，尤其是大气层试验。地下试验的可能性研究因此也要加快。

关于法美合作的前景问题，一个规定停止核试验的条约不会必然禁止另一个美国援助法国生产核武器的协议的缔结。事实上，日内瓦方案的第一条款仅仅禁止其签约者"在任何地点挑起、以某些借口鼓励、参与核武器爆炸试验"。此外，我们没有就该文本的解释提供任何保证。如果具有限制性，则应该禁止在停止核试验的监督条约生效以后签订双边协议。

附件

政治事务司备忘录

（1960年2月17日）

核爆炸和日内瓦会议

（外交部）新闻办指出，大量记者提问，在拉甘核爆炸之后，法国是否会要求参加日内瓦会议[①]。

或许部长应该抓住在国民议会外事委员会听证的机会对此话题进行说明。

这次，部长也许会被问到日内瓦会议上美苏的最新提案[②]。

美国的立场已经为人所知。它倾向于全面停止可控制的核试验，即所有规格的水下、大气层或外太空核试验，但却放任无法检测的试验，即低于20千吨的试验（此类试验无法检测，因为无法与某些微弱的地震进行区分，而这类地震的数量年均超过千次）。

苏联的反对提案未从官方得知。据媒体报道，它的要求是停止所有的核试验，其中包括地下强度较弱的试验，但建议三个大国的专家共同工作以完善检测程序。

---

① 指停止核试验会议。——原编译者注

② 根据《法国外交文件集》中的注释，是指2月11日的美国提案以及2月16日的苏联提案。这两份提案的原文，见 Documents on Disarmament, 1960, pp. 33–39, 40–44。

因此，两种论点之间未达成协议，因为美国受邀接受停止地下核试验，这类试验不会受到有效监督，哪怕是理论上的。不过，两种论点的分歧在减少，据最新消息，妥协可能达成，而苏联仅仅建议对小型地下核试验宽限三年时间。

显然，整个协议将会把今天仅仅是三个大国之间的一份多边协议变为国际法，并建立一个监督体系，这份协议将置法国于艰难境地。确实，所有持赞同停止核试验立场的国家和那些既无意愿也无手段装备核武器的国家应该都会签署这么一个协议。我们今后的试验计划不仅仅会使我们完全孤立，还可能被苏联和或许已经加入甚至长期加入共产主义集团的某些国家当作它们重获自由的借口。

（吕军燕译、校）

19600229，FD000201

外交部备忘录[①]

（1960年2月29日）

裁军

美、英、法、苏四国外长在1959年8月于日内瓦会晤结束之际曾决定于1960年初重拾裁军问题研究。四方曾达成共识，该会议将以两个阵营即西方五国代表与东方五国代表参与的形式举行。

稍晚些时候，几方达成共识决定于1960年3月15日于日内瓦召开该会议。

从1月底开始，西方五国（美、英、法、意、加）代表就已齐聚华盛顿。

一

如果我们抛开无关紧要的意方和加方代表不谈，代表们将发现摆在他们面前的是一份编写完整的英国方案以及多项非正式的法方建议。与之相对的，在大多数日子里美方都保持着缄默。

英国方案是对塞尔温·劳埃德于1959年9月17日在联合国大会上的讲话

---

① 文献来源：*DDF*，1960，Tome Ⅰ，pp. 233-237。

297

的复述。该裁军方案包含三个步骤：第一步，英国首先提议其他西方国家记录下原本应参与在内但未在日内瓦会议中涵盖的美、苏、英三国之间关于停止核试验的讨论。

该方案接着建议召开一个国际会议以预防突然袭击行为、对当前在编部队及常规武器进行申报、研究和平利用大气层外空间以及设立国际军控机构。

第二步，应着手裁减常规武器、停止军用级裂变材料生产、对核武器储备进行首波裁减，并在最后将国际军控落到实处。其最终目标在于达到第三阶段，即完全禁止生产核武器、更加严格地限制常规武器，并采取措施给予国际组织必要的权力以保证维护和平。

在另一边，法国代表团向他们的同僚介绍了并未形成方案的一系列建议。我们被一种双重观点推动：首先实现对核武器的实际裁减，紧接着不仅要对常规武器（战舰、潜艇、战机）也要对新式武器（火箭、卫星）进行监管，以保证它们不会被用作核武器载具。

根据我方的观点，在这范畴下的各种载具都应在第一时间向一个国际组织进行申报，并在第二阶段进行监管，随后在第三阶段得到限制。

对于核武器问题，我方试图将停止裂变材料生产与销毁库存武器挂钩。同样，在最后一步，我方从简单申报核武转向了禁止核武。

对于常规武器问题，我方建议在达到第二阶段后再根据认可的百分比同步开始常规武器裁减工作。

作为补充，我方还建议成立一个国际裁军组织，涵盖对于突然袭击问题的技术研究、军费控制以及武器销售运输的适当监管措施。

根据我方观点，前两个裁军阶段应该持续两年并能够自动过渡。

二

在2月的头几个日子，美方表达了他们的态度。一个特别专家委员会柯立芝委员会发表了一篇报告，其中仅表达了消极结论。国务院因此发现自己正逐渐处于这样一种临时安排之中，它既要考虑到盟友的一些建议，又不能忽视军方高层对于超前裁军极为负面的反应。

最后，美方在2月25日提出了一个方案并希望盟友们能在这一星期内予以采纳。这一方案包含一个序言，该序言原则上指出任何裁军措施都仅在其得到有效监督并能够通过一个合适的国际组织核查的条件下才能有效。

美国的方案同样包含三个步骤。它主要包含以下问题：

a. 裁减在编军队人数

美方将此作为第一步骤，并引入了一份关于协调裁减军队规模的协议。该方案（预计）在第一阶段时，美苏两国在编军人不应超过250万人，其他参与国军队规模并未在此详细描述。在第二阶段，两国在编军人应裁减至210万人。更新的裁军措施将在第三阶段实施，届时两国仅应考虑保留足以维持本国国内治安规模的军事力量。

b. 常规武器

在第一阶段，各国将约定好类型与相应数量的常规武器进行封存。在这一阶段，它主要是指轻武器、坦克以及水面舰艇。在此基础上，破坏性裁减与武器装备裁减之间应建立一种联系。在第二阶段，其他武器装备（战机以及潜艇）如超过了约定限额，则应进行封存。超过限额的所有武器装备在第三阶段都应彻底拆除。

c. 核武器

美国的方案在这一点上显得非常畏缩。在第一阶段，仅对在何种条件下可以决定停止生产裂变材料与转移库存进行研究。在第二阶段，如果常规武器裁减确有进展，那么裂变材料才会停止生产。此外，转移与销毁库存的工作，在此特指核武器，且仅应在各个签字方已经通过一个新的协议确认裂变材料已经完全停止生产后才会开始。在第三阶段，禁止核武器仅在偶然的情况下才能实现。

d. 核武器载具

美国的方案并未遵循我方关于处理一切适用于装填核弹头的载具的一揽子计划的建议。飞机、水面舰艇和潜艇都被作为常规武器看待，超出限额的部分仅作封存处理。

对于新式武器，美国的方案区别对待了卫星与火箭。对于卫星，第一阶段中所有发射计划都要正式进行通知，同时还将进行相关研判以避免其作为合适载具装备核弹头。

在第二阶段，完全禁令将得到落实。

相反，对于中程弹道导弹和洲际弹道导弹，导弹发射的正式通知仅在第二阶段才会开始，而其销毁工作仅会在第三阶段作为一种可能性存在。

299

e. 其他措施

美国的方案中这里或那里也包含一部分新概念，如关于军事预算的管控、防止突然袭击、国际裁军组织的落实，但武器销售与运输问题则没有任何着墨。

最终应强调的是，在这一最终版本里，美方同意维持相对容易的步骤一与步骤二之间的过渡，而如若要过渡至步骤三，则需要一份新的协议作结才能予以实施。

三

对于这样一份美国方案，似乎英、意、加方对于方案通过都持有一定的保留意见。

然而，从法方角度看，这一方案着重强调了困难问题。

首先，即便能够把关键分歧搁置不论，对于相对次要的问题，如在编军队和常规武器的定义问题、防止突然袭击问题、武器销售问题，如果我们想要推出一份西方联署方案的话，它们也不是不可能被解决。

相反，虽然从盟国角度看近期作出了一些让步，但美国裁军方案的推出可以说是非常勉强，尤其是在核力量领域。

美方首先断绝了该方案与1957年8月29日的上一份西方方案的联系，该方案讨论了停止核试验、停止生产军用裂变材料以及销毁库存的问题。

十八个月以来，在同意于日内瓦举行关于停止核试验问题的三方谈判的情况下，美方与英方抽离了三个步骤的第一部分。在仍在进行的华盛顿会谈伊始美方推出的方案中，我们的同僚试图再一次把停止生产的问题剥离出去。

在新的版本里，停止生产与调整库存之间又一次建立了联系，但这却并不是我方所期望的自动关联。如果没有一份新的协议推动，调整库存就将无法执行。

由此产生的结果就是进行了多次核试验且拥有庞大裂变材料储量的大国能够禁止他国走上相同的道路，且其本身不用参与到核裁军之中。

同样的困难也体现在核武器运载工具的定义问题上。美国的方案完全拒绝讨论这一问题。我方一方面对卫星的问题感到满意，另一方面对战机与潜艇等传统载具的问题感到失望。此外，火箭将在未来数年内成为核武器最佳的搭载方式，然而它在很迟的阶段才会成为禁令的对象。

美国的方案或许在裁军与常规武器裁减上限制过紧，却又没有真正地触及核裁军问题的核心。

在这一点上同样需要注意的是，美方的建议与赫鲁晓夫先生的整体裁军计划具有相当程度的相似性，它们都将核武器的裁军置于最后阶段。

事实是，美方与苏方都估计当前条件下实质性的裁军能且仅能为核裁军，而核裁军并不可能。没有任何一方愿意放弃双方基于"遏制"达成的共识。对他们来说，和平并非能在裁军的状况下得到保证，而是在双方或三方的武备平衡的情况下得以维持。

因此，这就触及一个根本性的问题：我方是否应该在盟友身旁坚持要求其减少报复力量并将之限制在很低且可监督的水平；或者说相反地，我方是否应当赞同两个世界上军力最强大的国家维持现有措施以获得一种理论上的平衡，如果和平会被偶然事件左右，那么在任何情况下这都是不稳定的。

如果法国不赞成协议，盟国之间的团结或将在开始与苏方谈判前就遭到损害。无论如何，理解以下观点都是合适的：我们可能不会被关于武装力量规模的次要性与利己主义的思考所阻碍，相反地，在我们的炸弹爆炸后，或许我们才能在我们所担忧的主张下开始真正的核裁军。

（王子岳译，姚百慧校）

19600310，FD000202

德姆维尔致法国外交代表电[①]
（1960年3月10日）

在华盛顿举行的关于裁军问题的西方专家会议上，美国政府向我们提交了一项计划[②]，经部长会议审议后，我们认为无法同意。

事实上，该项计划没有采纳我们在谈判之初提出的关键性建议，即控制乃至禁止一切可运载原子弹的工具（卫星、火箭、飞机、潜艇等）。此外，禁

[①] 文献来源：*DDF*, 1960, Tome I, pp. 252-253. 此电发往法国驻比利时、海牙、卢森堡、丹麦、挪威、希腊、土耳其、联合国、苏联、西班牙等处的外交代表，编号依次是第 302—307 号、第 242—247 号、第 292 号、第 69—74 号、第 64—69 号、第 180—185 号、第 279—284 号、第 1385—1390 号、第 1086—1091 号、第 328—333 号。

[②] 关于这项计划的概述，参见 19600229，FD000201。

止生产用于军事目的的可裂变材料并没有自动地与库存转换的开始相联系。在这种情况下，真正的核裁军的开始被无限期推迟了，相反地，富有的大国保留了自由处置它们所拥有的武器的权力。

在我们向我们的盟友宣布这一立场后，西方五国代表于3月8日在巴黎再次会面。

我们已经取得了显著进展。① 正如我们所要求的，尤其是美国代表已经同意重新引入将禁止生产用于军事目的的可裂变材料与库存转换的开始相联系的想法。同样地，清楚的是，彻底销毁核武器有可能在第三阶段实现。

此外，美国同意，从早期阶段开始，火箭的发射基地和制造地点应该被公开和核查。此外，火箭的彻底销毁应该在最后阶段进行。最后，对于飞机或潜艇这一类旧式武器，当它们的总数超过以前商定的数字时，它们将被储存起来。

在这种情况下，既然美国人明显考虑到了我们对销毁库存和核查运载工具的关切，部长会议于3月9日同意了五国的计划。

尽管如此，在两个基本问题上我们持保留意见，我们驻北约的代表已收到指示，于3月10日宣读了包含如下保留意见的声明：

a. 关于确定兵力问题，鉴于它承担了沉重的负担，特别是阿尔及利亚的情况，法国政府目前不可能同意将其兵力及其配备的武器确定在一个精确的水平。

b. 在核裁军领域，我们坚持强调禁止生产和库存转换之间不应有正式的、象征性的联系。重要的是实现大规模裁军。如果出于某种原因，这种必要性在执行计划时没有被考虑到，就不会有真正的裁军。因此，我们在讨论将被储存或销毁的可裂变材料的总额时坚定地保留了这一立场。②

由此，这些解释构成了我们支持该计划的条件。该计划将成为与苏联人讨论的基础，同时我将把它用外交邮袋传递给您。

(窦云婷译，姚百慧校)

---

① 在朱尔·莫克主席从法方立场上就真正的核裁军的必要性发表了一份长篇声明之后（我们已经取得了显著的进展）。然而，在法国代表看来，美国提出的计划是"与维持威慑有关的常规裁军"；它从属于威慑性的裁军。——原编译者注

② 根据同样是发自3月10日的第142号电，法国常驻北约代表已详述了传给他的这份指示。——原编译者注

19600314，FD000203

德姆维尔致法国裁军会议代表团电（第11—12号）①
（1960年3月14日）

致朱尔·莫克先生：

在处理西方计划②的媒体会议上，至少在核裁军问题上，如果您能明确引用我们的代表于3月10日在北大西洋理事会上所作的声明，并从中得到启发，将是非常有利的。③ 在我们看来，承诺不再生产可裂变材料，则需要对现有储备进行快速的、有保障的调整。如果这种调整仅仅关于象征性的数量，它就无法构成真正的裁军，因此对我们来说，我们不能承诺不再生产可裂变材料。一旦开始停止生产本身，就会不可避免地根据约定日程准时执行库存调整。

您可以在3月15日的会议的开幕讲话中借鉴这些考量。

（任子晴、姚百慧译，姚百慧校）

19600314，FD000204

塞杜致德姆维尔电（第1070—1076号）④
（1960年3月14日）

3月11—13日，由欧洲运动（联邦）德国委员会组织的第五次法（西）德会谈在巴特戈德斯贝格举行。⑤ 会议在吕贝克总统的主持下开幕，并在真诚友好的氛围中进行。讨论提及了以下意见：

---

① 文献来源：*DDF*，1960，Tome Ⅰ，p. 267。这是"十国裁军委员会"于3月15日举行的会议。法国代表团由朱尔·莫克先生率领。
② 这一西方计划由西方五国在3月16日提出。见19600318，FD000205。
③ 参见19600310，FD000202。
④ 文献来源：*DDF*，1960，Tome Ⅰ，pp. 268-269。
⑤ 由欧洲运动（联邦）德国委员会组织的法德会谈是由豪斯教授倡导的，他也是联邦德国的第一任总统。法（西）德会谈每年会聚集国会议员、官员、大学研究人员、记者、法国驻波恩大使以及豪斯教授的众多同事。会谈所讨论的是两国的现实问题，会谈的两大工作方针在于增加两国对于发展中国家的援助以及裁军和安全。负责陈述结论的两个委员会已经组成。关于这方面，参见《世界报》1960年3月13—14日。——原编译者注

A. 以峰会的视角探讨了东西方关系。①

1. 法国代表对于柏林地位的坚定和一致的看法给西德代表留下了深刻的印象。诚然，我们的立场众所周知，可是听到它得到证实还是令人欣慰的。巴黎（在立场上）的支持同样也是西德人在其他事情上通情达理与保持审慎的原因。

2. 会上详细地谈到了我们对于北约以及法国在世界上的作用的看法。法国代表的说明使他们的听众们心安。然而，他们（西德人）在内心深处仍有保留意见，因为我们计划的成功可能会过于明显地突出法国和西德在联盟内部已经存在的分歧。另外，在内容和形式上（他们）也有所保留。

3. 关于在拉甘的爆炸，西德社民党的代表再一次提醒注意核俱乐部扩大所带来的危险。但是，其他的西德代表表现出了支持或至少是理解。最受欢迎的观点是法国拥有核武器能增强欧洲大陆在世界政治中的分量。

4. 探讨了武器限制区的概念。除一人外，所有的法国人都予以拒绝。然而，我们发现西德的基民盟与社民党之间存在意见上的分歧，基民盟反对（武装限制区），而社民党赞成将"脱离接触"作为重新统一的先决条件，即使这一条件并不充分。

大会的第二个主题是关于发展中国家。活跃的讨论揭示出法国人和非洲人与西德人之间更多的分歧。

当其他的代表无止境地讨论已知的方法和原则时，乍得（临时政府）副主席利塞特先生和毛里塔尼亚总理穆赫塔尔·乌尔德·达达赫先生的干预控制了辩论。事实上，关键问题是，是否同意将非洲尤其是与共同市场有联系的国家作为工作重点。

在这点上，西德人明显地表现出比法国和非洲代表所希望的更加保留的态度。他们强调南亚和南美洲有其重要性；《罗马条约》已经规定了海外领地的内容；即使在非洲，也需要在加纳和几内亚等国与共产主义作斗争。总而言之，西德代表明显反对优先考虑已经介入欧洲事务的非洲国家。

这种态度在非洲国家中激起激烈的反应。它们强调拒绝优先考虑朋友将破坏它们与欧洲联系的理由，在这种情况下，它们可能滑向中立主义甚至更远。

---

① 《法国外交文件集》中收录的档案只有 A，没有 B 等部分。

利塞特先生和穆赫塔尔·乌尔德·达达赫先生的发言吸引着在保罗·雷诺和比约特将军旁的法国代表，也给其他人留下了深刻的印象。我欢迎发言人能向西德人说明共同体的观点。

(张臣臣译，杨紫桐校)

19600318，FD000205
德姆维尔致驻外外交代表通电（第 4/DT 号）①
（1960 年 3 月 18 日）

在这封信中，您将找到提交给"十国裁军委员会会议"的西方全面裁军计划的文本。如您所知，这次会议于 3 月 15 日在日内瓦开幕，汇集了西方五个国家（法国、美国、英国、加拿大和意大利）和东方五个国家（苏联、捷克斯洛伐克、波兰、罗马尼亚、保加利亚）的代表。

该计划是西方专家于 2 月在华盛顿、3 月 8 日和 9 日在巴黎举行的一系列会议的成果。美国政府在华盛顿向我们提交了一项部长理事会认为不会被批准的计划，因为我们认为它不是一项真正的核裁军计划；此外，它也没有给予法国政府在核武器领域不受歧视的充分保证；美国计划的第二阶段所规定的停止生产用于军事目的的裂变材料并没有自动与现有（裂变材料）库存的（去军事化）转换挂钩。因此，与其他国家不同的是，已拥核的大国仍然可以自由处置它们所拥有的武器。

美国代表在巴黎针对我们的反对意见所作的修正被认为足以使我们接受经修订的美国计划，该计划在其他代表的同意下成为西方共同立场的表达。

然而，我国政府认为，有必要在接受时附上法国代表 3 月 10 日在北大西洋理事会会议上所作的两项具有保留价值的澄清，当时美国代表向专家委员会介绍了西方计划。法国代表首先明确表示，由于我们所处的特殊情况，特别是由于阿尔及利亚事件，因此政府目前无法事先正式作出遵守兵力的最高限额的承诺。他接着强调，在我们看来，停止生产用于军事目的的裂变材料和（现有裂变材料）库存的（去军事化）转换之间不仅仅应有正式的和某种

---

① 文献来源：*DDF*, 1960, Tome I, pp. 289-291.

象征性的联系。这种转换必须从一开始就涉及足够大的数量，以便有可能尽快销毁或完全（去军事化）转换（现有裂变材料）库存。①

最后，我认为在下面总结该计划②的主要规定是有益的，该计划包括三个阶段：

第一阶段，签署国成立国际裁军组织，承诺通知其所有发射航天器的计划，提供有关其兵力和军备的信息，并通过在国际监督下储存军备来实现军备裁减。他们还向国际裁军组织提供关于其军费开支的信息。

最后，他们正在就以下专题进行研究：禁止和核查发射核动力航天器；在核查下停止生产用于军事目的的裂变材料，并逐步（去军事化）转换（现有）裂变材料库存；核查军事预算；维护和平的手段；将协定扩大到其他国家。

在第二阶段（可能与第一阶段部分重叠）期间，军用卫星的发射将被禁止，导弹的发射须预先通知和现场核查；将在核查下禁止生产用于军事目的的裂变材料，并将进行（现有裂变材料）库存的（去军事化）转换。世界裁军谈判会议将召开，核实预算报表，同时国际裁军组织和维护世界和平的组织将得到发展。

在随后的第三阶段，将进一步裁减兵力和军备，裁减并随后销毁大规模杀伤性武器，禁止使用这些武器，控制军事预算，生产所有剩余类型的武器，以便将其生产限制在为确保各国国内安全和履行《联合国宪章》所规定的义务而维持的兵力范围之内。最后，将实现裁军和维护和平组织的成立。

(窦云婷译，杨紫桐校)

19600323，FD000207

莫克致德姆维尔的信③

(1960 年 3 月 23 日)

尊敬的部长朋友：

我有一个问题向您请教，这个问题可能在未来几天内让我感到极其棘手。

---

① 参见 19600310, FD000202；19600314, FD000203。
② 该计划由西方五国在 3 月 16 日提出。计划全文见 Documents on Disarmament, 1960, pp. 68-72；对该计划的描述亦见《联合国与裁军》，第 98 页。
③ 文献来源：DDF, 1960, Tome Ⅰ, pp. 312-315。

日内瓦会谈开始步入更具体的阶段。我们正努力说服苏联人，他们的方案①不够实际。他们今后似乎应该表现出一定的灵活性，从而为首脑会议营造气氛。

因此，可以预见辩论将会围绕具体问题展开。正如在电报中所汇报的，情况就是如此，我们关于核裁军的坚定立场引起了双方代表团的注意。

不过，等开始讨论裁军问题时，我会非常被动。您知道，我们的方案②没有涉及我们的兵员规模，其计划在第一阶段和第二阶段要求美苏的兵员减至250万人和210万人。苏联的方案计划在第一阶段要求美国、苏联和中国的兵员减至170万人，法国和英国的兵员减至65万人，这是我们自己之前提出或设想的最低人数（1952年5月20日的法英美方案③，1954年6月11日④和1955年3月29日的法英方案⑤，1956年8月3日的美国文件⑥，1957年8月19日的西方四国方案）。在第二阶段，撤销所有武装部队。

如果有可能达成妥协，我们将不得不提出或接受法国和英国兵员的具体数字。提醒您一下，在前面提到的时期，我们已经接受两国在三个阶段将兵

---

① 指1959年9月18日赫鲁晓夫在联合国大会上提交的方案。
② 3月16日的西方提案，参见19600318，FD000205。
③ 应为5月28日。法英美三国当日向裁军委员会提交了一份工作文件，建议将限制武装部队的总人数作为调整、限制和均衡地裁减武装部队和军备的全面计划的一部分。该文件建议，中美苏的最高限额应确定在100万—150万人，英法的最高限额在70万—80万人。文件还建议其他拥有大量武装部队的国家，最高限额也应加以确定，以避免力量的不均衡。这一文件遭到苏联的驳斥，后者说它人为地把武装部队问题同禁止原子武器和裁减军备这一主要问题分开了。《联合国与裁军》，第53—54页；*Documents on Disarmament*, *1945-1959*, Vol. 1, pp. 365–370。
④ 1954年6月11日，英法提出了一个联合提案"作为一个可能的妥协基础"，该提案后来实际上得到苏联的认可。法国解释说，这一提案是根据如下三项原则提出的：（1）裁减、禁止、披露和核查的各项不同措施必须连接在一起，目的是增进各缔约国在各个阶段的安全；（2）从一个阶段向另一个阶段的过渡应当是自动的，但受监督机构对下一阶段进行核查的权限的限制；（3）禁止大规模毁灭性武器的措施应按使用、制造和占有等方面再进行细分，并应在不同阶段付诸实施。各拥核国家一开始就应当自视为按照《联合国宪章》的规定，除了抵御侵略，已被禁止使用核武器。在所提的三个阶段中，都有限制武装部队人数的规定。第一阶段为"武装部队的总人数应限于1953年12月31日的水平"，第二阶段为"常规军备和武装部队的经一致商定的削减数量的一半应付诸实施"，第三阶段为"常规军备和武装部队的经一致商定的削减数量的另一半应付诸实施"。其他内容涉及军事总支出、停止制造核武器及其他被禁武器、销毁核武器及其他被禁武器等内容。《联合国与裁军》，第59—61页。
⑤ *Documents on Disarmament*, *1945-1959*, Vol. 1, pp. 452–453.
⑥ 应为1956年8月4日，见当日艾森豪威尔致布尔加宁元帅的信。*Documents on Disarmament*, *1945-1959*, Vol. 1, pp. 685–687.

员减至 75 万、70 万和 65 万人的规模，以及待探讨的"远低于"安理会所有非常任理事国的兵员规模。

会谈开始后，我们将提供几种应对方案，概述如下：

第一种方案：以在阿尔及利亚的行动为理由，拒绝当前对我兵员规模的任何限制，并要求将此期限延迟到日内瓦会谈结束，这就意味着无期限。

弊端：共产主义媒体可能会利用民众的悲观情绪进行攻击，甚至会超出对阿尔及利亚局势的报道范围。

第二种方案：我们建议在第一阶段，美苏两国的兵员规模略高于其当前的实际人数，我们适用和美、苏同样的规定，这样我们就有权达到 100 万人的兵员规模。

弊端：如同伊顿先生所说，这是"一幕剧的两个场次"。由于西方方案在前两个阶段之间没有考虑任何界限，所以第二阶段也会遇到同样的问题，即兵员规模将被限制在第一阶段的水平。此外，我们之前还没有就此讨论过，考虑到苏联的正当理由，即我们建议在第一阶段，美苏两国的兵员规模略高于其当前的实际人数，或许我们的盟国为了就第一阶段会谈达成协议，会提请从第一阶段开始，将苏联和美国的兵力恢复到 250 万人以下，比如 230 万人，甚至 210 万人。在这种情况下，困难或从一开始就会浮现，而不仅仅局限于第一阶段的第二次会谈中。

第三种方案：在第一阶段，接受之前许可的 75 万人的规模，同时要确保，兵员削减将取决于阿尔及利亚的停火。

弊端：首先，不少人认可第一种方案，尽管在这种情况下显得有些草率。其次，不要忘了各盟国民众曾经在领土保护问题上对我们的抗议。还有，法兰西共同体正演变为在军事上独立于法国之外的国家联盟，这种情况使得本方案变得困难。

第四种方案：要求百万兵员规模，如果美国人和苏联人保持两倍或更多的兵力。

弊端：这样一个论点将使我们陷入绝对孤立的状态，因为哪怕是我们最好的盟友也不会接受，我们，特别是我，将在非常困难的条件下支持该方案，之前的盟国协议制约了我们的操作空间。

这些都是各种各样的假设及其弊端和问题，到目前为止，另一阵营一再表达它为五个大国建议的兵员规模，而我没有开口。但是，在关于常规军备和人员问题的辩论真正开始的那一天，我不能一直保持沉默。我的沉默无异于接受原来的数字。

问题可能不会立即显现；我知道您事务繁多，尤其是现在。但我恳求您在未来几天里找时间让我了解您的看法，或者告知第五个完美的解决方案。

尊敬的部长朋友，请接收我诚挚的问候。

(吕军燕译、校)

19600324，FD000046

肖韦尔致德姆维尔的急件（第412/PAN号）[1]

(1960年3月24日)

通过2月24日的第10/PAN号急件，阁下向我转报了诺斯塔德将军写给北约常设小组主席的信的复印件，并询问英国外交部对随函附上的文件的反应。[2]

如同前面提到的急件里对我的督促，我借助和塞尔温·劳埃德先生交谈西欧联盟的监管问题时询问了他。

---

[1] 文献来源：*DDF*，1960，Tome Ⅰ，pp.321-325。

[2] 2月11日，北约欧洲盟军最高司令寄给常设小组主席一封信，他在信里援引了1959年12月举行的部长会议的内容。会议期间，他阐述了在盟军指挥区部署第二代弹道导弹的必要性，并坚决要求优先解决这个问题，而此前美国国防部长指出，他的国家将很快能够通过弹道导弹更加积极地参加改善北约的部署。诺斯塔德将军希望最迟在1960年3月15日之前作出决定。从现在起到1963年，盟军指挥部应该开始部署第二代弹道导弹；从现在起到1965年，应该将300枚导弹部署到位并且完全可投入使用，否则，其打击力量的效果会大大降低。随着弹道导弹大队的投入使用，指挥部应该减少空中核打击大队的数量。和希望生产北约弹道导弹的欧洲国家的磋商应该立即开始：这些国家要同意首先满足盟军指挥部的需求，之后的生产才能用于国家需求；它们要建立一些大队以接受以北约计划名义生产的导弹，并向在北约的大队持续拨款，接受北约欧洲盟军最高司令的作战指挥；它们将缔结关于储存北约导弹的核元件的协议。

通过2月24日寄给伦敦的编号为第10/PAN号的急件（未转载），办公厅转报了诺斯塔德将军的信件，指出这封信涉及的两个问题：西德参与欧洲弹道导弹生产的问题，以及最高司令所说的"某些国家参与这项计划的某些先决条件"的问题。关于第一点，办公厅指出，如果不违背西欧联盟条约，西德的工业部门可以参加弹道导弹的生产。如果就这一点修改条约，那么今后对其他在西德领土上生产武器的限制措施就很难拒绝；西欧联盟成员国应该明白，它们是否接受仅仅维持现行涉及三大杀伤性武器的无条件的、不可废除的禁令；巴黎希望知道伦敦就此话题的看法。关于第二点，采取的程序会导致这样一个结果，即常设小组会陷入大量的本属于政府和理事会的政治问题，法国政府同样会因这个话题而引起英国人的评论。——原编译者注我对于英国积极试图提醒我们（如同安东尼·朗博尔德爵士另一天在议会中做的那样）《巴黎协定》议定书第三号议定书第三条①带来的弊端的看法吸引了他的注意。很显然，法国还没有进入核武器储存阶段，而且在未来一定时间内也实现不了。因此，当前没有任何实际问题。相反，在西欧联盟框架内提出一项会导致我们接受监督，而其他三个核大国由于缺少更广泛的协议而未受影响的案文，则会对我们造成事实上的歧视，而这至少是毫无意义的。

劳埃德先生没有否认，参加会面的安东尼·朗博尔德爵士也没有否认。相反，他们两个对于和他们利益相关的、海军上将费雷里要求的专家的任命表现出很大的兴趣。② 这位官员的行为只存在于理论之中，除非他有其他安排。因此，这种行为不会影响任何人。它的实施有利于我们在可能回答议会的质询时处于更有利的境地。

然后，我又谈起了《巴黎协定》的条款对西德武器的强制限制问题。我提醒外交大臣，去年11月他曾经和我们谈起过对于西德以更快的节奏提出越来越重要的豁免要求的习惯的担心。他那时还说，这种行为方式会导致西欧联盟监管的逐步削弱，这种监管的存在是我们在与莫斯科就西德的重新武装问题交换照会或信件时经常援引的论点。我提到，近期联邦政府准备依据西欧联盟的规则回复莫斯科的来信时，③ 我们收到了两项新要求。在阿登纳总理上次访问伦敦时，我曾经以为这个话题没有被提及。自11月以来，英国的方向变了吗？

---

① 根据这一条款，在没有放弃生产原子、生物或化学武器的权利的缔约国在欧洲大陆的领土上，如果此项武器的制造"已经过试验阶段而进入实际生产阶段"，有关缔约国在欧洲大陆上拥有的储存量应由西欧联盟理事会以多数票予以决定。（*L'Année Politique*，1954，p. 668.）然而，通过3月10日发自伦敦的第849—852号电报（未转载），大使提到在西欧联盟常设理事会前一天的会议上，英国代表朗博尔德爵士询问法国代表团，法国政府既然拥有了原子弹，那么是否能够明确定义前面提到的1954年协议中的条款提及的"实际生产阶段"。——原编译者注

② 涉及武器监督办事处核武器专家的招聘（前面注释中分析的发自伦敦的第849—852号电报）。——原编译者注

③ 西欧联盟内部关于加快联邦德国恢复武装的决定引起了苏联政府的抗议。因此，1959年12月15日苏联驻巴黎大使在和外交部长的口头交流中对《巴黎协定》授予波恩某些违禁武器的生产权表示反对，并抗议德美协议打算为波恩提供一些导弹发射装备（外交部办公厅发给西欧联盟成员国代表处的电报，特别是发给波恩的第5788—5789号电报，未转载）。1959年12月17日，西欧联盟召开理事会会议时，冯·布伦塔诺先生对能够将对苏联致西欧联盟国家的照会的答复问题列入会议议程表示非常满意。——原编译者注

劳埃德先生有点尴尬地回答我说，其政府的态度没有改变。实际上，我们现在面对的是西德的两项新要求，其一是某些战舰许可吨位的提高，其二是感应水雷的生产。对于在这种情况下要采取的态度，我们的技术人员似乎有不同的看法。据部长所知，他们之间此前并无磋商。我们的利益在于促进磋商，以实现共同的立场。

与其让西德人不断地要求被特别对待，不如让问题保持笼统化。在这一点上，既有意义又很必要的是，我们的立场不要标新立异，我们采取的方法不仅要经过共同协商，而且要看起来也是如此。伦敦在波恩所做的监视，在英德当前的气氛下，很有可能会在西德引起一股已经非常敏感的反英浪潮。巴黎和伦敦各自采取的不同措施可能会被西德人理解为两国政府彼此希望让对方承担监视的责任。在阐述关于总体政策的观点时，可能需要与西德总理本人进行沟通。这可以交由两位大使来完成，或者在西德总理参加峰会时由法英两国的对话者来完成。

这一点达成后，我提及了诺斯塔德的信件，并询问了塞尔温·劳埃德先生他们的看法。

他的答复并没有直接涉及对西德的影响。答复可以归结为三个要点，我让他重复了一遍，以确保无误。

首先，英国政府及各部门在思考，诺斯塔德的建议在被接受的情况下是否会导致欧洲相关国家生产和美国相比较晚了五年的武器。

其次，大家非常想知道，这个建议会对英国政府产生何种财政影响。我知道这涉及对该建议产生的预算数据和继续当前计划产生的数据进行比较。

最后，第三个问题是西德可能会参与其中。我要说的是，我们对这一问题的分析是什么。

对于上述函件最后一段谈论的程序问题，对方并没有谈及。他仅仅提醒说，这样的参与，如果有的话（原文如此），可以是技术上的，也可以是财政上的，或者二者皆有，甚至可以扩展到生产本身。从西欧联盟的角度来看，这件事情基于一定的假设，可能会表现为不同的方式。

但是，英国政府显然并不完全赞同这一点。显然，它的首要事情是从纯英国的角度，权衡在北约框架内根据诺斯塔德将军确立的目标进行合作的利弊。就此进行研究或许会花费一些时间。我表示我们有兴趣了解其进展和结论，我们已充分注意到了这一点。我们现在肯定意识到了巴黎和伦敦在这些话题上建立共同阵线所带来的好处。

在会谈结束时，我提醒说，展现在我们面前的有两个前景。一个是如诺斯塔德在信中所指出的，倾向于在北约框架内按照重要而有限的目标展开多边合作。另一个是在双边框架内，暂时没有可选择的目标，但是表现为多种可能性。沃特金森先生、蒙巴顿勋爵以及邓肯·桑兹先生建议未来几周内在巴黎进行接触，这无疑会增加我们进行探索的可能性。毕竟，在一条道路上行进，并不必然意味着在另一条道路上止步。

塞尔温·劳埃德先生表示认同。他意识到需要协调我们这三位亲密访客的行动，据我所知，他将为此努力。

对于要讨论的全部话题而言，其实仅仅涉及第一次会谈。英国外交部主管部门还会就这些不同观点再次进行讨论。我稍后会对这些补充讨论进行汇报。[①]

（吕军燕译、校）

19600325，FD000047

政治事务司备忘录[②]

（1960年3月25日）

梅斯梅尔先生和诺斯塔德将军关于中程弹道导弹的会谈

3月24日，梅斯梅尔先生宴请了诺斯塔德将军。他正式对将军表明，在北约欧洲盟军最高司令致常设小组的信函里提到的关于在欧洲生产中程弹道导弹的条件[③]对法国来说是不可接受的。

他指出，法国政府希望获得某些弹道导弹的所有权。

诺斯塔德将军答复说，考虑到美国舆论及国会的思维方式，他觉得此事困难很大。尽管这些困难可以反映，但是他的建议会遭到美国政府的反对。

最高司令在结束会谈时指出，鉴于英国也不接受他的建议，如果官方正

---

① 在这方面，请参阅 19600404，FD000048。
② 文献来源：*DDF*, 1960, Tome Ⅰ, pp. 327–328。
③ 关于诺斯塔德将军的信，参见 19600324，FD000046 注释。

式批准了对他的答复，则表明这样一个欧洲弹道导弹生产计划的破产。

（吕军燕译、校）

19600328，FD000210

德姆维尔致莫克的信①

（1960年3月28日）

亲爱的团长：

我感谢您3月23日的来信②，这封信使我考虑了您非常想向我提出的问题。

此后，您应该已经收到了两封电报，这些电报一定程度上表明了我的看法。

我们完全同意您就美国建议的常规裁军优先权所采取的立场。承认这种优先权可能将与我们一直坚持的核裁军观点背道而驰。

但在您认为这将可以接受的情况下，这当然不意味着我们将拒绝常规裁军的讨论。

在您信中提出的这种假设下，法国将面临最大的困难。目前，在这方面我可能倾向于您提出的第一种解决方案。其实，如果您允许我这么说的话，我觉得这是弊端最小的解决方案。

没有人可以真诚地宣称，推迟讨论法国（提出）的数字可能会导致裁军谈判的失败。此外，我不认为这样的立场真的应该被抨击。无论如何，我们将攻击的都是共产主义国家。至于其他国家，它们知道我们确实存在问题，并且也知道，对于我们来说，只要在阿尔及利亚的军事行动继续下去，计划将我们的部队削减到目前的水平以下就是不合适的。

（任子晴译，杨紫桐校）

---

① 文献来源：*DDF*, 1960, Tome Ⅰ, pp. 335—336.
② 19600323，FD000207.

19600401，FD000239
戴高乐和赫鲁晓夫在朗布依埃的会谈[①]
（1960年4月1日）

参加人员：
法方：戴高乐将军、德勃雷先生
苏方：赫鲁晓夫先生、柯西金先生
非常机密

戴高乐将军告诉与会人员，赫鲁晓夫主席和他之间谈了诸多问题，最后谈的是德国问题。他认为，这个国家的命运似乎并不令人羡慕。

赫鲁晓夫先生认为，德国对此负有很大责任，其实，这个国家已经从战争中恢复过来，它并未遭受太大的损失。

柯西金先生赞同这一观点。

然而，戴高乐将军认为，德国遭受了严重的损失。许多德国人在战争中丧生，特别是死于苏联人之手。这个国家被一分为二；没有首都，也没有实现统一。

德勃雷先生认为，事实上，德国现在已经不存在了。

戴高乐将军补充说，在这种情况下，他对赫鲁晓夫先生时常对德国问题表现出的关注感到惊讶。

赫鲁晓夫先生明确指出，他并不担心德国会进攻苏联，而是担心它会进行挑衅，从而可能引发一场可怕的战争。因此，他认为必须结束一直公开存在的战争状态。

戴高乐将军指出，他已就德国问题向苏方解释了法国的立场。简言之，他认为，如果苏联愿意争取时间，就能为解决德国问题创造一种更有利的新环境，可以节省两年时间来重新研究这个问题。然而，他指出，赫鲁晓夫先生非常重视——即便只与东德——签署和平条约的可能性。因此，困难是可以预见的。

[①] 文献来源：DDF, 1960, Tome Ⅰ, pp. 384-393。关于赫鲁晓夫的法国之行，另见［法］夏尔·戴高乐：《希望回忆录》，第198—206页。

在柯西金先生的协助下，赫鲁晓夫先生同意适时创造一种更轻松的气氛，并寻求协商解决德国问题的方法。他强调说，可以在首脑会议上商定一项临时协议，以确保两年的缓冲时间，但他补充说，要强调这项协议的临时性。

德勃雷先生指出，在某种意义上，维持德国目前的局势对苏联和法国来说是一种保障。

赫鲁晓夫先生表示，苏联和法国在德国问题上的立场即便不完全一致，也基本上很相近。但是，苏联非常重视实现当前状况的正常化，这是其立场与法国之间唯一的重要区别。

德勃雷先生承认，目前的不正常局势或许是困难的源头，但是人们不想利用这种局势制造分歧，这就使得我们认为，这种局势所带来的只是相对潜在的危险。

戴高乐将军指出，关键问题是实现东欧和西欧之间的谅解。因此，西欧必须存在；它必须包括一个未被毁掉的西德。他认为这事关法国和苏联的共同利益。

谈到欠发达国家的问题，戴高乐将军强调，他首次注意到赫鲁晓夫先生关于裁军的新建议，即如果达成裁军协定，就必须将一定比例的节余用于发展中国家。他还注意到，赫鲁晓夫先生打算在该领域开展东西方合作，逐步解决实际问题。

德勃雷先生提醒说，戴高乐将军已经提出过类似的建议[①]。

在谈到为某些国家供应武器的问题时，戴高乐将军提到了赫鲁晓夫先生向他讲的一个情况：1955年赫鲁晓夫先生访问英国时与塞尔温·劳埃德先生举行了会谈。英国国务大臣赞成就停止为埃及、也门和叙利亚等国供应武器达成协议，但认为继续为伊朗、土耳其和伊拉克供应武器很有必要，而这些国家当时属于英国的势力范围。在这种情况下，显然无法达成协议。

德勃雷先生强调重启该问题的重要性，并建议签订一项协议，不仅停止向中东，而且停止向东方以及非洲国家供应武器。

---

① 在1959年3月25日的新闻发布会上（参见19590504，FD000026注释），将军建议四个大国共同努力，促进欠发达国家的经济发展，并将此列入首脑会议的议程。筹备会议的西方工作组对这一问题进行了讨论，但由于美国对苏联的不信任，这一建议未得到支持。——原编译者注

戴高乐将军指出，这种协议对于就裁军问题取得一致意见是很重要的。

德勃雷先生认为，大国停止供应武器相当于裁军措施。

赫鲁晓夫先生同意这一点，并表示很高兴按照上述思路研究这些建议，当然，应该根据这些建议建立一个平等的、涵盖全球各集团的制度。

德勃雷先生指出，这个条件显然很有必要。

赫鲁晓夫先生明确指出，英国人应该遵守这个协议的条款。他讲到，在英国和塞尔温·劳埃德先生乘车出行时，劳埃德先生说："一只小鸟偷偷告诉我，苏联准备为也门供应武器。"

赫鲁晓夫先生回答说："许多小鸟早就告诉我，英国人一直为土耳其和伊拉克供应武器。"

德勃雷先生说，可以在首脑会议上详细审议武器供应问题。

赫鲁晓夫先生认为这个问题非常重要。如果各个大国就解决问题的必要性达成一致，那么苏联肯定会加入其中。

柯西金先生指出，苏联与法国在这个问题上观点相似。

德勃雷先生强调，对欠发达国家的援助愿望与援助的主要形式是武器供应这一事实之间存在着明显的矛盾，供应武器就是煽动这些国家对邻国采取侵略性态度。

赫鲁晓夫先生同意这一点。他还指出，武器供应正在削弱受援国的经济。事实上，使用武器需要士兵，而这会进一步减少这些国家用于发展的资源。

德勃雷先生补充说，在这种衍生的局势下，这些国家唯一的出路就是攻击邻国。

柯西金先生甚至指出，供应武器的目的就是让这些国家破产。

戴高乐将军提到，一方面，有些国家有着悠久的传统和坚定的政治人格，比如土耳其，另一方面，有些国家局势不稳，摇摆不定。或许可以对它们进行区分。我们或许应该考虑，这两种情况并不完全相同。

他还认为，几个大国可以研究一下禁止向所有东方国家供应武器的建议。

赫鲁晓夫先生认为，土耳其确实有一项针对苏联的明确政策。

他希望改善与土耳其的关系，并指出双方已经达成协议，根据协议，土耳其总理将于7月访问苏联。① 他甚至不知道为什么这项协议没有公布。得益于两国领导人建立的个人关系，这次访问将有助于改善两国关系。在他和他的同事看来，斯大林在针对土耳其的政策上犯了一个错误。他不应该废除两国之间长期存在的友好协议；也不应该鼓励格鲁吉亚民族主义者，给人留下一种印象，那就是苏联谋取对土耳其，特别是对埃尔泽鲁姆地区的领土主张。诚然，格鲁吉亚和土耳其之间的边界现在与之前不同，但不可能永远考虑过去的争端，这只会增加担忧和紧张情绪。

即将发布的反对这一政策主张的公开声明可能有助于改善苏土关系。

戴高乐将军强调，苏联是一个非常强大和广袤的国家，拥有很多"卫星国"。即便其主观上并不好战或具备侵略性，也很难避免其他国家对它的关切。解决此类问题的唯一良方是建立欧洲均势。

赫鲁晓夫先生指出，一项以实现均势为基本目标的政策的缺点在于，这种均势可能会被与敌对势力关系的微小变化所破坏，可能会导致灾难的发生。这一点很危险。

例如，我们怎么能确定，一名西方飞行员驾驶一架装载原子弹的飞机无视指示，不会主动向苏联投射装载的炸弹？这将导致一场可怕的战争。

同样，我们永远不能完全确保，一个正操作原子弹发射架的苏联小组在失去耐心时不会违反命令，不去按下致命的按钮。

戴高乐将军认为赫鲁晓夫先生说的完全有道理，但不应认为一项均势政策就会导致两个充满敌意的集团出现。

无论如何，必须要裁军。他本人打算向首脑会议提出一项裁军协定，首先应用于核领域，火箭和飞机等"原子材料装载工具"领域，以及可用于导弹发射或飞机起飞的地面或浮动基地。他认为这是基本要求。

他说，法国并不想获得核武器。但它迫于无奈，因为其他国家拥有核武器，这主要是为了确保它在北大西洋联盟内的自主地位。

赫鲁晓夫先生说，他的国家已为接受严格的裁军规则做好了准备，因为它真诚地希望能确保和平。

---

① 4月12日，土耳其和苏联发表公报，宣布两国政府首脑将进行正式互访并展开多轮会谈，以改善安卡拉和莫斯科之间的关系。——原编译者注

他私下告诉法方人员，苏联军队从常规武器和轰炸机转向导弹，节省了大量资金，因为导弹比轰炸机便宜，几乎不需要维护。

然而，他主张裁军不是出于经济原因，主要是出于人文和人道主义原因。

他强调，即便是突然袭击，也不可能摧毁所有的发射基地。榨干经济，然后让各国承受一场新的毁灭性战争的负担，有什么意义？

最后，他声称被法国从火箭和原子武器领域开始裁军的理念所打动。他觉得这个想法很有道理，表示赞同。

柯西金先生提及这样一个事实，和以往任何战争相比，现代战争都具有无比的破坏性，而且会对作战部队和军队后方造成同样巨大的破坏。

赫鲁晓夫先生问戴高乐将军是否看过美国和英国在核试验中录制的影像。苏联政府通过安放在屏蔽体后面的摄像机拍摄了一定数量的核试验，并在胶片上记录了爆炸对民用和军事目标以及动物造成的破坏。这部影像的观感非常可怕。他准备在戴高乐将军访问苏联时播放给他看。

柯西金先生强调，无论在何种情况下发动突然袭击，袭击者都必然会受到毁灭性反击。其优势和胜利仅能持续几分钟而已。

戴高乐将军最后谈到了非洲问题。他向赫鲁晓夫先生解释了对阿尔及利亚的政策。他没有提出任何要求，但他认为赫鲁晓夫先生知悉和理解这项政策有好处。

关于整个非洲，特别是撒哈拉以南的非洲，赫鲁晓夫先生说，他一点也不反对法兰西共同体。

将军请德勃雷先生概述一下法国的非洲政策，也提一下几内亚问题。

德勃雷先生说，由于历史的原因，法国自几代人以来在非洲占领的所有地区，无论是撒哈拉以南还是以北地区，都需要进行非常深刻的变革。但这种变革只有在法国国内政权稳定的情况下才能实现。然而，自战争以来，权力的持续不稳定浪费了大量时间。如果戴高乐将军在1950—1952年掌权，法国、突尼斯以及摩洛哥之间的关系变化就会面对不同的形势。缺乏稳定的政策导致了拖延、犹豫不决，在某个时候，法国放弃了一切。摩洛哥的变化清楚地表明，在法国离开后，另一个国家填补了这一空白。如果几年前法国政局稳定，一些关系，特别是美国与摩洛哥的关系发展就会截然不同。

戴高乐将军重新执政后，非洲绝大部分地区的局势并不太紧张，但在某些情况下，局势非常微妙。法国的努力分两个阶段进行。第一阶段始于1958年底，第二阶段刚刚开始。

在第一阶段，法国致力于使非洲人民意识到有机会建立自己的机构，并尽快培养出有能力的领导者。在11个非洲国家以及马达加斯加——其中一些国家的经济状况令人满意，一些国家的经济状况则不够稳定——这项政策得到了推行，几乎所有国家的领导人都声称自己的威望与日俱增。

第二阶段刚刚开始，还将持续大约一年，其特点是非洲国家获得独立和国际主权。我们从最先进的国家开始——指那些拥有特别有能力的政治领导人的国家。将这些国家与法国联系起来的结构正逐渐实现彻底的变化：之前，法国与这些国家之间的关系皆遵从法国单方面的规则，而法国目前正在与这些非洲国家缔结条约关系，并与它们签署条约，马里和马达加斯加已经开启这一进程。这些国家的独立是神圣的；成立机构需要几周或几个月，之后法国与这些国家将基于条约处理彼此的关系。

法兰西共同体则不再是法国既定规则的传声筒，而是受法国与各个非洲国家平等条约的支配。不同国家的个体诉求差异很可能导致与法国的不同关系，因为每个国家不一定采用相同的规则。

最后，必须指出，某些国家的经济资源和人力资源都很有限，有时很难找到合适的领导人。

因此，戴高乐将军打算鼓励这些非洲国家在西非和（法属）赤道非洲实现某种整合。一旦这些整合完成，就可以在与马里和马达加斯加谈判的基础上给予这些国家独立。

当然，这样的政策对法国来说代价高昂。人们甚至会奇怪这个国家出于何种理由努力让如此遥远的国家与它保持联系。一方面，存在着传统利益和历史利益；不要忘记，塞内加尔自17世纪就与法国有着联系；18世纪以来，法国一直在马达加斯加存在利益；有关国家的人民坚定地对法友好。另一方面，存在着重要的政治利益。如果法国的既定努力不能实现，新独立的国家肯定会很快寻求其他国家的支持。这或许会导致一种新形式的保护国，无助于确保世界均势。

德勃雷先生对此不想再多说什么，但如果法国在撒哈拉以南的非洲不再发挥作用，那他对那里将面临的局势深感担忧。诚然，赫鲁晓夫主席指出了某种均势政策的危险性，特别是强调了这种方式可能引发冲突的事情。但是，也必须强调某些失衡的严重性。如果法国不能保持其在非洲的地位，就会出现严重的失衡。通过允诺新的非洲国家独立，法国避免使这种独立成为动乱、竞争和冲突的源头。

关于几内亚问题，德勃雷先生提醒说，赫鲁晓夫先生认识塞古·杜尔。1958年，塞古·杜尔拒绝了加入法兰西共同体。这是他的权利。

然而，几内亚目前的形势令法国感到忧虑。法国对其国内形势的变化爱莫能助，丝毫也不想恢复曾给予它的自由。因此，法国不会干预其内部事务。但是，就外部发展而言，鉴于法国为非洲所作的努力，它必须予以关注的事实是，几内亚领导人通过其言行，似乎正在利用自己的独立来威胁邻国甚至距离更远的国家。塞古·杜尔在非洲国家（无论是法属非洲还是其他国家）引发了一场寻求美国援助的竞争。这样，非洲西海岸形成了类似中东的局势。

与塞古·杜尔在华盛顿和莫斯科的声明相反，[1] 法国从未拒绝与他恢复接触。早在1958年，我们就表示愿意在新的基础上与几内亚建立关系。塞古·杜尔要么拒绝了这些提议，要么附加了一些令人无法接受的条件。这种情况目前仍未改变，法国对此感到遗憾。该地区既有外国势力出现的危险，也存在冲突的可能，这种情况令人担忧。

戴高乐将军指出，几内亚本身不是一个重要国家。问题的严重性在于其产生的危害，在于正在形成新的竞争，尤其是一方面求助美国，另一方面求助苏联而导致的危险竞争。

赫鲁晓夫先生对上述阐述非常清楚。他重申了苏联反对殖民制度的原则。不过，如果一些前殖民国家只是提前引发了被殖民国家必然出现的暴力，他则不会反对这种政策，并以理解的态度看待它。苏联不想参与破坏在这种情况下形成的东西，而且它非常理解法国在这些地区的既得利益。

他承认，苏联过去也扮演过殖民者的角色，尤其是在中亚地区。然而，苏联已经彻底改变了这一政策。沙邦-戴尔马先生访问了中亚诸国，见到了那

---

[1] 几内亚国家元首自1959年10月25日起开始陆续访问美国、英国、德意志联邦共和国、苏联、捷克斯洛伐克和摩洛哥。关于本次行程，参见 *DDF*, 1959, Tome II, 第264号文件。——原编译者注

三、档案选编

里的改变。如果法国也能这样做，他会感到高兴。这是形式和实质上的根本变化。虽然他对德勃雷先生阐述的政策表示理解，但他强调，一项政策的声明与该政策的实际执行之间总是存在差异。

苏联对法国的非洲政策的立场将取决于法国政策的实施方式。

他并不想干涉法国内政，但他仍然认为，当胡志明上台并希望印度支那留在法兰西联邦时，法国在越南问题上犯了一个错误。之后是一场持续了七年的血腥战争。目前，北越是独立的，而南越则转由美国统治。法国在越南失去了一切。希望它在非洲能吸取前车之鉴。对基于戴高乐宣言的后续政策，苏联无论现在还是将来，都会表达最充分的理解和信任[1]。

赫鲁晓夫先生另外指出，这不是个人观点，而是柯西金及其他苏联部长的观点。

关于几内亚，赫鲁晓夫先生对那里的主要形势知之甚少。他确实见过塞古·杜尔先生一次，当时在高加索度假时杜尔先生拜访了他。他是个年轻人，言语颇有攻击性，似乎认为他的一众谈话对象作为老年人过于稳重。赫鲁晓夫先生告诉他，年轻人的极端看法是否正确，只有在未来才能得到证明。他虽不缺乏思路和学识，但是比较偏激，听不进别人给他的意见。此外，他没有向赫鲁晓夫先生征求意见，赫鲁晓夫先生也没有给他任何意见。

戴高乐将军指出，塞古·杜尔先生要的不是意见，而是帮助。

德勃雷先生说，塞古·杜尔的学识应归功于法国。

赫鲁晓夫先生回到越南问题上说，胡志明想留在法兰西联邦，苏联表示同意。

此外，苏联从不反对几内亚成为法兰西共同体的成员。

戴高乐将军指出，几内亚早就和法兰西共同体无关了。

在征得戴高乐将军的允许对法国的政策略加批评之后，赫鲁晓夫先生说，在他看来，几内亚独立时，法国犯了一个错误。法国在经济和政治上采取了镇压措施（柯西金先生表示赞同），召回了在几内亚的法国高管，清算了银行

---

[1] 1959年9月16日，戴高乐发表电视广播演说，首次提出在阿尔及利亚实行"自决"。1960年1月29日，在"街垒周"结束时，戴高乐再次发表电视广播演说，重申了他的阿尔及利亚政策，要求阿尔及尔极右分子恢复秩序。《戴高乐言论集（1958年5月—1964年1月）》，第96—102页、第133页。

321

账户，并最终切断了与几内亚的联系，这一政策无异于将几内亚从法国驱逐出去。

面对几内亚公投结果造成的冲击，赫鲁晓夫先生当然理解法国的反应，但他认为，该政策对法国造成了伤害。

戴高乐将军认为，恰恰相反，法国并没有完全远离几内亚。法国教师一直在这个国家授课，法国以高价从几内亚购买花生和咖啡，向几内亚提供了大量财政援助，法铝集团对那里的铝业进行了巨额投资。

赫鲁晓夫先生认为，高于世界市场价格购买原材料不合情理。苏联的所有采购都依据世界行情，这是体现产品价值的最公平的尺度。

赫鲁晓夫先生说，塞古·杜尔好像说过他要努力改善与法国的关系。

德勃雷先生讲述了法国最近努力帮助几内亚的两个具体例子：

为稳定几内亚经济，法国最近为其提供了大量资金。其结果是，一个月前几内亚进行货币改革时不守承诺，扣押了大量法国法郎。而仅仅几天前，作为共同体成员国的一些非洲国家向法国提出抗议，理由是法国增加了对几内亚的咖啡采购。这些采购是为了避免几内亚经济状况恶化，却导致法国在其他共同体成员国的采购减少。最后，必须指出，法国高管和资本的撤出归因于塞古·杜尔的恫吓。

德勃雷先生重申，几内亚本身的问题是次要的；问题的严重性在于围绕该国产生的竞争。

赫鲁晓夫先生理解这种看法。苏联确实向几内亚提供了经济援助，他忘记数额了，柯西金先生也忘了。但是他记得，主要是通过提供拖拉机帮助该国发展农业，扶持成立了一个理工学院，根据专家调研在某个地方建立了一家工厂。苏联与其他欠发达国家特别是印度和缅甸也缔结了类似协议。

如果法国想替代苏联提供这种援助，苏联非常欢迎，它可以将节省的资金用于自己的经济建设。

除上述情况外，苏联与几内亚没有其他联系。关于该国的内部演变，赫鲁晓夫先生不甚了解，而且他也不如法方更有权力作出判断。

戴高乐将军谈到了和平利用原子能领域的合作。他提起赫鲁晓夫先生曾经问过，欧洲原子能共同体协议是否影响法国和苏联在这一领域的合作政策。

他答复赫鲁晓夫先生说，表面上看，情况并非如此。

德勃雷先生证实，1957年的条约①并不限制与第三国在原子能领域展开不同层次的合作。

他派人仔细研究过这个问题：在这方面法国只需履行一项义务：当法国与第三国在涉及欧洲原子能共同体的援助领域缔结协议时，应将其与第三国缔结的协议内容告知欧洲原子能共同体。这种唯一的要求极为少见。除此之外，法国仅需告知协议的存在，无需披露协议内容。

柯西金先生问，法国具体从欧洲原子能共同体得到了何种援助。

德勃雷先生回答说，欧洲原子能共同体的唯一价值来自法国。

赫鲁晓夫先生明确指出，他欢迎签订科学合作协议，前提是协议的条款对双方要平等。苏联高度重视法国在科学技术领域取得的成就。

当然，他对原子爆炸的态度众人皆知，但他想谈的是一般性的科学技术。能够制造原子弹，建设雷诺-弗兰这样的工厂，特别是喷气式客机"快帆"的诞生意味着法国在众多领域取得了一系列重大技术成果，这都足以证明法国的科技成就和知识水平。

苏联愿意在这些领域与法国展开合作。

柯西金先生说，叶梅利亚诺夫教授之前告诉他，和平利用原子能领域的协议即将签署。当天晚上，协议的文本即可定稿。

赫鲁晓夫指出，该协议尚未签署，但是谈判进展顺利。

戴高乐将军提到次日的行程安排：先由马尔罗先生陪同参观凡尔赛宫，之后举行午餐会，下午继续会谈，总统、德勃雷先生、柯西金先生、外交部长和大使们参加会谈。会上确定公报的措辞。

戴高乐将军提醒说，赫鲁晓夫先生将于周六下午召开新闻发布会，随后发表广播电视讲话。

最后，赫鲁晓夫先生提出：四国首脑在首脑会议上谈到德国问题时，最好听听两德代表的意见。

戴高乐将军指出，首脑会议必须在四国首脑之间举行。他知道在日内瓦听取了两位德国代表的发言，但他不认为格罗提渥先生和阿登纳总理同时出席能取得令人满意的结果。这是我们四个人的工作。

---

① 指比利时、法国、西德、意大利、卢森堡和荷兰六国签订的《欧洲原子能共同体条约》。

德勃雷先生指出，特别是西德代表不应参加首脑会议。不过，法国在会议召开之前将征求西德的意见。

赫鲁晓夫先生表示，他考虑听取两德代表的意见只是为了讨论德国问题，但他不会坚持自己的提议。

会谈于19点15分结束①。

（吕军燕译、校）

19600404，FD000048
肖韦尔致德姆维尔急件（第472/PAN号）②
（1960年4月4日）

在总结第412/PAN号急件时，我曾经指出，英国外交部稍后还会就我和外交大臣会谈时的那些观点再次讨论。因此，我的助手之一③于3月30日和帕特里克·迪安爵士进行了谈话。他问爵士，除了3月24日塞尔温·劳埃德先生就诺斯塔德将军的建议主题给我提供的信息，是否可以给他一些新的指示。他又说，我们已经了解了盖茨先生次日在国防部长会议④上提出的建议，并第一时间注意到，这项建议使总司令的建议失去了意义。

最初的指示以及后来帕特里克爵士在谈话中的指示总结如下：

这两项建议都来自艾森豪威尔总统在北约理事会上的提议，其目的是在北约国家部署中程弹道导弹。将军一直致力于促进欧洲的发展。2月11日的建议并非他第一次向常设小组提出，他的真正目的是尽可能启动一个计划，

---

① 文件注释：译员：斯塔雷维奇先生，布萨罗夫先生。——原编译者注
② 文献来源：DDF，1960，Tome Ⅰ，pp. 407-409。
③ 指雅克·蒂内先生，大使馆一等参赞。——原编译者注
④ 在4月1日的会议上，美国国防部长曾就中程弹道导弹问题阐述了美国的意见。华盛顿政府提出了两种可能。第一种可能是，让美国生产，然后卖给欧洲国家，后者可以利用美国的技术援助；弹头的所有权属于美国并由它保管；导弹的使用及安装计划由欧洲盟军最高司令部安排，这些国家要提前对该计划作出答复；要提前保证最高司令指定的核弹头安放场地。第二种可能是，美国对欧洲导弹的生产提供帮助。盖茨明确指出，供选择的导弹是一种机动导弹，型号是"北极星"；他指出，美国政府更倾向于第一种方案，因为欧洲对系列安装的付款可以拖延。梅斯梅尔先生注意到了这些建议，他要求认真研究：必须明确政治、军事和财政影响；还需要考虑国家自身的责任感以及它们能否部署这些武器的事情；法国不拒绝和欧洲盟军最高司令部的合作，但是要有令人满意的条件。法国武装部队长保留了其国家的最终立场（4月1日的第211/REPAN号电报，未转载）。——原编译者注

用弹道导弹代替1965年就要到期的空中战术力量。他近期之所以再三提出，也许真实目的是向政府施压（参见3月23日的REPAN电报①）。欧文②的建议倾向于展示其手段的效果。

在伦敦，大家认为诺斯塔德将军建议在欧洲生产只是附带，他或许在其中看到了政治利益，即考虑到这种方式更能受到欧洲政府的主动支持，通过将它们联合起来，从事一项共同事业，然后走向其力促的一体化方向。帕特里克·迪安爵士顺带着对该思路表示了质疑：作为一体化的拥趸，他认为借助一个欧洲人几乎一无所知的导弹的生产来实现一体化是很困难的；围绕更简单、有更广泛需求的导弹也许会更合适；比如，他想到了英国陆军的"蓝水"短程导弹。

自去年夏天，英国人就针对总司令的思想明确表达了保留意见，主要体现于以下两个计划：

1. 西德参与计划，这有望提出最棘手的问题；确实，无论是解决西德受到排斥的窘境还是西欧联盟条约条款的修改，都没有任何恰当的、令人满意的解决方法。

2. 财政方面。无论过去还是现在，对于英国的行政部门来说，在欧洲开办工厂以及建立生产所必须的基础设施都是不经济的。这些基础设施在美国都有。为何还要在欧洲重建？代价又是如何？未来某一天我们或许会达到这种程度，但一个只是推迟生产并且代价高昂的方法现在似乎是不合适的。

我的同事因此询问，这是否意味着英国更倾向于接受盖茨的建议。帕特里克爵士答复说，他似乎感觉其政府希望再多些时间。没必要匆忙作出决定。诚然，裁军问题交流本身不是停止核试验的充分理由，但它是促使人们慎重决策的要素之一。这不得不引起人们的思考，这究竟是不是副次官在峰会上的真实想法。

也就是说，英国政府同意诺斯塔德将军的观点，认为迟早应该为盟军配备适应苏联防务新力量的武器。如同在欧洲盟军最高司令部，在伦敦，大家

---

① 这是第173号电报，未转载，其一般含义见此句。——原编译者注

② 欧文先生，美国国防部副部长，曾经把盖茨先生的建议考虑公开之前告诉德勒斯先生（3月29日的第195/REPAN号电报，未保留）。——原编译者注

认为武器应该分布在北约覆盖的整个欧洲的领土上。至于300枚（"北极星"导弹）这个数量，英国的战略家们认为它被夸大了。或许诺斯塔德将军要求的是300枚，而期望的是200枚。

然后，我的同事问，如果西德不参与生产导弹而由美国交付，还会存在关于西德的问题吗？英国的所有保留意见都会取消吗？——或者相反——在此我们会倾向于认为，拥有战术导弹是一回事，而别人交付的、有双重监督保证的报复性武器是另一回事？[1]

帕特里克爵士回答说，对于一个积极的行为准则导致严重的政治风险的概率，他个人是严重怀疑的。但是，西欧联盟的条约里没有包含任何反对西德的条款，另外，西德不是正好要托付部署900英里射程的"马斯"导弹吗？同时，我们应该信赖双重监督的保证，根据英国的经验，监督是严肃的。[2] 最后，诺斯塔德将军还考虑到了其导弹地域分配方面的某些政治因素。他决定在西德只部署负责近距离任务的部队。

总之，如前文所述，英国政府决定，或许是做做样子，对诺斯塔德将军的建议不作答复[3]。至于美国政府的建议，由于其不再强调生产，英国也不急于看到它的结果。另外，由于英国可以说已经提前在其领土上部署了一些双重监督的固定发射基地，我怀疑等到它们初步形成规模的时候，会计划再建新基地。如果涉及机动导弹[4]，那问题就不同了。

（吕军燕译、校）

---

[1] 文献注释：大家都知道，诺斯塔德将军拒绝进行这种区分。这源于他在另一天所说的话。这与他曾是飞行员有关。——原编译者注

[2] 文献注释：在这个问题上，我注意到，尽管弹道导弹比飞机更危险，因为一旦其发射，就不可能再撤回，但它提供了更大的保障（有时会谨慎提及），以免发生这样的风险：一名西德飞行员携带炸弹，其目标不是指定的战术目标，而是莫斯科。——原编译者注

[3] 空白处的手写注释：这和沃特金森先生4月1（？）日所说的并不完全相同。——原编译者注

[4] 空白处的手写注释：实际上是指"北极星"导弹。——原编译者注

19600405，FD000211

政治事务司备忘录①
（1960年4月5日）
戴高乐将军文件初稿
（出访美国）
美国关于裁军方面的立场

美国国内舆论和主管部门之间的意见分歧说明了美国确定裁军政策的艰难。为确定美国在日内瓦举行的十国会议上的立场而设立的名为"柯立芝委员会"的特设专家委员会只得出了消极的结论。因此，在既要考虑到盟国的建议，又要表达五角大楼对任何真正的裁军协议的反对的情况下，国务院被要求见机行事。

尽管美国的想法具有妥协性，但我们可以从中看出一些基本倾向：

1. 对核裁军的反感

美国的第一个计划几乎没有实质的核裁军措施。如果因为顾及法国的异议②而对其进行修改，那么此类修改更多地体现为希望获得我们的支持，而不是美国立场的实质性改变。

美国只支持对军用卫星采取措施，因为从本质上来说，禁止这些武器使它们受益，因为苏联在这方面具备优势。

2. 优先考虑常规裁军

尽管朱尔·莫克先生表示反对，但美国驻日内瓦代表仍然提议将苏联和美国的兵力减少到每国250万人。

3. 优先考虑监督措施

美国代表团准备寻求就部分裁军措施达成协议，前提是要事先建立监督机制。

---

① 文献来源：*DDF*, 1960, Tome Ⅰ, pp. 413-415。1960年4月22—29日，戴高乐访问美国。戴高乐对这次访问的描述，见［法］夏尔·戴高乐：《希望回忆录》，第213—217页。根据《法国外交文件集》中的注释，这份文件由外交部秘书让·莫雷尔先生起草，手稿上写着：经吕塞批准。

② 参见：19600229，FD000201；19600310，FD000202。

4. 渐进性裁军的必要性

美国政府认为，在执行商定的措施时必须先检验苏联的信用，然后才能考虑进入下一阶段，这一要求可以提前规避可能的习惯性拖延。

最后，阿尔方先生指出，美国对"诺斯塔德计划"重新产生了兴趣，众所周知，该计划打算建立一个不涉及任何裁军措施的监督区域。① 应当指出，正是应法国代表团的要求删除了美国第一计划中的"地理区域"概念。

总之，美国主要关注的是不接受任何可能危及美国和西方安全的裁军措施。他们的态度体现了对苏联建议的不够信任，尤其是当他们知道自己在火箭和卫星等关键武器领域落后时就更加心存疑虑。此外，国务院意识到不可能采取完全消极的立场。

无论如何，为确保维持和平和保卫西方，美国政府现在似乎更相信威慑所带来的均势，而不是在裁军方面取得进展。

（吕军燕译、校）

19600408，FD000044

政治事务司备忘录②
（1960年4月8日）
停止核爆炸

美国一方面坚决要求法国保证近期不会进行新的核试验，另一方面又通

---

① 4月4日，阿尔方先生和副国务卿麦钱特就这一问题举行了会谈。大使提醒对方，巴黎方面认为任何建议如果不涉及整个欧洲的控制权都是危险的，理由是：西德与北约关系松散，最终导致了腊帕茨基计划的产生。十国集团拒绝裁而不督或者督而不裁，向赫鲁晓夫提出了一项以第二种方案为基础的计划，则为其抨击西方的信任提供了武器（4月4日发自华盛顿的第1885—1887号电报，未保留）。国务院同意阿尔方先生的意见：法国政府拒绝在分裂的德国、波兰和捷克斯洛伐克建立一个安全区的原则；欧洲的安全区应该从大西洋延伸到乌拉尔山（4月5日发往华盛顿的第4709—4710号电报，未转载）。关于"诺斯塔德计划"，参见19600408，FD000212及注释。——原编译者注

② 文献来源：*DDF*, 1960, Tome Ⅰ, pp. 441-443。

过美国的一些重要人士就可能承认我们所取得的重大进步说着鼓励的话，①这自然引起了我们的某种怀疑。美国的意图也许是单纯的，它确实有可能打算和我们签订一个关于在军事领域利用原子能的合作协议，但是它也有可能想让我们放弃继续进行核试验。

或许美国认为应该为它提供一个合作协议作为交换。4月7日的一份纪要②指出，这种协议应在外交上得到一些保证。原子能安全委员会和军方主管部门或许正在研究我们应该在此领域提出怎样的实际要求。这至少是1960年3月28日在马蒂尼翁宫召开的国防特设委员会会议作出的决议的方向。

无论美国人的内心想法和真实意图是什么，只要华盛顿政府在停止核试验问题上属于需求方，而法国能获得充分的外交和技术保证，那么我们和美国之间在这件事情上的利益就不会不一致。

出于政治原因（大国地位）和安全原因，尽可能限制核大国的数量符合我们的利益。这似乎是赫鲁晓夫先生的观点（致艾森豪威尔总统的信③），而根据经验，我们知道这也是美国政府的观点。如果法国拒绝加入筹备中的日内瓦协议，那么在阻止其他国家通过自己的方法获得核能力的体系中就会出

---

① 通过3月23日的第1666—1671号电报（未保留），法国驻华盛顿大使在同一天和原子能委员会主席麦科恩先生作了详细交谈；由于对拉甘核试验印象深刻，他认为其政府应该和法国签订一份核合作协议（为军事目的转让一定数量的铀235）。3月25日，在给顾夫·德姆维尔先生的一封私信（未转载）中，阿尔方先生说前一天和参议员克林顿·安德森进行了交流，他对拉甘核爆的力量也是印象深刻。安德森先生对法国人继续进行核试验以展示他们的"核力量"感到不安；他希望法国和美国专家之间进行"观点交流"；如果美国专家认为法国拥有了这项能力，他则认定"重大进步"已经完成，关于信息交流的合作以及可裂变物质的交付就可以考虑了。4月10日发自华盛顿的第1984—1986号电报（未公布）指出了麦科恩先生的某些"倒退"，他把停止核试验的日内瓦谈判的失败和促进法美之间在核武器领域的合作的可能性联系在一起。据美国媒体判断，美国不准备扩大核领域合作协议。——原编译者注

② 这些文件包含了数份4月7日的纪要（未保留），但是这里提到的文件很可能是转自另外两份纪要，它们是根据爱丽舍宫的要求，为戴高乐将军4月12日接见麦科恩而撰写的。我们感兴趣的这份文件涉及可能缔结的核合作协议对法美关系的影响。除了《麦克马洪法》规定的缔结此类协议的条件，法国还被要求停止自己的核试验。如果筹备中的日内瓦协议的三个签署国承诺不会帮助其他国家进行核试验，那么美国可以帮助一个拥有核能力的国家制造其武器。协议的条款应须足够宽松，从而使法国能够进入热核武器阶段。在日内瓦谈判的三个大国保留了作为创始成员的优势地位。法国作为一个核大国，要经过漫长的谈判才能成为创始成员。如果一个双边协议让法国的加入从属于这个筹备中的停止核试验条约，那么这又重新回到由苏联人掌控的、无限期推迟法美双边协议的手段上去了。——原编译者注

③ 这封信的日期为3月3日，是根据其他提到该信的一些档案材料判断的。——原编译者注

329

现缺口。

我们还必须扪心自问，我们是否真的能够利用拒绝加入日内瓦协议而带给我们的自由。根据最乐观的假设，能够让我们进入热核武器生产阶段的首批试验还需要四到五年的时间。（涉及一些武器试验，因为在那之前，还要研究一些聚变反应试验。）面对如此遥远的试验期，很难预计那个时候的国际形势，但是我们可以想象，1960年所遇到过的困难会有增无减，我们甚至无法确定那时能否得到共同体国家的支持。另外，赫鲁晓夫先生在朗布依埃①召开新闻发布会时还提醒我们，根据他的观点，停止核试验条约的签署将会使法国的后续试验更加困难。

总之，加入未来的日内瓦协议不能仅仅认为是为了签署军事合作协议而满足美国要求的一种交换。出于维护自身利益的原因，法国不得不加入其中。如果我们在双边计划中获得足够的保证，我们将会加入协议，作为交换，将会在可预见的范围内关闭所谓的"核俱乐部"的大门。

事实上，由于美国国会可能休会至7月中旬，因此双边合作协议需要在5月初签订才能生效。显然，如此短的延期无法确保法国在同意停止其试验前一定获得所有保证。

这是否意味着，要签订这个协议，还要等着新政府上台，然后一直拖到1961年春天？真不敢确定前面提到的形势是否还能够保持到最有利于法国利益的局面。

事实上，假设能够利用某些美国重要人士近期向我们阐述的有利条款来签署一个一般性协议，这个协议今年也不会被批准，而是躺在国会的档案柜里，直到1961年1月重新开会，而这不符合我们的利益。法国主管部门要利用1960年底这段时间来明确合作条款，从而满足他们早该明确的需求。

关于另一个计划，法国外交部门或许应该和在日内瓦谈判的三个国家研究一下在停止核试验条约中应该作出的修改，以使我们立于创始国之列。

在秋天举行一两次核试验将有助于提醒我们的合作伙伴，如果我们在这

---

① 4月2日下午，苏联国家元首同意销毁核武器，停止生产，但也坚决认为中止核试验是必需的第一步。关于这次新闻发布会的内容，参见《世界报》1960年4月2日，第4版。——原编译者注

两个方面都不满意,我们就打算继续我们的(核试验)计划。

(吕军燕译、校)

19600408,FD000212

政治事务司备忘录①
(1960年4月8日)
(东欧事务办公室)
美国关于在欧洲建立监督区的建议

美国政府刚刚向法国政府提出的研究在欧洲建立一个武器监督和限制区的建议②,是诺斯塔德将军提出的,他负责此事已有一段时间。

诺斯塔德将军非常清楚,在欧洲大陆建立一个安全区的建议会激起一些西方政府特别是法国和联邦德国政府的反对,因为这与解决基本的政治问题尤其是德国统一问题没有密切联系。反对意见涉及两个范畴:

——在政治层面上,切断统一与安全之间的关系的任何行为都意味着西方承认东欧的现状,特别是存在两个德国的现状;

——在军事层面上,安全区的建立可能导致欧洲大陆中立化、大西洋体系在该地区的逐渐弱化以及英美军队的撤出,而作为目前不安全根源的大陆分裂问题却得不到解决。因此,它只能在有限制的全面军备控制协议框架内进行设计。

因此,诺斯塔德将军试图绕过这些反对意见,使他的建议更显适度,既不在军事层面上"脱离接触",也不要求西方放弃基本政治立场。

所以,今天由美国政府背书的诺斯塔德计划不像是一项限制计划,更不用说削减武装部队和军备了。只进行监督和控制,防止突然袭击,他企图以

---

① 文献来源:DDF,1960, Tome Ⅰ, pp. 444-445。
② 4月6日,美国驻巴黎大使向总理提交了一份备忘录,提议在西欧某区域建立一个军备监督和控制体系。霍顿先生告诉德勃雷先生,艾森豪威尔总统希望就这个问题与戴高乐将军会谈。此外,4月4日和7日,阿尔方先生与麦钱特先生就这一问题展开对话,并向他通报了法方对美国提案的反对意见。副国务卿指出,其政府希望在首脑会议上向赫鲁晓夫先生提交这样一个计划。艾森豪威尔总统由此会见了阿登纳总理,后者对此表示反对;但是,如美国政府所愿,冯·布伦塔诺先生同意将议案提交给北约欧洲盟军最高司令征求意见,也就是交给诺斯塔德将军(4月8日东欧事务处,未保留,标题与此处转载的备注相同)。——原编译者注(节译)

此逃避类似腊帕茨基计划所引起的批评，并声称这丝毫不削弱西方的军事部署，也不涉及任何政治让步。

根据该计划，监督将由联合小组进行，包括地面机动小组和空中侦察；他们可支配交叉雷达站；他们可交换关于部队调动和军事设施的可核查信息；但是，他们不能检查核设备或核仓库。诺斯塔德将军认为，这样一个系统将为防止突然袭击提供强有力的保障，和已经拥有更广泛信息手段的东方国家相比，它将为西方国家提供更大的优势。

该计划提议将大西洋和乌拉尔山之间的区域作为最大的监督和控制区，将两德、波兰、捷克斯洛伐克、比荷卢三国和丹麦的部分地区作为最小的监督和控制区。提到以大西洋和乌拉尔山作为边界，显然是为了满足法国政府的意见。此外，该计划的制定者小心翼翼地强调，他们认为，该计划避免了对东德的侦察。因此，联合小组将不会向华沙条约组织汇报。

（吕军燕译、校）

19600411，FD000213

政治事务司备忘录①

（1960 年 4 月 11 日）

截至 4 月 11 日，正在日内瓦进行的裁军谈判②几乎完全陷入僵局。

在第一阶段的会议上，西方人要求苏联人阐明苏联的裁军计划③。苏联人则照样予以反击。

从上周的情况来看，如果双方都坚持最初的立场，那就不可能取得任何进展。

事实上，本周早些时候，朱尔·莫克代表他的同事们拒绝了苏联的计划，认为其完全不可接受。他特别强调，如果不充分明确监督问题，在四年期限内实现全面彻底裁军的愿望就会落空。

---

① 文献来源：*DDF*，1960，Tome Ⅰ，pp. 450–451。
② 指 3 月 15 日至 4 月 29 日在日内瓦举行的十国裁军委员会会议。——原编译者注
③ 继赫鲁晓夫 1959 年 9 月 18 日向联合国大会提交裁减计划后，1960 年 4 月 8 日，苏联和东欧五国代表向十国裁军委员会提出了一项提案，其中包含全面彻底裁军的原则。后一提案见 *Documents on Disarmament*，1960，pp. 79–80。

两天后，佐林先生以明确的措辞拒绝了西方的计划，他指责其未规定任何期限，算不上一项裁军计划。

然而，苏联代表在会议上表示，苏联人准备将核裁军的开始日期提前。类似安排可以作为第一阶段，而不是第三阶段。

此外，苏联代表接受了一些西方代表以个人身份提出的建议，但没有正式提及。

据苏联代表的意见，将以去年年底联合国一致通过的决议的措辞为基础，在序言中界定"全面彻底裁军"的含义。如果四年内能完成所有工作，将在随后的阶段部分执行具体措施。

遗憾的是，苏联代表继续坚持认为，赫鲁晓夫计划中的所有预计措施都应列入序言部分，包括基地、军队和参谋部的撤销等。

即便西方人接受"全面彻底裁军"一词——尽管这与美国的意见相左——就这些原则的定义与苏联达成一致的愿望也会落空。

另外，我方指出，如果第三阶段的安排被原样写入序言，那么前两个阶段的进程就会终止，正是这两个阶段能有效禁止用于军事目的的裂变材料的生产，但不包括销毁库存。

在这种情况下，除非部长们另有指示，否则指望日内瓦代表团在首脑会议之前取得实质性进展无异于白费力气。

开了几次的会议因复活节假期而中断，日内瓦会议将延长到4月25日左右，到6月初首脑会议之后再重启会谈。

美国国务卿故弄玄虚地在华盛顿声称，苏联人提议的休会时间太长，美国人坚决反对。事实上，西方和东方国家的代表都同意这一点，而伊顿先生强烈反对国务卿这一令人遗憾的发言。

（吕军燕译、校）

19600420，FD000215

吕塞致莫克的信①
（1960年4月20日）

团长先生：

在4月18日与若克斯先生的交谈中，您让我们说明，兵员上限与武器总额之间的关系是否理论上应以75万人或100万人计算。

正如顾夫·德姆维尔先生在3月28日的信中告诉您的那样，之所以要提出这个问题，似乎是要采取您一开始提到的立场：拒绝以阿尔及利亚行动为理由限定当前的兵员数量。

也就是说，在保证基本储备的情况下，为了便于计算，应保留75万人。我咨询过参谋部，他们认为军备许可的百分比可以根据这个数字和专家提供的基数直接确定。

当然，在目前的情况下，这种计算仍然完全是理论性的，因为与您提出的第三种方法不同，兵员总数只能在政府决定的日期才能确定。

我想这也回答了您向我们问的第一个问题。

第二个问题，关于美国可能拥有的浓缩铀或钚的库存量，我们已要求原子能委员会至少提供一些粗略的估计数。

团长先生，请接受我最诚挚的敬意。

（吕军燕译、校）

19600421，FD000216

莫克致德姆维尔电（第494—499号）②
（1960年4月21日）

由于奥姆斯比-戈尔先生曾表达当面交谈的愿望，于是今天，也就是4月

---

① 文献来源：*DDF*, 1960, Tome Ⅰ, pp. 504-505。
② 文献来源：*DDF*, 1960, Tome Ⅰ, pp. 506-508。

21日，我们在奥尔默别墅①共进午餐。他的发言概述如下：

1. 美国人简直将我们置于糟糕的境地。首先，他们实际上删除了西方计划中唯一有实效的第三阶段；其次，在每一次会议上，他们都强调取自前两个阶段的一些具体措施，而单独提出这些措施时，其不足是显而易见的。他们从来不提基地问题和火箭问题。显然，只有当这些领域的条款被涵盖在内时，苏联才会考虑核裁军。东方集团刚刚就所有这些问题提出了几点看法，特别是佐林先生今天上午发表了精彩的演讲。②

2. 对美国政府和驻日内瓦代表不抱任何指望。

美国现任政府在11月大选之前一直处于瘫痪状态。其行动上近乎教条的克制导致了现在的状况。奥姆斯比-戈尔说，一个奇怪的事实是，这个世界上最富有、最强大的国家目前正处于"悲观意志"的边缘。

对伊顿先生也不要有任何期待。且不管他品行如何，他都是一个优柔寡断、性情反复的对话者，他会随时随刻变换立场，喜怒无常甚至歇斯底里，并且丝毫不会试图主动地让国务卿作出合理的改变。

3. 但是，当前其他西方国家不可能与美国分道扬镳。我们昨天在起草原则性声明的草案时作出了让步，之前就应该想到这一点。不过我们现在面临的不是绝对的不妥协，而是对我们真正利益的无知。在法兰西共和国总统访问美国、首脑会议举办前夕，西方人之间显而易见的分裂将产生最坏的影响。

我们应该接受华盛顿提出的原则性声明草案。同样，关于紧急措施草案，奥姆斯比-戈尔先生希望它的提交时间尽可能与原则性声明的提交时间保持距离，但他认为有必要在我们试图改进它之后接受它。

4. 前一天，奥姆斯比-戈尔先生与佐林先生及其主要副手罗什钦先生进行了长时间的特别会谈。他发现佐林先生根本不愿意让步。佐林先生不接受西方的计划。如果不同时解决核武器运载工具的问题，包括在外国领土上的

---

① 日内瓦市郊的奥尔默别墅，它是联合国欧洲办事处及设在瑞士城的诸多国际组织的法国常驻代表的住所。朱尔·莫克曾在那里居住。——原编译者注

② 佐林先生在4月20日的会议上发表的讲话中批评了3月16日的西方计划（关于该计划，参见19600318，FD000205），称该计划旨在军备控制，而不是真正的裁军。此外，裁减军事编制将释放出一定数量的常规武器，必须予以销毁。最后，他提醒说，苏联在1月已经决定在18个月内遣散120万人。——原编译者注

基地，他不会接受停止生产裂变材料及开始库存转换。外国基地也算运输工具，因为它缩短了运输距离，可以使用更小型的运载工具。

在基地问题上，他同意在第一阶段撤离其中的一些，下一阶段再撤离剩余部分。

5. 奥姆斯比-戈尔先生还告诉我，英国放弃了威慑政策，这体现在他们放弃了制造火箭，并且他一直期待与法国进行航空合作，尤其是在超音速客机领域。桑兹先生也表示赞同。

（吕军燕译、校）

19600429，FD000049

政治事务司备忘录①

（1960年4月29日）

盖茨建议的后续行动

在最近一次的北约理事会国防部长级会议期间，美国国防部长盖茨先生针对中程弹道导弹问题提出了一项建议，大家可以在文件备忘录②中找到此提议。国防部长指出，由于北约承认自1963年起对中程弹道导弹的需求，面对这些需求，美国人考虑了两种方式：美国卖给北约弹道导弹或者通过美国的技术援助在欧洲进行生产。在这两种情况下，弹道导弹都要服从欧洲盟军最高司令部的监督，相关国家要同意提前使用符合欧洲盟军最高司令部发展需求的弹道导弹以及安排核武器配件的库存。另外，在第二个方案中，要加上一项承诺，即在欧洲安装的生产设备要完全满足欧洲盟军最高司令部当前和未来的需要。

德勒斯先生指出，在未来几周或者数月内，理事会将研究如何答复。

根据办公厅掌握的信息，出于以下考虑，军方（拉沃将军的部门）将开展此项研究：

至1965年，法国就能够生产中程弹道导弹了，其性能要高于目前美国人推荐的导弹。根据建设计划，这一时期要生产一种机动导弹，由液体燃料推

---

① 文献来源：*DDF*, 1960, Tome I, pp. 539–542。
② 关于此提议，参见19600404，FD000048注释。

进（不是英国人和美国人开发的液氧，而是一些稳定、经济、可储存、可移动的液体，因此可以独立于生产工厂之外）。这些导弹能够安装总重量达 1200 千克的核弹头，其中 700 千克专门留给核燃料。其射程至少达到 3000 千米。和外国导弹相比，其唯一劣势是轨迹范围更大（距目标零点约 8 千米）。整个项目将生产大约 80 枚导弹，花费 1500 亿美元。（这些信息由莱韦克上校提供。）

4 月 15 日，这些项目得到戴高乐将军的批准。拉沃将军的助手证实，戴高乐将军已经下令优先实施。这一信息与总理办公室的信息相矛盾。

尽管如此，军方仍然表示，这项生产计划将花光法国为此类装备提供的所有资金，无论盖茨先生提出的政治条件如何，法国都只能拒绝美国的提议。

最后，即使资金到位，"北极星"也承受不了法国过于沉重的核弹负载。"北极星"的性能，尤其是射程（1200 海里），不能满足法国构筑核打击力量的需要。

4 月 26 日，在办公厅召开的一次会议上，条约司司长①提到，梅斯梅尔先生在北约理事会发言时曾经指出，法国只有收到美国在政治、军事、技术、财政各方面提议的详细情况，才能够对美国的建议发表意见。梅斯梅尔还说，法国政府同意向欧洲盟军最高司令部分配中程弹道导弹的原则，但从未听说过这项举动会耗费这方面全部的财政、技术等可支配资源，也未听说过在这个过程中这些武器将由欧洲盟军最高司令部统一部署。他最后总结说，法国不拒绝任何合作，相反，它期待这次合作，但是要考虑其他条件。

然后，各部、处的代表被问及，他们是否对如何落实这一声明有任何指示。换句话说，问题在于是否有一个问题清单，以便我们提供梅斯梅尔先生所说的必不可少的详细情况。此外，我们是否应该提出一些促使我们达成满意合作的反建议，而梅斯梅尔先生同意和我们达成的协议是取决于满意程度的。

军方代表表示，考虑到戴高乐将军作出的"决定"，这两种担忧已不存在。

然后，根据我们所了解的合作伙伴的意图，讨论的重点放在了对形势发展的展望上。

---

① 弗朗索瓦·德罗斯先生。——原编译者注

我们所了解的在同一领域内的英国政策①可总结如下：

1. 国家威慑力量

由于代价高昂，英国人放弃了他们的中程弹道导弹国家建设计划（"蓝光"导弹）。为了保持国家威慑力量，他们计划使用美国的"天空闪光"空地导弹，将其固定在"勇士"战略轰炸机的侧翼之下（现装备于皇家空军轰炸机司令部）并为其配备英国生产的核弹头。

另外，英国人还要自己建造核潜艇，然后从美国人那里买几枚"北极星"，前提是能够获得全部授权。

2. 欧洲联盟最高司令部分配的英陆部队

对于这些部队的配置，英国政府原则上接受盖茨先生的建议，前提是能够预知其安排（依据欧洲盟军最高司令部的计划部署和使用）。

因此，英国可能存在双重政策：在北约框架内接受；为轰炸机司令部的替换进行完全所有权的购买谈判，这两项政策不一定同时进行。

至于其他的北约合作伙伴，如果排除几乎肯定持拒绝态度的斯堪的纳维亚国家，它们可能也会接受盖茨先生的建议的。如果确实如此，那么局势就可能如下：数量上已经超过我们的西德部队将被配备强力导弹，组成欧洲盟军最高司令部主要的或者大部分的打击力量。它在盟军内所代表的分量，特别是在中欧的军事设备方面，将会极大地改变其平衡。这种形势的后果，尤其是对于苏联和"卫星国"来说，首先构成了政治问题。

假设，西德或者其他国家和我们一样拒绝了盖茨先生提供的建议，我们可以猜想一下美国会有何种态度：撤出欧洲？外围防御？欧洲盟军最高司令部的法国军官提及，诺斯塔德将军试图要求获得配置"北极星"的核潜艇的指挥权。

在当前状况下，没有任何涉及我们的谈论是有关盖茨先生的建议的，尽管这些建议已经明确提出。下面需要决定的是，在将于5月20日召开的下一次理事会会议上，德罗斯先生要使用何种理由解释法国对盖茨先生建议的拒绝。可以使用如下论据：

1. 我们从财务上已经不可能为"北极星"的事情抽出资源，而且我们还

---

① 参见19600404，FD000048。

要实施国家打击力量计划。

2. 我们认为美方提出的条件是不可接受的（使用和部署）。

在他们看来，这些条件不过是互助协议里的条件的重复，但实际上是增多和细化了，尤其是武器要由欧洲盟军最高司令部支配。然而，背景已经发生了根本性基本变化，因为我们被要求购买这些导弹。

总之，要作出以下决定：

1. 军方主张的简单、直接的拒绝态度是否得到政府批准，我们是否考虑通过反向建议来答复，比如我们加入该计划（可能获得某些全权的导弹……）。

2. 是否通过外交渠道告知华盛顿我们的立场，或者等待北约理事会的讨论结果。

（吕军燕译、校）

19600514，FD000219

德姆维尔与赫脱的会谈备忘录①
（1960年5月14日）
裁军问题

德姆维尔先生与赫脱先生于1960年5月14日11点
在外交部举行的有关裁减军备的会谈②

与会者：

赫脱、霍顿、伊顿、麦钱特、法利、麦克布赖德诸先生

德姆维尔、朱尔·莫克、阿尔方、吕塞、勒让德尔诸先生

德姆维尔建议研究一下有关检验核武器运输工具的文件。该文件由法国相关部门拟定并于5月12日送交给国务院。该套文件的前几页是法国提出的建议的整体综述；而建议的内容在最后两页。

赫脱随即提醒，他认为，一开始就作出只有在裁减军备过程结束时才生效的承诺可能会有很多风险。也许这样更符合逻辑：进行谈判并实施一些西

---

① 文献来源：*DDF*, 1960, Tome Ⅰ, pp. 629-631.

② 赫脱为参加峰会而访问巴黎。

方计划①中的前两个阶段的举措，然后再考虑一些补充的承诺。

德姆维尔也提醒说，这样的承诺无论如何都应该是有条件的。这样的必要条件是有关那份西方计划的正确实施和检验取得了令人满意的研究结论。但是，目标还是裁减军备本身。因此，就不能仅仅是讨论检验。如果研究工作以及随后的检验实施给出令人鼓舞的结果，那也许还可能作出一些承诺。

可以同有关停止核试验的谈判做一个对照。最终停止该类试验的协议只有在确保一个检验系统能够可靠运转时才能由参加日内瓦谈判的三个大国来达成。同样地，有关核武器的运输工具的承诺只有在检验系统的正常运转和效率得到保障时才有可能作出。唯一的区别是，对于核试验而言，在对检验进行研究期间核试验暂时停止了。对于核武器的运输工具来说，则绝非是这样的情况。

另外，法方有关运输工具的建议丝毫没有排除在其他裁减核武器或常规武器领域中所要考虑的措施以及研究内容。

赫脱强调了裁减核军备普遍上对于西方特别是对于美国所具有的严重性。他引用了远东和中国的例子，只有用现有的核装备才能保持住这些地区的形势。在核领域大规模地裁减军备，有必要发展出一个能够维持和平的国际机构。

另外，如果能够成功地就对核武器的运输工具进行检验的有效系统达成一致，这就会使"威慑"削弱或消失，也就是说对当前的战略构思和军力平衡作出最根本的调整。这样一个决定的影响力可能是巨大的。

伊顿问法方，文件内容是在西方计划的框架之内还是取代了西方计划。在第一种情况下，法方建议中第三段和第四段的内容处于计划的哪一个阶段？

德姆维尔回答说，该文件是对计划的补充。这是（对计划的）一种补充；也可以与之结合。文件中的规定和西方计划中的规定之间可以建立某种关联。至于文件与计划的不同阶段的具体关联，这在很大程度上取决于对于检验的事先研究的结果以及检验的良好运转。

另外，赫鲁晓夫肯定从大会一开始就会重提由苏联代表团在日内瓦提出的《全面彻底裁减军备的基本原则》②。目前，西方国家应该坚持他们提出的

---

① 于3月16日提交。有关该计划，参见19600318，FD000205。
② 4月8日苏联和东欧五国在十国裁军委员会上提出。

原则文件以及在其中所列举的条件（令人满意的检验、连续的阶段、国际组织等）。

赫脱把话题转回到法方文件和西方计划间的关联问题上来。他认为，将两者分开，从而导致核裁军与常规裁军或者维持和平的组织等之间的分离会很危险。

德姆维尔回答道，他并没有看到哪里有危险。确实需要某种关联，但是，对于西方计划中其他要处理的问题的研究绝对不会因为法方文件的提交而停止。

赫脱问道，法方的意图是否是要将这份文件递交到峰会或者日内瓦会议上。

德姆维尔表示，他打算在峰会上提交这份文件。

赫脱指出，这份文件同样要同意大利和加拿大进行讨论。

德姆维尔表示，如果我们在第一时间内在参加峰会的国家间达成一致，这个程序就完全不是必要的。

赫脱先生又谈到"承诺"问题及相关的危险性。他认为承诺是处在西方计划第三阶段的事，如果在前两个阶段就作出承诺的话会有危险。苏联一定会坚持要求得到"承诺"。如果苏联接受这份文件，西方就可能会"被作出承诺"。

德姆维尔再次表示，这只是有条件的承诺。我们可能也仅仅是"承诺进行研究"。对于运输工具检验的研究绝不会阻碍对随之而来的其他问题的研究，但是目前重要的是强调裁减核军备。

赫脱先生问道，在赫鲁晓夫将于5月15日[1]拜访戴高乐将军期间，裁减军备以及对裁减军备谈判的强调的问题是否会被提及。

德姆维尔回答道，这只是礼节性的访问，而且他不认为会涉及实质问题。总的来讲，法方的想法是可能一开始不会谈到德国问题，而是从整体问题开始。尽管如此，如果赫鲁晓夫坚持一上来就谈德国问题，可能也很难对此表示反对。

赫脱强调了法国文件让他产生的忧虑。苏联可能会接受对法国文件进行研究，强调这些问题而放过其他问题。不过，在伊斯坦布尔，西方部长们已

---

[1] 有关该次拜访，参见 DDF, 1960, Tome I, p.645 及其注释；[法] 夏尔·戴高乐：《希望回忆录》，第 217—218 页。

经商定将提出一系列的具体措施作为第一步。另外，如果法国文件必须要递交，应该和意大利、加拿大还有北大西洋理事会讨论一下。赫脱最后说，他感到"非常为难"。

德姆维尔重申，对这份文件进行研究不会妨碍对其他问题的研究。西方计划和苏联计划这两份计划已经被摒弃了；无论如何，应该再找到一个事项来继续谈判。至于赫脱先生提出的建议，目前好像不是必不可少的；如果我们之间存在一个协议，就不会有人提出反对意见。如果苏联接受对法国文件进行研究，这可能不会排除掉其他问题。在日内瓦会议进行的时候也许可以创建一个特别委员会。

赫脱先生表示他保留自己的观点。这个问题可能在转天5月15日星期日，在6点钟召开的西方三国政府首脑这一级别的会议中重新被提及。

随后，还简单提到了如下几个问题：

朱尔·莫克询问，对于170万至210万的兵员总数是不是还不能达成一个协议。无论如何，这会提出一个有关确定兵员编制的问题。

关于5月9日有关对发射基地和防止突然袭击的空军基地进行检查的美国备忘录[①]的内容，德姆维尔表示，从他这一方来讲，对于该文件，在没有涉及区域问题的范围内没有反对意见要提出。

朱尔·莫克强调，协议内容不能含糊，以避免再次在日内瓦召开会议的时候对协议文本的解释进行喋喋不休的争吵，如同在1955年政府首脑会议之后举行的外长会议上那样。

德姆维尔认为，赫鲁晓夫希望得到"一些东西"。如果在德国问题上一无所获，他可能希望在裁减军备方面得到些什么。

（沈练斌译、校）

[①] 19600521，FD000220 附件。

19600518，FD000045

外交部长备忘录①

（1960年5月18日）

停止核试验谈判的进展情况

关于停止核试验的谈判目前正在就几个方面的问题继续进行讨论。对太空、大气层、海底核试验以及2万吨以上的地下核爆炸的禁令和监督已经达成共识。② 今后面临的唯一问题是低于2万吨的地下核试验。

1. 延期的期限问题——苏联建议延期的期限长度为四到五年。相反，英国人希望的期限明显少得多（英国人建议一年半或最多两年）。另外，他们希望利用这段时间，通过共同实施一项包含一定数量核试验的研究计划以改善检测方法。直到目前，苏联对整个核试验计划都充满了敌视，但是，在5月3日的日内瓦会议上，察拉普金先生对英国人的论点作出了一些让步。

（1）他同意召开负责制定地下核爆检测标准的科学小组会议，并且建议这个机构从5月11日起开始举行会议。

（2）察拉普金先生接受了英国人的建议，共同执行一定数量的地下核试验，以检验2万吨以下试验的监督方法。

2. 监督委员会的投票程序问题——在这个问题上仍然存在矛盾。苏联人要求只在程序问题上使用少数服从多数的原则。至于其他问题，由三个理事国一致通过即可（否决权）。相反，英国人则支持在所有问题上采用多数票原则。看起来还要对适用三个理事国一致原则的问题清单进行协商。

3. 现场检测任务派出条款

（1）配额。美国代表团建议每年派出21次任务。苏联代表团则想大幅降

---

① 文献来源：*DDF*, 1960, Tome I, pp. 686-687。根据《法国外交文件集》中的注释，该备忘录由时任外交部政治事务司裁军处副处长的米歇尔·勒让德尔撰写。不过，根据《法国外交文件集》1960年第1卷提供的人物介绍，勒让德尔为欧洲司裁军处副处长。勒让德尔的职务在《法国外交文件集》中的注释和该卷的人物介绍中有所不同的情况，在《法国外交文件集》1960年第1—2卷中多次出现。

② 为了5月停止核试验会议的活动开展，尤其是关于所有空中、水下、地下的军事核爆炸问题，英国人提出了建立世界监督体系的新议案。苏联代表认为其很有意思，参见 *L'Année Politique*, 1960, pp. 476-477。——原编译者注

343

低这个数字。

（2）组成。在这个问题上未达成任何协议。然而，大家似乎倾向于三方组成的方案：三分之一西方阵营代表，三分之一共产主义阵营代表，三分之一中立代表。

（3）派出监督团队的决定。苏联继续支持由监督委员会根据个案的情况作出决定的原则（因此，还是服从于三个理事国一致的原则）。相反，英美两国更愿意机动监督团队的检测行为是自由的。

峰会失败之后，预测谈判的发展趋势已经不可能了。能够期待的结果之一，就是大国之间能就这个问题进行协商。

（吕军燕译、校）

19600521，FD000220

政治事务司备忘录[①]
（1960年5月21日）
（裁军办公室）
关于重新开启裁军会议工作

1. 日内瓦裁军大会有可能将于6月7日再次开启。[②] 由于首脑会议遭遇失败，[③] 这次会议将无法得到共同指导原则。说到底，我们将要面临的情况和第一次会议结束时的情况大致相当，同样的问题还会再次出现，而这次也无法指望着首脑会议能够试图解决这些分歧。

最近发生的事件不会使谈判变得更容易，但重要的是，我们的立场必须比以前任何时候都更为坚定和难以被对方攻击，这样才能得到其他国家以及舆论的支持。西方阵营建议对会议进行宣传，而苏方肯定会接受这一建议，这将使这种立场针锋相对的对抗更为重要。

---

① 文献来源：*DDF*，1960，Tome Ⅰ，pp. 706–710。
② 大会起草委员会虽然在4月28日至29日夜间工作到很晚，但并未就公布结论的联合公报的措辞达成一致。4月29日会议结束时发表的公报的内容仅限于"下次会议将于6月7日10点30分召开"。——原编译者注
③ 有关这次失败的情形，参见 *DDF*，1960，Tome Ⅰ，第221号文件。

此外，赫鲁晓夫在 5 月 18 日的记者招待会[①]上指出，苏方可能会在某一时刻将此议题诉诸联合国。下一次辩论可能是在裁军委员会上展开，也有可能是在下次联大召开时展开。西方阵营应在辩论中持有完整坚定的立场，才能确保轻松获得 2/3 的多数票。

2. 在西方盟国之间，困难依旧存在。自第一次会议结束之后，对话鲜有进展。法国和美国的立场差距显著，主要分歧在以下两点：

——我方认为，重点应放在削减核武器及其运载工具上；

——美方认为，裁军的总体指导思想是，要对最终阶段的裁军条款进行讨论，哪怕只是进行陈述，也必须等到初步的控制措施取得令人满意的实施效果之后才能进行。

然而，在 5 月 9 日的备忘录中及最近在巴黎举行的三国专家会谈中，美方有所让步，逐渐向我们的建议靠拢。如果这种趋势能继续下去的话，西方阵营的提议将有可能有较大进展，甚至可能重启他们的策略。

3. 大会第一次会议期间，我们一直被美方的态度困扰。在以下两个议题上，美方的态度非常谨小慎微：

a. 美方拒绝制定过于大胆的原则或目标。美方说，在没有建立有效的控制，且初步措施的实施状况也不够令人满意的情况下，他们担心会因为作出的承诺而受到约束。因此，美方招致了苏方的多次批评：即西方阵营只是建议控制军备，而不是真正的裁军。

b. 美方过于强调常规武器的裁减，尤其是裁减军员，即裁撤掉过时的部署。对于削减核武器，美方则过于谨慎，对于核武器运载工具削减问题，美方更是缄口不言。因此，他们提出的"具体措施"是不全面的，很容易招致批评。

4. 如果西方阵营能够达成一致，情况就会大有不同：

——提出更为大胆的裁军目标，甚至同意就此展开初步的协商，当然这些目标是不可能达到的。还可以提出，在初步的裁军措施得到令人满意的实

---

① 此次在夏乐宫召开的记者招待会可谓汹涌澎湃。赫鲁晓夫先是在会上宣读了序言，又回答了记者好几个小时的提问，语气咄咄逼人。详见 *DDF*，1960，Tome Ⅰ，第 221 号文件及第 677 页的注释。——原编译者注

施效果及合乎规定的控制之后，各方将要履行的承诺；

——提出一系列全面的初步裁军措施，涵盖各个领域，尤其是主要领域：削减核武器及其运载工具。

正是在法国的压力下，虽然美方仍持保留态度，但最近在巴黎召开的三国专家会谈①在此方面取得了进展。如果能沿着这条道路继续前进，西方阵营的立场和策略将得以重振。

5. 下附：

——5月9日的美方备忘录②；

——法国关于核武器运载工具的提案草案③；

——由专家制定的旨在合并法国提案与西方计划前两个阶段提出的六项具体措施的提案。④

5月9日的备忘录表明，美方关于核武器运载工具和发射台的立场出现明显进展。

法国的提案为裁军后续阶段可以采取的方式提供了范例，说明了如何既不必冒太大的风险，又可以避免苏方指责我们只控制而不削减武器。

由专家制定的提案展示了如何在法方提案的基础上，进一步完善和加强裁军的初步具体措施，并扩展到主要的武器领域。

在这些文件的基础上，我们可以制定全面的建议，涉及每项裁军措施，列出立即适用的规定并进行必要的控制，然后是后续规定。只有在实施了初步措施并进行了控制之后，才能考虑执行这些规定并履行相关承诺。

这种方式的好处是：

1. 这样，我们就可以提出一系列全面的裁军措施，可以马上用于谈判和执行。法国关于削减核武器运载工具的提案也被纳入其中。事实上，法国的这项提案很难在日内瓦会议上被单独提出。无论如何，国防部参谋部对此非

---

① 三方专家会谈于3月8日、9日两天展开，其对美国2月25日的裁军计划提出了修改。详见19600229，FD000201；19600310，FD000202。

② 见以下附件。

③ 见19600514，FD000219。

④ 该文件缺失。关于伊顿先生提议的六项具体措施，详见 *DDF*，1960，Tome Ⅰ，第196号文件。——原编译者注

常反对。

2. 我们可以把每一项措施都摆到会议桌上，在过去的四个月，盟国之间开展了专家工作，借此，我们可以提出完整的、坚实的、很难被批评的文件，苏方无法对此视而不见，而这也必将迫使其表明立场。

3. 针对每一项措施，我们都会补充目标和最终规定，这将是后续措施和符合逻辑的结果，但是这些措施的实施和与之相关的承诺显然取决于初步措施在管控下的实施情况。这将防止苏方批评这些措施只是"军备控制"而已，因为一旦初步措施的实施可以令各方满意，就会采取全面的裁军措施。这也符合我们的《全面彻底裁军的原则和条件》[①] 文件的逻辑顺序，我们必须保留这份珍贵的文件，即使这只能阻止苏方指责我们不想全面彻底地裁军。因为目前看来，很难在这份文件与苏方相关文件的基础上与佐林先生达成一致。

4. 我们的立场仍处于西方阵营计划[②]的范围内，保留这个共同基础对我们有利。此外，我们还要对这个计划进行发展、加强、补充，尤其是要以不同的更为惊人的方式介绍这一计划。

5. 如果我们在五六周的时间内，介绍一系列非常完整的具体的裁军措施（十条左右），其可以立刻用于谈判及实施，并附有后续措施及目标，如果我们为每一条措施提交一份精心准备的文件，我们就可以表明我们裁军的意愿并展示我们这种方法的优点。届时，如果苏方还是继续他们关于全面彻底裁军的基本原则的那种学术式的、抽象的、乌托邦式的陈述，双方截然不同的对比就会对我方有利。

如果部长愿意接受这些建议，我们将在上述基本路线的基础上，准备一份更为完整的资料，以便在5月30日向我们的四个西方伙伴[③]陈述。

---

① 该文件是4月26日由西方阵营代表团向起草委员会提交的，文本收录在 Documents on Disarmament, 1960, pp. 81-82。

② 3月16日的计划，详见 19600318, FD000205。

③ 在下一次西方五国会议上。参加十国裁军委员会的西方阵营国家有美、英、法、加、意五国。——原编译者注

附件

1960年5月9日美方备忘录

绝密

一、作为草稿，以下建议可以在一定程度上避免由于不幸的偶然事件或误算造成的事故。只有在规定的监督系统真正发挥效力的情况下，这条建议才能在军事方面对北约有利：

1. 在达成共同协定的基础上，对北约和苏联阵营布置在世界范围内（在最终协议中，应把中国包括在内）的航空基地和作战导弹发射场地进行实地检查。

2. 共同协议应规定对哪些基地和场地进行监督及进行何种程度的监督。例如，如果苏方同意将整个苏维埃联盟置于监督之下，则美国全境及加拿大也可以接受类似的监督。然而，如果苏方只接受对乌拉尔山以西地区的基地和场地进行监督，则北约接受监督的地区可以局限为加入北约的欧洲国家及中东地区。

3. 移动发射场可以被包括在内，如果在这一点上能够达成一致的话。

4. 监督航空基地的人员应被告知停放于该基地地面及处于警戒状态的飞机数量，并有权对这些信息进行核实，应允许核查人员观察飞机的起降数量。

二、上述提议大致包含以下优点：

1. 该提议可以给双方带来真正的军事利益，我们不必担心突袭、由于不幸的偶然事件或误算造成的事故。我们可以察觉并报告任何军备的集结或是重要的行动以及发射场地任何异常的行动。交通网的数量及地理分布的改变本身就是一种有效的预警。

2. 对导弹发射场地及航空基地进行监督可以被看成是对武器运载工具进行监督的第一阶段措施，法方已经强调过对运载工具进行监督的重要性。在后续阶段及最终阶段，则要对导弹进行真正的监督和销毁。

3. 上述提议可能会使舆论感到震惊，因为全世界都在担心导弹袭击和空袭，无论是故意发动的，还是由于误算引起的。正如前面说过的，只有这条提议得到各方的接受并真正付诸实践，才会在军事方面带来好处。苏方只有看到这条提议能为他们带来好处的时候才会认为其可以接受。而一旦苏方拒绝了该提议,他们将很难面对舆论的压力。

(唐璇译,姚百慧校)

19600528,FD000224

政治事务司备忘录①
(1960年5月28日)
(裁军办公室)
5月28日朱尔·莫克团长与部长的会面

朱尔·莫克团长在5月28日与部长会面后作出了如下指示:

1. 在与伊顿先生的会晤中,部长向其指出我们对美国代表团在日内瓦提出的六项措施②表示反对,但是我们仍然忠于西方阵营的计划③。

2. 在目前的状况下,向日内瓦大会提交关于核武器运载工具的文件是不可取的,但是我们可以提及全面削减核武器并就此展开我们的观点。

3. 法国代表团应努力避免苏美关系的任何恶化。在目前的局势下,想要美苏和睦是不可能的,但是应努力重建一种缓和的氛围。

4. 目前,法方没有任何机会执行扮演美苏中间人或调停者的政策,法国代表团只能满足于宣传真正的裁军。法国可以就此在某些情况下,采取自主的立场。

5. 我们仍然忠于西方阵营的计划,但是我们要尽快到达该计划的第三阶段,前两个阶段在裁军方面不包含任何实际措施。

(唐璇译、校)

---

① 文献来源:*DDF*,1960,Tome Ⅰ,pp.736-737。
② 文中提到的六条措施,详见 *DDF*,1960,Tome Ⅰ,第196号文件。
③ 关于3月16日提出的西方阵营计划,详见19600318,FD000205。关于莫克宣读并评论的"西方阵营有关原则建议的陈述以及该建议与东方阵营建议的对比",详见 *Documents sur le Désarmement, Conférence du Comité des Dix Puissances sur le Désarmement (Genève 15 mars–29 avril 1960)*,pp.42-46。

19600602，FD000153

东南亚条约组织限制性外长会议①

（1960年6月2日）

沃尔特·纳什先生：

新西兰总理沃尔特·纳什首先发言，他强调《东南亚集体防务条约》（《马尼拉条约》）的各缔约国正面临着危险，因为一些成员国滥用强制措施。在他看来，南越和老挝的弊选②都是令人十分遗憾的。接下来，纳什表明了新西兰政府关于东南亚条约组织制定可能军事干涉计划的立场。新西兰不反对制定相关计划，但认为只应涉及单纯的军事技术，而不应包含任何的政治介入。只有在受邀介入的情况下，东南亚条约组织才能发布政治指令。纳什认为，若非如此，该组织成员国就会超出《马尼拉条约》的框架。纳什随后强调了计划准备工作绝对保密的必要性。保密工作将非常难做，因为一旦涉及后勤方面，就几乎不可能绕过一些私人企业，例如石油运输企业。这可能导致计划的外泄，如果共产主义阵营借此获得信息，我方必将损失惨重。

纳什接着提到了东南亚一些国家的内政问题。他指出这些国家借反共之名，挞伐异己，丧失舆论支持，使得许多本可以集结在保卫民主自由旗帜下的人投入了反对阵营。这是非常令人痛心的。纳什希望有关各方努力使这些政府认识到自己犯下的错误，并促使其改变态度。

之后纳什谈到了老挝的状况，他非常高兴地看到联合国的介入及联合国秘书长达格·哈马舍尔德所采取的举措。③大批技术人员到达老挝，这将会改善该国落后的经济社会状况。老挝目前缺少的并不是武器，而是有能力并且关注民愿的政府……

---

① 文献来源：*DDF*, 1960, Tome Ⅰ, pp. 795-802。东南亚条约组织外长理事会第六次会议于5月31日至6月2日在华盛顿特区举行。关于所讨论主题的详细分析，参见*DDF*, 1960, Tome Ⅰ, 第306号文件转载的6月28日发自曼谷的第143/AS-O号急电。

② 在老挝，1960年4月24日和5月8日的选举使右翼政党取得明显胜利；因此，反对派声称军队和政府对选民施加了压力（参见*DDF*, 1960, Tome Ⅰ, 第242号文件）。在南越，1959年8月30日的议会选举导致民族革命运动和由吴廷琰总统的两个兄弟创立的个人主义劳工革命党（Parti Personnaliste Révolutionnaire des Travailleurs，简称 Cần lao）取得明显胜利。——原编译者注

③ 关于哈马舍尔德的倡议，参见*DDF*, 1959, Tome Ⅱ, 第227号文件。

赫脱先生：

赫脱首先回应了新西兰总理关于制定军事干涉计划的发言。制定计划是必要的，无论这些计划将来是否会被执行……我们应该制定好计划，即使执行计划的条件尚不明朗。东南亚条约组织成立的宗旨就是保护各成员国免受共产主义的威胁。其存在的主要理由是及时采取必要措施，在需要时准备好介入。因此，它的主要职能之一就是制定计划。制定了计划并不意味着计划一定会被执行。但是，如果有一天东南亚条约组织不得不介入，而又未曾根据可以预见的政治假设制定计划，那么该组织将无法完成《马尼拉条约》中所规定的任务。

塞拉诺先生：

菲律宾外长塞拉诺之后发言，他对全会上提到的共产党中国可能加入联合国一事表示遗憾。关于这个议题的讨论已经收入全文实录之中，共产主义者可能借此发现东南亚条约组织各成员国在这个问题上存在着严重分歧。塞拉诺指出菲律宾政府坚决反对对共产党中国任何形式的承认。诚然，不可否认的是北京政府能代表中国民众，但是菲律宾政府的态度更多的是出于政治需要，而不仅仅是对事实进行观察……塞拉诺认为泰国外长将会同意他的看法，但基于他刚才解释的原因，他无法同意纳什先生和塞尔温·劳埃德先生在全会上提出的看法。

此后，菲律宾外长谈到了印尼。菲律宾政府竭尽全力，努力改善与印尼政府的关系，却未能如愿。虽然菲律宾非常谨慎，印尼总统苏加诺仍指责其支持苏门答腊岛和苏拉威西岛的叛乱。日前，印尼怀疑菲律宾在新几内亚事件①中支持荷兰，并向菲多次发布抗议照会。苏加诺政权式微，纳苏蒂安将军的力量正在壮大，但就目前为止，苏加诺仍然主导着政局。苏加诺利用伊里安岛这一根本无关其国家利益的问题，纠集忠于自己的政治力量，转移各界对其政府失信的关注。然而，苏联极有可能利用由此引发的动乱，将印尼拉入共产主义阵营。塞拉诺担心美国向印尼提供的军事援助无助于苏加诺切断

---

① 自1960年以来，印度尼西亚一直声称拥有荷属西新几内亚或伊里安。10月，荷兰不得不接受将伊里安移交给联合国。前新几内亚东部在澳大利亚托管下将于1973年实行内部自治，并于1975年9月16日以巴布亚新几内亚的名义独立。——原编译者注

与苏联的联系。万一苏加诺利令智昏，损失不可估量。为此，他向赫脱提起该问题并要求解释。

孟席斯先生：

孟席斯附议塞拉诺对印尼政治形势的看法。他最近和苏加诺进行了会晤，苏加诺对印尼的真正问题毫不关心，他的地位正日益削弱；但是，没人能预测一旦纳苏蒂安夺取政权后会如何行事。孟席斯认为印尼唯一有能力的政治家是副总统穆罕默德·哈达，而此人已退居二线，他对此感到遗憾。澳大利亚与印尼的关系总体来说尚好，两国政府唯一的分歧就是新几内亚问题。孟席斯曾建议苏加诺将此纷争提交国际法庭仲裁，但苏加诺拒绝了这一提议并指出该问题不是司法问题，而是政治问题。苏加诺公开向孟席斯表示他不会使用武力达到其目的。此外，向印尼提供的武器有明确的使用条件，即不能用于对付在新几内亚的荷兰人。

在承认共产党中国及联合国对其接纳的问题上，孟席斯赞同塞拉诺的观点。北京方面不放弃台湾，却能得到承认并加入联合国，这简直是无法想象的……

最后，孟席斯支持赫脱的建议，认为制定军事干涉计划是必要的，无论出于哪些政治原因，无论这些计划最终是否会施行。

顾夫·德姆维尔先生：

顾夫·德姆维尔认为关于共产党中国加入联合国的讨论还为时尚早，我们现在无力改变现状，只能接受。德姆维尔随后表示，他不清楚印尼关于伊里安岛问题的立场。印尼方面认为这是其内政还是只是一句政治口号？

塞拉诺回应称，无论印尼是否真的重视该问题，对于东南亚条约组织各成员国来说，重要的是共产主义阵营是否会利用该问题，从中获利。

赫脱说，如果雅加达的各方政治力量对苏加诺施压，要求其不得使用武力针对新几内亚的荷兰人，这或许会有效。

德姆维尔附议了赫脱的意见。他表示各成员国应做好预防工作，一旦印尼介入新几内亚问题，采取不谨慎的做法，这将无疑开启危机之门，其后果不堪设想。

狄龙先生：

狄龙对塞拉诺提出的对印尼的军事援助作出了回复。军事援助的目的在于增强印尼军队的地位，因为军队是印尼唯一稳定的力量。每年会有为数不少的印尼军官在美国实习，美国国务院认为可借机向这些军官揭示共产主义者反美宣传的虚假性。无论如何，军援项目的执行不会危及荷兰在新几内亚的统治，印尼方面就此已作过多次保证。此外，该项目的持续必将对印尼的政治前景产生影响，因为军队已在该国占据重要地位。

此外，美国还向印尼提供技术支持，改善其港口、公路和基础设施。但是，美国无意助其消除其贸易赤字和财政赤字。

塞尔温·劳埃德先生：

劳埃德明确指出，英国向印尼提供军舰，其目的在于保持和苏加诺政府的联系。英国和美国一样要求印尼作出同样的保证。劳埃德和赫脱一样，希望东南亚条约组织各成员国在雅加达强调，印尼政府炒作新几内亚事件非常危险，无异于玩火自焚。

至于承认共产党中国的问题，劳埃德认为正如塞拉诺所说，将全会全文实录公之于众确实会产生不利影响。但是，媒体已然得知消息，想要弥补失误为时已晚。劳埃德建议从此以后采取新的议事程序：全会记录可以采取类似北约的方法，即不采取全文实录的方式，而是简要的综述。他建议将该议题提交东南亚条约组织常委会研究。

在制定军事干涉计划方面，劳埃德认为设立军事研究常设办公室的目的就在于制定计划。计划实施的条件确实是个问题，是纯粹的政治问题。但是，为保证必要时有章可循，制定计划是必须的。

他纳·科曼先生：

他纳·科曼对印尼的政治前景并不悲观。苏加诺及其追随者只是社会主义者，绝不是共产主义者。如果他是共产主义者，就不会在国内采取排华措施。苏加诺曾亲口对科曼说，泰国加入东南亚条约组织理由合理充分……科曼建议对印尼实行克制和灵活的政策，以免错失使印尼政府向有利于"自由世界"的方向发展的机会。

科曼附议塞拉诺关于承认共产党中国的观点。一旦此事成真，对暹罗的影响将远甚于菲律宾，因为泰国的华人群体数量更多。共产党中国实际并不在意亚洲国家是否承认其合法。它所关心的是美国对它的承认，它把美国看成是唯一重要的对手，并希望美国因此放弃台湾……

泰国只是一个小国，但由于其处于特别危险的位置，它与东南亚条约组织制定的军事计划直接相关。泰国已经做好准备，愿全力支持东南亚条约组织制定计划，并在必要时执行这些计划。

在全会召开时，孟席斯曾号召东南亚各国忘记内部之争，团结起来共同抵御各国面临的威胁。科曼强调，泰国政府多年来致力于加强与邻国的联系，如今泰国政府的努力已经结成硕果。暹罗尤其是与政治中立的缅甸保持着良好的关系。唯独柬埔寨仍对泰国抱有敌意。科曼主动破冰，亲赴金边；然而，结果的改善未能超过三个月。柏威夏古寺争端业已交由国际法庭仲裁，该争议不应成为柬埔寨政府长达三个月来侮辱泰国政府的理由。柬埔寨刻意将自身塑造成受害者的形象，是为了从西方阵营和共产主义阵营双方那里获得援助。这一政策目前看来是有效的……无论如何，泰国政府郑重地重申，它对柬埔寨没有侵略企图，也不觊觎柬埔寨任何一部分领土；因此，柬埔寨为请求北京方面援助所列举之理由实为无据可考，至少针对暹罗的指控为不实之词。

科曼随后回应了孟席斯和纳什对东南亚国家政府内政的关切。在暹罗，虽然没有民选议会，但并不意味着民主自由没有保证。但是，根据各国经验，泰总理坚持该国只有在议会能够健康稳定运行时才会设立议会机构。如果东南亚条约组织所有成员国都要采用同样的形式和结构，科曼只能转述泰国在此问题上的特殊关切。泰国是一个王国，而君主制和自由主义共和国一样，都可以保障民主的实施。

曼祖尔·卡迪尔先生：

卡迪尔只是指出，承认新中国并使其加入联合国将导致台湾当局被遗弃，并带来一系列问题。他问各国外长是否认为有可能走出困境。

纳什先生：

纳什宣称新西兰已经做好让北京政府加入联合国的准备，但是它不接受台湾因此自动回到共产党中国。此外，纳什认为巴基斯坦现任政府比上届政府要好，同时认为自己没有权力批评泰国政府。他并不是说东南亚条约组织的所有成员国都应建立民主政府，但老挝和南越的弊选可能导致局面的复杂化，而东南亚条约组织随后将介入。该组织对此问题的关切是正常的，其旨在纠正这种权力滥用的情况。

（唐璇译、校）

19600602，FD000226

德让致德姆维尔电（第2198—2203号）①
（1960年6月2日）

1. 今天（6月2日）上午，葛罗米柯先生召见我，向我转交了赫鲁晓夫先生今天就裁军问题致戴高乐将军的信函。② 随函附有一份8页的印刷文件，也是6月2日的，题为"苏联政府关于全面彻底裁军协定基本条款的提案"③。

葛罗米柯先生告诉我，类似的信函今天已经或将要向十国委员会成员国政府代表及其他政府发出。我知道印度大使已被接见。

苏联政府打算从明天起开始公布各种信息和附件。

2. 赫鲁晓夫先生在给共和国总统的信中强调，全面彻底裁军仍然是当今最重要的问题。

苏联政府为巴黎会议准备了一些提案，这些提案就是赫鲁晓夫先生去年9月在联合国大会上提出的方案。为此，它早就研究了其合作伙伴的一些想法，特别是法国政府关于从一开始就销毁核武器运载工具的建议。它还考虑到其他国家政府在十国委员会工作期间提出的一些提案④。遗憾的是，苏联政府编写的文件未能在巴黎提交。

苏联政府决定继续其和平共处政策，在今天向所有国家政府提交了议案，供其审议，因为它确信这些提案符合联合国大会1959年11月20日的决议。

苏联政府首脑特别提请戴高乐将军注意这样一个事实，本文件考虑从第一阶段开始对所有核武器运载工具进行销毁，这自然会涉及建在外国领土上

---

① 文献来源：*DDF*，1960，Tome Ⅰ，pp. 752-754。
② 19600602，FD000227。
③ 该提案在6月7日被提交给十国委员会。提案的条款分为三个阶段。在不超过一年半的第一阶段中，将销毁核武器的一切运载工具并禁止制造此种运载工具；将取消一些外国军事基地并从别国领土撤回一切军队；一切为和平目的发射的火箭将受到视察；并将禁止扩散核武器或关于制造核武器的情报。监督组织将有权毫无阻碍地进行视察。在第二阶段，将在就地视察下完全禁止核武器和其他大规模毁灭性武器，将美苏两国武装部队各裁减到170万人的数额，并按照《联合国宪章》共同研究关于维护和平与安全的各项措施。第三阶段将完成全面彻底裁军的进程。维护和平与安全的各项措施将按照《联合国宪章》由安理会支配下的警察部队来执行。参见《联合国与裁军》，第97—98页。提案全文见 *Documents on Disarmament*，1960，pp. 100-111。
④ 6月2日，佐林先生在一次简短的采访中向德让大使强调了苏联提案中的"新"观点，尤其是其接受了法国在核武器运载工具问题上的立场（6月2日发自莫斯科的第2228—2231号电报，未转载）。——原编译者注

355

的外国基地。

其他阶段包括禁止生产核武器和彻底销毁各国的战争机器。

苏联政府认为，这些建议应该进行充分研究，特别是在十国委员会上。

赫鲁晓夫先生强调，本国政府严重怀疑西方大国的裁军意愿。它们向委员会提出的计划不能被视为裁军计划。这些大国仍然希望在不裁军的情况下进行监督。

最后，赫鲁晓夫先生表示，苏联政府的提案旨在帮助和促进就当前的主要问题达成协议，他希望它能够得到法国政府的理解和支持。

3. 我将在下一次休假时转交苏联外交部长给我的信件及文件的译文。

4. 苏联政府首脑本人很可能会于明天上午11点在克里姆林宫举行的新闻发布会上对新提案发表评论。

（吕军燕译、校）

19600602，FD000227

赫鲁晓夫致戴高乐的信[①]

（1960年6月2日）

总统先生：

我谨就全面彻底裁军问题向您致函，这是当今世界面临的最重要的问题。在当今原子、宇宙火箭和电子的世纪，特别迫切需要以远见卓识采取大胆措施来解决裁军问题。事实上，很明显的是，今天仅靠讲道理已经不能抵御军备的旋风，而后者正导致一场史无前例的灾难，[②] 并对社会生活的各个方面产

[①] 文献来源：*DDF*，1960，Tome Ⅰ，pp. 754-757。德让当天通过第2207—2220号电把该信发给德姆维尔，原件于次日从莫斯科寄往办公厅。实际上，该信也被送至所有国家的政府首脑，并在6月3日由莫斯科广播电视播出。信的英文版，见 *Documents on Disarmament*，1960，pp. 98-100。

[②] 赫鲁晓夫在各类讲话中都曾反复提及这一主题，特别是1月14日的讲话，之后，最高苏维埃向各国政府发出呼吁（发自莫斯科的第216号电报，未保留）。

必须指出，苏联自身取得了惊人的科学成就，塔斯社及新闻界都定期进行宣传。例如，苏联向太平洋发射了一枚多级火箭，用于在太阳系行星间的宇宙飞行（1月22日的第284号电报，未转载）。该火箭坠落点的精度与艾森豪威尔总统所指的"阿特拉斯"火箭的精度级数相同（1月22日的第285—287号电报，未公布）。

苏联社论极力对美苏科学家进行对比，称苏联科学家为和平而努力，而美国人则"离和平差得很远"（5月23日的第2100号电报，未转载）。——原编译者注

生真正的灾难性影响。

在筹备政府首脑巴黎会议时，苏联政府提出了一些建议，这些建议本身代表着我及苏联政府对全面彻底裁军计划的推动，并于去年9月提交给了联合国大会第十四届会议审议。在这些建议中，我们研究了同行们在谈判中表达的想法，特别是法国政府提出的，在执行裁军方案的初期，应采取措施销毁核武器运载工具（实现核武目标的手段）。另外，特别是在十国裁军委员会展开讨论期间，我们还考虑了一些政府提出的其他一些提案。遗憾的是，我们未能在政府首脑会议上就这些提案进行讨论。

最近发生的事件不仅没有削弱，反而加强了苏联政府的决心，即努力就裁军问题、终止危害人民和无用的军备竞赛问题作出根本性决定。苏联政府在其一贯的国家共存政策的指导下，将一如既往地采取一切必要措施，治理国际环境，改善国家间的关系。

我从巴黎返回莫斯科后，苏联政府研究了当前的局势并得出结论，必须将为政府首脑会议准备的关于全面彻底裁军的提案提交各国政府审议。

随函附上阐述苏联政府关于实现全面彻底裁军的提案之内容的相关文件①。

我们相信，这些建议符合大会1959年11月20日一致通过的关于全面彻底裁军的决议精神。

我要提请您注意，苏联政府的方案中已经考虑到在第一阶段禁止和销毁所有核武器运载工具、各类射程的火箭、军用飞机以及可作为核武器运载工具的军用潜艇、各级别和类型的潜艇、所有火炮以及可作为原子弹和氢弹运载工具的所有其他手段。

很明显，只有从各国的兵工厂撤出并销毁所有的原子弹和氢弹运载工具，才能充分保障各国的安全。当然，与此同时，也必须要清理外国领土上的所有军事基地，撤出外国军队，因为所维持的这些基地和部队或许会被用来侵略周边国家。

在执行裁军方案的早期阶段实施这些措施，将摆脱突然爆发核战争的威胁，并从根本上改变国际环境。在之后的阶段，将采取措施禁止核武器和其

---

① 即苏联6月2日的裁军方案。

他类型的大规模杀伤性武器,清理各国军队和战争机器,从而最终并永久地在人类社会的生活中消灭战争,结束军备竞赛。随着裁军方案的实施,应将相应节省出的部分资金用于向欠发达国家提供援助。

正如您从我们的提案中看到的那样,它们包含关于监督裁军措施的详细规定,任何国家都不能逃避执行全面彻底的裁军协定。我们根据裁军方案的不同阶段制定了具体的监督措施,确定了监督目标、监督机构的结构和组成以及现场监督人员的权利和权力。我们的新提案提出了详细的监督规定,进一步证明了苏联主张对裁军进行严格和有效的监督。

苏联政府认为,这些提案应首先提交十国裁军委员会全面审议,该委员会不久将在日内瓦恢复工作。

同时,我要指出,苏联政府严重怀疑本机构中的西方大国代表是否希望进行裁军。虽然这些国家在大会上表示赞成关于全面彻底裁军的决议,但人们感觉到,它们实际上并没有准备执行这项决议。众所周知,西方国家向委员会提出了一项计划,尽管人们抱之以希望,但不可能称之为全面彻底裁军计划。事实上,即便这项计划得以执行,其也将保留军队、军用飞机、作战坦克、大炮、外国军事基地、总参谋部以及核弹。本质上,西方大国提议的不是裁军而是监督。说实话,这种监督只不过是情报和间谍活动。但是,任何一个关心其国家主权的政府都不会赞同这么做。

苏联政府希望实现有效和彻底的裁军,销毁各类武器,严格监督裁军,这样就没有人能够武装自己,就没有人能够以战争相要挟。

总统先生,请允许我表达希望,苏联政府的提案完全是希望帮助和促进就当前的主要问题——全面彻底裁军问题——达成协议,希望这能够得到贵国政府的理解和支持。

请接受我的敬意。

(签名:赫鲁晓夫)

(吕军燕译、校)

19600603，FD000228

政治事务司备忘录①
（1960年6月3日）
（裁军办公室）
苏联关于裁军的新提案

一、苏联的新计划②不仅比赫鲁晓夫1959年9月18日在联合国提出的计划更灵活，而且更全面、更值得关注。苏联提出这些新建议的原因很多，总结如下：

（一）莫斯科意识到其立场的支持度不高，尤其在联合国的辩论环节。西方1959年在纽约及日内瓦会议第一届会议期间提出的反对意见往往得不到苏联的回应。在没有明确的监督迹象的情况下，在四年内实现全面彻底的裁军，并且只把常规裁军放在首位，这种想法在全世界，无论是在中立国还是在亚洲或非洲，都没有引起多少反响。大家都意识到此类建议的乌托邦性和缺乏严肃性。莫斯科必须在日内瓦会议复会及可能在联合国进行辩论之前更新其计划。

（二）此外，在补充和扩展其先前的提议时，苏联或许还有另一个目的，那就是置法国于棘手的境地，并试图分裂西方阵线。有趣的是，在苏联计划的第一阶段，法国立场的要点被置于醒目位置。准确地说，他们还参考了其他意见，例如英国关于维持和平组织的想法。

（三）除了这些战术考虑，现在判断苏联提案的具体价值还为时过早。他们确实作出了很大努力，但这仅仅是为了招架和反击西方的主要批评，这些批评迄今尚未得到回应，他们或许正真诚地期待谈判。苏联的回应在很大程度上将取决于其对待监督这一基本问题的态度。过去有很多次，例如1955年5月10日和1959年9月18日，苏联人在介绍其计划时，都会在一段时间内制造假象，就监督问题发表掩饰其真实意图的虚假声明。迫于具体问题，苏联人不得不表明他们的传统立场没有改变。因此，只要没有新的检验，就很难对苏联的新计划作出判断。

---

① 文献来源：*DDF*, 1960, Tome Ⅰ, pp. 767–770。
② 6月2日。关于该计划，参见19600602，FD000226；19600602，FD000227。

二、全面彻底裁军计划的表达方式，甚至其总体理念，在某些方面都作了修改。莫斯科试图缓和其先前提案中的极端或不现实之处，并对主要批评作出回应。这些修改主要表现在五个方面：

（一）赫鲁晓夫计划最大的不足是把常规裁军单独放在首位。诚然，佐林先生在日内瓦会议第一阶段辩论期间，增加了不"首先"使用核武器的承诺，但这只是一种道德承诺，一直受到西方的批评。新计划就第一阶段核武器运载工具的监督作了规定，这些规定吸收了法国的理念，但有以下重要区别：

1. 它建议第一阶段停止生产并销毁所有核武器运载工具（火箭、飞机、船只、火炮等），而我们建议随着监督手段的落实、确保其有效性以及其他裁军措施的执行而逐步减少。

2. 在苏联计划中，这项规定与如下要求关联：

——所有外国部队返回其国家边界内；

——清理所有外国基地和仓库。

3. 禁止发射卫星不仅适用于那些核武器运载工具，而且适用于所有"特殊设备"，其目标可能指美国的定位或摄像设备。此外，还涉及禁止一切能够运输核弹头的工具，比如船只离开领海、飞机离开本国领土等规定。

因此，在苏联的概念中，火箭、外国基地与部队问题和其他核武器运载工具问题之间必然存在联系。

4. 最后，苏联的计划重新采纳了联合国几项决议中提出的核大国承诺不向其他国家泄露其秘密和武器的意见。

（二）对苏联计划的另一个主要批评是关于四年期限。在政治争端如此之多的情况下，为全面彻底裁军规定一个紧迫和强硬的期限很不现实。

苏联的立场在这一点上相对灵活。四年期限继续保持，但也可由任何其他商定的期限代替。同样，第一阶段的时限从一年延长到一年半，但监督机构必须向安全理事会提交报告。如果其想法与我们在华盛顿向盟国阐述的想法一致，即向最终裁军要求逐步过渡，那么似乎就有可能解决裁军谈判中最大的困难之一。

（三）此外，西方人早就表明，如果不建立一个能够维护和平的国际组织，亦即一个能够伸张正义、令行禁止的国际组织，则不可能废除国家军事组织。为了回应这一批评，新的苏联计划提出"符合《联合国宪章》的维护和平与安全的措施"。"在必要时,各国承诺向安全理事会派遣仍然由国家支配的警察部队或民兵部队"。

(四)当然,最重要的问题是监督问题。如果苏联的传统立场没有改变,也就是说,只有在作出承诺和采取裁军措施之后,才能研究和实施监督,而且监督的是"裁军",而不是"现有的"裁军,苏联的新提议只能引起一定的兴趣,不会长期制造假象。监督规定的内容给人的第一印象非常不好。有人指出,负责为建立国际监督组织制定具体政策的筹备委员会只有在"条约签署之后"才能成立。同样,只有"协议开始生效时",才能在联合国框架内设立监督组织。

因此,日内瓦会议重启之后,我们的着力点必须首先集中在关键的监督问题上。只有完成这项探究工作,再根据苏联的回应和态度,才能对苏联新计划作出真正的价值判断。

(吕军燕译、校)

19600603,FD000050

斯巴克致美国当局的照会①

(1960年6月3日)

关于盖茨在国防部长会议(1960年3月31日—4月1日)上的建议

我认真思考了盖茨先生关于中程弹道导弹的建议②,我不想掩饰它给我带来的巨大担忧。

我相信,如此方式表达的建议,无论哪种选择,都不会被所有盟国接受。

我认为,这种拒绝带来了军事和政治方面的实际风险。

我感觉法国的反对是最明确的,不得不说,我对此非常理解。

---

① 文献来源:*DDF*, 1960, Tome Ⅰ, pp. 772-774。斯巴克在其回忆录中也提到这份材料,见 Paul-Henri Spaak, *The Continuing Battle: Memoirs of a European, 1936-1966*, pp. 324-325。根据《法国外交文件集》中的注释,该照会被法国常驻北约副代表于尔根森以手抄信的方式转达:"我们通过格雷格对这封公函的精神,而不是对文本的细节施加了一定的影响。尽管里面的措辞对我们来说难以令人满意,但是斯巴克的意图无论对于联盟的利益还是法国的利益来说,都代表了一种努力,在我看来,其具有一定的价值。"——原编译者注

② 关于此提议,参见:19600404,FD000048 及注释;19600429,FD000049。

盖茨先生的建议要求分配给盟军各国的"北极星"要全部接受欧洲盟军最高司令部的部署，至少我是理解的，但这意味着法国不能将其用于构筑国家打击力量。

如果法国接受了这样一个建议，那就意味着它彻底放弃组建一支国家核报复力量。确实，如果法国要花费巨资购买一批最终却属于北约的导弹，那才是不可想象的，更何况，它正努力研制一种可以小规模生产的、属于自己的导弹。

戴高乐将军多次并且最近再次重申，法国的政策是致力于构筑国家核报复力量，而这需要巨大的财政努力。一方面增加支出为北约购买"北极星"，另一方面生产功能相同、军事覆盖目标一致的导弹，这是不合理的。

因此，法国的明确拒绝会影响北约内部核政策一体化的实现。或许美国能够和部分国家就双边协议进行谈判，但是北约的整体需求难以覆盖，核战略的统一将遭到破坏。

如果说，从军事的角度来看，当前的既成局面令人忧心，那么政治上的成果则无可挑剔。

法国政府现在已经认定，北大西洋联盟尽管存在，但却不是总能帮它解决自己的问题。如果在核问题上，法国游离于体系之外，并且反对来自联盟的努力，那么法国这种倾向就会有加剧的危险。

如果法国政府不重视常设理事会内部的政治合作，那么肯定会加剧这种倾向。我认为这是非常不利的。

在这个问题上，北约应采取的最好政策是什么呢？

1. 所有盟国政府都要批准北约军事当局提交的核武器计划，并且尽快实现。

2. 同时，如果计划的实施难以妥协，那么美国政府就要允许渴望导弹的政府购买一定数量的"北极星"（当然，它们不配置美国的核弹头）。

3. 这些政府（主要涉及英国政府和法国政府）这样就能够利用在如此条件下获得的"北极星"，并通过配置它们自己的核弹头来构筑国家报复力量。

至于德国的问题，因为受制于《布鲁塞尔条约》的条款，要用不同的方式处理。①

4. 法国政府应该很自然地接受，在集体计划框架内，在法国部署的、配置美国核弹头的"北极星"，在美法的双重监管下在法国存放。我认为，这是在学习英国的使用制度。②

如果这样的一个政策不被采纳，那么我相信，再也没有什么可以阻止法国继续拒绝联盟的一体化核政策，从而继续构筑自己的国家打击力量。

我相信这项政策会取得成功，但是从联盟一体化的角度来看，它代价高昂，会造成真正的浪费，其主要后果就是在未来几年内，法国在北约的指挥下，会无法加强其军力和使其现代化。

那么，美国终究还是要面对其力图避免的局面，而这是最坏的情况，因为这必将损害北约的政治和军事团结。③

（吕军燕译、校）

19600603, FD000494

政治事务司备忘录④
（1960年6月3 [？] 日⑤）
（裁军办公室）
法国驻日内瓦代表团的行动

苏联的新计划在许多重要方面，特别是在监督方面，过于复杂和粗糙，

---

① 边缘注释：否。——原编译者注
② 空白处，问号。——原编译者注
③ 在斯巴克先生准备美国之行、和美国当局探讨的前一天，6月11日，这份公函通过北约秘书长转交给于尔根森先生（6月11日的第323/REPAN号电报，未保留）。6月13日，这份材料的文本通过第324号电报被转发给了办公厅。返回后，秘书长告诉德罗斯先生已经在口头上向狄龙先生和盖茨先生汇报了备忘录。美国人"认真地"听了他的发言并提了一些问题。美国人尤其担心联盟其他国家向法国学习，要求对构筑国家打击力量提供援助。他们问，如果导弹可以用作他们自己国家的打击力量，法国人是否接受盖茨的建议，共同构建北约威慑力量。由于已经在其备忘录里明确说明未和某些人预先咨询，并且也不能预测巴黎方面就其建议给出的后续对策，斯巴克先生认为，如果法国参加北约部署"北极星"导弹的军备计划，美国也许会同意帮助法国部署本国的导弹。他希望尽快会晤部长，就此问题和他进行交谈（6月20日的第334/REPAN号电报，未转载）。——原编译者注
④ 文献来源：*DDF*, 1960, Tome Ⅰ, pp.760-771。
⑤ 日期难以辨认。——原编译者注

无法对其进行价值判断。出于同样的原因，现在确定法国在这方面的立场还为时过早。因此，十国会议的前期应该系统探讨新提案和苏联的真正意图。与此同时，西方大国也应该共同商讨，采取更积极的行动，而不是仅仅对苏联计划进行研究或批评。

一、初步调查应侧重于监督问题。苏联之前已多次，特别是在1955年5月和1959年9月提出计划时，成功地在一段时间内用精心拟订的监督方式来制造假象，但这些套路没有改变他们的传统立场。这次可能也是如此，但必须有序地进行新的测试。正如在其计划的序言中解释的那样，苏联希望各国首先作出承诺并签署协议，然后它才会接受落实甚至研究监督的组织及过程。另外，监督应该仅针对削减或销毁，而不是针对"存货"。

如果能达成令人满意的监督协议并有效执行，且西方人同意"有条件的"承诺，直到签署"有条件的"协议，那么苏联政府的意图将会受到具体的考验。

总之，比如裁军大会第一次会议期间，比如和苏联的每一次谈判，在许多会议上都必须专门讨论苏联在监督方面的意图。这种考验将比以往更加重要。事实上，通过突出法国提出的建议，苏联的目标之一无疑是瓦解西方阵线。其实，我们的构想与苏联计划中的构想有着巨大差异。该计划不仅不允许逐步削减，提出了难以接受的条件（撤军、拆除基地、限制飞机飞行及使用军舰），而且没有为研究和落实有效监督设置基本的前提条件，而这正是我们的提案的基础。

二、除了探寻苏联的监督意图，还应尽快就苏联计划中的核武器运载工具问题与其他问题之间的联系表明立场：

a. 外国军队在某些国家的存在问题其实不同于在外国领土上的空军、海军基地或发射台。关于外国部队撤军问题，我们只能坚持我们的一贯立场：严格意义上说，这不是裁军问题，而是安全问题；这些问题与政治争端有关，这为解决这些问题增加了困难；在裁军过程中，不能以牺牲一方利益为代价而使另一方受益；外国部队的撤军将随着裁军自动执行。[①]

(吕军燕译、校)

---

① 档案中所保存的文件在此中断。——原编译者注

19600604, FD000229

政治事务司备忘录①
（1960年6月4日）

部长于6月4日接见了朱尔·莫克先生。会谈的话题是苏联的新裁军计划。

部长首先指出，由于苏联人通过向世界各国元首发出信件的形式提出这项议案，所以该计划看起来并不严肃。每当苏联人提出一项建设性提案时，他们通常会更加保密，小心谨慎。

话虽如此，但采取完全否定的态度显然是不明智的。我们可以向苏联人指出，他们的第一个计划一定很糟糕，因为他们彻底将之推翻，而现在又提出了一揽子很难判断其确切影响的措施。因此，代表们在日内瓦的首要任务就是要求苏联人作出澄清和阐述。这并非对这个计划刻意保持友好的态度，也不是故意的歪曲。这种提案不能脱离大背景进行审议。然而，赫鲁晓夫最近对美国的态度并不意味着他真的希望实现裁军之路。当然，在任何情况下，我们都没有义务采取与美国完全相同的立场，但在目前的情况下，即使在原则上与苏联达成协议，也不应大肆宣扬。

事实上，如果我们研究一下苏联的提案就不难看出，它与法国的建议相去甚远。在我们看来，首先应该研究监督运载工具的可能性。如果审查令人满意，或许就可以采取一些禁止措施。苏联的计划弄乱了次序，忽略了监督的必要性。不难证明，这些提案与我们的设想已经大相径庭。

因此，朱尔·莫克先生在日内瓦的任务是在不作出任何承诺的情况下向苏联人提出质询。这并非通过引入修正案把苏联的计划作为可能达成协议的基础。此外，尽管英国人和美国人都有着强烈的愿望，但是用一个新的西方计划抵制苏联计划也是不可取的。事实上，我们很难与我们的盟友达成一致。但如果美国人想单独推出一个新计划，我们可以在不作出正式承诺的情况下予以支持。另外，重要的是让讨论继续下去，在联合国恢复工作之前的休会期，这种讨论不可能取得任何具体成果。

（吕军燕译、校）

① 文献来源：*DDF*, 1960, Tome I, pp.780-781。

19600611，FD000230

戴高乐致赫鲁晓夫的信①
（1960年6月11日）

主席先生，感谢您的来信②，您在信中表达了您的担忧，并转达了苏联政府关于裁军问题的新建议。

您知道法国政府非常重视这个问题。与您一样，我认为，我们解决问题的办法不仅能决定是否可以实现真正的缓和，而且决定了是否所有国家有可能致力于一项对我们这个时代至关重要的工作：对欠发达国家予以援助。

另外，您访问法国期间③我们就这一问题的讨论仍然历历在目，我注意到苏联政府关注的是销毁核武器运载工具。如您所知，我认为，监督这些运载工具以防它们运输核弹头，并彼此对基地进行监督，是朝着正确目标迈出的决定性一步。

因此，我可以向您保证，法国政府已准备与先前提出的项目一起，认真、广泛地审议和讨论苏联政府提出的新提案。十国会议刚刚在日内瓦恢复工作，法国出席会议的代表已收到这方面的指示。

主席先生，请接受我最崇高的敬意。夏尔·戴高乐。

（吕军燕译、校）

---

① 文献来源：*DDF*，1960，Tome Ⅰ，pp. 802-803。6月10日，德姆维尔以第3049—3052号电报将该信发给德让，请他尽快转交。
② 19600602，FD000227。
③ 关于此访问，参见：*DDF*，1960，Tome Ⅰ，第151号文件；19600401，FD000239。

19600625，FD000234

德姆维尔致莫克电（第330—334号）[1]

（1960年6月25日）

紧急。限制转发。

我已详阅您对美方新计划的意见（您的第824—838号电报[2]）。

的确，正如您在电报开头所指出的，这份方案体现出美方的一种努力，即考虑我们与我们盟国的意见。

尽管如此，该文件依然与我们自己的设想有很大的偏差。我认为以下两点尤其如此：

1. 美国方案第7段[3]提到在第一阶段将停止核生产，但仅是指转产为允许数量内的非军事用途的可裂变物质，故并未保证销毁库存。我们也一直遇到同样的困难，甚至更艰难的处境，因为第一阶段如今是一个独立的关键所在。

2. 尽管美方一定程度上考虑到我们在运载工具方面的担忧，但此计划仅提及了现场检查。谈判期间会有技术审查，以便对约定工具种类的削减情况进行检查，但有关审查的表述含糊不清。

鉴于以上情况，若希望达成一份共同计划，西方国家估计还需要很长时间来进行讨论。只有双方均作出妥协，才有望拟定出一份统一的文本。因此，目前美国的这份计划可能会失去其准确性与一致性。此外，当双方对于约定的条款分别作出解释时，分歧也会随之而来。

---

[1] 文献来源：*DDF*, 1960, Tome Ⅰ, pp. 889-890。

[2] 指6月24日的电报，未转载。莫克先生在该电报中表达了对于美方这份新文本（*DDF*, 1960, Tome Ⅰ, 第293号文件已提及）的初步看法。他对其提出了一些异议。首先，整体方面：此文本的确反映出我们盟国方面的进展，能够实现依次商议两项裁军条约，其中一项涉及第一阶段，由十国签署，另一项关系到今后两个由世界性会议负责的阶段；但这不是一项全面且完整的条约，而且文本没有规定任何期限。此外，对于技术观察那一章节，法方代表指出条约草案存在混淆之处：没有明确区分常规武器与大规模杀伤性武器，且将后者与其运载工具相提并论。其他一些异议涉及管控与军费。不过，莫克先生亦强调这份建议有进步之处。——原编译者注

[3] 涉及可裂变物质的停产。——原编译者注

因此，正如我在 6 月 25 日向伊顿先生所指出的①，我认为更可取的做法是让美国人明白，他们最好自己放弃这份新文本，勿再千方百计寻求其他西方国家的支持，那只是徒劳。

若能如此，我们在原则上也不会反对他们的倡议，亦会拟定我们的意见，不至于让他们感到为难。

请于 6 月 26 日的会议前将上述内容转告给您的英美同僚。

（郭冬梅译，姚百慧校）

19600626，FD000235

赫鲁晓夫致戴高乐的信②
（1960 年 6 月 26 日）

（非正式翻译③）

总统先生：

我收到您 6 月 11 日的信件④。您在信中对苏联政府有关全面彻底裁军协议的基本条款的建议进行了评论。这些建议于 6 月 2 日转发给您，然后由我们提交给日内瓦十国裁军委员会审议。

我向您坦率地说，您的回复让我有些困惑，甚至可以说是苦涩的感觉。很难摆脱的印象是，法国在裁军这一关键问题上的立场最近发生了重大变化，而这些变化不利于有效缓和局势以及裁军。

在我今年春季访问法国期间，我们和您一起谈论过这个问题。我们还达成了协议：裁军是时下最紧迫最重要的问题，并且应该在十国委员会中就在有效的国际监督下实施全面彻底裁军的措施达成一致意见。

总统先生，在我们会谈期间，您曾提出，在裁军开始阶段应该销毁包括火箭、飞机和其他方式的核武器运输工具以及撤除相关的军事基地。另外，

---

① 参见 *DDF*, 1960, Tome Ⅰ, 第 293 号文件。
② 文献来源：*DDF*, 1960, Tome Ⅰ, pp. 890-895。亦见 *Documents sur le Désarmement*, *Conférence du Comité des Dix Puissances sur le Désarmement*（Genève 7 juin-28 juin 1960），2e session, pp. 109-110。
③ 这是指由欧洲司复核过的译文。——原编译者注
④ 19600610，FD000230。

您还强调，您认为销毁这些核武器的运输工具是唯一可以解决裁军问题的务实措施。

这样的观点交流表明，我们对于这个问题的立场在本质上是一致的。如同您回忆的那样，我曾指出我们可能也会如您所建议的那样开始裁军，即销毁核武器的运输工具。

我也同意您的看法，即应该大胆地在峰会上提出核裁军和销毁核武器运输工具的问题。

考虑到我们这些观点的一致性并且希望尽快就紧迫的裁军问题达成务实的协议，苏联政府完善了1959年9月18日提出的裁军方案，拟定并准备了有关实现全面彻底裁军的详细建议，供四国领导人会议讨论。在这些建议中，我们完全考虑到您所斟酌的有关优先禁止并销毁所有核武器运输工具的内容，其中包括撤除军事基地。我们同样考虑到在谈判过程中由我们的合作伙伴提出的其他各项建议，特别是有关组织裁军监督、在全面彻底裁军的条件下维持和平与安全的措施的建议以及其他建议。

由于美国政府对苏联采取的挑衅行为，峰会遭到破坏，苏联政府认为裁军问题的审议是一件紧急的事项，已将其建议送交各国政府，并递交给了十国委员会审议。这些建议得到了加入该委员会的波兰、捷克斯洛伐克、罗马尼亚和保加利亚政府以及其他一些国家政府的支持。

这些建议在很大程度上是根据我们在会谈中达成的谅解所形成的。但是，作为对这些建议的回应，你们寄来的信件中丝毫未提及销毁核武器运输工具以及撤除军事基地的内容，却把重点放在了对运输工具和基地的"监督"上。

几乎没有必要详尽证明的是，销毁可以运输大规模毁灭性武器的运载工具，以及对这些运载工具进行简易监管而不实际将其清除，这是完全不同和不相干的事情。

销毁那些能够运输原子弹和氢弹的军用飞机、军用建筑以及火箭，撤除那些为威胁其他国家的安全而建立的军事基地，从而保护人民不会受到突然袭击以及核战争爆发的威胁——这是一回事。但是，让所有这些核攻击手段保持完好无损，并且只将对话局限于与裁军、销毁武器的实质性措施毫无关联的监督的话题就另当别论了。这些监督不仅对于和平没有意义，反而只能加剧不信任感并且使国家间的关系恶化。

不用说，放弃我们讨论裁军问题的精神只会阻碍通向达成一份协议的道路。十国委员会中法方代表所采取的立场对此是一个附加的证明。必须指出，西方大国的代表团不仅没有采取任何行动促进裁军协议尽快达成，而且恰恰相反，他们实际是打算尽其所能来阻止达成这样的协议，使委员会的工作偏离解决裁军中的实际问题，使裁军事业淹没到无休止、徒劳无果并和裁军不相干的监督中去。在这种情形下，我们如何能够判断法国政府的立场呢？只能得出这样的结论，即法方向它的西方盟友作出让步，并且放弃了您与我会谈时向我表达的立场。

也许这样做是为了不得罪法国的盟友。但是我要明确地表示，法国政府的这种立场并非是您之前代表法国所表达的立场，而是一个截然不同的立场。

这一切都使人相信，法国政府认为没有必要帮助推动十国委员会的工作，使其在谈判中取得显著的成果。实际上，法方在委员会中一直和那些将十国委员会的裁军工作引向死胡同的国家暗中配合。

自十国委员会在日内瓦开始其工作，已经过去三个多月了。苏联政府向其递交了在有效国际监督下进行裁军的详细具体的计划以进行审议。另外，苏联政府还作出声明，准备对来自其他任何国家的旨在达成全面彻底裁军的建设性意见进行审议。然而，西方各大国的政府虽然近期仍然表决支持联合国大会有关全面彻底裁军的决议，但事实上它们在委员会中避免讨论任何关于裁军的具体建议。

法国、英国、美国、意大利和加拿大方面向十国委员会递交了一份计划。对于这份计划，无论我们持有什么样的愿望，都不可能视其为一份裁军计划[①]。这不如说是一份和裁军不相干的监督计划，更确切地讲，是一份只有利于那些正在酝酿侵略计划的人的合法化的军事侦察计划。如同经验所证明的那样，这种人绝没有消失。事实上，西方大国正试图全力建立一套对洲际弹道导弹以及人造卫星的监督方式。这种计划的含义不难猜出：这是北约国家试图以牺牲苏联的安全为代价而获得单方面的军事优势。

当然，在这样的基础之上达成共识是不可能的。甚至好像参加十国委员

[①] 指西方国家在4月26日递交给委员会的方案，方案全文见 Documents on Disarmament, 1960, pp. 81–83。

会的西方大国为自己确定的目标就是阻止达成任何有关裁军问题的协议。这个委员会对于这些国家来说无非就是用来掩盖它们抵触裁军的幌子。

就如同在十国委员会谈判中表现出来的那样，加入该委员会工作的西方国家政府显然不希望禁止或者销毁像原子弹和氢弹这样可怕的大规模毁灭性武器。这些政府也不希望裁减掉武装部队和常规武器。这是西方大国的代表们以这样或那样的借口一步步地拒绝了有关这个问题的所有具体建议的唯一原因。不得不指出，由于西方大国所采取的立场，十国委员会的工作已陷入僵局。这种僵局正是这些代表用那些徒劳的舌战一手造成的。这个委员会本身已经完全蜕变，不再是一个致力于裁军事业的机构。很明显，在西方有一股势力，这股势力对实现裁军毫无兴趣，而且千方百计地反对裁军协议，而他们已经成功地在西方大国在委员会中的立场上打上了自己的烙印。

实际上，这个委员会只是误导人们，使他们产生在裁军方面正在做一些事情的错觉，而事实上，西方大国仍在加强军备竞赛，这也使使用核火箭导致爆发致命战争的危险与日俱增。

众所周知，苏联真诚地希望达成裁军协议，但苏联政府不能同意苏联加入十国委员会，因为它被作为掩人耳目的工具，去掩盖与真正的裁军毫不相干的行径。

我们愿意相信法国代表目前在十国委员会中所采取的立场并非是法国最后的决定。我们希望法国政府将以最认真的态度审视十国裁军委员会中出现的局面。

我和您坦白地说，总统先生，苏联政府在审视了委员会中出现的局面后得出这样的结论：根据这些西方大国在日内瓦的代表的立场来看，它们并不想严肃地进行有关裁军的谈判。这些大国显然有自己的想法，而这些想法和裁军任务毫无关联。这体现在这些大国继续进行军备竞赛，以及在委员会讨论裁军问题时，这些大国试图制造出谈判的表面现象，从而欺骗那些真诚希望裁军问题会得到解决的人们。

鉴于上述情况，苏联政府认为，有必要暂停参加十国委员会的无益讨论，以便将裁军问题和1959年11月20日联合国大会对该事项的决议的执行情况提交给下一届联合国大会审议。显然，也要提出委员会的组成问题。

苏联政府坚信，裁军问题事关和平与战争，能够并且应该找到针对这个问题的切实可行的解决方法。在从事这一崇高事业的过程中，任何人为制造的障碍、任何拖延的方式都是不可容忍的。

总统先生，这些就是我认为自己应该和您通报的有关裁军问题的考虑内容。我深知阁下对国际局势中的重大问题有广阔的视野，而且您多次表达出对裁军问题的关心，我非常希望您能以理解和不加偏见地审视我刚刚向您提出的见解。

向您致以我诚挚的敬意。

（沈练斌译、校）

19600627，FD000236

莫克致德姆维尔电（第 877—886 号）[1]

（1960 年 6 月 27 日）

绝对优先事项

一、西方国家会议

1. 今日（6 月 27 日）17 点，我们在奥尔莫[2]召开了西方国家会议，探讨在苏联突然作出退出决定[3]后应遵循的共同程序。

2. 我们认为给赫鲁晓夫先生的回信[4]应包含以下几点意见：

（1）我们对苏联代表的离会感到遗憾。

（2）此次裁军谈判会议是经四国外交部长一致同意召开的，如今因其中一国单方面的决定而中断。

（3）6 月 28 日，我们的代表将按往常时间召开一次会议，以了解苏联代表是否重新考虑他们的态度。由于他们的缺席（在我们看来是肯定的），以及

---

[1] 文献来源：*DDF*，1960，Tome Ⅰ，pp. 900-902。
[2] 位于日内瓦附近的别墅，十国裁军委员会法国代表团团长莫克先生的住所。——原编译者注
[3] 6 月 27 日，佐林先生发表声明说，十国裁军委员会已陷入僵局，西方大国对此负有责任，"他们不是致力于起草一份裁军计划，而是主张在不裁军的情况下进行监督"。苏联方面曾为峰会准备了全面彻底裁军的建议，并在峰会未能成功召开后提交给了十国裁军委员会："西方大国试图回避研究苏联的新建议，他们无意就裁军问题展开认真谈判。"因此，苏联政府退出十国裁军委员会。佐林先生与其他东欧国家代表团团长公开表示他们决定退出裁军谈判会议。——原编译者注
[4] 19600626，FD000235。

苏联方面缺乏诚意，会议被迫延期。

（4）但是，考虑到和平问题的重要性，我们要求召开安全理事会紧急会议，以便立即召开联合国大会。

二、联合国大会还是联合国裁军委员会？

1. 我们对于召开联合国大会这一问题讨论了很久，伊顿先生对其政府的意愿作了以下补充说明：

各国政府可在联合国大会特别会议与紧急特别会议之间作出选择。决定这一选择的，有可能是我们想不到的一般性考虑因素。如果各国政府确定以上两种会议类型均不合适，那么就应致信苏联要求立即召开联合国裁军委员会会议。

最后，美国政府将通过各国驻华盛顿大使来协调西方五国政府的反应。

2. 影响我们选择的考虑因素如下：

在今早佐林先生的陈述里，苏联方面宣称不参加十国裁军谈判会议，而是将问题推迟到9、10月召开的联合国大会常会上讨论，他们这样做是错误的。有必要强调，这一问题已迫在眉睫，因此我们希望能够在前述三机构之一中立即展开讨论，希望绝大多数政府能够投票敦促十国裁军谈判会议重启工作。

三者之中选择哪个，这取决于以下考虑因素：

（1）争取和平的紧急特别会议创立于朝鲜战争时期，它具有两个优点与一个缺点：它可以应安全理事会7个理事国的请求召开，不行使否决权，但只能商议列入其议程的问题。不过，苏联方面会宣布其程序非法，并拒绝参会。

（2）联合国大会特别会议要么由安全理事会特定多数表决召开，要么应联合国多数成员国的请求召开。苏联因此会在安全理事会上反对召开此会，但他们很难公开捍卫这一立场，因为即便他们行使否决权，会议依然可应4个成员国的请求召开。这一办法的缺点在于，各类问题都能在此会议上进行探讨，如目前的U-2事件、日本事件、拉甘核试验、阿尔及利亚的和平等。

（3）如果排除以上两种办法，我们还可以考虑应一个成员国的请求召开联合国裁军委员会会议。然而，从理论上讲，召集此会主要旨在讨论狭义的裁军，而非通过一项要求十国重启工作的决议。此外，这一会议的反响不如

373

前两个联合国会议。

以上是今日讨论的内容。虽然我不倾向求助于联合国，但亦不否认四位同僚所提理由的重要性，即能够改变东方阵营倡议中的不当与不得体之处，并提出西方的倡议，后者旨在向"未表态的"政府证明，西方比苏联更加强烈、真诚地希望裁军。

三、会议内容

十国裁军谈判会议将于明早即 6 月 28 日 10 点 30 分召开。形式不变：主持权先从三个缺席的东方阵营国家代表依次传递，接着根据字母表顺序，轮到伊顿先生开始主持。

会议的任务之一是向裁军委员会作汇报，后者再向安全理事会与联合国大会作汇报。依照传统，这一汇报将包含以下内容：

1. 一份关于开会次数的简要说明；
2. 相关会议记录；
3. 已提交的文件，主要指苏联 6 月 2 日的方案与美国 6 月 27 日的方案；[1]
4. 应我的要求加上的西方五国代表明确界定责任的共同声明。这是同僚们请我今晚撰写的。我将于明早会议休会期间呈交。待会议重新开始后，这一声明将被宣读，以便作为有效附件加入汇报中。然后，会议将延期，下次开会时间待定。

（郭冬梅译，姚百慧校）

19600629，FD000237

莫克致德姆维尔电（第 945—953 号）[2]

（1960 年 6 月 29 日）

1. 多国首都在评论日内瓦会议中断[3]的原因，特别是华盛顿方面（第

---

[1] "United States Paper Submitted to the Ten Nation Committee on Disarmament: Program for General and Complete Disarmament under Effective International Control," June 27, 1960, *Documents on Disarmament*, 1960, pp. 126-131；另见《联合国与裁军》，第 98 页。此方案经西方国家修订过，但法国未实际参与。

[2] 文献来源：*DDF*, 1960, Tome Ⅰ, pp. 924-926。

[3] 关于此会议中断的情况，见 19600627，FD000236 及其注释。

3177号电报①),对此,我在想5月30日葛罗米柯先生是否没有说出真实理由。我曾向您讲过,那天我是在何种情况下应其请求与之进行了一次较长的交谈,当时他从安全理事会回来即将返回莫斯科。葛罗米柯先生以他的方式向我陈述峰会未能成功召开的原因,然后概括补充道:"我们已经准备了一份计划,有意在峰会上提交,这一计划充分考虑了各方在日内瓦提出的意见,特别是法国的意见。"我于是问他是否愿意将计划公布于众,特别是在日内瓦。"有什么用呢?"他回复道,"根本没法与现任美国政府谈判。"

接着,他就以下三点进行了批评:反对裁军的美方成员十分强势(他列举了盖茨先生、麦科恩先生与一些将军);对于反对裁军与赞成谈判两派成员间的争议,艾森豪威尔总统没有能力仲裁;特别是即将进行总统选举,这让现任美国政府无法作出任何决定。我记下了这位苏联外交部长对我们盟国之一的严厉评判,并问他是否愿意接受推迟一切重要谈判,直至新任美国总统上台,也就是直至明年年初。随后他向我证实,他认为现在不可能得到华盛顿方面的决定,他对美国总统及其身边人士不再有任何信任。

2. 此次交谈后不久,葛罗米柯先生就离开巴黎去了莫斯科。总之,6月1日他在莫斯科,而苏联的新计划在6月2日被公布于众,随后于7日被提交至日内瓦。5月30日,葛罗米柯先生还明显很犹豫,然而他很快就决定在6月2日提交计划。对于造成这一变化的形势因素,我肯定是不知道的。不过我们可以想象后面事态的发展,这并不复杂:苏联方面认为提交计划有利于宣传,因此既然没能利用到峰会的主席台,那就利用日内瓦方面的。但是,他们对于跟任期将至的美国政府谈判的可能性持怀疑态度,而提交计划并不会改变这一点。既然宣传的效果已经达到,他们只是通过中断会谈来结束被他们视为无果的谈判。

伊顿先生的返美之行②可能加速了这一中断。通过阅读有关华盛顿会谈的

---

① 6月28日的第3177—3181号电报(来自阿尔方先生,未转载)叙述了美国对于苏联中断日内瓦十国裁军委员会谈判的反应。美国国务院尚未全面分析佐林先生的动机,且似乎颇为震惊。他们认为苏联这一决定蓄谋已久,是要等着美国大选的结果。需要思考的问题是,如今裁军谈判前景不容乐观,这一中断对于涉及停止核试验的会议进程会有怎样的影响。新闻界则表达了他们的愤怒,认为苏联更喜欢联合国的主席台,甚至提出苏联是要影响美国选民以便选出一位好商量的总统。新闻界建议重启核试验,甚至批评在日内瓦的美国代表团团长。——原编译者注

② 他6月17日返回美国,旨在与其政府进行为期多日的会谈。——原编译者注

电报，苏联方面了解到美国即将提交一个新计划。中断会议是旨在对抗西方的，因此要赶在美国的新计划提交之前进行。

3. 22日星期三发表的东方五国代表团联合公报已让人推测到中断的意愿，因为文本用语是具有倾向性与恶意的。可能在公报发表以前，在莫斯科就已基本作出中断的决定了，约在20日或21日。不过，为了充分发挥中断的作用，需要选在东方阵营国家主持会议的情况下进行，以便能够立即宣布取消会议，让西方没有辩驳的可能。但是，23日星期四是法国主持会议，24日星期五是意大利主持会议，而且伊顿先生一直缺席会议，苏联方面因此认为可以再等等。

25日星期六，伊顿先生返回。苏联肯定知道我们26日星期日在讨论美国方面的建议。因此，27日星期一是最后日期，以便在新建议提交前中断会议。这个日期也很合适，因为，那天是波兰主持会议。

总之，我认为日内瓦会议中断不是东方阵营态度发生变化的标志。苏联一直决意不与现任美国政府谈判。他们之所以在6月7日重启会谈，是因为希望在峰会上提交那份准备好的计划，以便他们进行宣传。从那天起，他们已决心结束会谈，并选择了他们认为合适的最后日期：即他们阵营的国家主持会议且美国的案文尚未提交的那一天。

我对于苏联希望推迟谈判的假设，可以在他们并不急于在纽约重启讨论的表现中得到证实。比如，他们本可以要求立即召开联合国裁军委员会会议，如联合国大会一样，此会议的组成也能让他们有机会争取"未表态的"代表团；或者他们也可以要求召开联合国大会紧急特别会议。但是，他们却满足于将此问题登记在1960年联合国大会常会的议事日程里，这意味着到9月末和10月初的一般性辩论阶段才开始辩论，而实质性辩论最早也要等到10月下旬和11月初才能在政治委员会中进行。因此，这一辩论直到美国选举人选定（总统）之后才会结束。在日内瓦委员会或其他机构重启相关讨论也将在联合国大会会议结束以后，即1961年初，到那时新一届美国政府将成立。

（郭冬梅译，姚百慧校）

19600630，FD000500

戴高乐致赫鲁晓夫的信①

（1960 年 6 月 30 日）

主席先生：

正如您在 6 月 26 日的信中要求我的那样，我"以理解和不加偏见地"审视您在信中提出的考虑。

首先，我必须告诉您，其中一些考虑让我"受到触动甚至感到有些意外"。事实上，您认为，正如我在 3 月的会谈中向您表明的，以及我在公开声明中所阐述的那样，法国在裁军问题上的立场后来发生了变化。但是，事实并非如此。今天，正如昨天一样，在法国看来，核武器运载工具问题至关重要。

因此，苏联政府在日内瓦提出的新裁军计划中提出了这一观点，这本身就符合我们的构想。但是，这并不意味着法国完全支持您的整个计划，其中包括许多其他条款，而且，在适用于能够携带核武器的火箭和飞机的条件方面，它规定了与巴黎和朗布依埃会谈期间设想的条款截然不同的条款。

因此，法国没有按原样采纳苏联的新计划。但是，和您一样得出结论说，我改变了立场，这是没有道理的。更不用说，正是在其他政府的干预下，我才会变得自相矛盾。

我再次澄清，以下是法国的立场。

裁军必须从核裁军开始，这种裁军必须以有效和务实为开端。今天，我们知道，在这一点上，我们都同意，监督核弹头和核弹的完全销毁及其转换已经变得困难，如果不是不可能的话。由于库存太多，它们很容易被全部或部分隐藏。此外，在我们这个基本上是飞机、火箭和卫星的世纪里，销毁所有火箭和飞机，并阻止制造更多的火箭和飞机似乎太过分了，因此是行不通的。

然而，一项措施似乎仍然是可能的，而且可能是至关重要的：禁止火箭和

---

① Charles de Gaulle, *Lettres, Notes et Carnets*, T. Ⅷ, Juin 1958-Décembre 1960, pp. 371-373。亦见 *Documents sur le Désarmement, Conférence du Comité des Dix Puissances sur le Désarmement* (*Genève 7 juin-28 juin 1960*), *2e session*, p. 111。《法国外交文件集》中的原注释：手写文本，如前所述。

"战略性"飞机运载核弹头和核弹,并禁止它们携带此类运载所需的装置;确保通过对基地和发射台的适当监督来遵守这一禁令,无论它们位于何处。如果像我们法国人所认为的那样,这些规定被证明是可行的,就必须迅速执行,以便技术的发展不会使我们实现这种监督变得虚幻或不可能。这将是朝着将运载工具完全用于和平目的迈出的一大步。这是法国提出并仍在提出的途径。

正是本着这种精神,法国驻日内瓦代表向您的代表提出了一些关于监督的具体问题,这些问题没有得到回答,因为您突然中断了讨论。

主席先生,您现在谈到将裁军讨论提交联合国大会。无论如何,这是预料之中的,而且每年都在重复。但您和我都知道,这些问题只能在主要相关国且有技术能力的较小的国家圈子里以务实的方式进行研究。这显然是事实,特别是在核领域,换句话说,这是最重要的领域。因此,我认为,总有一天,我们将不得不在比纽约大会少得多的与会者之间恢复辩论。我想补充的是,它来得越快越好。

主席先生,请您接受我最崇高的敬意。

(窦云婷译、校)

19600705,FD000244

十国裁军委员会法国代表团备忘录[①]
(1960年7月5日)

在日内瓦的其余四个西方代表团如今的立场如下:

1. 美国代表团未得到明确指示,他们给华盛顿方面转发了以下材料:

——一个是修订过的美国计划[②],还有微调的可能,但已获得其余三个西方代表团的赞同;

——另一个是一份清单,涉及与我们法国意见的分歧之处。

美国代表团将全员留守直至有新指示。不过,斯特尔先生认为,除非五国代表团重启会谈,否则7月下旬代表团将精简人数。作为驻日内瓦代表,伊顿先生与斯特尔先生整个夏天会留在此处,但不会或大幅减少专业事务。

---

① 文献来源:*DDF*, 1960, Tome II, pp. 11-13。
② 6月27日。

通过与美国代表团多位代表的交谈,可知美国方面应该不会反对将裁军归档材料转至北大西洋理事会,斯巴克先生似乎也有此意。的确,他们认为不会再有什么紧急情况了,并且希望这份已修订过并获得英国、意大利与加拿大三国代表团赞同的美国计划,能够被北大西洋理事会其余成员国所接受。他们因此有意向我们法国施压,迫使我们逐渐地、部分地改变立场,以避免与我们展开直接对话。事实上,之前在华盛顿进行的预备会谈结束时,就有些美国人士考虑这一策略了。不过,当时时间不充裕,但美国已打算寻求妥协以争取法国赞成一份共同计划。

2. 英国代表团也未得到明确指示。他们也将全员留守直至有新指示,其中奥姆斯比-戈尔先生除外,他在会议中断数日后就返回了伦敦。

英国已表态同意这份修订过的美国计划,虽然其提出了以下修改建议,但态度并不坚决:

——增加爱尔兰有关防止核武器扩散的建议;

——删除任何有关减少军事预算以及向欠发达国家提供援助基金的提法。

对于把修订过的美国计划提交给北大西洋理事会这一程序,他们似乎也不反对。

3. 除马蒂诺与卡瓦莱蒂两位先生外,意大利代表团也将全员留守。该代表团建议西方五国代表团于夏季部分时间在日内瓦保持接触,目的有二:

——一方面,在尚缺乏共同计划的情况下,为接下来的联合国大会辩论确定统一行动;

——另一方面,在裁军的各个领域中继续开展专家级别的技术工作。

4. 加拿大代表团也留在原地,包括伯恩斯将军。他们接到指示,即留在日内瓦直至西方国家明确共同立场,以准备后面的裁军委员会会议。他们原则上同意这份修订过的美国计划,但其实加拿大政府对此文件并不满意。

加拿大代表团将有可能是最后一个离开日内瓦的。

结论:

从目前情况看,若想在日内瓦继续进行西方五国会谈,并为后面的裁军会议寻求一致意见,现在也许并非适宜的时间。不过,法国代表团此时最好一方面精简人员,另一方面采取足够渐进的方式离开,以免被指责最先离开了日内瓦而回避可能进行的会谈。不过,在适当的时候,还应及时将我们法

379

国代表团最终离开的日期告知各盟国。

(郭冬梅译，姚百慧校)

19600706，FD000052
　　塞杜致德姆维尔电（第2712—2713号）[①]
　　（1960年7月6日）

　　我参阅了您发往华盛顿的第9755号电报（以第3871号电报[②]转发给波恩）。7月5日和布鲁克先生再次会谈之后，施特劳斯先生否认了其美国伙伴7月4日的言论，声称不考虑为联邦德国国防军配备中程导弹，也不会就此向北约提出任何建议。另外，应该由北约就盖茨先生关于在欧洲部署"北极星"导弹的建议表明立场。

　　国防部长提醒大家注意其自美国返回后发表过的数次声明，并再次强调，依据其政府的精神，在联邦德国的领土上不会部署任何中远程导弹，因为这些导弹不能被置于"最前沿"。然而，他又补充说，如果北约司令部向成员国提出具体的建议，联邦德国政府则会慎重研究。

(吕军燕译、校)

19600706，FD000245
　　德勒斯致德姆维尔电（第356号）[③]
　　（1960年7月6日）

　　在7月6日举行的北约理事会会议上，美国代表和斯巴克先生提出的裁

[①] 文献来源：*DDF*，1960，Tome Ⅱ，pp.39–40。
[②] 7月5日发往华盛顿的第9755号电报（未转载）指出，据美联社波恩分社报道，美国陆军部长布鲁克对西德国防部长施特劳斯表示，"美国政府不反对向联邦德国国防军提供'北极星'导弹"。报道还称，应西德当局的要求，美方对布鲁克先生的声明作了难以令人信服的否认。因此，巴黎方面要求其驻华盛顿大使敦促美国政府就其关于此事的新意图作出明确解释。在第3317—3320号电报（未转载）中，报告了7月6日华盛顿的答复。接受我大使质询的赫脱先生尚未收到美国驻波恩大使馆的汇报；或许是因为其面对媒体的发声过于草率，或许被断章取义。归根结底，在"北极星"和盖茨的建议这两个问题上，美国的立场没有改变，盖茨的建议将在北约理事会上进行讨论。在海上进行部署的利弊还要经过五角大楼的研究。——原编译者注
[③] 文献来源：*DDF*，1960，Tome Ⅱ，pp.46–47。

减军备问题引发了讨论。讨论围绕内容和步骤两个方面进行。

一、在背景方面，美国方案①在内容上得到一致的无差别认可，这些认可来自五国中的我的同事和一些其他国家的代表（荷兰、比利时、挪威、西德），这些代表也作了发言。

从我这一方面来看，我仅指出我们目前不能接受这样一个美国方案，尽管我们的专家已经在分析这个方案了。斯巴克先生随后坚称，就他看来，法国的想法已经在戴高乐将军给赫鲁晓夫先生的信中②体现出来了，很难看出这和美国方案有什么区别。然后，我指出在两个关键点上有分歧：核载具和库存转换（请参看您发往日内瓦的第330—334号电报③）。不过，我没有完全展开这个问题，这既是为了避免实质性的争论，也是因为我并不掌握有关这场争论的全部内容。斯巴克先生随后问了诺尔廷先生，诺尔廷回答说，他能理解法美分歧的本质。不管怎样，他补充说，美国希望保持核裁军和常规裁军的完全并行。如果第一阶段的裁军只销毁核载具，那么两个领域之间的平衡将被打破。

必须避免共产主义阵营的兵力数量和常规武器的优势显现出来，为此，必须借助西方的核能力来重建平衡。施特克先生指出，不存在一致的西方立场。相反，斯巴克先生强调不应该夸大这些分歧。但他补充说，有必要更准确地理解这些分歧的实质。

二、关于程序，除西德和荷兰代表团外的大多数代表团都指出不宜立刻将这一问题交由联合国裁军委员会，但是可能应该在联合国大会召开前的某一个时间举行会议，在此期间，希望能作出努力拉近西方国家之间的对立立场。

（谭书宇译，沈练斌校）

---

① 6月27日。
② 19600630，FD000500.
③ 19600625，FD000234.

19600713，FD000246
法国常驻北约代表致德姆维尔电（第 373 号）[1]
（1960 年 7 月 13 日）
1960 年 7 月 13 日法国代表团裁军会议陈述概要

一、总体原则

法国的立场主要由两大总体原则所决定：

1. 最重要的是希望把重点放在核裁军上，现今这代表裁军的主要形式，这同时也是科技进步以及公众意见使然。

在这一点上，戴高乐将军已在 6 月 30 日给赫鲁晓夫先生的回信中明确指出：我们是如何打算通过控制"运载工具"来达到裁军。法国政府从裁军进程的一开始就没有考虑完全销毁这些器械，正如 6 月 2 日的苏联计划所提出的那样，法国考虑的是一项旨在禁止搭载核燃料及核弹的战略火箭和飞机的措施。当然，按照法国政府的本意，这些举措应该伴随着适当的监督措施，以确保核裁军是真正互惠的。因此，东方和西方的"威慑力"级别将以相同的比例降低。对于这一点，在北约会产生担忧是不成立的。

2. 我们担心，当停止军用裂变材料的生产与库存的销毁或转换不同步进行这样的情况出现时，相对于其他国家而言法国就可能处于劣势。

二、美国方案[2]的指导原则引发的与该方案间的分歧

第一项原则引发的分歧：

1. 虽然美国的方案确实提到对双方商定的发射基地和发射站进行现场监督，但它未规定任何承诺或者保证"运载工具"将仅用于和平目的（第 4 段，第一阶段）。不过，我们认为，正如在共和国总统给赫鲁晓夫的回信中提到的那样，这正是我们应该走的道路。

2. 美国方案中的第二阶段（第 2 段）规定将所有类别的武器减少至商定的水平，其中包括运载工具，但并不是销毁那些为军事目的而专门制造的运载工具。因此，法国在日内瓦提出的修正案是："运载工具……应当减少至商

---

[1] 文献来源：*DDF*, 1960, Tome Ⅱ, pp. 79-82。
[2] 6 月 27 日。

定的水平,并随后彻底销毁。"

3. 例如,美国方案(第2段,第二阶段)在大规模毁灭性武器和运载工具之间确立了一种相似性,大规模毁灭性武器由于太过分散而不受控制,而运载工具仍可以被扣押。这一立场与法国的观点相差甚远,在后者看来,为了让大规模毁灭性武器失去作用,应当首先销毁军用运载工具,而不是逐步同时销毁原子武器及其运输工具。

(1) 美国的计划(第6段,第一阶段)将常规武器和大规模毁灭性武器同等对待。实际上,这只是规定在第一阶段对商定好数量的武器采取措施,但没有明确它们是常规武器还是核武器。然而,如果削减常规武器,就会大大削弱军队的战斗力,削减大规模毁灭性武器而不是将其销毁,我们就可能给潜在的侵略者留下摧毁其对手的方式。

(2) 关于我们第二个总体原则的适用,如果美国方案在第一阶段(第7段)规定停止核生产,那该规定应该伴随着将"商定数量"的裂变原料转用于非军事用途,但该规定在销毁库存或库存转换上不能提供任何保证。因此,法国在日内瓦提出了一项修正案,即"实质性的商定数量"。

三、细节分歧

1. 我们认为,安理会为从一个阶段到下一个阶段的过渡提供的保证(第4段,控制原则)是充分的。在这样的条件下,没有理由依次对两个裁军条约进行谈判,就如同美国方案中建议的那样,相反,应该坚持一项单一的协议。

此外,这一点上,英国、加拿大、意大利代表团在日内瓦提出的修正案使我们能够以一种新的方式确定十国委员会的任务,这让我们很满意。

2. 在我们看来,为三个阶段中的每一阶段设定期限将是有益的。

3. 关于美国方案提出的对于空军基地的检查制度(第4段,第一阶段),美国在日内瓦的代表团承诺将补充一些细节,这些附加的细节可能会非常重要。

4. 在我们看来,提及生物和化学武器似乎并不合适,因为很难对这样的措施进行监督,而且这样的措施也不会在显著降低大规模毁灭能力方面有什么优势。

5. 我们还反对没有提到将裁军节省出的款项支付给援助欠发达国家的基

金，而这一措施肯定会给世界舆论留下极好的印象。

四、结论

问题的详尽讨论之后将在北约进行，双重困难与其相伴。

1. 这个问题有很强的技术性。

2. 目前，讨论仍在五国间继续，并已经进行了一些修改，因此美国方案的原始文本已不再有效，甚至每天都在变化，这使得继续在北约进行讨论变得十分困难。其中一些修改使得观点得以趋近，但如果两个机构同时负责一个问题，似乎很自然地就会把问题搁置解决，而非深入探讨。讨论的细节应该留给主管机构，即五大国的专家。

(谭书宇译，沈练斌校)

19600721，FD000053

德勃雷致戴高乐的信①

(1960年7月21日)

尊敬的戴高乐将军：

维诺格拉多夫先生昨天向我提出在今天举行会晤的请求。我今天下午3点接待了他。

他来向我宣读了一份口头报告，并且给我留下了翻译件（非官方翻译件）。您将在本文的附件中阅读到该翻译件。同时，他还把苏联政府递交给美国驻苏联和德意志联邦共和国大使馆的照会的翻译件留给了我。

简言之，苏联政府利用美国陆军部长7月5日（两个星期之前）不合时宜的声明，提请我们注意重新武装联邦德国，尤其是用"北极星"武装联邦德国国防军的严重性。

我的回答总结为以下两点：

一是我向他重提了您和赫鲁晓夫先生关于军备竞赛造成的严峻形势的对话，同时我还强调，正如您始终所坚持的，若要避免更为糟糕的局面，必须刻不容缓地采取裁军行动。

---

① 文献来源：*DDF*，1960，Tome Ⅱ，pp. 134-135。

二是在从总体态度转到具体问题方面，我同样重申了我们的立场：法国签署了《巴黎协定》，除了协定规定的程序，任何修改协定的条款都不能被接受。

尊敬的戴高乐将军，请接受我最忠诚的敬意。

附件

我有责任提请法国政府注意，美国和西德为了用先进的热核武器和火箭来武装西德联邦国防军而采取的措施对于和平事业而言越来越危险。

我想强调的是，苏联政府十分关注7月4日至5日美国陆军部长布鲁克先生和西德国防部长施特劳斯先生之间在波恩举行的会谈[①]。根据7月5日发表的公告和布鲁克本人的声明，该会谈就用美国的"北极星"导弹武装西德联邦国防军达成了一个协议，"北极星"主要负责将热核武器运载到2000千米以外。他们之所以这么做，是为了将大规模杀伤性战略武器交到西德的复仇主义者手里，而后者曾野蛮地要求重划欧洲国家的边界，他们还试图将西德联邦国防军转变为北约阵营的主要突击部队。

毫无疑问，美国、西德用各种最具杀伤力的先进武器来武装西德联邦国防军的军事阴谋对欧洲各国安全形成新的威胁，包括那些把西德当作盟国的国家。

既然法国政府出于自身利益多次向苏联政府保证，要维护和平并且保证所有欧洲国家的安全，因此苏联政府认为，对于将热核武器和导弹交由西德复仇主义者掌控的计划，法国政府不应置之不理。

此外，苏联政府认为有必要强调，在第二次世界大战中，美国和大家一起成功战胜了德国侵略者，它们曾经许诺，要防止再次出现来自德国的侵略威胁，这明显与现有计划自相矛盾。

[①] 7月5日美国陆军部长布鲁克先生和西德国防部长施特劳斯先生举行了会谈。会谈后，西德国防部发表声明表示，西德没有将美国的"北极星"列入自己的军备计划，并且西德也没有要求北约向其提供"北极星"。然而，如果北约向其成员国建议这么做，波恩方面将"慎重考虑该局面"。该声明旨在平复由布鲁克在西德巡视时的一些言辞在波恩和国外引起的情绪。实际上，布鲁克已经在记者会上表明不反对使用战略进攻性导弹武装西德，比如"北极星"，尤其明确了这种可能性只能在北约框架下完成（《世界报》1960年7月7日，第4版）。——原编译者注

苏联把维护世界和平作为其对外政策的主要任务，正因如此，对于在欧洲中心玩弄引发战争威胁的手段，苏联不会无动于衷。

苏联和其他热爱和平的国家应该采取必要措施，以保障欧洲人民的安全。苏联政府已经警告过西德政府，它要对今天的挑衅行为所产生的可能后果负全部责任。

苏联政府希望法国政府就美国和西德用"北极星"武装西德联邦国防军的意图表明立场。

（李东旭译，吕军燕校）

19600721，FD000054

戴高乐与斯巴克的会谈备忘录[①]
（1960年7月21日）

7月21日，戴高乐将军会见了北约秘书长保罗－亨利·斯巴克先生。斯巴克讲述了刚刚结束的这次美国之行，在美期间，他向美国当局陈述了对美国国防部长盖茨先生关于在欧洲部署"北极星"导弹的建议的看法。

他指出，根据他的看法，如果法国不按照所提的条件接受这些导弹，那么其他欧洲国家也不会同意类似的部署。因此，他建议美国政府为北约提供一些"北极星"的同时，也直接卖给法国一些。

对于他的这些建议，美国政府未作任何答复。在这些情况下，斯巴克先生认为盖茨先生的建议没有机会被采纳，他也不打算在北约理事会那里推动这项建议。

戴高乐将军对斯巴克先生说，美国的态度并不令他感到意外，因为既然美国已经准备好从舰艇或者潜艇上发射"北极星"导弹，那么考虑到在政治计划上带来的困难，它再无任何兴趣在欧洲大陆上继续部署导弹。它或许顶多对在激进的地区（比如土耳其）上部署导弹有一点兴趣。

斯巴克先生非常遗憾，美国越来越把北大西洋联盟当作一个它可以在其中独揽责任、掌控一切的组织。

[①] 文献来源：*DDF*, 1960, Tome Ⅱ, pp. 140-141。该备忘录于7月25日整理。斯巴克的回忆见 Paul-Henri Spaak, *The Continuing Battle*: *Memoirs of a European*, *1936-1966*, pp. 328-330。

戴高乐将军对此表示赞同，他认为，按照当前的状况，北大西洋联盟不可能存在下去。

（吕军燕译、校）

19600725，FD000247

政治事务司备忘录①
（1960年7月25日）
（裁军办公室）
关于裁军

所附记录言及一些主要的异议，根据法国的观点，可以将这些异议用于"修改版美国方案"②的一些安排。目前，西方大国之间的局势如下：

1. 我们尚未表示认可"修改版美国方案"，英国、加拿大、意大利以及可能的其他几个北约成员国已经表示赞同了。我们也不接受真正地讨论这个方案，我们也不会参与协商以期拟订出一个共同方案。我们仅向美国作了如下说明：

（1）我们不会公开批评你们的方案，你们不要为了我们采纳该方案而一再坚持。我们的立场实际上大为不同，目前力图使其一致将是徒劳的。

（2）此外，继续西方国家间的对话的时间不太适当。准备出一套裁军方案实际上应当就是为了与苏联进行谈判。然而，没有人知道什么时候，以及如何能够重启有关裁军的真正意义上的谈判。因此，最好在拟订一个新计划之前，再等些时日。

面对这些主张，美国没有坚持。它似乎满足于现状。只有英国和加拿大，在某种程度上还有北大西洋理事会，坚持主张一个共同的西方立场应该在一份共同方案中表现出来。

---

① 文献来源：*DDF*，1960，Tome II，pp. 145-148。根据《法国外交文件集》中的注释，该文件抬头有如下手迹"我很高兴了解您的见解。谢谢。M. L."。根据《法国外交文件集》的注释说明，M. L. 为政治事务司裁军处副处长米歇尔·勒让德尔。

② 关于对6月27日原版美国方案中的安排提出的异议，参见 *DDF*，1960，Tome II，第31号文件；19600705，FD000244；19600706，FD000245。根据五国的讨论情况，原文已经过修改。——原编译者注

但是，美国政府作出的要求召开裁军委员会会议①的决定可能会重新开启辩论，并且我们的合作伙伴可能会再次和我们一起坚持这一点，以便递交给该委员会一份西方的方案。无论如何，在没有我们参与的情况下，如果美国独自或联合一些伙伴国家提交了一个方案，万一有一次投票，这时提出的问题就会从我们的态度中产生了。该假设或许尚早，但不能将其排除。

2. 6月27日的美国方案已在西方国家间得到修订，但我们没有积极地加入讨论。一些安排可能已经得到修改以便顾及我们的观点，但这不是因为我们的坚持。如果我们提出要求或者我们将其作为我们同意的条件，其他一些安排本也能被修改。总的来说，如果我们不考虑已经作出的和我们可能作出的修改，我们的观点与"修改版美国方案"中表达的观点仍有四点重要区别。

（1）我们希望给每个阶段设定完成期限，我们考虑到向联合国安理会求助并且得到其同意，这构成了从一个阶段到另一个阶段过渡的充分必要条件。如果这些条件都被接受，我们就可能准备好承诺接受这份共同裁军计划的约束，但是我们不会反对一份可能的关于起始步骤的协议，一份可以立刻谈判和实施的协议。

对于这几点，和美国设计上的差别都很明显甚至重大，但也不是不可能找到一致的片段，例如第一份西方计划②的情况。

（2）关于停止军用裂变原料的生产，以及已有的这些裂变原料或者说核导弹库存的转产，我们要求转产从一开始就达到相对于库存的实质性比例。在这点上我们没有得到满意的结果。至少，只要没有和苏联进行真正的协商并且苏联没有真正地表现出诚意，美国就不会接受在这一领域作出明确的承诺。此外，他们向我们指出，我们已经接受了第一个西方计划，其中没有提到首批转产的实质性。美国诱导我们接受同样的安排，但持有和之前一样的保留态度。

（3）还剩下核导弹运载工具的问题。在这一领域中，美国的立场在过去

---

① 由于在联合国秘书长以及一些西方国家政府（特别是意大利、法国政府，它们担心西方五国会对美国最近一次提出的方案达成一个完整的协议）那里遭到反对，美国政府于7月初放弃了要求立刻召开联合国裁军委员会会议的计划，在这之后，美国联合国代表团团长卡伯特·洛奇向哈马舍尔德先生提出了一个美国政府的正式请求，即要求在8月初召开该委员会会议。——原编译者注

② 1960年3月16日，参见19600318, FD000205。

六个月里已经有了明显的变化。

　　a. 我们希望对于海空军基地、火箭发射架安排的监管制度，确保核导弹的主要运载工具不运输这种导弹，以及这些运载工具不包含这种运输的必要装置，并以此作为首要任务。事实上，这是我们最初想法的演变或明确化；起初，我们主要寻求裁减，随后销毁主要运载工具本身，以满足要定义的特征。我们裁减并销毁主要运载工具的想法仍然存在，但以后这将配合，或者说听命于实施的监管措施的指挥，这种监管措施将保证这些运载工具不运输核导弹并且也不会为此目的而进行装备。

　　这一想法的实现会提出很多问题，而这样的想法，尚未经过法国相关部门的仔细研究，这些部门从一开始就致力于主要运载工具的逐步裁减。这个想法也没有经过美国的仔细研究。美国迄今未断然拒绝这一想法。美国要求必要的时间来研究其战略影响和意义。就像我们对于裁减并销毁运载工具本身所建议的那样，如果逐步进行的想法伴随着实现过程，美国更好地理解我们的观点也不是不可能，而理解的程度就是直到裁军进程结束再进行完全禁止。无论如何，似乎一开始就不可能讨论禁运核导弹或者禁止针对该运载工具的装备的承诺。这一立场与苏联的主张一致，可能和我们传统的控制裁军的立场相对。只有在实施了令人满意的管控的情况下，才能同时逐步实施禁令。在一个整体的方案中，无论如何，这些措施都不可能只在一个阶段内就可以实施完毕。

　　b. 关于逐步裁减核武器的主要运载工具，以实现最终销毁之目的，美国的立场在过去六个月间，已经按照我们要求的方向发生了变化。美国提议逐步控制军事基地和发射基地，这是我们六个月前建议的，但遭到了我们盟友的拒绝。此外，虽然在"修改版美国方案"中没有明确提及，但是美国目前可能准备接受开始对核导弹主要运载工具进行"约定范畴"的裁减，并从计划的第一阶段开始。然后，美国在他们目前的方案中还提议，在第二阶段裁减全部的运载工具，这是一个重要的转变。然而，美国反对在这个第二阶段结束时实现彻底销毁。在后面的这点上，美国得到了北大西洋理事会的一致支持，我们在这点上不大可能进行成功修改。理所当然地，这使我们注意到，我们从未离我们先前的主张这样遥远过。在1960年1月我们给华盛顿的计划中①，我们只想在进程结束时进行彻底销毁。此外，这个问题和上一段的问题是相关联的。

结论：因此，过去六个月来美国的立场变化不容忽视。尽管新提交的美国方案不像我们希望的那么精彩，而且在许多方面仍不够完善，但一些安排确实符合我们的建议，或者接近我们自己在西方国家间的对话开始时提出的建议。今后，如果我们决定改变我们总体上的孤立态度，美国很可能会再迈出步伐来和我们会面。

（谭书宇译，沈练斌校）

19600726，FD000055

政治事务司备忘录②
（1960年7月26日）
联邦德国和中程弹道导弹

如果说为联邦德国国防军配备中程导弹的问题提出的时间相对较短（1960年3月盖茨的建议），那么联邦德国一起参加火箭和导弹生产的问题已经提出两年半了。第一个问题还没得到解决，第二个问题则经历了各种变化，这些问题实质上是不同的法律和政治问题。

一

根据《巴黎协定》③，实际上，联邦德国保证"不在其领土上生产（以下武器）"：
——原子、生物和化学武器。这是明确的承诺（第3号议定书，附件二）；
——某些级别的武器，包括"远程导弹和制导导弹"（第3号议定书，附件三）。

根据这些条款，《巴黎协定》从字面上看并不排除：

---

① 19600116，FD000200.
② 文献来源：DDF，1960，Tome Ⅱ，pp.155-158.
③ 1954年10月23日的《巴黎协定》，第三部分为关于西欧联盟的文件，系修改《布鲁塞尔条约》的四个议定书。第3号议定书为《关于军备监督的议定书》。关于《巴黎协定》，见《国际条约集（1953—1955）》，第275—354页。

——西德在其领土之外在技术上和财务上参与中程弹道导弹的生产。这是1957年11月26日三方协议的目标之一。

——为西德联邦国防军配备此类导弹。

二

在西欧联盟看来，吸纳联邦德国参与生产中程弹道导弹涉及两个方面：

——中程弹道导弹具有报复性导弹的特点，不同于近炸引信或防空导弹，其制造是被许可的（1958年10月21日）。

——对西德来说，中程弹道导弹的生产仅仅是其核弹头生产道路上的一个阶段。

需要注意的是，法国政府过去的态度给联邦德国一种感觉，那就是法国已经准备好考虑让西德一起参与这种导弹的生产。

通过1957年11月28日的条约议定书①，法国、西德、意大利三国防长实际上已经约定"寻求三国在军备领域实现紧密合作的最佳方式，以满足……当前和未来构建一个具有同等优先地位的统一系统的需要：

"——航空装备及其电子技术；

"——不同类型的制导导弹及其电子技术；

"——核能的军事化应用"。

1958年4月16日，三国家向北约发出联合信函，以期获得艾森豪威尔总统1957年12月允诺的技术和财政援助，其涉及一种"射程2800千米的地对地导弹的研发"。经过1958—1959年在北约范围内举行的谈判，最终建立了一个小组，由（欧共体）负责生产和后勤的秘书长主持，法国和联邦德国获得席位，英国加入其中，意大利退出。该小组明确了一种低级导弹的定义（1200海里），其性能相当于第一代"北极星"导弹。诺斯塔德将军提到了北约自1963年起对该级别导弹的需求，于1960年2月11日向常设小组提出了一些建议，这些建议由盖茨先生于3月31日进行确认。因此，由于在北约框架下和美国进行的谈判出现了变化，以及1958年6月17日防务委员会决定"遵循不拒绝原则"，联合生产计划未能开始实施。

---

① 1957年11月28日，由沙邦-戴尔马、施特劳斯、塔维亚尼于巴黎签署。包含条约基本内容的文本发表于 DDF, 1958, Tome Ⅱ, 第380号文件。

391

三

在西欧联盟看来，为西德联邦国防军配备中程弹道导弹不会引起法律问题，① 因为这不是生产问题。它本质上是政治问题。6月1日，美国、英国、法国的外长在华盛顿就此进行了会谈。经各使馆通信证实，各国的立场可总结如下：

——对于将大部分导弹部署于联邦德国领土上，英国担心苏联可能的反应，以及在联盟内部可能引起的不平衡，如果法国坚持拒绝的话，这种情况是不可避免要发生的。

——英国还认为，和联邦德国相比，从感情上说，为海军部署"北极星"的倾向会使政治问题以及英国本身（工党的反对）的问题没那么尖锐。

——美国人对这种认识表示理解，他们似乎希望稳妥推进各项进程。他们尤其并不反对对盖茨先生提出的替代方案（销售给北约或者联合生产）的军事和技术条件进行深入研究，但指出，为海军部署"北极星"在很多方面都是可取的，不过也伴随着确定指挥责任方面的困难。

此外，美国政府似乎还没有确定其意见，布鲁克先生7月4日在波恩发表的草率声明② "没有看见任何为西德联邦国防军提供'北极星'导弹的反对意见"使施特劳斯先生有机会解释说，联邦德国不是需求方，而仅仅是应对北约当局部署300枚"北极星"导弹的要求，欧洲盟军最高司令认为有必要于1963—1965年在欧洲进行部署。西德外交部的立场以及西德总理就此问题的看法目前不得而知。

（吕军燕译、校）

---

① 文件说明：根据北约军事委员会第70号文件（MC 70），西德联邦国防军应该自该年度起接收配备"红石"地对地导弹（200海里）的军舰和配备"锤矛"（"马斯"）地对地导弹（650海里）的军舰。——原编译者注

② 参见19600706, FD000052注释。

19600801，FD000056

法国常驻北约代表团备忘录①
（1960年8月1日）
中程弹道导弹

在7月的最后几天，斯巴克先生和美国常驻代表就其关于"北极星"的建议作了交流。

诺尔廷先生或许和斯巴克先生说过，如果他能够保证法国赞同盖茨的计划，那么美国就同意他的建议。

如果美国人将导弹送给我们，我们就能节省下大量的研发成本和巨额开支，用于生产自己的打击力量运载工具。因此，这代表着时间和金钱方面的巨大利益。但是，作为交换，我们必须接受在法国部署配置美国核弹头的、属于北约的"北极星"导弹，并且和在英国装备的美国核弹头一样要采用双管体制。斯巴克先生认为，我们不会接受将核弹头的问题和导弹的区分开来。我们本来打算第一时间接收北约不配置核弹头的"北极星"导弹，但现在看来是不可能了。

或许这个问题可以和美国人直接讨论，比如在华盛顿的常设小组一级。美国人声称已准备好接受斯巴克先生的建议，则证明他们没有放弃盖茨的计划，并可能会向我们提出一个关于该计划的行动办法，因为，很显然，如果我们拒绝该计划，那么它将永远不会被北约接受，并且注定要失败。

（吕军燕译、校）

---

① 文献来源：*DDF*，1960，Tome Ⅱ，p.182。该文件由法国驻北约常设理事会代表德勒斯先生根据部长的要求而撰写。——原编译者注

19600801，FD000248

外交部致以色列大使馆照会①
（1960年8月1日）
备忘录

继6月本·古里安先生访法②并进行会谈后，法国政府已重新考虑对以色列的原子能项目提供援助。③

从以色列总理本·古里安先生表述的信息中，法国政府了解到以下内容：本·古里安先生认为以色列已按协议向法国进行了咨询，同时鉴于法方的反对意见，以色列放弃把正在建造的设施生产的钚用于军事用途。

不过，法国政府同时强调，必须公开钚提取工厂、反应堆工厂以及法国给以色列提供帮助的条件。法国政府还认为有必要对工厂及未来的生产进行监督（待定），以促使前面提到的放弃声明生效。这一监督也应被公开。

法国政府希望知道以色列政府目前能否接受这些安排，如若不能，那么对于钚提取工厂的建设，法国肯定不会继续提供帮助。

---

① 文献来源：*DDF*, 1960, Tome Ⅱ, pp. 183-184。正如文献标题处手写的注解所言，此照会在8月1日已由外交部长交至以色列大使馆。——原编译者注

② 在法国外交部的档案中未见任何有关以色列总理本·古里安在巴黎进行会谈的汇报。——原编译者注

③ 1956年12月12日与1957年10月30日，法国和以色列双方主管当局间达成了原子能领域的合作协议（未公布）。这些协议涉及铀供应以及技术与工业援助，以建设反应堆与钚提取工厂。官方声明，其目的旨在原子能的研究与和平应用。皮诺先生与楚先生1957年10月30日的换文（未公布）规定，若以色列决定改变其购买的和平性质，法国将终止合作。1960年3月18日，在总统戴高乐将军主持的一次法国政府会议上，会议决定终止一切铀供应。但随后的问题检查显示，要确保铀不被用于军事用途，单纯停止铀供应很可能是无效的。因此，在1960年5月12日法国总理府召开的会议上，以色列特拉维夫方面被告知，法国认为有必要对以色列在其援助下建造的设施进行国际监督。1960年5月13日，法国外交部长把告知此决定的照会（未公布）交给了以色列大使。以色列国防部秘书长希蒙·佩雷斯抵达巴黎，希望劝说法国政府改变决定，1960年6月8日吉约马先生与德姆维尔先生先后接见了他。在与法国外交部长的会谈中，佩雷斯先生表示拒绝国际监督。6月13日，在以色列驻法大使的陪同下，佩雷斯先生询问德姆维尔先生是否可以不考虑欧洲原子能共同体的监督。6月14日，本·古里安先生向德勃雷先生陈述了他对以色列安全的担忧。德勃雷先生反驳说，法国非常希望在和平性质的原子研究方面帮助以色列，但仅限于此。以色列总理本·古里安先生回答说，当研究超出这一阶段时，以色列就会向法国咨询。德勃雷先生随后提出建设或生产的保密问题。该问题被呈报给戴高乐将军。6月17日，戴高乐总统接见了本·古里安先生，后者陈述了对纳赛尔的担忧，不过他声明将放弃生产原子武器。——原编译者注

工厂建设即将进入实施阶段，以色列政府有必要尽快予以答复。

（郭冬梅译，姚百慧校）

19600802，FD000249
外交部致加拿大驻巴黎大使馆照会①
（1960年8月2日）

加拿大政府通过其驻巴黎大使于1960年7月15日递交给共和国总统先生的照会②，法国政府已收到。在照会中，加拿大政府表达了对法国政府在裁军方面立场的担忧，特别是在核裁军方面。

法国政府认为，这些担忧的理由并不充分。法国政府认同这一基本原则，即若不从一开始就强调核裁军，那就无法构思裁军计划。此外，这一原则如今已不再受到质疑。

但是，这绝不意味着我们的建议会缺乏保障机制，特别是不考虑防御的迫切需要。这更不意味着我们在要求西方核大国在削减的同时，不确保有效监督以保证苏联会同样削减。同样，这也并非意味着要将核裁军与常规裁军割裂。相反，正如加拿大照会所提及的，重要的是应采取谨慎的、逐步的、与其他裁军措施保持平衡的方式，以保证主要相关国家间的军事现状不发生改变。

在表达这些观点的方式上，盟国间的看法可能会存在差异，因此应把它们列入一个裁军总计划内。裁军措施只有在一个大背景下才会具有意义。其意义也是相对的，因为它既有赖于如何监督，也有赖于如何与其他措施同步、渐进地执行。这一背景也并非一成不变。在某种时候，它依赖于某些条件。然而，无人知晓何时以及如何重启与苏联的严肃认真的谈判。现在是确定我们立场的最佳时机吗？回想在与西方伙伴国会谈之初，法国政府阐述的总体意见与许多措施起初曾被拒绝，但随后又被共同接受和提出，对此，加拿大政府也是知道的。因此，要想预测接下来数月的事态发展，难道不是一件难事吗？

---

① 文献来源：*DDF*，1960，Tome Ⅱ，pp.187-188。
② 加拿大政府于1960年7月15日递交给共和国总统的普通照会，其表达了对法国核试验的担忧，并建议法国支持美国的新裁军计划，以便西方国家能够结成统一阵线对抗苏联。关于此问题请见：19600705，FD000244；19600706，FD000245；19600713，FD000246；19600725，FD000247。——原编译者注

加拿大政府在照会中强调了西方阵营团结的"至关重要性"。在西方阵营的团结方面，法国政府完全意识到其必要性，并为维护团结在各种场合积极行动，特别是在联合国辩论期间。但无论如何，我们必须注意到目前苏联政府似乎并不准备严肃讨论裁军问题。此外，在像联合国大会这样成员众多的会议上，我们很难有效讨论裁军建议。因此，待时机更加成熟再作决定，这样可能更好些。①

（郭冬梅译，姚百慧校）

19600812，FD000251

戴高乐致赫鲁晓夫的信②
（1960年8月12日）

主席先生：

　　您7月23日关于裁军的信函③已收悉。在我看来，冗长的回复无益，毕竟法国方面已经重申过多次了。不过，我还是希望再次向您指出法国的立场是什么。这一立场始终未变，依旧不同于您所反复强调的。

　　我认为，持有核武器的大国应开始裁军。同时，我还认为，目前只有在原子弹发射工具方面才可能取得某些实际成果。也就是说，应禁止为发射此类炸弹而专门建造和装备的火箭、卫星、飞机、军舰，当然，也要销毁那些已经为此而专门建造和装备了的工具。

　　尽管如此，在我看来，要实现上述销毁和禁止，仅靠声明是完全不够的，需要在这方面进行持久且相互的监督。我们处在一个征服太空的世纪，因此

---

① 附件载有加拿大政府照会的原文，未转载。——原编译者注

② 文献来源：*DDF*, 1960, Tome Ⅱ, pp.214-215；另见 Charles de Gaulle, *Lettres, Notes et Carnets*, T.Ⅷ, juin 1958-décembre 1960, pp.391-392。8月14日，德姆维尔通过第4044—4050号电报将信发给德让，要其转交赫鲁晓夫，并告知了转达的日期与时间。

③ 7月23日，赫鲁晓夫给戴高乐发了一封有关裁军的信函，涉及以下内容：（1）两位元首3月25日与4月1日的会谈（19600401，FD000239）；（2）戴高乐6月11日与30日给赫鲁晓夫的信（19600610，FD000230；19600626，FD000235 注释）；（3）十国裁军委员会法国代表对于裁军的态度。信的全文见 *Documents sur le Désarmement, Commission du Désarmement*（16 août-18 août 1960）et *XVe Session de l'Assemblée des Nations Unies Débats devant l'Assemblée Générale et devant les 1er, 2e et 5e Commissions*（New York 20 septembre-20 décembre 1960），pp.38-40。

我更加不赞同因下述理由就禁止和销毁所有火箭、卫星、飞机与军舰,这一理由是:若这些工具存在,它们总有可能被加以必要装备而用于发射核弹,哪怕这样做是被禁止的。这种意外情况的确可能会出现,但那意味着要违反国际法并驱逐监督人员。若真有此类情况发生,那么各国都会收到消息并恢复行动自由,我们也将重回现在的局面。

万一有国家决定违背承诺,我确实想不出任何可以立即强制它们信守承诺的办法。除非建立高于国家的国际性权威、司法机关与强制力,它们强于任何民族,且能够随时随地出现。不过,您和我都知道,这在我们的世界里不存在。

既然如此,我们就应当承认,若要禁止火箭、卫星、飞机、军舰随时运载和突然发射核破坏性装置,就必须对所有规定的发射台、基地、工厂进行明确且持久的监督。此外,只要在通过与实施这种监督的条件方面无法达成共识,那么很显然裁军就不会有效实现,即便是初步措施亦是如此。

因此,我再次总结指出,若希望实现裁军,就必须果断重启这方面的谈判,除此别无他法。此外,在法国政府看来,这一谈判不应在联合国大会那种不协调、冲动且嘈杂的氛围中进行。应在"十国"这一有限范围内,以便拥有和制造原子武器的四国能够从容不迫地阐述观点,毕竟这四国才是在此领域承担责任的。

顺致崇高的敬意。

夏尔·戴高乐

(郭冬梅译,姚百慧校)

19600815,FD000252
德让致德姆维尔电(第 3234—3238 号)[①]
(1960 年 8 月 15 日)

紧急。限制转发。

下文涉及您的第 4044 号电报。

---

① 文献来源:*DDF*, 1960, Tome II, pp. 216-217。

1. 赫鲁晓夫先生目前在克里米亚，戴高乐将军 8 月 12 日对其 7 月 23 日关于裁军的信函的回复，已于今日（8 月 15 日）14 点 30 分（巴黎时间 12 点 30 分）由我转交给葛罗米柯先生。

通过简要分析，我指出就问题实质而言，法国的立场始终如一。即要启动核裁军，首先要从原子武器的运载工具方面入手；同时，还应有恰当、相互与持久的监督，否则任何裁军措施都无法想象。

至于谈判方法，我提醒葛罗米柯先生，在联合国成立了裁军委员会以后，苏联政府也曾和西方国家政府一样承认，对于如此重要且棘手的问题，在有约 80 个成员国这样大规模的范围内，任何严肃的工作都无法执行。十国裁军委员会正是在此背景下成立的，并且根据苏联的意愿，委员会建立在代表人数对等的基础上，四个核武器大国参与其中。

2. 葛罗米柯先生指出，苏联政府始终赞成在裁军方面进行一种有裁军的有效监督，拒绝的是无裁军的监督。至于方法方面，苏联政府的观点与我们的不一致。十国裁军委员会未能满足原有的期待，讨论变成毫无结果的冗长空论。苏联政府因此考虑有必要将此问题提交至联合国大会，认为如果西方大国真心有意裁军，那么在联合国大会的讨论也能取得成果。

最后，如苏联领导人的往常做法一样，这位苏联外交部长重申，裁军方面的主要障碍在于美国执意拒绝裁军。

我们知道，苏联对其论断给出的理由是，对大多数美国领导人而言，武器制造是国家经济生活重要且不可替代的要素。

我在离开时表示，相信美国和其他大国一样，都能够认识到裁军的迫切必要性，以及各国政府都有责任不懈努力以实现裁军。

3. 戴高乐将军的信函今日也将转达给赫鲁晓夫先生。

(郭冬梅译，姚百慧校)

19600907，FD000057

政治事务司备忘录①
(1960年9月7日)
盖茨的建议

一、盖茨先生1960年4月1日提出的建议至今没有在北约理事会讨论过。此后，理事会仅仅于6月10日在欧洲盟军最高司令部听取了一个关于中程弹道导弹的技术报告。之后的讨论（第320/REPAN号电报②）仅仅涉及诺斯塔德将军的一些担忧，即由于担心可能会引起政治问题，他没有提出按国分配的建议。

同样，在很多场合下，三个大国在北约的代表，我国驻英国、美国大使与其同行，以及三国在华盛顿的外长都承认有必要就此问题展开三方会谈。

最近，在斯巴克先生访问美国以及和博弗尔将军会谈之后，诺斯塔德将军指出，大家似乎为我们没有在华盛顿提出具体的建议感到遗憾（8月30日）。

我们可以落实在华盛顿举行三方会谈的想法。

二、如果出于明显的原因，我们不能在北约理事会讨论盖茨先生的建议，那么法国的立场会是如何？

1. 由于我们的伙伴只了解其消极的一面，因此他们什么也不说，就将我们置于先决的或表面上的问题之下，从而导致严重的后果：加剧联盟的不安

---

① 文献来源：*DDF*, 1960, Tome Ⅱ, pp. 294-297。本纪要由外事秘书皮埃尔-亨利·勒纳尔为秘书长撰写。——原编译者注

② 6月10日，未转载。6月10日，北约理事会在欧洲盟军最高司令部听取了关于中程弹道导弹问题的技术报告。皮热将军表示，北约的打击力量太弱，至1963年就会落伍，北约必须在此之前拥有300枚新导弹。诺斯塔德将军表示这些导弹是"北极星"导弹；至于导弹的部署问题，他谨慎地答复说，鉴于由此引起的政治问题，具体的计划目前还未形成。德勒斯先生在此前的一次北约理事会会议上就曾指出，按国家分配部署的计划不是必不可少的。诺斯塔德将军补充说，唯一的问题在于如何实现拥有300枚"北极星"导弹的计划，导弹的部署是绝对必要和生死攸关的。——原编译者注

以及合作伙伴的猜疑。国家元首发表声明①后不久，我们就更难回避这个问题了。

从另一方面讲，即使我们希望改变美国的立场（有些似乎是自己强加的，例如购买"北极星"导弹给东道国带来的沉重负担），我们也不能给人以完全消极的印象。这样的态度会被解释为，即使不是在否定斯巴克先生的使命，也至少是觉得秘书长的努力是不令人振奋的。

2. 此外，避免对盖茨的提案发表意见的最好办法，是表示我们强烈希望美国首先对其进行一些修正。但是，这种方法只有和我方令人鼓舞的指示相结合，才会显得真诚。

（1）最高司令部认为有必要自1963年至1965年在欧洲装备中程导弹防御力量，那么我们首先可以承认其分析的合理性。

（2）或者我们可以指出法国拥有独立打击力量的必要性，因为我们还承担着北约以外地区的责任，或者简单地说，因为联盟暂时还没有认识到其防线和利益有时超越了条约限定的地理范围，所以这种必要性不能被认为是对其盟友的不信任措施。相反，我们应该指出，联盟的无意识性，尤其是在核威慑使用上的无意识性让我们承受的代价。

此外，在这种精神指导下发表的声明有利于缓和因梅斯梅尔先生在西欧联盟防务委员会上的声明所激起的不安情绪，我们的盟友对于其声明没有视而不见，他们在其中看到了我们对北大西洋联盟根本性的质疑。

三、我们对合作伙伴立场的了解。

美国：

对于理事会讨论在欧洲引进中程弹道导弹的问题，美国国务院似乎还不如欧洲盟军最高司令部那么急迫。五角大楼正在完成关于导弹部署的技术研究。研究结论倾向于在地面和海上进行混合部署（9月1日发自华盛顿

---

① 在9月5日的新闻发布会上，戴高乐被问及在1958年"九月备忘录"提出后，法国对北约的观点如何、是否要修改《北大西洋公约》。戴回答说，北约是十多年前建立的，自那时以来发生了很多变化。"欧洲大陆的一个国家，你们知道的是哪一个，已经开始制造原子武器。"就关系到法国的问题而言，《北大西洋公约》至少在两方面要有所修改。一是这一联盟只限制在欧洲地区的缺陷应该补救。二是关于欧洲防务一体化问题，虽然法国并不排除已缔结的联盟的原则，但一国的防务应该具有本国的性质。也因此，法国现在直接支配它的舰队，必须掌握在其领土上储存的原子武器。《戴高乐言论集（1958年5月—1964年1月）》，第193—195页。

的电报①)。华盛顿意识到了在西德进行陆基导弹部署所带来的政治方面的困难(6月24日发自华盛顿的电报②)。

国务院似乎暂时不考虑德美双边协议(7月8日发自华盛顿的电报③)。

英国：

如果北约认为，执行美国的意见是加强北约力量的必要条件，英国政府将予以协助。但需满足以下条件：

——美国继续提供双边援助(购买"天空闪光"导弹和核潜艇)；

——声明反对在欧洲生产导弹；

——优先对英国海军进行部署；

——对在西德部署导弹持保留意见，如果有必要，优先对其海军进行部署(1960年5月12日发自伦敦的急件④)。

英国认为盖茨的计划提供了足够的保障(对不使用导弹的监督)(7月19日发自伦敦的电报⑤)。

英国政府认为，导弹部署的问题应该是三国会谈的目标。

联邦德国：

默认同意盖茨的建议。

刚刚提出对其海军进行部署("北极星")。

---

① 发自华盛顿的第4216—4217号电报，未转载。看到北约理事会讨论在欧洲引进中程弹道导弹的问题，国务院各部门似乎不如诺斯塔德将军那么急迫。正在进行的研究或许会建议地面和海上的混合部署。——原编译者注

② 发自华盛顿的第3132—3133号电报，未转载。法国大使阿尔方先生报告了与赫脱先生的会谈，他们讨论了对盖茨先生关于在欧洲部署中程弹道导弹的建议进行研究的问题。他们也考虑了其他的可能性，尤其是沿欧洲海岸线部署"北极星"导弹。新方案也许能克服在西德进行陆基中程弹道导弹部署所带来的战略和政治方面的困难。——原编译者注

③ 发自华盛顿的第3357号电报，未转载。该文件法国驻华盛顿大使就美国陆军部长布鲁克的声明质询美国副国务卿麦钱特先生，根据布鲁克的言论，美国将向联邦德国国防军提供"北极星"导弹(参见19600706，FD000052注释)。麦钱特先生保证，美国没有准备就中程弹道导弹签署德美双边协议。——原编译者注

④ 发自伦敦的第620/PAN号急件，由首席参赞雅克·蒂内撰写，未转载。该文件详述了和副次官帕特里克·迪安爵士的会谈。此处发布的备忘录涵盖了本次会谈的所有内容。——原编译者注

⑤ 涉及7月19日的第2234—2237号电报，未转载。据帕特里克·迪安爵士所说，诺斯塔德将军访问伦敦时，对于欧洲引进"北极星"导弹几乎未表现出任何的不耐烦。他认为"北极星"导弹最适合代替北约即将落伍的战术防空力量，并且重新对其进行研究不会导致反对意见。诺斯塔德将军强调了监督所带来的保证。帕特里克·迪安爵士提请注意，保证是充分的。——原编译者注

诺斯塔德将军：

未就如何在战略上以最好的方式进行部署表态，以避免过早带来政治上的困难。

军事委员会同样表现谨慎，认为"最大的灵活性和分散性以及最高的效率在很大程度上取决于在北约覆盖的欧洲地区的任何地方部署这些导弹的可能性"。

鉴于法国拒绝在其领土上部署导弹以及西德领土上已经部署了导弹，诺斯塔德将军倾向于对海军进行部署（6月17日常驻北约代表的电报①）。

他指责斯巴克先生的新倡议，认为其只能推迟问题的解决。事情很急迫，如果盖茨的建议不被接受，一些双边协议也是可以的，美国甚至可以有更大的参与度（6月16日德勒斯的纪要②）。

斯巴克先生认为，法国对盖茨建议的反对是有一定道理的，该建议是有歧视性的，是为《麦克马洪法》补充了新的限制（5月25日常驻北约代表的电报③）。

（吕军燕译、校）

---

① 指常驻北约代表的第333号电报，未转载。在与诺斯塔德将军的交谈过程中，德勒斯先生获悉，欧洲盟军最高司令部倾向于沿欧洲海岸线部署北约的大部分"北极星"导弹，因为法国已经拒绝在其领土上部署导弹，而西德的领土上已经部署了导弹。西德将接受盖茨的建议。西德海军的问题将再次被提出：拒绝让西德利用海上手段运输中程弹道导弹，拒绝安排其参与欧洲防务，或者不对不利于我军的西德海军进行限制，同时，它不能使用现代武器。——原编译者注

② 第570号纪要，未转载。德勒斯先生从四个方面详述了和诺斯塔德将军的会谈：（1）中程弹道导弹。将军对斯巴克先生的新倡议予以指责，斯巴克先生在给美国的照会中提出修改盖茨的建议。该照会是无用的，可能会推迟问题的解决，对北约来说是致命的。（2）西德问题。诺斯塔德将军对西德在联盟中的重要性以及阿登纳离任的风险表示担忧。（3）防空问题。构筑警戒体系刻不容缓。诺斯塔德将军打算给总理写一封非正式信件。（4）地中海海军。法国政府一直没有提出总理承诺的新建议。如果大家不能达成妥协，不如放弃这件事情。——原编译者注

③ 第293号电报，未转载。斯巴克先生准备向美国提交照会，以改善盖茨先生向北约提供"北极星"导弹的建议。斯巴克先生认为法国的立场是合理的，他试图让美国人接受向提出需求的联盟国家交付全权的"北极星"导弹。他认为盖茨的建议是对法国的歧视。此外，他还认为有必要考虑在欧洲进行联合生产。他还询问德勒斯先生，法国是否接受从美国购买"北极星"导弹，并在其领土上部署受双重领导的核弹头导弹。——原编译者注

19600906，FD000253

赫鲁晓夫致戴高乐的信①
（1960年9月6日）

总统先生：

您8月12日函悉②，十分感谢。信中您友善地就法国关于裁军问题的立场给我作了补充解释。我们也因此可以彼此详述各自政府对此重要问题的看法，并且我认为这是有益的。我坚信这样的意见交流有助于消除可能存在于彼此之间的某些不明之处。

然而，我还是有必要指出，在某种程度上，我们曾有充分理由认为法国的立场具有此类不明之处。的确，您在信中说法国的立场始终未变。然而，在实践中，我们却从法国官方代表的陈述里发现了明显且非常重要的分歧。

我清楚记得我们与您在今年3、4月的谈话。总统先生，当时您清晰明确地表达了裁军应从销毁以下核武器运载工具开始的必要性：军用火箭、海陆军事基地、火箭基地等。这在我们看来是正确且有意义的想法，您大概还记得，我曾立即回复您说，在此问题上我们的立场不仅相似，甚至是一致的，仅有几处细节有待在今后的谈判中进一步完善。

然而，不幸的是，在日内瓦十国裁军委员会上，法国代表却采取了另外一种十分不明确的立场。大体而言，我国代表听其阐述的，是考虑进行无真正裁军的监督。他谈到了监督火箭，却不涉及销毁军用火箭储备；他谈到了监督军用飞机与某些类型的战舰，却不涉及彻底销毁这些核武器运载工具，仅考虑进行一定的"削减"；最后，他谈到了"监督"军事基地，但对清除某些大国在十多个其他国家建立的基地网的必要性只字未提。

总统先生应该能够看出，这位法国代表在日内瓦所阐述的计划，完全不同于我访法时我们和您所谈的内容。坦率地说，这样的计划对于消除威胁人类的核战争危险而言无济于事。倘若现存的原子弹与氢弹储备完好无损，而

---

① 文献来源：*DDF*，1960，Tome Ⅱ，pp. 320-323。9月14日，法国外交部将该信通过电报转发驻华盛顿、伦敦、渥太华与罗马的外交代表，编码分别为第13657号、第11627号、第2345号、第3445号。转发的电报中告知：9月12日维诺格拉多夫已将此封信函带给戴高乐；请驻外使节交给各自被委派的政府（华盛顿、伦敦、渥太华与罗马），并强调其机密性，目前苏联方面尚未公开此信。

② 19600812，FD000251。

国家还留用前面提到的火箭、战机、战舰以及军事基地，那将何谈摆脱此危险！当我们听说此计划后，尽管并不情愿，但还是不得不作出结论，即法国的立场已不同于在巴黎、朗布依埃谈判时。说实话，这让我们感到痛心。我们本希望相信这其中存在某些误会，但我们不能认为莫克先生在日内瓦陈述的是有别于法国政府观点的个人见解。另外，在十国裁军委员会以外的其他声明中，这位莫克先生又强调应"销毁"核武器运载工具，而不能仅是"监督"它们。

总统先生，我很高兴看到您在8月12日的信中再次明确指出，法国主张"应禁止为发射此类炸弹而专门建造和装备的火箭、卫星、飞机、军舰，当然，也要销毁那些已经为此而专门建造和装备了的工具"。您还指出，有必要建立一种有效的监督，以保证留存的用于和平目的的火箭（宇宙飞行器、民用飞机与船只）不会突然被用于核攻击。如果我理解正确的话，这一计划也包含清除某些大国在外国领土上建立的军事基地，这些基地在别国边境附近，有可能被用于核攻击。因为在今年春季的会谈中，我们一致同意要求清除此类基地，并销毁核武器运载工具，因此可以说，对于裁军这一要事，法国与苏联的立场在很多方面是一致的。

如您所知，苏联政府建议裁军应从禁止与销毁所有核武器运载工具开始，并接受国际监督，具体包括可能发射核弹头的军用火箭、军用飞机、军舰或炮艇；同时建议清除在外国领土上建立的军事基地。这些建议与您8月12日信中的观点并不矛盾。何况，我们不止一次公开说过，苏联政府关于裁军的最新提议是在考虑了春季会面时您的积极主张后制定的。因此，我们似乎有适当的基础以共同开始讨论裁军问题的和平解决办法。所以，如果法国与苏联能够在国际舞台支持这一立场，我深信在裁军方面举行卓有成效的谈判的可能性会大大提高。

至于此类谈判的场所问题，您认为有必要在一个小范围的机构中进行，以便拥有核武器的四国政府"能够从容不迫地阐述观点"。对于数量有限的国家参与裁军谈判这一点，我们毫不反对。苏联政府曾竭力以最积极的方式参加十国裁军委员会的工作。如您所知，我们也已准备好在峰会上积极参加裁军问题的审议。然而，一方面，苏联代表遭到美国与其他某些西方大国的顽固反对，他们不同意彻底审议裁军问题。另一方面，美国政府蓄意制造状况致使峰会无法召开，因此，我们也无能为力。不过，我已在适当时候给您写信详述过此事，就不再重复了。

简言之，我们认为联合国大会下届会议审议裁军问题是有益的，而且在目前形势下，鉴于十国裁军委员会的工作没有取得成果，峰会也未能召开，我们认为这一审议也是不可或缺的。联合国裁军委员会显然考虑过此事，因为在今年8月，经过包括法国与苏联在内所有82个成员国的投票，委员会曾建议大会第15届会议认真审议裁军问题。①

我们完全不认为此讨论必然会处在"冲动且嘈杂"的氛围中，这也不是我们对联合国大会的期待。苏联政府坚信，作为规模最大、最具权威的国际组织之一，联合国定能为接下来的所有裁军谈判提供新动力与正确方向，并进一步丰富去年大会已取得的成果。

显然，如果联合国成员国的国家或政府首脑，或其他的国家领导人出席接下来的第15届会议，那么在联合国大会更容易就裁军问题达成一致意见，而且通过的决定也会更有分量。苏联政府因此表示赞成最高级别领导人亲自参加下届联合国大会。

这一想法已经获得很多国家的支持，我们希望其实施能够促进第15届会议的工作取得成功，特别是促进裁军问题的顺利审议。

至于今后旨在达成裁军共识的谈判，正如我曾给您的信中所言，还需考虑谈判机构的组成问题，因为某些其他相关国家的参加是合乎期望的。

总统先生，请允许我作出总结，苏联政府与作为苏联政府首脑的我本人，我们十分重视能够与法国总统及政府之间实现相互理解，希望苏联与法国能够为我们时代至关重要的国际问题——首要的是裁军问题——的解决共同作出贡献。

致以最美好的祝愿与深深的敬意。

1960年9月6日
尼基塔·赫鲁晓夫

（郭冬梅译，姚百慧校）

---

① 第15届会议预计在9月20日召开。——原编译者注

19600914，FD000254
公约处致法国驻北大西洋理事会代表备忘录①
（1960 年 9 月 14 日）
对荷兰代表在北大西洋理事会会议上所提裁军问题的回复

在北大西洋理事会会议上，就法国政府在裁军问题上的立场，荷兰代表向法国代表提出了三组问题，其中第三组是第一组的延伸。

以下是对荷兰代表所提问题的回复：

一、在第一组问题中，斯蒂克先生询问，对于西方国家来说，接受在裁军初始阶段禁止核运载工具，这难道不危险吗？即便如法国所指出的，这一措施会接受双方认真、适当的监督，但由于苏联在常规力量方面占据优势，西方国家难道不会处于劣势吗？以西方威慑力量同时应对常规力量攻击与核攻击，难道不是毫无意义吗？最后，法国的立场难道不违背北约的主张吗？北约认为在整个裁军过程中，核裁军与常规裁军之间应保持平衡。

法国政府认真研究了提问中涉及的问题，因为随着现代武器的发展，有必要重新思考裁军行动的优先顺序，并重视核裁军特别是削减核武器运载工具。这些研究的总体性结论已被阐述过多次，说明如下。

1. 毫无疑问，技术的快速发展迫使我们改变裁军措施的顺序与等级。这是法国政府去年年底就提出和阐述的，其重点是核裁军，特别是裁减核武器运载工具。目前，大家对此已无异议。

2. 不过，这并不意味着我们要放弃某些早先提出的原则，且法国政府始终坚持这些原则，并充分维护其效力。在 1959 年 10 月 27 日交至联合国的至今完全有效的核心文件②中，这些原则再次被提及。其中主要的一条强调，在裁军行动中一定不能破坏早先提出的均等原则。只要军队存在，就应同时同步增强所有国家的安全，不能只顾及一部分国家的安全而牺牲另一部分国家

---

① 文献来源：*DDF*, 1960, Tome II, pp. 335-337。
② 即联合国文件 A/C-1/821，见 *Documents sur le Désarmement, Commission du Désarmement (10 septembre 1959) et XIVe Session de l'Assemblée des Nations Unies Débats devant l'Assemblée Générale et sa Commission Politique (New York 15 septembre-13 décembre 1959)*, pp. 66-68。

的安全,这样的方案对于后者来说是无法接受的。此原则要求纠正仅考虑等级的过于绝对的做法。我们应同时考虑相对的紧迫性和在不同的裁军技术领域介入行动的必要性,从而在每个阶段都同时采取措施,使它们不断合力增强每个国家的安全。

3. 在西方专家研究期间所提的建议,以及法国代表在日内瓦委员会的发言中,法国都始终忠于这些原则。强调核裁军特别是削减核武器运载工具的至关重要性,并不意味着我们的建议会缺乏保障机制,最重要的是,要考虑我们共同防御的迫切需要。特别要指出的是,显然只有在进行有效监督以确保苏联方面也有类似削减的情况下,西方核力量的削减才是可以接受的。同样,核裁军不应与常规裁军相割裂。

4. 在最后这一点上,法国的立场比某些盟国还要坚定。因为在我们看来,若两相割裂,那么削减兵力毫无意义,如果不对常规武器进行相应削减,我们是无法接受的。因此,如果留存的武器与批准的兵力之间缺少明确、受控的比例,那么仅仅存放某些类型的常规武器是完全不够的。如果常规武器的控制与兵力限制相一致,且主要的裁军措施没有出现割裂,那么上述问题所表达的担忧就缺乏依据了。

二、在第二组问题中,荷兰代表询问是否能在尚不清楚苏联如何执行裁军协议其他条款前,就将大量可裂变物质转用于和平目的。在这方面,应如何理解"大量"一词,尤其是考虑到法国"对不平等的担忧"?鉴于法国目前没有大量储备,这可能意味着其余核大国要尽快将其储备减至最低水平。

前面回复第一组问题的说明中,已包含对第二组问题回复的成分,下面是具体补充说明。

1. 在西方世界,各国都承认核裂变物质的停产应与现存储备的转产相联系。这一联系自1957年起就被列在所有盟国的裁军计划中。但是,如果从一开始就不落实大量、大比例的转产,如果因转产技术困难就不预先考虑及时、迅速、尽力地完成转产,那么这一联系只会是虚假的、象征性的,其实毫无意义。如果削减只是象征性的,不能在初步措施的基础上继续,那么这一行动可能在某些方面有用,但却与真正意义上的裁军无关,而且只会令现在的局面停滞不前。

2. 正如在对第一组问题的回复中所指出的,执行这些削减要符合我们在裁军方面始终坚持的总体原则，并具有保障机制。因此，这些削减与转产应在一个总框架内进行，对此我们已建议过多次。因此，执行这些行动要符合这一总体要求，同时有控制地执行其他措施。

3. 考虑到与苏联谈判的现状，对于"大量"一词，现在明确其范围还为时过早，这取决于可裂变物质的现有储备量。根据专家们目前对这些储备的大致估算，对于主要核大国来说，具有意义的转产量必须远远超过以前曾提及的数量。

（郭冬梅译，姚百慧校）

19600916，FD000058

法国驻北大西洋理事会代表备忘录[①]

（1960年9月16日）

盖茨的建议

大家还记得，在6、7月提出了（主要是由斯巴克先生）法国和美国在中程弹道导弹问题上的立场可能达成妥协的想法。双方的妥协主要体现在如下方面。

美国人为法国提供技术援助，使我们能够快速、经济、高效地构筑我们的国家打击力量；作为交换，法国同意在北约接受盖茨的建议，特别是同意在法国的领土上部署一定数量的、属于北约的中程弹道导弹。美国人对斯巴克先生称，这是一条值得探索的道路。

然而，特别是考虑到最近戴高乐将军召开的新闻发布会[②]的情况，法国似乎不大可能准备接受这种交换，比如在其领土上部署属于北约的导弹和核弹头。

在这种情况下，我们是否应该放弃任何妥协的想法？难道我们别无选择，只能对盖茨的建议说"绝对不"？而据诺斯塔德将军所说，该建议近期已经准备在理事会进行讨论。

---

① 文献来源：*DDF*，1960，Tome Ⅱ，pp.351-352。由法国常驻北约理事会代表德勒斯为德姆维尔起草。——原编译者注

② 9月5日于爱丽舍宫。参见19600907，FD000057注释。

如果美国人同意给予我们实质的援助,以构筑我们的国家打击力量,或者在"北极星"导弹的主权问题上对我们作出让步,那么毫无疑问,除了斯巴克先生所设想的那种太过重要的交换条件,我们还可以考虑其他的交换条件。比如我们可以研究一下如下假设。

为换取上述的美国援助,法国:

1. 同意参与共同投资的、在某些欧洲国家进行部署中程弹道导弹的计划,但不包括在法国的领土上部署。

同样,虽然斯堪的那维亚半岛国家拒绝在其领土上实施核计划,但它们似乎并不排斥在财政上参与联盟的核努力的想法。

2. 会考虑为驻扎在西德的法国军队装备中程弹道导弹。另外,在中间阶段,本方法不可或缺,以避免我们前线军队的战斗力与其他成员国部队相比大大削弱。

总之,在9月20日召开的防务委员会会议上明确提出法美妥协问题似乎没有坏处。不管怎样,在阐明法美双方彼此立场的直接会谈之前,在北约谈论盖茨的建议似乎不合时宜。

(吕军燕译、校)

19600916,FD000255

阿尔方致德姆维尔电(第4461—4469号)[①]

(1960年9月16日)

9月16日,五国裁军会议在威尔科克斯先生助手的主持下于国务院召开。会议目的是在联合国辩论前夕[②]交换总的意见。

1. 五位代表[③]已在一些方面达成一致:现阶段,不可能精准预测苏联将如何行动——很有必要在联合国大会上不让自己被拖进有关裁军的细节讨论中,而是重申五国的基本立场以及日内瓦谈判破裂的情况[④]——很有必要在十

[①] 文献来源:*DDF*,1960,Tome Ⅱ,pp. 343-345。该文件标题处留有手迹:"我想和勒让德尔先生谈谈此事。"——原编译者注
[②] 辩论将于9月20日在联合国大会上进行。——原编译者注
[③] 以下西方国家的代表:加拿大、意大利、美国、法国、英国。——原编译者注
[④] 关于这次谈判的破裂,参见19600627,FD000236注释;19600629,FD000237注释。

国委员会的框架内要求重启协商。

2. 实际上，根据加拿大方面的消息，苏联可能会要求加入三个中立国来增援该委员会。英国、美国与加拿大强烈反对这一主张。但是，它们不排除这种假设，即简单纯粹地维持十国委员会是不可能的。这种模式实际上在一些中立国家中并不"广受欢迎"。

a. 英国代表提议，如果是这种情况，就提议在联合国范围内成立一个小组委员会，由五个西方国家、三个苏联阵营国家、两个中立国组成。按照其说法，这个方式让裁军谈判重回联合国框架内，并让中立国家参与，可能对一定数量的国家表现出吸引力。相反，苏联可能拒绝这个计划。在这种情况下，好像就应当提议，该项工作的小组委员会应由联合国全体成员指定。人们很快就会明白，在这样一个论坛里不可能严肃地工作，那么就可能会很容易回到一个非常有限的小组模式之中。

b. 美国的立场从一开始就比英国立场更坚定。从一开始就坚持目前的十国委员会模式是最重要的。需要时，应当提醒这一模式本出自苏联，而西方国家在接受在联合国外并且在一个均等的机构中讨论裁军问题时，就已经作了让步。然而，如果完全不可能维持当前的模式，我们在方法穷尽之时就可能准备站在美国的角度来考虑成立新的严格限制在联合国框架内的小组委员会。在这点上，美国的立场归根结底还是接近英国设想的第一种模式的。

c. 加拿大代表也强调，一开始应该坚持现有的模式比较好，但他认为，为了使十国委员会的模式"更受欢迎"，应当考虑两种可能性：

——在十国委员会中加入一个中立的主席国。这个主席国应该只担任辩论的主持人，无权干预实质性内容或参与投票。

——创建一些以地区为基础的委员会和一些科技委员会。但是，加拿大代表认为这种模式不可能使谈判快速取得进展。依其看法，这些委员会最大的价值，就是在某种程度上让很多中立国家参与谈判，并向这些国家表明整个裁军谈判是何等复杂曲折。

d. 意大利方面也表示同意维持十国委员会的想法，但意大利似乎担心英国推出的模式，比如说5-3-2这样的模式最终会导致西方代表数量的减少。意大利政府可能也不反对在十国委员会里面增加两个必要时表示中立的中立国家。意大利甚至考虑一种轮流机制，可以每两年更换这些中立国。

e. 所考虑的这些模式可能会改变负责裁军谈判的委员会的构成或者换掉这个委员会，我方代表提醒注意这些模式包含的风险。唯一有效并且能够得到有益成果的解决方法就是回到十国委员会的讨论上。重要的是，从一开始就坚持这一点。

3. 美国代表和英国代表提到了爱尔兰提案①显示出的一些问题，这个提案关系到防止更大规模核武器扩散的措施。

a. 美国代表认为，解决方法在于通过一个规定把问题移交给负责裁军谈判的机构的决议。去年问题被移交到十国委员会时就采用了这样的解决方法。

b. 英国代表陈述了在这个问题上英国政府的如下观点：

伦敦认为，爱尔兰的提案给了西方作出主动姿态的可能性。西方应当提出一个决议，依据这个决议的内容，拥有原子武器的大国可能要宣布它们的意愿，即不会向没有这类武器装备也不具备用于其生产的信息的大国转让。至于没有原子武器的国家，它们可能要宣布没有制造核武器的意愿。

按照英国代表的意见，在对于西方国家显得很困难的辩论过程中，这样的主动可能会有这样的优势，即会受到一些欧洲中立国家舆论的喜爱。苏联自身也能从这样一个决议中获益，因为他们肯定与中国在原子能合作方面面临困难。

如果这个"宣言性决议"的主张不能被采纳，英国就准备支持美国的方案，将这一问题的研究交给负责裁军谈判的机构。不过，在辩论过程中，英国代表团将作出一个声明，明确英国政府的相关观点。

因为在这个问题上没有其他意见了，其他代表仅仅表示他们会向各自的政府汇报英国的建议。

（谭书宇译，沈练斌校）

---

① 1958年第十三届联大会议期间，爱尔兰提出了关于核武器扩散的决议草案，但没有交付表决。1959年10月28日，修订后的爱尔兰提案要求联合国承认散布核武器所造成的危险，并建议十国裁军委员会考虑避免这种危险的适当手段，包括缔结一项进行视察和监督的国际协定的可能性。据此，生产核武器的国家不得将对此种武器的控制权转交给不拥有此种武器的任何国家，而不拥有此种武器的国家不得制造此种武器。再次修订后的爱尔兰提案于1959年11月20日以68票赞成、0票反对、12票弃权被通过，成为第1380（XIV）号决议。决议全文及大国对爱尔兰提案的态度，见《联合国与裁军》，第315—316页。

19600916，FD000256

政治事务司备忘录①
（1960年9月16日）
（裁军办公室）

1960年9月12日赫鲁晓夫就裁军问题致共和国总统的信件

赫鲁晓夫在9月12日的最新一封关于裁军问题的信②中以温和的口气回复了共和国总统8月12日的信件。信中的内容没有任何变化，赫鲁晓夫仍旧坚持主张，重提了苏联先前在6月26日③和7月23日的信件④中已经阐述的主题。这些主题如下：

1. 法国政府在核武器运载工具上采取的立场，特别是其日内瓦会议代表团的立场，与共和国总统和赫鲁晓夫先生1960年3、4月在朗布依埃和巴黎的会谈中所持的立场不一致。这两种立场之间存在着"一些明显且十分重大的分歧"。

在朗布依埃，共和国总统本义是在"通过销毁如军用火箭、可以运输核武器的飞机、海上军事基地和陆上军事基地、火箭基地等核武器运载工具来开启军备裁减的必要性"上表达"清楚而不含糊的意见"。相反地，在日内瓦的法国代表本义是采取"另一种更不明确的立场"。他本来会阐述在没有真正裁军的情况下进行监督的考虑。据称，他谈到了不彻底销毁各种核武器运载工具库存以及对国外基地的监督。在这个问题上，莫克先生个人两次受到质疑，并且这和先前的信件相比是新的主张："我们不能认为莫克先生在日内瓦只陈述了他不同于法国政府的个人观点。此外，在十国委员会之外的其他声明中，这位莫克先生强调销毁核武器运载工具的必要性，而不仅仅是对其

---

① 文献来源：DDF, 1960, Tome II, pp. 349-351。该备忘录由政治事务司裁军处副处长米歇尔·勒让德尔撰写。——编译者注

② 信件似为9月6日，收录在 Documents sur le Désarmement, Commission du Désarmement (16 août-18 août 1960) et XVe Session de l'Assemblée des Nations Unies Débats devant l'Assemblée Générale et devant les 1er, 2e et 5e Commissions (New York 20 septembre-20 décembre 1960), pp. 41-42。

③ 19600626，FD000235。

④ 该信内容参见19600812，FD000251注释。

进行监督。"这种策略众所周知，佐林先生在日内瓦会议期间就运用过这种策略。

2. 苏联9月12日的信件重提了第二个常规议题：即强调法国的立场与其西方盟国立场之间的差异，以及法国的立场与苏联立场之间的"契合"。在赫鲁晓夫先生看来，法国政府的真正立场只能是如他在朗布依埃和巴黎的会谈期间所理解的那样，即销毁火箭、卫星、飞机、用于发射核弹且装备好的军舰，并清除建设在外国领土上且靠近其他国家边界的军事基地。

在这种情况下，赫鲁晓夫先生认为，法国与苏联的立场"在很多方面相契合"，何况苏联政府关于裁军的最新建议是在考虑法国意见的同时而拟定的。因此，"有充分的基础共同讨论裁军问题的实际解决方法"。

3. 关于未来裁军谈判的框架，赫鲁晓夫先生表示他"绝不反对少数国家参与的谈判"。他补充说道，对此更好的证明就是，苏联政府不仅已经接受了在十国委员会内进行谈判，还准备好积极参与峰会中的裁军问题审议。如果这些都不可能，那么正如大家所清楚的，这绝不是因为苏联的错误。不过，对于未来，赫鲁晓夫先生表示希望"一些有利害关系的其他国家"也能加入谈判。

不管怎样，由于十国委员会及峰会[①]目前已经失败，赫鲁晓夫先生认为，联合国大会可能是研究裁减军备问题最合适的场合。另外，他指出，这是包括法国在内的裁军委员会82个成员国在8月18日召开委员会会议时所提出的建议。这次大会"能够为今后的谈判提供新的动力和正确的方向，并推进上一次大会已经取得的成果"。

4. 信件的结尾是呼吁各国政府首脑、国家元首或其他国家领导人参加下一届联合国大会，以便进一步提升所通过的决议的分量。

结论

赫鲁晓夫先生9月12日的信在根本问题上没有提出新的要点。对于他来讲，这是一个重提旧议题的机会，而这些议题已经在先前的信中阐述过。另

[①] 1960年5月17日的峰会以失败告终。关于会议的报告，参看 *DDF*, 1960, Tome Ⅰ, 第221号文件。

外，这封信也指出，苏联政府已经回复了十国委员会中五个西方国家6月底的来信，分别是通过赫鲁晓夫先生7月23日致戴高乐将军的信件、7月23日致麦克米伦先生的信件、7月24日致迪芬贝克先生的信件以及7月26日致美国政府的照会和8月2日致意大利政府的照会回复的。只有共和国总统于8月12日回复了发给总统本人的苏联来信。其他信件或照会的接收方没有发出任何回复。因此，需要考虑是否有必要单独进行不会带来新内容且可能有助于苏联宣传的对话。

（谭书宇译，沈练斌校）

19601001，FD000059

斯巴克拜访德勃雷的报告[①]
（1960年10月1日）

出访华盛顿的斯巴克先生表示，他希望让美国国务院"认清"其对欧洲特别是对法国的政策完全不切实际。他声称对美国政府拒绝提供关于原子能或者导弹的秘密表示不解。

德勃雷先生向斯巴克先生表明，我们不是不择手段的索取者。确实，在去年的数次会谈中，美国人对这个问题的看法似乎不同以往。但是，根据经验，我们没有得到过任何东西，并且无疑在很长一段时间里也不会得到任何东西。

斯巴克先生重申了他希望看到美国人所采取的立场。如果美国政府向法国赠予或者出售导弹、导弹零件或生产技术，作为交换，法国将同意在其领土上部署一些其他导弹，但有一项谅解，即这些导弹应属于北约，而不是美国，而且前提条件是，它们的使用要征得法国政府的同意。斯巴克先生表示，他在媒体上读到相关信息，其认为法国政府在此事上的立场和几个月前比起来更有利于问题的解决。

德勃雷先生首先向斯巴克先生解释说，媒体上的信息来自对国防委员会上一次简短讨论的错误解读：一位议员问总理，如果美国人采纳斯巴克先生

---

① 文献来源：*DDF*，1960，Tome Ⅱ，pp. 442–443。该备忘录应该是10月5日整理的。

的意见，为我们提供全权的导弹，法国是否愿意从美国购买导弹。答复是这样的："如果斯巴克先生的建议是这样的，那么肯定会大受欢迎。"但实际上，这项建议要复杂得多。

随着讨论的深入，总理提醒斯巴克先生，当前来说，他很担心其建议是不切实际的。事实上，美国不会向任何人出让部署于欧洲的核导弹的独立使用权。在这种情况下，我们不清楚，对这些新导弹，美国会如何对截至目前从未有任何让步的事情作出让步。

斯巴克先生承认，美国确有其一贯的立场，但也许这种立场会改变。

在这种情况下，德勃雷先生总结说，最好等等，看看美国人现在怎么做。因此，在知道美国人是否准备改变其看法之前，法国政府没必要研究斯巴克先生提出的这类建议。

斯巴克先生表示赞同，他承诺会就其出访华盛顿的结果和我们保持沟通。

(吕军燕译、校)

19601012，FD000060
德勒斯致德姆维尔电（第491—492号）[①]
（1960年10月12日）

在1960年10月12日召开的北约理事会会议上，冯·瓦尔特先生作了关于法德波恩对话[②]的汇报。我会另外向您递交此次汇报的完整文本。该文本由法国代表团协作完成，但我们还没收到最终版本，我认为其总体上是令人满意的。西德代表引用公告中的一句话开始汇报，这句话强调北大西洋联盟对于欧洲安全的重要性。关于欧洲问题，西德的这份汇报实际上援引了办公厅向我转阅的文件。至于北约部分，我们可以从文中了解西德的观点，为了照顾我们的情绪，冯·瓦尔特一直避免使用"一体化"一词，取而代之的是"团结"，更多情况下使用的是"相互依存"。

请阅读德方代表报告的如下原文，文中的错误我未作改动。

[①] 文献来源：*DDF*，1960，Tome Ⅱ，pp. 491-493。
[②] 会晤于10月7—8日举行。关于会议的报告，参见 *DDF*，1960，Tome Ⅱ，第162号文件。

主席先生：

为了向您传达德勃雷先生和阿登纳总理会谈的精神，我想首先引用一部分在我看来有意义并且理事会成员肯定感兴趣的公告内容："会谈再次证明，北大西洋联盟是构成欧洲安全的基础，而基于共同意愿的、联盟所有成员的集体努力是欧洲安全的必要保证。联盟内欧洲和北美伙伴的紧密合作是有效捍卫'自由世界'的必要条件。"

首先，我想补充一点，关于北约和欧洲组织的对话主要是基于如下观点：在重组欧洲和改组北约之间，两者不能单独讨论。如同戴高乐将军在新闻发布会中所主张的，任何重组欧洲的问题都会影响北约，这也是为什么在对话中应该首先讨论相互依存问题。

阿登纳总理强调，要开启对话，首先需要厘清以下几点：

1. 如果没有稳固的北大西洋联盟和真正统一的联盟部队的最高司令部，那么就不存在欧洲安全。另外，美国人坚持认为，如果不能保证在欧洲的统一指挥原则，那么美国就不会让军队驻守欧洲。

2. 绝对不能削弱欧美之间的紧密联系，否则欧洲就得不到军事保护。欧洲国家为了共同安全作出一定牺牲的意愿主要是基于对美国的信任。欧洲各国政府应该避免给人一种印象：西方国家之间存在矛盾和分歧。

3. 阿登纳总理也认为北约需要改革。然而，改革应该以壮大北约、成员之间更加相互依存为目标，并且实现在联盟框架内欧美之间的持续平衡。

4. 对于这段发言，德勃雷和德姆维尔先生回答说，法国从来不想质疑联盟的重要性，法国期待联盟的运行能适应新形势。我们不能否认，北约成员国在非洲问题上没有一致的政策。最后，在具体实施过程中，在实现统一指挥权的效率及政府责任之间必须找到一种平衡。法国政府不想打破现有状况，但也认为只有作出各种预案，才能更好地准备调整和改革。

他们补充说，法国不仅支持北约，而且认为美国在欧洲驻军是必要的。关于北约重组的任何批评和计划都应该以改进和壮大联盟为目标，而不是必须为此修改条约。德勃雷和德姆维尔特别指出，戴高乐将军从未拒绝过在北约框架内实现一体化的构想，比如在后勤和防空方面。

众所周知，戴高乐将军在格勒诺布尔的演讲①有助于阐明问题，这大大有利于两种观点的融合。继关于北约的对话之后，8日上午的会议上涉及欧洲重组问题。会议期间，欧洲问题顺利地成为讨论的主题。阿登纳坚持认为，没有必要为了改善共同体运行而修订条约。严格遵守条约就足以使委员会对其职权有正确的认识。同样地，政治协商不需要新的条约，只需一起研究共同市场运行中产生的政治问题。就此主题，阿登纳还提到了其他国家的联合会，尤其是非洲国家的联合会。从这点出发，我们可以不断扩大协商，并且不会损害任何国家的利益。

法国领导人强调，为了起到某些作用，协商应该涉及一定的范围。从政治上来说，协商应该扩展到阿登纳提及的领域之外的其他领域。

在军事方面，特别是欧洲的军事合作，将严格控制在北约框架之内，并参考此前已讨论过的问题，即武器的联合生产、高级军事学院间的学生交流以及后勤和军队培训问题。

和欧洲经济共同体其他成员国会谈后，各国倾向于不修订现有协议。为了明确想法并达成更坚实的共识，六国政府首脑会议有望在不久后召开。

阿登纳和冯·布伦塔诺先生再次强调要采取尽可能务实的方法，并最终接受了这个提议。

5. 至于六国②和七国③的问题，我对公告中的以下这句话没有任何补充：

"两国政府首脑一致认为，解决欧洲两大经济集团存在的问题符合欧洲的利益。"

(李东旭译，吕军燕校)

---

① 10月6—9日，戴高乐巡视了法国东南部。7日，他在格勒诺布尔发表演说时提出："法国向欧洲各国人民建议，为了服务于共同的目的而进行合作并协调他们的政治活动。但是，法国并不打算失去它的面貌。它尤其想使它的国防具有本国的性质，特别是在原子武器方面，它要有它自己的武器。""法国希望，假如不幸在世界上投掷原子弹，那么在没有法国同意的情况下，自由世界这方面不会投掷任何一颗原子弹，同时，如果没有法国自己的决定，任何一颗原子弹也不会从它的领土上发射出去。"《戴高乐言论集（1958年5月—1964年1月）》，第203页。

② 欧洲经济共同体。

③ 欧洲自由贸易联盟。

19601021，FD000260

政治事务司备忘录①
（1960年10月21日）
（裁军办公室）
法国裁军代表参加第一委员会②

似乎应该特别讨论以下几点：

一、再次提及法国关于核裁军的观点是合适的，原因如下：

a. 我们一直主张所有裁军方案应当把重点放在核裁军上，我们已经建议通过对运载工具的监督来达到这一点。我们只能通过再次呼吁来博得很多国家的同感。就像在去年8月裁军委员会举行的辩论中所显示出的那样，这些国家非常支持核裁军。有一种非常普遍的观点认为，苏联在提出"全面彻底裁军"时能够利用其为自己谋利，尼赫鲁和铁托对赫鲁晓夫方案的支持就证明了这一点。

b. 我们对核裁军原则的坚持只会有利于提高我们在共同体国家间的声望，让这些国家避免受到"全面彻底裁军"的迷惑，或者加纳代表提出的导致"脱离接触"政策的非洲"核中立"建议的迷惑。（加纳代表提议为整个非洲建立一个禁止核武器及外国军事基地的区域）

c. 在打击力量的构建可能使法国重启在撒哈拉的试验的时刻，重申我们在停止试验和库存转产上的立场或许是合适的。在这一点上，我们会想起戴高乐将军在威斯敏斯特的宣言："法国，就其而言，一旦其他国家停止持有一些武器，就非常乐意停止为了给自己配备这些武器进行的试验和生产。"③

---

① 文献来源：*DDF*, 1960, Tome II, pp. 513-515。由外交事务秘书让-巴泰勒米·莫雷尔完成。——原编译者注

② 联合国大会第15届会议的第一委员会于1960年10月11日至12月19日在纽约举行会议。法国常驻联合国代表阿尔芒·贝拉尔先生代表法国于10月27日参会。——原编译者注

③ 1960年4月7日戴高乐在英国议会的演讲。演讲全文见《戴高乐言论集（1958年5月—1964年1月）》，第146—150页。

二、不过分从技术层面来阐述西方的监督构想，并说明9月23日的赫鲁晓夫方案①在这一点上和先前的方案没有什么差别，但仍然认为监督行动受限于约定的裁军行动，而上述做法将会是有益的。在联合国框架内成立一个国际监督组织的建议确实给人留下了深刻印象。

三、由于赫鲁晓夫先生在纽约重申了他的看法，即参加十国委员会的法国代表团所支持的观点不同于（法国）在朗布依埃会谈中关于销毁（核武器）运载工具的观点，因此有必要重申我们先前的观点。

四、我们考虑向第一委员会重申戴高乐将军8月12日的信件②中所持的立场是否合适，该立场是有关重启仅限于十国范围内的谈判的必要性。在裁军委员会会议以及联合国大会期间，形成了一种支持扩大负责谈判的机构的普遍想法。英国、意大利、加拿大表示自己准备放弃均等原则。尽管如此，还是应该有一份关于有必要在限制框架内对裁军问题进行谈判的措辞细腻的声明。

至于第一委员会目前收到的各项决议草案，可以看出，"麦克米伦草案"（le texte Macmillan）③建议委托技术专家研究可能的监督和检查制度，这似乎比英国、美国和意大利提出的三方决议草案④更可取。

a. 事实上，似乎有理由担心，三方提案会把讨论引向一场原则性的辩论，在这场辩论中，很难不重提，至少会部分重提赫鲁晓夫在决议草案中所提出的原则。这样可能会破坏第1378号决议⑤。

b. 另外，三方提案对监督这一关键问题的处理非常模糊，对此有理由担心辩论会导致产生一个可能不会明确表达西方立场的文本。

（谭书宇译，沈练斌校）

---

① *Documents on Disarmament*, 1960, pp. 241-248.
② 19600812, FD000251.
③ 英国1960年10月14日的提案，全文见 *Documents on Disarmament*, 1960, pp. 300-301.
④ 1960年10月14日提出，全文见 *Documents on Disarmament*, 1960, pp. 299-300.
⑤ 1959年11月20日，联合国大会通过了关于全面彻底裁军的决议，其译文全文见《联合国与裁军》，第96—97页。

19601027，FD000261

政治事务司备忘录①
（1960年10月27日）
（裁军办公室）

在第一委员会进行的裁军谈判中出现的变化包含着某种危险：

很多代表团，尤其是那些不结盟国家（例如印度和南斯拉夫）的代表团希望看到裁军谈判走出僵局，这种愿望能够促使很多代表团支持赫鲁晓夫先生提出的在明年春季召开联合国大会特别会议②的提议。如果情况是这样，赫鲁晓夫先生可能会延期得到他在本届联合国大会中所希望的成果，也就是：在尽可能大的范围内使关于"全面彻底裁军"的观点获得支持。事实上，苏联的策略显然在于试图促使中立国家施加压力来避免西方国家对于苏联计划的抵制。

因此，我们认为应该高度重视可能被要求重启谈判的机构的构成。从这点上看，帕迪利亚·内尔沃先生建议成立一个不结盟国家小组，由这个小组负责评估谈判的现状。这并非没有风险，因为这样的一个委员会一旦成立，可能会因为或多或少采取支持全面彻底裁军的立场而削弱西方国家的操控能力。加拿大建议由一个中立国来主持十国委员会，但出于同样的原因，这并不合适。

值得注意的是，区域裁军的主张正在重新获得支持（腊帕茨基计划、加纳提出的非洲中立化建议）。

（谭书宇译，沈练斌校）

---

① 文献来源：DDF，1960，Tome Ⅱ，pp. 540-541。由莫雷尔完成。——原编译者注

② 10月11日，为了确定在哪个联合国机构中展开有关裁军的大会辩论，赫鲁晓夫先生在联合国大会上作了两次发言：按照惯例是在政治委员会内，或者直接在联合国大会上。这位苏联政治家主张后者，并指出讨论将包括一些国家元首或政府首脑的参与，且要么在这届大会期间，要么在1961年春天举行的特别会议上进行。赫鲁晓夫先生没有得到满意的结果，因为该问题已交给了政治委员会。——原编译者注

19601029，FD000061

德勃雷和桑尼克罗夫特会谈的报告①
（1960年10月29日）

桑尼克罗夫特先生提到了他刚刚与吉约马先生和梅斯梅尔先生就英国的计划进行的谈话，该计划旨在组织欧洲国家进行合作，联合发射重型卫星。②他强调了这一独立于美国和苏联的行动的政治意义。这也可以节省大量的时间和资金，希望即将前往英国进一步研究英国提案的细节问题的法国专家能尽快和顺利地提出他们的意见。实际上，英国大臣希望，如果法国和英国必须合作，它们可以尽快地向其他欧洲国家提供这种合作机会。此外，他认为在介绍该计划的时候，不要强调它所包含的军事层面的问题。

总理提到了他此前就该计划和邓肯·桑兹先生进行的谈话，并向桑尼克罗夫特先生保证，法国政府在设想的领域没有反对意见，甚至相反，在技术和科学合作的原则下，它不会强调军事层面的问题。然而，在这方面应该考虑到，法国刚刚做了未来三年的整体预算，而我们和英国及其他欧洲国家要做的事情很可能意味着在财政上要增加巨大的额外支出。因此，法国的答复取决于专家的报告，并将尽快作出决定。

桑尼克罗夫特先生理解法国政府的意见，他认为，重要的是为法国带来财政利好，因为它至少可省去三年的努力，而把开支分为四份。他保证为法国专家最大限度地展示他们感兴趣的东西。他强烈希望法国尽快作出决定，以便在法国的协助或法国观察员在场的情况下与西德、意大利和其他国家进行接触。

总理答复说，最后一点也将与专家报告一起进行研究。

（吕军燕译、校）

---

① 文献来源：*DDF*, 1960, Tome Ⅱ, pp.548-549。
② 英国的一项计划，9月初由媒体宣布，旨在通过欧洲合作，研究用于和平目的的"蓝光"火箭，该火箭起初是为军事用途而设计，后因造价高昂而被放弃。10月底，英国空军大臣桑尼克罗夫特在巴黎和部长级代表吉约马先生、陆军部长梅斯梅尔先生进行的一次会谈中，向法国建议在该领域进行合作。法方对该计划进行了研究。法国政府同意伦敦的建议，为扩大合作，也试探了海牙、波恩和罗马的意向。——原编译者注

19601122，FD000062
戴高乐和约翰逊会谈的报告①
（1960年11月22日）

（美国大使参加了会谈。）

副总统祝贺戴高乐将军生日快乐，并告诉将军，他的许多同僚及肯尼迪先生未来的顾问，其中包括资深参议员拉塞尔，都对将军表示尊敬和仰慕，并对未来表示关切。这或许是他最后一次以议员身份来到巴黎参加北约议会大会②，并与来自十四个国家的同行就世界问题交换意见。美国刚刚结束了一场非常艰苦的竞选活动，他似乎看到了整个国家的愿望，那就是壮大并最大限度地利用国家以及"自由世界"的力量。事实上，面对当前的危险，美国人民决心保持高度警惕，并采取一切可能尚未充分利用的手段予以迎击。自1月20日起，美国新政府将不得不作出一些最重大的决定，如同戴高乐总统执政以来之所为；约翰逊先生希望本届政府能够尽职尽责，如同戴高乐将军之不辱使命。对其而言，能听从将军的教诲，幸莫大焉。

戴高乐将军也认为，世界局势正面临真正的危机，特别是在"自由世界"和"非自由世界"人民之间的关系方面。我们生活在历史上一个特别重要的时代，什么事情都可能发生。在这种形势下，是美国人掌握着最强大的手段，至少在"自由世界"中是如此。它还享有地理优势，因为即便他们遇到卡斯特罗、危地马拉或者委内瑞拉带来的一些小烦恼，也不像欧洲这样不幸地处于直接的威胁之下。因此，确切地说，由于其力量和现状，它（美国）在"自由世界"中占据着一个特殊的位置，大家自然都能理解，法国更是很早就明白这一点。在这种状况下，实际上我们没有发现任何坏处，因为自古以来，尤其是在重大危机中，我们两国总是并肩作战。它（美国）虽然并非总是首当其冲，但也一直不离不弃。因此，在当前国际局势下，法国高度重视美国的动向，并准备与其合作，以保卫"自由世界"。但是，法国并不因此就认为只有美国一个国家就足够了，尽管它很强大。整个"自由世界"都应该站起

---

① 文献来源：DDF, 1960, Tome Ⅱ, pp. 619–622。
② 11月21日开幕。——原编译者注

来保卫自己。也就是说，欧洲国家尤其是法国，必须组织起来保卫自己和"自由世界"。由此可知，在美欧和美法关系中，必须考虑某些彼此都没有充分进行认识的结果。戴高乐将军希望大家都认真考虑这些事情，在美法之间实现真正的和睦。

副总统表示，美国一直认为这种和睦是无比珍贵的。它没有忘记在美国诞生和捍卫家园的进程中法国所发挥的重要作用。尽管既不代表前任政府，也不以新任政府的名义，但是他认为能够表达肯尼迪议员的想法，他说，美国到目前为止还没有做它能够并且应该做的事情。美国越强大，它的朋友也就越强大，它们对和平事业的贡献就越大，特别是考虑到法国以及戴高乐将军个人所发挥的作用。副总统坚信，随着新政府的上台，为捍卫世界的自由，两国政府有必要在互相尊重的前提下建立友好关系。

戴高乐将军愿与副总统分享他关于法国应为捍卫世界的自由作出贡献的最佳方式的基本想法。像法国这样在国内和国际上都有着悠久（民族）性格的国家，应该承担作为一个国家的责任。它必须如此，尤其是在面对危机的时候，以便充分参与保卫"自由世界"。确实也有一些其他政治或军事构想，包括把像法国这样的国家和其他国家放在一起，而忽略了它们的民族性格。但是，这不是正确的解决方式。这种方式在形势紧急的时候或许能够被接受，比如十年前北约的成立就属于这种情况，但自那以后，很多事情都发生了变化，法国本身也不例外。在一个高效的、在政治和军事上以保卫"自由世界"为己任的组织里，法国应该扮演属于自己的角色。这丝毫不意味着法国要脱离其他国家，特别是美国：联盟是必要的。但是，它应该是一个国与国之间真正的联盟，而不应该像这样让国家走向合并和消失。戴高乐将军只是顺便提及一下自己的思路，因为他希望在未来的时间里能有机会和美国再谈这个话题。

副总统再次向戴高乐将军表达了其对于将军思想的赞赏。他还热烈祝贺法国在将军领导下取得的进步。然而，将军会建议采取果断措施来改变北约的结构吗？

戴高乐将军认为这些措施还是很有必要的。诚然，在当前困难的国际局势下，考虑这些措施有些操之过急。① 现在还不是推翻既有存在的时候，这也是法国参加北约活动的原因。但是，我们仍然必须在两个范围内——世界范围和欧洲范围——重新审视我们联盟的组织架构。当前的联盟只限于欧洲，而来自共产主义……的威胁覆盖了整个世界。因此，需要一个世界范围的联盟，至少包括那些具有全球利益的国家，即美国、英国和法国。对于欧洲来说，联盟也是必要的。但是，这个所谓的一体化体系并不令人满意，因为所有成员国都消失于一个实际上美国化的超国家的集团之中。确实需要一个联盟、一个组织、一些战时指挥，但不需要一体化。即使人们可以在技术领域谈论其意义，但如果考虑到人民的存在，则其注定是无效的。这种一体化引导人民不再关心本国的防御。国家尤其是大国，对其防御、政府、议会、人民应该具备责任感。总之，就全世界而言，世界大国之间应该建立政治和军事合作；就欧洲而言，应该建立一个基于国家现实的组织，在这个组织里，每个国家负责自己的防御，但仍对这个美国化的一体化体系负有责任。尽管约翰逊先生不会认为戴高乐将军是对美国的政治和军事意图表示质疑，但是从联盟的表现来看，一体化组织确实不好。

副总统认为，美国大选至少证明了一件事情：美国已决心利用一切资源努力奋斗。另外，新政府打算在全国开展一场广泛的内省运动以去除"多余的脂肪并将其转化为肌肉"。该运动将努力在军事领域和经济计划方面展开。从根本上说，如果让美国人民在安于现状下获得更多利益和经过艰苦努力而让国家强大之间作出选择的话，他们一定会选择后者。副总统再次向戴高乐将军表达了美国领导人对其所做工作的钦佩之情，并恳求上帝让他继续保有必要的力量。新总统和他本人都非常乐意和戴高乐将军一起共事，并从他的良好建议中受益。

戴高乐将军强调，明天和昨天一样，重要和令人鼓舞的事情都会被历史铭记：美法之间的友谊仍在继续。这在过去尤其是悲壮的时刻已多次得以验证。作为国家元首，他结识了罗斯福总统和杜鲁门总统，尽管遇到了一些挫折，但他为了法美友谊与他们进行了合作。这对两国都十分有益。他之后还和艾森豪威尔总统合作过，两人在战争时期和战后都有过往来，并且将军对

---

① 原文拼写错误。

他深表敬意。两国人民的友谊也因此得以延续。他毫不怀疑，明天他和新总统之间也会建立这种友好合作关系。他非常理解肯尼迪总统肩上的责任，并请约翰逊先生向其转达他诚挚的问候。

（吕军燕译、校）

19601124，FD000063

外交部备忘录①
（1960年11月24日）

11月24日，狄龙②先生向外交部说明了美国政府关于为北约配置"北极星"导弹的看法。

首先，副国务卿就媒体泄露秘密致歉。早晨的《纽约时报》以令人恼火的方式披露了计划的主要内容。

美国意图得到的，是一份并非过于雄心勃勃的建设性计划。这是一个涉及美国国内立法及某些北约国家特有国情的问题。

总之，美国政府希望北约通过配置中程弹道导弹拥有自己的部队，导弹由欧洲盟军最高司令部控制。后者，即诺斯塔德将军将根据美国最高司令部的战略计划，向这支部队下达指令和目标任务。

北约的这支部队不是一朝一夕就能够建立的。第一阶段预计需要如下条件：

1. 美国将组建一支由5艘核潜艇组成的特殊部队，每艘潜艇配备16枚"北极星"导弹。这些潜艇和导弹将于1963年底部署到位。这支部队和第六舰队地位相同，也就是说，在战时编入北约，接受欧洲盟军最高司令部的指挥。根据美国政府的计划，这5艘舰艇及其导弹只是临时部署，它们将尽可能早地和计划建立的所谓北约部队欧洲国家分队编在一起。另外，美国政府承诺，在任何情况下这些欧洲分队以后都不会从北约部队中撤销，也不会根据国家的需求重新编制。

---

① 文献来源：*DDF*，1960，Tome Ⅱ，pp. 628-631。
② 他刚从波恩返回，他此前和领导们谈论了西德可能会对美国在西德的驻军给予补贴的问题。*L'Année Politique*，1960，p. 579。——原编译者注

2. 除了这 80 枚导弹，美国政府还建议北约欧洲成员国购买 100 枚其他导弹，以便诺斯塔德将军自 1963 年底起，如果可能的话，可以按最高司令部的要求支配这 180 枚导弹。

获得这些导弹并承诺将其编入北约部队的国家，如果愿意的话，必须提供车辆、潜艇或其他船只。事实上，所有这些"北极星"导弹都应该依靠海基，而不应该依靠陆基发射。"北极星"导弹上的核弹头产权归美国，由美国保管。

美国政府将提供 5 艘潜艇和 80 枚导弹，为此会花费约 7.5 亿美元。据狄龙先生估计，欧洲国家的花费在 3.5 亿—4 亿美元。美方并不期望所有欧洲国家都会进行这笔交易并愿意加入北约部队，但据信有 6 个国家可能会这么做，而副国务卿并没有另行指定。

美国的计划没有走得更远，尽管已经提出了其他一些构想，并会重新展开讨论。特别是导弹的使用这一关键问题仍然是开放的，且还没有提出任何建议。我们在讨论中可以考虑一下，是否应该规定对导弹的使用进行多边控制。无论如何，需要一个政治决定来允许欧洲盟军最高司令部使用这些武器。美国的立法可能需要进行修改：它取决于最终被采纳的体系。

这支北约部队的创建，即使其目标受到限制，但是也可能成为一些新实验的先例。例如，可以考虑将美国在欧洲的储备和库存纳入这支部队。即使美军不留在欧洲大陆，也可以承诺不将这些储备运出欧洲。

11 月 22 日，美国总统批准了该计划，狄龙先生在同一天与阿登纳总理，在 24 日与林登·约翰逊先生和富布莱特参议员分别谈了此事，并将于 25 日在伦敦向沃特金森先生进行阐述。

至于还在华盛顿的斯巴克先生，他将于今日得到消息。

顾夫·德姆维尔先生指出，本计划和盖茨先生的建议的主要区别在于，"北极星"导弹将以几乎平均的方式分配给美国和欧洲国家，而美国国防部长的第一项提案则是向欧洲国家提供一揽子计划。

美国国防部副部长欧文先生指出，本计划是对盖茨先生的建议的重要拓展。

狄龙先生报告说，在波恩的时候，阿登纳总理问他，装备"北极星"的潜艇将要托付于诺斯塔德将军，此时他的身份是美军驻欧洲司令部总司令，还是北约欧洲盟军最高司令。对这一点不应质疑：潜艇将被交给作为北约欧洲盟军最高司令的诺斯塔德将军，他将接受北大西洋理事会的命令。

对顾夫·德姆维尔先生提出的问题，欧文先生解释说，"北极星"的射程可以到达苏联的西部边界。这些导弹有望很快就能代替飞机。它们可以装备在任何军舰上，刚刚出海要巡逻两年的"乔治·华盛顿"号核潜艇已经执行过一些潜射任务。

顾夫·德姆维尔先生询问，西德会以何种方式参加"北极星"的部署。

狄龙先生回答说，西德的参加在预料之中。这件事或许需要西欧联盟的决定，但是他也不能确定。需要注意的是，所有的发射基地肯定都要位于西德领土之外。此外，既然规定了多边责任，那么西德对导弹的使用也要接受多边监督。副国务卿指出，除了"奈基"和"诚实约翰"两种导弹，西德很快就要部署"马斯"导弹，这是一种射程1000千米的无控火箭弹。

顾夫·德姆维尔先生指出，关于欧洲盟军最高司令部被许可使用核弹头的方式，目前还没有任何规定。是否需要得到北大西洋理事会的一致同意？

狄龙先生提醒说，这方面的问题还未解决。

狄龙先生在回答一个新问题时表示，美国政府打算在12月向北大西洋理事会提交这份计划。对于所涉及的财政问题，肯定不会立即作出答复。接下来将是漫长的讨论。

欧文先生指出，如果六个欧洲国家同意参与导弹的购买，那么对于单个国家而言，花费不算太高。

狄龙先生随后谈到了几天之后即将到达欧洲的美国原子能代表团。后者将意识到目前在协调和合理利用现有的各种可能性方面存在的巨大困难。希望由国会议员霍利菲尔德先生带领的代表团能够理解投票支持为潜艇和"北极星"的建造进行拨款的必要性，并能意识到必须对《麦克马洪法》进行修改。

（吕军燕译、校）

19601216, FD000064

德勒斯致外交部电（第645号）①

（1960年12月16日）

12月16日下午，北约部长会议讨论了长期军事计划。赫脱先生指出了两个主要问题：一是北约具备有效的核能力；二是加强常规防御力量。

1. 赫脱先生援引了诺斯塔德将军在北约议会②上的讲话，其观点并无二致。

a. 北约对于中程弹道导弹的需求要求建立多边部队，这是1957年决议的必然要求。实际上，在北大西洋联盟内部应该避免核武器扩散以及由此引起的政治分歧。因此，我们要建立一个共同防御基地，为此，首先要解决很多技术、法律或者财务方面的难题。美国国会和其他国家的议会都需要采取行动。赫脱先生随后简单地阐述了伯吉斯先生12月5日（周一）在理事会上提出的想法。到1963年，美国准备把5艘潜艇交由北大西洋联盟支配，其中每艘潜艇配备16枚"北极星"，其使用将"符合现有程序之规定"。1964年，美国将出售给盟友100枚中程弹道导弹，用来组建一支海上多边部队。之后，可能在多边部队中添加5艘潜水艇。核弹头将由美国来控制。赫脱先生补充道，正如伯吉斯先生所说，考虑到北大西洋联盟的长期计划和技术进步，应该探讨1964年以后可能出现的问题。我注意到，他没有明确采纳伯吉斯先生提出的第一阶段计划（承诺在欧洲维持核储备）。

b. 任何可能建立的北约战略力量，当对敌使用时，均应接受欧洲盟军最高司令部的指挥，而后者应将其在这方面的行动与联盟中某些国家可能利用的其他报复力量所进行的行动相协调。应当指出，战术核武器和战略核武器之间的区别越来越模糊了。

---

① 文献来源：*DDF*, 1960, Tome Ⅱ, pp. 750-752。美方的记录见：*FRUS*, 1958-1960, Vol. 7, Part 1, Western European Integration and Security, Canada, pp. 674-683。

② 在11月21—26日在巴黎举行的北约议会会议上，诺斯塔德将军提及了欧洲的核防御问题。具有战略价值的北大西洋部队的想法很有趣，尽管他没有亲自提出这一想法。在该领域，诺斯塔德建议迫切需要提供中程机动式陆基或海基火箭，这些火箭能够执行目前由轰炸机执行的一些任务；正是由于使用这些火箭，才会出现控制权问题。——原编译者注

c. 鉴于欧洲各国希望在核武器控制方面发挥更大的作用，因此在核储备（控制）方面应考虑加强联盟所有国家的权力。

2. 同时，急需加强常规防御武器，并和北大西洋联盟的核武器保持一定的平衡。应该考虑提升在现存常规军事力量下引入核武器和使用核武器干涉的门槛。北约的中程弹道导弹供给本身是不足的。加强常规军事力量将有助于避免对苏联的错误估计。

在报告的第二部分，赫脱先生简要提及了当前美国国际收支的不平衡性，涉及黄金出口和1960年的38亿美元赤字。与此相对，欧洲国家却有充足的盈余。这个情况不能持续下去。美国必须采取强有力的行动以维护美元地位。美国将继续承担其负担，但是欧洲盟国方面也必须作出更大的努力。美国必须在国外重新部署兵力。赫脱先生发言后有个简短的讨论，然而每位部长只能发言几句。

霍姆勋爵对美国的提议最先表示热烈欢迎，至少表面如此。他称赞这是"为北约的强大而给予的恩惠和裨益"。霍姆勋爵说："英国认为，美国提议由欧洲盟军最高司令部支配5艘配备'北极星'的潜水艇，这是积极和有益的。"至于向多边部队出售100枚中程弹道导弹的提议，英国代表只是承诺仔细对其进行研究。

关于财政问题，霍姆勋爵强调，对于"自由世界"来说，维护英镑没有捍卫美元来得那么重要。

顾夫·德姆维尔先生表示，他对美国代表团刚刚作出的声明非常关注和感兴趣。他指出，从政治、军事和财政角度看，该声明提出了非常重要的问题。

这尤其适用于刚刚说过的战术核武器，这些武器对于由欧洲盟军最高司令部支配的军事力量来说是必不可少的。显然，在这一点上，在为核武器提供经费、制定使用计划以及作出使用决定方面存在着根本性问题，而这种决定并不是各方都默许的。

我们必须根据在适当的时候提交给我们的具体建议仔细研究这些问题，以明确赫脱先生刚刚表达的想法。

同样，法国代表团也注意到了关于多边防务成本、恢复平衡的必要性以及美国账户的资产平衡表等问题。法国代表团会对这些问题予以重视。

其他代表团的初步反应可以分为两大类：

1. 斯堪的纳维亚国家和加拿大的反应相对冷淡。加拿大常驻北约理事会代表格林先生坚持认为，不应该给人留下即将作出重大决定的印象，而应该在本届会议的最后公报中强调裁军问题。

2. 比利时、荷兰、卢森堡、希腊、土耳其、西德和意大利的反应当然更加积极。塞尼先生指出，意大利已经为此作出了努力，即允许在其领土上使用"朱庇特"中程弹道导弹。冯·布伦塔诺先生表示，赫脱的建议将使北大西洋联盟适应现代的战略形势。[①]

（李东旭译，吕军燕校）

19601220，FD000051

德姆维尔致部分法国驻外机构电[②]

（1960年12月20日）

仅限大使阅悉。

肯尼亚内罗毕：仅限总领事阅悉。

拉甘很快会进行一场核爆炸试验[③]。如果气象条件不利的话，也可能会推迟几天。在此事件发生之前，任何消息都不能向任何人透露。

在未来几天里，我要求你不要离开你所在国家的首都。

我按如下编号给您发送一些信息，这些信息将有助于您回答在这次爆炸

[①] 12月20日，北约理事会部长会议的一份纪要提及了赫脱的声明，未转载。美国的提议仍然非常模糊，在会议的最后一天，美国国务卿为了减少提议的影响，拒绝在公告里阐述这一提议。该提议建议美国减少在欧洲的军事部署。美国的提议表明，理事会在与核防务计划、美国提供的武器的分配及其使用计划（目前属于诺斯塔德将军的职权范围）有关的所有事项上都存在极大的不确定性。英国对组建"威慑力量"持保留态度。相反，斯特劳斯先生对此表示欢迎。美国的提议已重新提交给理事会以供研究。——原编译者注

[②] 文献来源：*DDF*, 1960, Tome Ⅱ, pp. 768-769。该电分别致法国驻摩洛哥、突尼斯、黎巴嫩、加纳、几内亚、尼日利亚、利比里亚、埃塞俄比亚、苏丹、刚果共和国、南非、肯尼亚的外交代表，编码分别为第4990—4993号、第4489—4492号、第536—539号、第959—962号、第1002—1005号、第445—448号、第290—293号、第744—747号、第594—597号、第1298—1301号、第388—391号、第137—140号。

[③] 12月27日，将进行第三次原子弹爆炸。一份官方公报指出："和前两次爆炸预计的一样，我们采取了所有预防措施，以避免居民遭受放射性尘埃的危害。"——原编译者注

后可能向您提出的问题。

1. 此次强度较弱的空中试验是我们军事核计划的一部分，其中 1960 年 2 月 13 日和 4 月 1 日的爆炸就是该计划的第一阶段。目的是对原子裂变、由此带来的辐射以及核辐射防护有更好的了解。

据此获得的信息不仅具有军事价值，还涉及为和平目的使用核爆炸。法国政府对此非常重视，目前正在进行研究。

2. 和以前的试验一样，我们将采取严格的安全和防护措施，以确保附近或远处的居民不会遭受任何危险。在气象方面，尤其对风的态势进行了深入研究。

3. 本次试验的作用范围将和 4 月 1 日的试验相比较，在这方面可以验证如下指标：

——污染区不超过 40 千米长和 20 千米宽；

——在此区域之外的附近地区，比如北部的哈姆迪耶或拉甘，或者位于南部 150 千米的瓦兰，都没有超过容许量十分之一的放射性尘埃。穿越撒哈拉沙漠的拉甘至比东 5 号站 RT2 号公路的交通实际上也没有中断；

——在非洲大陆受到放射性尘埃影响的地区，其剂量在容许量的万分之二至百分之二之间（为加纳政府工作的测量专家确定的加纳可接受的程度）；

——最后，根据美国原子能委员会近期的一份报告，和苏联、美国、英国核试验在全世界产生的放射性尘埃相比，法国两次核试验产生的放射性尘埃只占总量的千分之一或千分之二。

（吕军燕译、校）

四、附录

（一）档案简目（档案编号序）

FD000001，19580620

FD000002，19580627

FD000003，19580609

FD000004，19580628

FD000005，19590107

FD000006，19590118

FD000007，19590123

FD000008，19590203

FD000016，19590326

FD000017，19590331

FD000018，19590331

FD000019，19590409

FD000020，19590422

FD000021，19590428

FD000022，19590428

FD000023，19590429

FD000024，19590429

FD000025，19590501

FD000026，19590504

FD000027，19590522

FD000028，19590525

FD000029，19590609

FD000030，19590613

FD000031，19590620

FD000032，19590113

FD000033，19590129

FD000034，19590306

FD000035，19590313

FD000036，19590320

FD000037，19590409

FD000038，19590411

FD000039，19590413

FD000040，19590430

FD000041，19590522

FD000042，19600114

FD000043，19600223

FD000044，19600408

FD000045，19600518

FD000046，19600324

FD000047，19600325

FD000048，19600404

FD000049，19600429

FD000050，19600603

FD000051，19601220

FD000052, 19600706	FD000092, 19581025
FD000053, 19600721	FD000093, 19581028
FD000054, 19600721	FD000094, 19581028
FD000055, 19600726	FD000095, 19581031
FD000056, 19600801	FD000096, 19581101
FD000057, 19600907	FD000097, 19581103
FD000058, 19600916	FD000098, 19581204
FD000059, 19601001	FD000099, 19581210
FD000060, 19601012	FD000100, 19581217
FD000061, 19601029	FD000102, 19580705
FD000062, 19601122	FD000103, 19580730
FD000063, 19601124	FD000104, 19580821
FD000064, 19601216	FD000105, 19580918
FD000065, 19590716	FD000106, 19580926
FD000066, 19590724	FD000107, 19581029
FD000067, 19590804	FD000108, 19581031
FD000069, 19590910	FD000110, 19581106
FD000070, 19590922	FD000111, 19581121
FD000071, 19590930	FD000112, 19581121
FD000072, 19591001	FD000113, 19580707
FD000074, 19591110	FD000114, 19580709
FD000075, 19591119	FD000115, 19580818
FD000076, 19591211	FD000116, 19580822
FD000077, 19591217	FD000117, 19580922
FD000082, 19581007	FD000118, 19581002
FD000083, 19581011	FD000119, 19581017
FD000085, 19581014	FD000120, 19581106
FD000086, 19581015	FD000121, 19581107
FD000088, 19581016	FD000122, 19581121
FD000091, 19581021	FD000123, 19581226

FD000132, 19580924	FD000202, 19600310
FD000144, 19590917	FD000203, 19600314
FD000153, 19600602	FD000204, 19600314
FD000163, 19581010	FD000205, 19600318
FD000166, 19581028	FD000207, 19600323
FD000167, 19581106	FD000210, 19600328
FD000169, 19590127	FD000211, 19600405
FD000171, 19590228	FD000212, 19600408
FD000175, 19590310	FD000213, 19600411
FD000179, 19590707	FD000215, 19600420
FD000180, 19590716	FD000216, 19600421
FD000182, 19590728	FD000219, 19600514
FD000183, 19590727	FD000220, 19600521
FD000184, 19590818	FD000224, 19600528
FD000185, 19590820	FD000226, 19600602
FD000186, 19590820	FD000227, 19600602
FD000187, 19590904	FD000228, 19600603
FD000188, 19590923	FD000229, 19600604
FD000189, 19591006	FD000230, 19600611
FD000190, 19591007	FD000234, 19600625
FD000191, 19591019	FD000235, 19600626
FD000192, 19591023	FD000236, 19600627
FD000193, 19591030	FD000237, 19600629
FD000194, 19591124	FD000239, 19600401
FD000195, 19591127	FD000244, 19600705
FD000196, 19591127	FD000245, 19600706
FD000198, 19591221	FD000246, 19600713
FD000199, 19591221	FD000247, 19600725
FD000200, 19600116	FD000248, 19600801
FD000201, 19600229	FD000249, 19600802

FD000251，19600812   FD000488，19580821
FD000252，19600815   FD000489，19590205
FD000253，19600906   FD000491，19590207
FD000254，19600914   FD000492，19590207
FD000255，19600916   FD000493，19591127
FD000256，19600916   FD000494，19600603
FD000260，19601021   FD000495，19581006
FD000261，19601027   FD000500，19600630

（二）译名对照与索引

说明：

1. 每条索引条目后所附数字为档案编号中"流水号"的一部分（省略了其中的 FD 和前面的几个数字 0）；

2. 三个及三个以上的连续数字为简写，用"—"连接首位数字。如"柏林"词条中的 16—18，表示 16、17、18。

3. 只在注释中出现的名词，会在数字后加"（注）"。如"和平利用外层空间委员会"词条中的 121（注）。

4. 凡不确定的内容，用 [？] 标出。

5. 本附录需与附录一"档案简目（档案编号序）"配套使用。

阿巴斯，费尔哈特，Abbas, Ferhat, 17（注），107

阿卜杜勒-阿齐兹，沙特·本，Abdul-Aziz, Saud Bin, 102（注）

阿登纳，康拉德，Adenauer, Konrad, 8, 34, 37, 46, 57（注），60, 63, 82, 83, 85, 86, 88, 93, 95, 96, 163, 212, 239, 495

阿尔巴尼亚，Albanie, 184（注）

阿尔方，埃尔韦，Alphand, Hervé, 1—8, 16—18, 20, 26, 27, 29, 34（注），38, 39, 41, 44, 57, 70, 75, 76, 94, 97—100, 102—108, 110—112, 122, 191, 194, 211, 212, 219, 237（注），255, 488

阿尔及利亚，Algérie，1，6，7，17，22，24—26，27（注），30，69，70，72，97（注），102（注），103，104，106，107，111，115，120，169，175，183，193，196，200，202，205，207，210，215，236，239

阿富汗，Afghanistan，120

阿根廷，Argentine，120

阿拉伯国家，les étatsarabes，102，120，175，488

阿拉伯联合共和国（阿联），République Arabe Unie（R.A.U.），1，103，120，488

阿拉伯世界，le monde arabe，1，102，169，488

阿马德奥，马里奥，Amadeo, Mario，193

阿曼，Amman，103，163

阿芒里克，热拉尔，Amanrich, Gérard，30，175

埃伯哈特，Aeberhardt，192

埃德，雷蒙，Eddé, Raymond，4

埃尔布里克，查尔斯·伯克，Elbrick, Charles Burke，102，488

埃及，Egypte，1，4（注），102，111，239，488

埃克哈特，费利克斯·冯，Eckhardt, Felix von，92

埃利，保罗，Ely, Paul，42，488

埃塞俄比亚（阿比西尼亚），Ethiopie (Abyssinie)，51，120，180

艾伦，W. 丹尼斯［？］，Allan, W. Denis，196（注）

艾森伯格，罗伯特，Eisenberg, Robert，489

艾森豪威尔，德怀特·戴维（艾克），Eisenhower, Dwight David，16，21，27—29，39，40（注），43，44，48，55，62，70，77，83（注），85，86，93，95，96，98，103，104，107（注），120，169，171，186，187（注），189，194，195，207，212，227，237，488，493，495

爱尔兰，Irlande，120，184，244，255

安德森，克林顿·普雷斯巴，Anderson, Clinton Presba，26，44，186

岸，信介，Kishi, Nobosuke，115，492

昂德希尔，小弗朗西斯·特里利斯，Underhill Jr., Francis Trelease，491

奥地利，Autriche，120，121，189

奥菲尔斯，Ophuls，190

奥姆斯比-戈尔，威廉·戴维，Ormsby-Gore, William David，32，33（注），34，216，244

奥尼尔，道格拉斯·瓦尔特，O'Neill, Douglas Walter，33，34（注），39，40，116，

182，184，185，188

澳大利亚，Australie，65，120，153（注），193（注），196，491

巴德旺，让，Basdevant, Jean，111（注）

巴尔克，西格弗里德，Balke, Siegfried，190

《巴格达条约》，Le Pacte de Bagdad，82，98，99

巴基斯坦，Pakistan，120，153

巴拉迪克，皮埃尔，Baraduc, Pierre，175

巴勒斯坦，Palestine，103

巴黎统筹委员会（巴统），Coordinating Committee for Multilateral Export Controls (Cocom)，492

《巴黎协定》，Les Accords de Paris，24，46，53，55

巴鲁克，伯纳德·曼内斯，Baruch, Bernard Mannes，123（注）

巴鲁克计划，Plan Baruch，123

巴西，Brésil，120

柏林，Berlin，8，16—18，20，21，24—26，37，72，98，99，106，112，123，169，175，179，204

柏林危机，la Crise de Berlin，20（注），37（注），171

柏威夏问题，l'Affaire de Preah Vihar，153，489

保加利亚，Bulgarie，198，205，235

北大西洋公约组织（北约），Organisation du Traité de l'Atlantique Nord (O. T. A. N., le Pacte Atlantique)，5—7，17，23，24，25，27—29，31，34，38，46—50，52—60，62—67，69，71，72，74—77，82，83，86，88，91，92，94—99，103，105（注），117，153，167，169，171，175，184，187，195，196，199，202—204，220，235，245，246，254，493，495

北极星，Polaire，48—50，52—58，63，64，200

贝恩，戴维·摩根，Bane, David Morgan，492

贝克，Baker，38

贝克-弗里斯，约翰，Beck-Fries, Johan，489

贝拉尔，阿尔芒，Bérard, Armand，115，184，191（注），260（注）

贝拉弗里杰，艾哈迈德，Balafrej, Ahmed，19，488

贝朗德，维克托·安德烈斯，Belaúnde, Victor Andrés，120

比格尔，Beagle，489

比利时，Belgique，25，41，64，65，69，72，100，105（注），106，120，202，212，245

比姆，Beam，132

比内，安托万，Pinay, Antoine，27

比涅，Bignes，115

比塞大基地（突尼斯），la base de Bizerte，111

比约特，皮埃尔，Billotte, Pierre，204

庇护十二世，Pope Pius XII，91（注）

冰岛，Islande，17，95

波兰，Pologne，18，21，24，105（注），132，179，184（注），198，205，211，212，235，237，489

波伦，查尔斯·尤斯蒂斯，Bohlen, Charles Eustis，491

玻利维亚，Bolivie，120

伯丁，安德鲁，Berding, Andrew，102

伯恩斯，埃德森·路易·米亚尔，Burns, Eedson Louis Millard，244

伯吉斯，沃伦·伦道夫，Burgess, Warren Randolph，64，67

伯克，阿利·艾伯特，Burke, Arleigh Albert，195

博埃涅，让-马克，Boegner, Jean-Marc，82（注），83（注），86（注）

博弗尔，安德烈，Beaufre, André，57

博维，Bovey，488

布尔吉巴，哈比卜，Bourguiba, Habib，19，111

布尔加宁，尼古拉·亚历山德罗维奇，Boulganin, Nikolai Alexandrovich，189，207（注）

布尔热-莫努里，莫里斯，Bourgès-Maunoury, Maurice，183（注）

布格纳德，Bugnard，192

布兰德，罗伯特·阿林，Brand, Robert Allyn，491

布朗，迪安，Brown, Dean，488，491，492

布鲁克，威尔伯·M.，Brucker, Wilber M.，52，53，57（注）

《布鲁塞尔条约》，Le Traité de Bruxelles，50，55（注）

布鲁斯，戴维·K. E.，Bruce, David K. E.，95

布萨罗夫，Boussarov，239

裁军，désarmement，2，8，24，32—34，36—38，42，45，48，53，64，98，99，104，105，116，117，120—123，163，166，179，184，188，189，191，193，194，196，198—205，207，210，211，213，215，216，219，220，224，226—230，234，235—237，239，244—247，249，251—256，260，261，493，494，500

裁军委员会，Commission du Désarmement，117，120，121，179，188，204，205，213，220，227，235—237，244—247，251—253，256，260，493

察拉普金，谢苗·K.，Tsarapkine, Semyon K.，32，33，35，36，39，40，45，182，186

朝鲜，Corée，5，7，236

达达赫，穆赫塔尔·乌尔德，Daddah, Mokhtar Ould，204

达里当，让，Daridan, Jean，111（注），489，491，492

达亚洛，泰利·布贝加尔，Diallo, Telli Boubecar，111

戴高乐，夏尔，de Gaulle, Charles，4，16，20（注），21—23，25—30，37，44，49，50，53，54，57，58，60，62，65，66，67，69，70—72，77，82，83，85，86，88，91，92（注），93，95，96，98，100，102（注），104，107，114，120，144，167，169，171，175，183（注），187（注），193（注），195（注），196，211，212，219，226，227，230，235，239，245，246，248（注），249，251—253，256，260，495，500

丹麦，Danemark，17，72，120，202，212

德勃雷，米歇尔，Debré, Michel，20（注），21，22，25，27（注），30，37，53，59—61，72，175，183（注），212，239，248（注）

德博马歇，雅克·德拉鲁·卡龙，de Beaumarchais, Jacques Delarüe Caron，102

德国，Allemagne，8，16（注），18，21，26（注），34，37（注），44（注），50，53，57（注），63，96，98，99，169（注），171，175（注），204，211（注），212，219，239，493（注）

德卡博内尔，埃里克，de Carbonnel, Éric，110

德克洛索纳，弗朗索瓦·塞杜，de Clausonne, François Seydoux，52，83，85，93，95，96，163，190，204

德库塞尔，杰弗里，de Courcel, Geoffrey，83（注），86（注）

德拉梅尔，亚瑟·詹姆斯，de la Mare, Arthur James，489—492

德拉图尔，让，de Latour, Jehan，70

德勒斯，皮埃尔，de Leusse, Pierre，31，48，49，56（注），57，58（注），60，64—67，69，74，245，253

德罗齐耶，艾蒂安·比兰，des Roziers, Etienne Burin，132

德罗斯，弗朗索瓦·特里科尔诺，de Rose, François Tricornot，27（注），35，49，50（注），65（注），66，67，110，187（注）

德姆维尔，顾夫，de Murville, Couve，1—8，16—18，20，23—27，29，31—41，44，46，48，51，52，58（注），60，63，64，69，74—76，82，83，85，86（注），88，91—

100，102—108，110—116，118—123，132，153，163，166，175，179（注），180，182，183（注），184—186，187（注），188，190—194，195（注），196，198，199，202—205，207，210，215，216，219，224，226，227（注），230（注），234，236，237，245，246，248（注），251（注），252，255，488

德让，莫里斯，Dejean, Maurice，118，123，226，227（注），230（注），251（注），252

德赛，什里尔·莫拉尔吉·兰乔吉，Desai, Shri Morarji Ranchhodji，144

德索，皮埃尔，Dessaux, Pierre，19（注）

德意志联邦共和国（联邦德国、西德），République Fédérale d'Allemagne（R. F. A.，Ouest-Allemand），6，8，17，24，29（注），34，41，46，48，49，50，52，53，55，57，58，60，61，63，64，69，77，82，83，85，88，92，93，95，96，99，100，120，123，163，169，179，190，204，205，211（注），212，239，245

德意志民主共和国（民主德国、东德），République Démocratique Allemande（R. D. A.，Allemagne de l'Est），8，34，112（注），123，211（注），212，239

地中海的法国舰队，la flotte Française en Méditerranée，6，7，17，25—27，65，74，76，77

狄龙，道格拉斯·克拉伦斯，Dillon, Douglas Clarence，50（注），63，75，108，112，153，488

迪安，帕特里克，Dean, Patrick，48，57（注），113，166

迪芬贝克，约翰·乔治，Diefenbaker, John George，189，256

蒂利翁，日耳曼，Tillon, Germaine，104

蒂内，雅克，Tiné, Jacques，48（注），57（注）

蒂诺，让-路易，Tinaud, Jean-Louis，189（注）

《东南亚集体防务条约》（《马尼拉条约》），Le Pacte de Défense Collective de l'Asie du Sud-Est（Le Pacte de l'O. T. A. S. E.，Le Pacte de Manille），98，153

东南亚条约组织，Organiation du Ttraité de l'Asie du Sud-Est（O. T. A. S. E.），82，95，153，169，489，492

杜尔，塞古，Touré, Sékou，105，111，239

杜勒斯，约翰·福斯特，Dulles, John Foster，1，4，5，7，8，16，27，28，34（注），35，91，94，97，98（注），100，102—106，107（注），108，114，116，120，132，171，195，488，492

敦萨索里，卡代，Don Sasorith, Khatay，489

多边核力量，Forces Nucléaires Multilatérales，63，64

多蒂，Doty，107

多米尼克共和国，République Dominicaine，120

厄瓜多尔，Équateur，120

《法埃协议》，L'Accord Franco-Egyptien，488

法兰西共同体，Communauté Française（Cinquième République），106，175，183，185（注），193（注），207，239

法利，菲利普·J.，Farley, Philip J.，41，102，122，186，187，195，219

法齐，马哈茂德，Fawzi, Mahmoud，1，488

范·舍尔彭贝格，希尔格·阿尔贝，van Scherpenberg, Hilger Albert，83，163

范范尼，阿明托雷，Fanfani, Amintore，83（注），88（注），95，103

范文同，Phạm Văn Đồng，5（注）

防止突然袭击，la prévention des attaques par surprise，8，34，105，106，117，120，122（注），123，179，184，188，189，194，200，201，212，219，220

非洲中立化，neutralisation de l'Afrique，261

菲律宾，Philippines，5，102，106，153，491

菲斯克，詹姆斯·布朗，Fisk, James Brown，194

费奥多罗夫，耶夫盖尼·K.，Feodorov, Yevgueny K.，182（注）

费雷里，Ferreri，46

费萨尔二世，Fayçal Ⅱ，102

芬兰，Finlande，120

冯·布伦塔诺，海因里希，von Brentano, Heinrich，24，60，64，95，112，163

冯·瓦尔特，格布哈特·R.A.，von Walther, Gebhardt R.A.，60

弗格森，小查尔斯·沃恩，Fergusson Jr., Charles Vaughan，191（注）

富布莱特，詹姆斯·威廉，Fulbright, James William，16，63

富马，梭发那，Phouma, Souvanna，489

盖茨，小托马斯·S.，Gates Jr., Thomas S.，48—50，52，54—58，63，76（注），237

盖茨克尔，休·托德·内勒，Gaitskell, Hugh Todd Naylor，34，169

刚果，Congo，25，51，175

戈尔德施密特，贝特朗，Goldschmidt, Bertrand，110，195

哥斯达黎加，Costa Rica，120

格兰特，Grant，196

格林，霍华德·查尔斯，Green, Howard Charles，64，199

格林，马歇尔，Green, Marshall, 489, 491

格鲁吉亚，Géorgie, 239

格伦瑟，阿尔弗雷德·M.，Gruenther, Alfred M., 105

格罗提渥，奥托，Grotewohl, Otto, 239

葛罗米柯，安德烈，Gromyko, Andreï, 18, 36, 120, 123, 179, 184, 226, 237, 252

古巴，Cuba, 120

古里安，本，Gourion, Ben, 248

关贸总协定，General Agreement on Tariffs and Trade (G. A. T. T.), 108, 112

国际管制委员会（裁军），International Control Commission / Commission Internationale de Contrôle, 38, 182（注）

国际货币基金组织，Banque Internationale et du Fonds Monétaire, 99

国际监察及监督委员会，Commission Internationale de Contrôle, 489

哈达，穆罕默德，Hatta, Mohammed, 153, 491

哈尔斯坦，瓦尔特，Hallstein, Walter, 163

哈马舍尔德，达格·亚尔马·昂内·卡尔，Hammarskjöld, Dag Hjalmar Agne Karl, 1, 24, 153, 184, 189, 247（注），488

海地，Haïti, 120

海恩沃斯，亨利·查尔斯，Hainworth, Henry Charles, 36

汉弗莱，休伯特·H.，Humphrey, Hubert H., 186, 493

豪斯，特奥多尔，Heuss, Theodor, 204（注）

和平利用外层空间特设委员会，Le Comité Spécial pour les Utilisations Pacifiques de l'Espace Extra-Atmosphérique, 121, 189

和平利用外层空间委员会，Le Comité des Utilisations Pacifiques de l'Espace Extra-Atmosphérique, 121（注）

荷兰，Hollande, 41, 64, 65, 69, 100, 120, 153, 212, 245, 254, 491

核辐射，radiation nucléaire, 40, 51, 192

核试验，expériences atomiques (expériences nucléaires), 8, 23, 32, 35, 38—40, 42—45, 48, 51, 65, 104, 105, 114—123, 166, 179, 180, 182, 184—189, 191—196, 200, 201, 219, 237, 239, 249, 493

核武器，armes nucléaires (armements nucléaires, armes atomiques), 2, 6, 7, 20, 23, 25—29, 31, 34, 36, 40, 42, 43, 44, 46, 49, 50, 53, 55—57, 59, 64, 65—67, 71, 77, 86, 97, 99, 104—106, 113, 114, 116—118, 120—123, 166, 169, 171, 183, 185,

四、附录

186，188，189，193—196，200—202，204，205，216，219，220，224，226—228，230，235，239，244，246，247，251—256，260，492—495，500

赫鲁晓夫，尼基塔·谢尔盖耶维奇，Khrouchtchev, Nikita Sergueïevitch，17，21，25，35，36，39，40，44，53，103，112，115，118，169，175，186，188，189，201，211，212，213（注），219，220，226—230，235，236，239，245，246，251—253，256，260，261，500

赫脱，阿奇博尔德·克里斯蒂安，Herter, Archibald Christian，2（注），17，18，20，21，24，25，27（注），38，43，52（注），57，64，75，76，103，153，179（注），184，195，199，213，219，488

胡德，塞缪尔，Hood, Samuel，98，99

《互惠贸易协定延长法》，Reciprocal Trade Agreements Extension Act，108

胡志明，Hô Chi Minh，239

华沙会谈，les Conversations de Varsovie (Conférence de Varsovie)，105，106，132

华沙条约组织（华约），Organismes du Traité de Varsovie，21，105（注），212

霍顿，艾默里，Houghton, Amory，22—24，30，102，212，219

霍姆，亚历山大·弗雷德里克·道格拉斯，Home, Alexander Frederick Douglas，64

霍普，查尔斯·彼得，Hope, Charles Peter，175

基德尔，斯坦利·拉斯特，Kidder, Stanley Rast，102

基斯佳科夫斯基，乔治·波格丹，Kistiakowsky, George Bogdan，194

吉莱，罗伯特，Gillet, Robert，488

吉约马，皮埃尔，Guillaumat, Pierre，61，76（注），193，248

几内亚，Guinée，25，51，70，102（注），105，106，111，153，175，180，204

加拿大，Canada，16，30，64，98，100，103，120，179，184（注），189，196，198，199，200，201，205，219，220，235，239，244，246，247，249，255，260，261，489

加纳，Ghana，51，106，120，175，180，185（注），204，260，261

加亚尔，费利克斯，Gaillard, Félix，19（注）

贾维斯，弗朗西斯·吉拉德，Jarvis, Francis Girard，492

柬埔寨，Cambodge，5，120，153，489，492

杰布，格拉德温，Jebb, Gladwyn，91，167，169，175，495

捷克斯洛伐克，Tchécoslovaquie，18，24，99，105（注），179，184，198，205，211，212，235，239

禁止原子弹氢弹世界大会，Congrès Mondial Contre la Bombe Atomique，115

443

"旧金山和约", Traité de San Francisco, 492

九月备忘录, Le Mémorandum Français du 17 Septembre, 6, 25, 82, 83, 85, 86, 88, 92—98, 100, 167, 495

卡巴尼耶, 乔治, Cabanier, Georges, 20（注）

卡迪尔, 曼祖尔, Qadir, Mansour, 153

卡皮唐, 勒内, Capitant, René, 115

卡恰, 哈罗德, Caccia, Harold, 99

卡塞姆, 阿卜杜勒·卡里姆, Kassem, Abdel Karim, 5（注）, 21

卡斯特罗, 菲德尔, Castro, Fidel, 62

卡斯滕斯, 卡尔, Carstens, Karl, 190, 239

卡塔维查亚, 朱安达, Kartawidjaja, Djuanda, 491

卡瓦莱蒂, 弗朗切斯科, Cavaletti, Francesco, 244

柯西金, 阿列克谢·尼古拉耶维奇, Kossyguine, Alexei Nikolayevich, 239

科尔曼, 小戴维·A., Coleman Jr., David A., 492

科科伦, 托马斯·约瑟夫, Corcoran, Thomas Joseph, 489

科克, 埃里克, Kocher, Éric, 489

科伦坡计划, Plan de Colombo, 99

科曼, 他纳, Khoman, Thanat, 153

科特迪瓦, Côte d'Ivoire, 175

科希丘什科-莫里泽, 雅克, Kosciuszko-Morizet, Jacques, 191（注）

克雷克勒, 海因茨·L., Krekeler, Heinz L., 110

肯尼迪, 约翰·菲茨杰尔德, Kennedy, John Fitzgerald, 62

肯尼亚, Kenyan, 51, 175

库蒂尔, 皮埃尔, Couture, Pierre, 110, 183（注）, 195

拉甘, 43, 44, 51, 183, 192, 195, 204, 236

拉格朗日, Lagrange, 7

拉胡德, 萨利姆, Lahoud, Selim, 4

拉克拉维埃, Laclavère, 189

拉卢瓦, 让, Laloy, Jean, 102

拉塞尔, 伯特兰, Russell, Bertrand, 62

拉沃, 加斯东, Lavaud, Gaston, 42, 49

拉辛, 皮埃尔, Racine, Pierre, 175

腊帕茨基计划, Plan Rapacki, 34, 211, 212, 261

莱昂, 塞西尔·伯顿, Lyon, Cecil Burton, 24, 30, 102

朗博尔德, 安东尼, Rumbold, Anthony, 46, 175

朗迪, 皮埃尔, Landy, Pierre, 489, 491, 492

朗格, 哈尔瓦德, Lange, Halvard, 98（注）

朗特里, 威廉·曼宁, Rountree, William Manning, 1, 4, 5, 105

劳埃德, 塞尔温, Lloyd, Selwyn, 17, 18, 34, 36, 40, 46, 48, 88, 98, 103, 116, 119, 153, 175, 179（注）, 188, 196, 199, 200, 201, 239

老挝, Laos, 5, 70, 120, 144, 153, 489

老挝爱国战线, Neo Lao Haksat, 489

勒贝尔, 克劳德, Lebel, Claude, 175, 186, 191（注）

勒迪克, 弗朗索瓦, Leduc, François, 37（注）, 95, 163

勒福尔, 马克, Lefort, Marc, 115

勒纳尔, 皮埃尔-亨利, Renard, Pierre-Henri, 57（注）

勒努, 让, Renou, Jean, 41

勒让德尔, 米歇尔, Legendre, Michel, 45（注）, 179, 194, 216（注）, 219, 255（注）, 256（注）

雷福德, 亚瑟·W., Radford, Arthur W., 488（注）

雷诺, 保罗, Reynaud, Paul, 204

黎巴嫩, Liban, 1, 4, 51, 98, 102, 103

黎巴嫩危机, la Crise Libanaise, 1, 4, 102

理查兹, 布鲁克斯, Richards, Brooks, 175

利比里亚, Libéria, 51, 180, 185（注）

利比亚, Libye, 102, 111, 120, 180

利塞特, 加布里埃尔, Lisette, Gabriel, 204

联合国, Organisation des Nations Unies（O.N.U.）, 1, 4, 16（注）, 17, 18, 24, 69, 98, 99, 103—106, 111, 117, 118, 120—123, 132, 153, 171, 179, 184—186, 188, 189, 191, 193, 196, 198—202, 205, 207（注）, 213, 216（注）, 220, 226—229, 235—237, 244, 245, 247, 249, 251—256, 260, 261, 488, 489, 500

联合国原子能委员会, Commission de l'Energie Atomique des Nations Unies, 123（注）

卢拉姆, 马修·詹姆斯, Looram, Matthew James, 102

卢森堡, Luxembourg, 31, 41, 64, 202, 212

伦诺克斯-博伊德，艾伦·廷德尔，Lennox-Boyd, Alan Tindal, 185

罗克韦尔，斯图尔特·韦森，Rockwell, Stuart Wesson, 488

罗马尼亚，Roumanie, 105（注），184（注），198, 205, 235

《罗马条约》，Le Traité de Rome, 95（注），108（注），110, 204

罗什钦，Rochtchine, 216

洛伦季耶夫，Laurentiev, 123（注）

洛奇，亨利·卡伯特，Lodge, Henry Cabot, 1, 120, 247（注）

吕贝克，海因里希，Lübke, Heinrich, 204

吕夫，雅克·莱昂，Rueff, Jacques Léon, 26

吕塞，夏尔，Lucet, Charles, 24, 211（注），215, 219, 488

马达加斯加，Madagascar, 175, 239

马蒂诺，加埃塔诺，Martino, Gaetano, 98（注），244

马丁，埃德蒙，Martin, Edmund, 492

马尔罗，安德烈，Malraux, André, 239

马格里布，Maghreb, 111

马卡里奥斯三世，Makarios Ⅲ, 105（注）

马来亚联邦，Fédération Malaise, 491, 492

马里，Mali, 239

马利克，查尔斯，Malik, Charles, 1

马歇尔计划，Plan Marshall, 99

麦格赛赛，拉莫里，Magsaysay, Ramori, 5

麦科恩，约翰·A.，MacCone, John A., 44, 195, 237

麦克布赖德，罗伯特·亨利，McBride, Robert Henry, 99, 219, 488, 491, 492

麦克林托克，罗伯特·A.，McClintock, Robert A., 4

《麦克马洪法》，La Loi Mac-Mahon, 2, 44, 57, 63, 67, 71, 77, 110, 113（注），187, 195, 493

麦克米伦，莫里斯·哈罗德，Macmillan, Maurice Harold, 4, 8, 16, 21, 34—36, 39, 40, 82, 83, 85, 86, 88, 91, 93, 95, 96, 103, 105, 107（注），114, 163, 171, 175, 175, 191（注），196, 256, 260, 495

麦钱特，利文斯顿·塔尔梅奇，Merchant, Livingston Tallmadge, 17, 24, 57（注），70, 111, 112, 122, 199, 211, 212, 219

芒什委员会，Comité de la Manche, 6

四、附录

毛里塔尼亚，Mauritanie，193（注），204

梅斯梅尔，皮埃尔，Messmer, Pierre，47，48，49，57，61

美国，Les États-Unis，1—8，16—30，32—36，37（注），38—67，69—72，75—77，86，88，91，92（注），93，95—100，102—108，110—123，132，144，153，166，167，169，171，175，179，182—187，189，191，192，193（注），194—196，198—202，205，207，210—213，215，216，219，220，224，227—229，234—237，239，244—247，249，252，253，255，256，260，488，489，491—493

美国原子能委员会，La Commission de l'Energie Atomique Américaine，2，3，35，41，51，186，195

美洲国家组织，Organisation des Etats Américains，99

蒙巴顿，路易斯·弗朗西斯·艾伯特·维克托·尼古拉斯，Mountbatten, Louis Francis Albert Victor Nicholas，46

蒙哥马利，伯纳德·劳，Montgomery, Bernard Law，92

孟席斯，罗伯特·戈登，Menzies, Robert Gordon，153

米恩，约翰·戈登，Mein, John Gordon，491

米高扬，阿纳斯塔斯·伊凡诺维奇，Mikoyan, Anastas Ivanovich，169

米勒，弗雷德里克·霍耶，Millar, Frederick Hoyer，16（注），32

秘鲁，Pérou，120

缅甸，Birmanie，120，153，239，492

摩洛哥，Maroc，19，22，30，51，70，105，111，120，175，184，185，191—193，239，488

摩洛哥基地，Bases du Maroc，19，105，488

莫德林委员会，Comité Maudling，163，167

莫克，朱尔，Moch, Jules，120，121，189，191，193，194，196（注），200，202（注），203，207，210，211，213，215，216（注），219，224，229，234，236，237，253，254（注），256

莫雷尔，让-巴泰勒米，Morel, Jean-Barthélémy，211（注），260（注），261（注）

墨菲，罗伯特，Murphy, Robert，17，20，98，99

墨西哥，Mexique，120，121，489

默多克，Murdock，492

纳卡什，阿尔弗雷德，Naccache, Alfred，4

纳拉亚南，Naranayan，186（注）

447

纳赛尔，贾迈勒·阿卜杜勒，Nasser, Gamal Abdel, 1, 4（注），100, 102, 103, 163, 248, 488

纳什，沃尔特，Nash, Walter, 153

纳苏蒂安，阿卜杜勒·哈里斯，Nasution, Abdul Haris, 153, 491

南斯拉夫，Yougoslavie, 120, 121, 261

内尔沃，路易斯·帕迪利亚，Nervo, Luis Padilla, 120, 261

尼赫鲁，贾瓦哈拉尔，Nehru, Jawaharlal, 103, 169, 260

尼泊尔，Népal, 120

尼日利亚，Nigérian, 51, 185（注），191, 193

尼亚萨兰，Nyassaland, 175

农·金尼，Kimny, Nong, 489

挪威，Norvège, 17, 72, 98, 120, 121, 194, 202, 245

诺布尔，艾伦，Noble, Alan, 120

诺尔廷，弗里茨，Nolting, Fritz, 56, 67, 245

诺米，亨利，Nomy, Henry, 195

诺斯塔德，劳里斯，Norstad, Lauris, 20（注），25, 29, 46—49, 55, 57, 58, 63, 64, 77, 97（注），169, 187, 211, 212, 488

欧文，约翰·D.，Irwin, John D., 48, 63

欧洲共同市场，Marché Commun Européen, 95, 107, 108, 112, 167

欧洲经济共同体，Communauté Économique Européenne（C. E. E.），28, 55, 60, 72, 107, 108, 110, 190（注）

欧洲经济合作组织，Organisation de Coopération et de Développement Économiques（O. C. D. E.），107（注），108, 112

欧洲原子能共同体，Communauté Européenne de L'Énergie Atomique（C. E. E. A.），3, 41, 110, 163, 190, 239, 248（注）

欧洲自由贸易联盟（小自由贸易区），Association Européenne de Libre Échange（A. E. L. E., la Zone de Libre-échange），60, 91, 107, 108, 112, 167

帕尔默，戈登，Palmer, Gordon, 492

帕莱夫斯基，加斯东，Palewski, Gaston, 83（注）

帕罗迪，亚历山大，Parodi, Alexandre, 105（注），192

帕诺夫斯基，沃尔夫冈·库尔特·赫尔曼，Panofsky, Wolfgang Kurt Hermann, 182（注）

帕森斯，詹姆斯·格雷厄姆，Parsons, James Graham, 489

四、附录

佩拉，朱塞佩，Pella, Giuseppe, 36, 199

佩兰，弗朗西斯，Perrin, Francis, 183, 192

佩雷斯，希蒙，Peres, Shimon, 248（注）

皮尔逊，莱斯特·B.，Pearson, Lester B., 98（注）

皮诺，克里斯蒂安，Pineau, Christian, 248（注）

皮乔尼，阿蒂利奥，Piccioni, Attilio, 189

皮热，安德烈，Puget, André, 57（注）

珀朗，皮埃尔，Pelen, Pierre, 194

葡萄牙，Portugal, 65, 69, 72, 106

普罗富莫，约翰·D.，Profumo, John D., 185, 196

乔治-皮科，纪尧姆，Georges-Picot, Guillaume, 121

丘吉尔，温斯顿，Churchill, Winston, 167

饶伯森，沃尔特，Robertson, Walter, 5

热莱，马克斯，Gelée, Max, 70, 77

热纳韦，皮埃尔，Genevey, Pierre, 42, 194

热诺，Genaud, 192

日本，Japon, 5, 25, 106, 115, 120, 121, 191, 236, 491, 492

日本事件，les Incidents du Japon, 236

《日美安全保障条约》，Traité de Sécurité entre le Japon et les États-Unis, 492

日内瓦会谈（防止突然袭击），les Conversations de Genève（la prévention des attaques par surprise）, 123, 188

日内瓦会谈（停止核试验），les Conversations de Genève（arrêt des expériences nucléaires）, 18, 32, 35, 36, 38—40, 42—45, 104, 114, 118, 122, 123, 163, 182, 186, 188, 191, 194, 196, 201

《日内瓦协定》，Accords de Genève, 488, 489

瑞典，Suède, 120, 121, 489

若克斯，路易，Joxe, Louis, 20, 24, 25, 82（注）, 83（注）, 86（注）, 93, 96, 102, 111, 112, 122, 175, 215, 488

萨尔瓦多，Salvador, 120

萨基埃特事件，l'Affaire de Sakiet, 19

萨朗，拉乌尔，Salan, Raoul, 107

萨纳尼空，培，Sananikone, Phouy, 489（注）

449

萨森，伊曼纽尔·玛丽·约瑟夫·安东尼，Sassen, Emmanuel Marie Joseph Anthony, 110

萨特斯韦特，约瑟夫·查尔斯，Satterthwait, Joseph Charles, 111, 191（注）

塞比约，Sebilleau, 102

塞拉诺，费利克斯伯托，Serrano, Felixberto, 153

塞内加尔，Sénégal, 239

塞尼，安东尼奥，Segni, Antonio, 64

塞浦路斯，Chypre, 34, 95, 98（注），105, 163, 169

三方会谈，Consultations à trois, 5—7, 91, 97—100, 167, 169, 489, 491, 492

《三智者报告》，Report of Three Wise Men, 98（注）

桑尼克罗夫特，乔治·爱德华·彼得，Thorneycroft, George Edward Peter, 61

桑兹，邓肯，Sandys, Duncan, 46, 61, 166, 188, 216

沙邦-戴尔马，雅克，Chaban-Delmas, Jacques, 55（注），239

沙克特，Schachter, 189

沙特阿拉伯，Arabie Saoudite, 102, 120

尚德利，阿卜杜勒·卡德尔，Chanderli, Abdel Kader, 30

施特劳斯，弗朗茨·约瑟夫，Strauß, Franz Josef, 52, 53, 55

十国裁军委员会（十国委员会），Conférence du Comité des Dix Puissances sur le Désarmement (Comité des Dix), 184, 188（注），198, 199, 203（注），205, 213（注），220, 226, 227, 235—237, 244, 246, 251—253, 255, 256, 260, 261

十国会议，la Conférence des Dix à Genève, 198, 199, 211, 230, 237（注），494

世界银行，Banque Internationale, 26, 99, 144

首脑会议，conférence au sommet, 21, 25, 103, 120, 175, 196（注），220, 227

斯巴克，保罗-亨利，Spaak, Paul-Henri, 24, 31, 50, 54, 56—59, 63, 65—67, 69, 71, 72, 75, 76, 85, 94, 98, 103, 171, 244, 245

斯贝尔斯，Speiers, 38

斯大林，约瑟夫·维萨里奥诺维奇，Stalin, Joseph Vissarionovich, 239

斯蒂尔，克里斯托弗，Steel, Christophe, 85

斯蒂克，迪尔克·乌伊普特科，Stikker, Dirk Uiptko, 254

斯堪的纳维亚国家，pays Scandinaves, 1, 17, 49, 64

斯奈德，Snyder, 492

斯塔霍维奇，Stakhovitch, 239

斯特尔，查尔斯·克拉克森，Stelle, Charles Clarkson, 244

四、附录

斯特劳斯，刘易斯·L．，Strauss, Lewis L．，3，64

四国方案（1957年8月29日），le Plan Quadripartit du 29 août 1957，120，121，207

苏丹，Soudan，51，102，180，491

苏加诺，艾哈迈德，Soekarno, Achmed，102，153，491

苏联，Union Soviétique，1，4（注），5，7，8，17，18，21，23—29，32，33，35，36，37（注），38，39，40，43—46，48，49，51，53，55，61，62，64，67，71，72，76，83，95，98，99，102—106，112，114，116，117，118，120—123，153，163，166（注），169，171，175，179，182—184，186—189，191，192，193（注），194，196，198—202，205，207，211，213，216，219，220，224，226—230，235—237，239，246，247，249，251—256，260，261，488，489，491—494

苏斯戴尔，雅克，Soustelle, Jacques，183（注）

苏斯洛夫，米哈伊尔·安德烈耶维奇，Souslov, Mikhail Andréévitch，36

苏伊士运河危机，la Crise de Suez，95

索科洛夫斯，Sokolovski，123（注）

塔特希尔，约翰·威尔斯，Tuthill, John Wills，102

塔维亚尼，保罗·埃米利奥，Taviani, Paolo Emilio，55（注）

台湾（福摩萨），Formosa，5，95，105，106，132，153

泰国，Thaïlande，5，102，120，153，489，492

特罗克梅，佩尔，Trocmé, Père，115

特文宁，内森·F．，Twining, Nathan F．，76

藤山，爱一郎，Fujiyama, Aiichiro，492

铁托，约瑟普·布罗兹，Tito, Josef Broz，260

停止核试验，arrêt des expériences nucléaires，8，32，35，38，39，40，42，43，44，45，102，104，114，115—123，163，166（注），179，183，184，186，187，188，191，194，200，201，219，493

突尼斯，Tunisie，19，22，30，31，51，70，107，111，175，192，239，488

土耳其，Turquie，54，64，65，69，71，77（注），95（注），105，120，171，194，202，239

瓦尔德海姆，库尔特，Wandheim, Kurt，189

危地马拉，Guatemala，62，120

威尔科克斯，弗朗西斯，Wilcox, Francis，191，255

韦尔斯，阿尔吉·A．，Wells, Algie A．，41

451

维奥，安德烈，Viaut, André, 192

维诺格拉多夫，谢尔盖·亚历山德罗维奇，Vinogradov, Sergueï Alexandrovitch, 53, 253（注）

委内瑞拉，Venezuela, 62, 120

温登，布·厄斯滕，Unden, Bo Östen, 120

沃尔纳，伍德拉夫，Wallner, Woodruff, 191（注）

沃特金森，哈罗德·亚瑟，Watkinson, Harold Arthur, 46, 48, 63

沃兹沃思，詹姆斯，Wadsworth, James, 35, 38, 118

乌尔基亚，Urquia, 120

乌拉圭，Uruguay, 120

吴廷琰，Ngô Đình Diệm, 153（注）

西班牙，Espagne, 5, 17, 30, 120, 193（注），202, 488

西哈努克，诺罗敦，Sihanouk, Norodom, 489

西欧联盟，Union de l'Europe Occidentale（U. E. O.），46, 48, 55, 57, 63

希腊，Grèce, 64, 71, 95（注），105, 171, 202

希利，丹尼斯，Healey, Denis, 196

希特勒，阿道夫，Hitler, Adolph, 102

锡兰，Ceylan, 120

夏蒙，卡米耶，Chamoun, Camille, 1, 4, 102

暹罗，Siam, 153

肖韦尔，让，Chauvel, Jean, 16（注），32, 33, 34, 36, 39, 40, 46, 48, 82, 88, 92, 113, 114, 116, 119, 166, 175, 182, 184, 185, 188, 196

谢哈卜，福阿德，Chehab, Fouad, 1, 4, 102

新几内亚，Nouvelle-Guinée, 153

新几内亚事件，l'Affaire de la Nouvelle-Guinée, 153

新加坡，Singapour, 491, 492

新西兰，Nouvelle-Zélande, 65, 120, 153, 491

匈牙利，Hongrie, 198

休姆，亨利·雷恩斯福德，Hulme, Henry Rainsford, 182（注）

叙利亚，Syrie, 102, 239, 488

雅各布，楚尔，Jacob, Tsur, 248（注）

扬，乔治，Young, George, 175

也门，Yémen，120，239，488

叶梅利亚诺夫，瓦西里，Emelianov, Vassili，239

伊顿，弗雷德里克，Eaton, Frederik，213，216，219，220（注），224，234，236，237，244

伊拉克，Iraq，21，102，111，120，163，169，239，488

伊拉克事件，Evénements d'Irak，111，169

伊朗，Iran，99，102，120，239

以色列，Israël，1，120，121，183，248，488

意大利，Italie，18，21，25，30，41，55，61，64，69，71，77（注），82，83，88，93，95，98（注），100，103，120，169，171，179，184（注），189，198—201，205，219，220（注），235，237，244，246，247，255，256，260

印度，Inde，1，103，120，121，169，144，153，184，226，239，261，488，489，492

印度尼西亚（印尼），Indonésie，25，102，120，153，491

英国，Angleterre，1，2，4—8，16，17，21，25，26，28，29（注），32—40，45—51，55—57，61，62，64—67，69，70—72，77，82，85，86，88，91—93，95，98—100，102—108，111—123，153，163，166，167，169，175，179，182—189，191—193，196，198—201，205，207，220（注），212，216，228，229，234，235，239，244，246，247，255，260，488，489，491—493

英联邦，le Commonwealth，98

《英美原子能协定》（《英美协定》），L'Accord Atomique Anglo-Américain，110，113，114，116，119，120，166，488，493

U-2事件，l'Affaire de l'U 2，236

尤德，Youde，489，491，492

于尔根森，让，Jurgensen, Jean，50（注）

原子能，énergie atomique，2，3，25，35，36，41—44，51，59，71，104，110，113，117，122，123，186，190，192，195，215，239，248，493

远东，Extrême-Orient，5—7，65，83，93，100，120，132，153，219，489，492

约旦，Jordanie，98，102，103，163

约翰逊，林登，Johnson, Lyndon，62，63

约斯特，查尔斯·伍德拉夫，Yost, Charles Woodruff，19，488

越南，Viêtnam，5，106，144，153，239，489

乍得，Tchad，204

453

中程弹道导弹，engins balistiques de portée moyenne（intermediate-range ballistic missile，I. R. B. M./mediate-range ballistic missile，M. R. B. M.），47—50，52，55—59，63—65，71，77，97，171，187，201，488

中国，Chine，5，7，21，25，28，35，62，66，105，106，115，122，132，144，153，169，179，182，183，204，207，219，220，246，255，491，492

佐林，瓦莱里安·亚历山德罗维奇，Zorine, Valerian Alexandrovitch，120，121，213，216，220，226（注），228，236，237，256

（三）电报号索引

说明：

1. 正文中的档案标题多以相关人物起始，但也不统一。本索引一律改为以相关收发机构起始，之下依次标明某一年度该机构发出的电报号、电报时间、出现该电报的档案编号中的流水数字。

2. 正文及相关注释中的电报号多用全称，如档案编号为"19580924，FD000132"、标题为"德罗齐耶致德姆维尔电（第442—443号）"［本索引将其标题改为"驻波兰大使馆（华沙）致外交部（巴黎）"］的电报，就写为第442—443号电报。但在少数情况下，只引用了电报号开头的某段数字，如"19581101，FD000096"正文第一段中写了"我的第2483号电报"，实际为驻联邦德国大使馆（波恩）致外交部（巴黎）的第2483—2488号电报。在极个别的情况下，引用了电报号中间的某段数字，如"19581017，FD000119"正文第一段中写了"参照我的第3334号电报"，实际为驻英国大使馆（伦敦）致外交部（巴黎）的第3328—3343号电报。

3. 凡不确定的内容，用［？］标出。

4. 本附录需与附录一"档案简目（档案编号序）"配套使用。

1958 年

驻北约理事会代表（巴黎）致外交部（巴黎）

第 104 号，19580721，103

第 110 号，19580722，103

第 204 号，19581012，98

驻波兰大使馆（华沙）致外交部（巴黎）

第 442—443 号，19580924，132

驻联邦德国大使馆（波恩）致外交部（巴黎）

第 2245 号，19581009，163

第 2261—2266 号，19581010，163

第 2268—2269 号，19581011，83

第 2483—2488 号，19581028，93，96

第 2536—2554 号，19581031，95

第 2563—2567 号，19581101，96

驻联合国代表团（纽约）致外交部（巴黎）

第 1475 号，19580821，104

第 2013/NU 号，19581107，121

驻美国大使馆（华盛顿）致外交部（巴黎）

第 3416—3426 号，19580620，1

第 3485—3489 号，19580624，2

第 3521—3527 号，19580625，2

第 3542—3544 号，19580626，2

第 3624—3628 号，19580627，2

第 3634—3636 号，19580627，4

第 3644—3648 号，19580628，4

第 4226—4235 号，19580721，103

第 4422—4429 号，19580725，103

第 4515—4526 号，19580730，103

第 4922—4926 号，19580821，104

第 5443—5453 号，19580918，105

第 5640—5641 号，19580925，106

第 5698—5711 号，19580926，106

第 6125—6129 号，19581017，34

第 6148—6150 号，19581017，34

第 6313—6318 号，19581025，94

第 6373—6377 号，19581029，107

第6423号，19581000［?］，111

第6425—6436号，19581031，97

第6443号，19581031，108，112

第6445—6450号，19581031，108，112

第6690—6693号，19581119，122

第6695—6700号，19581119，112

第6744—6748号，19581121，122

第6749—6762号，19581121，111，112

第6770—6773号，19581121，112

第6859—6860号，19581128，98

第6895—6897号，19581129，98

第6980—7007号，19581204，98，99

第7105—7120号，19581210，99

驻美国大使馆（华盛顿）致驻联合国代表团（纽约）

第2091—2104号，19581121，111

驻摩洛哥大使馆（拉巴特）致外交部（巴黎）

第4633—4634号，19580908，105

驻日本大使馆（东京）致外交部（巴黎）

第533号，19580818，115

驻苏联大使馆（莫斯科）致外交部（巴黎）

第3206—3214号，19580830，118

第3232号，19580901，118

第3692—3695号，19581002，118

第3700—3702号，19581003，118

第4096号，19581030［?］，118

第4958—4967号，19581226，123

第4970号，19581227，123

第4982号，19581227，123

驻意大利大使馆（罗马）致外交部（巴黎）

第896—900号，19581002，83

驻英国大使馆（伦敦）致外交部（巴黎）

第2176—2180号，19580701，114

第 2224—2228 号，19580707，113

第 2258—2263 号，19580707，114

第 2802—2806 号，19580822，116

第 3175—3178 号，19581001，83

第 3240—3243 号，19581007，82

第 3278—3283 号，19581010，82

第 3284—3292 号，19581010，119

第 3328—3343 号，19581015，119

第 3344—3351 号，19581016，88

第 3359—3366 号，19581017，119

第 3367—3370 号，19581017，88

第 3445—3447 号，19581025，92

第 3457—3458 号，19581028，166

第 3459—3463 号，19581028，166

第 3480—3482 号，19581030，34

外交部（巴黎）致驻北约理事会代表（巴黎）

第 1619 号，19581015，86

外交部（巴黎）致驻黎巴嫩大使馆（贝鲁特）

第 795—798 号，19580612，1

外交部（巴黎）致驻联邦德国大使馆（波恩）

第 3610—3613 号，19581015，86

外交部（巴黎）致驻美国大使馆（华盛顿）

第 6487—6491 号，19580609，3

第 6755—6758 号，19580612，1

第 6939—6942 号，19580619，1

第 10128 号，19580923，6

第 11042—11047 号，19581012，98

第 11066—11069 号，19581015，86

第 11541—11545 号，19581028，94

第 11558—11567 号，19581100［?］，110

第 11795—11800 号，19581103，97，98

第 11883—11889 号，19581106，110

第 13394—13400 号，19581204，99

外交部（巴黎）致驻日本大使馆（东京）

第 589 号，19580810，115

外交部（巴黎）致驻英国大使馆（华盛顿）

第 9324 号，19580923，6

第 10233—10236 号，19581015，86

1959 年

驻北约理事会代表（巴黎）致外交部（巴黎）

第 50050 号［？］，19590611，31

第 243 号，19590910，69

第 290 号，19591110，74

第 291 号，19591110，74

第 360 号，19591216，76

驻加纳大使馆（阿克拉）致外交部（巴黎）

第 403—408 号，19590707，180

驻联邦德国大使馆（波恩）致外交部（巴黎）

第 2771—2774 号，19591007，190

驻联合国代表团（纽约）致外交部（巴黎）

第 1077—1082 号，19590806，184

第 1920—1924 号，19591024，191

驻美国大使馆（华盛顿）致外交部（巴黎）

第 106—114 号，19590107，5

第 435—451 号，19590123，7

第 600 号，19590202，8

第 611—625 号，19590203，8

第 1615—1631 号，19590324，16

第 1666—1673 号，19590326，16

第 1694—1696 号，19590330，17

第 1697 号，19590330，17，18

第 1709—1711 号，19590330，18

第 1719—1727 号，19590331，17

第 1730—1734 号，19590331，17

第 1740—1745 号，19590331，18

第 1957—1961 号，19590411，38，39

第 2143—2144 号，19590422，20

第 2328—2335 号，19590504，26

第 2380—2382 号，19590506，27

第 2385 号，19590506，27

第 2534—2539 号，19590519，41

第 2590—2594 号，19590522，41

第 2620—2631 号，19590522，41

第 2632—2636 号，19590522，27

第 2800 号，19590609，29

第 2808—2812 号，19590609，29

第 2823 号，19590610，29

第 3748—3752 号，19590820，186

第 4836—4843 号，19591019，191

第 5052—5056 号，19591026，191

第 5556—5557 号，19591119，75

第 5672—5677 号，19591124，194

代电第 147 号，19590100［?］，489

快件第 756 号，19590317，17

驻摩洛哥大使馆（拉巴特）致外交部（巴黎）

第 97 号［?］，192

驻英国大使馆（伦敦）致外交部（巴黎）

第 89 号，19590112，34

第 118—126 号，19590113，32

第 288 号，19590128，33

第 333—338 号，19590129，33

第 362—366 号，19590130，33

第 793—802 号，19590306，34

第 975—986 号，19590320，36

第 1031—1035 号，19590325，16

第1229—1236号，19590413，39

第1561—1566号，19590430，40

第1861—1866号，19590611，188

第1913—1934号，19590613，188

第2269号，19590724，185

第2294—2298号，19590728，182

第2299—2301号，19590728，185

第2326—2329号，19590730，185

第2480—2490号，19590818，184

第2506—2513号，19590820，185

第2845—2853号，19590923，188

第3439—3442号，19591117，196

第1564/CQA号，19591127，196

外交部（巴黎）致驻埃塞俄比亚大使馆（亚的斯亚贝巴）

第434—436号，19590706，180

第453—454号，19590716，180

外交部（巴黎）致驻保加利亚大使馆（索非亚）

第186—187号，19591221，198

外交部（巴黎）致驻波兰大使馆（华沙）

第1084—1085号，19591221，198

外交部（巴黎）致驻几内亚大使馆（科纳克里）

第512—514号，19590706，180

第554—555号，19590716，180

外交部（巴黎）致驻拉丁美洲外交代表

通电第97号［？］，19590806，193

通电第118号，19591030，193

外交部（巴黎）致驻利比里亚大使馆（蒙罗维亚）

第234—236号，19590706，180

外交部（巴黎）致驻利比亚大使馆（的黎波里）

第217—218号，19590706，180

第235—236号，19590716，180

外交部（巴黎）致驻联邦德国大使馆（波恩）

第 1907—1909 号，19590409，37

第 4333—4340 号，19591006，190

外交部（巴黎）致驻罗马尼亚大使馆（布加勒斯特）

第 195—196 号，19591221，198

外交部（巴黎）致驻美国大使馆（华盛顿）

第 551—559 号，19590118，6，7

第 690 号，19590122，7

第 2942—2947 号，19590313，35

第 3411—3415 号，19590300［？］，16

第 11270—11272 号，19591014，191

第 14159—14162 号，19591211，76

外交部（巴黎）致驻摩洛哥大使馆（拉巴特）

第 3894—3897 号［？］，19591023，192

第 3895—3915 号［？］，19591023，192

外交部（巴黎）致驻苏丹大使馆（喀土穆）

第 260—262 号，19590706，180

第 278—279 号，19590716，180

外交部（巴黎）致驻苏联大使馆（莫斯科）

第 6313—6314 号，19591221，198

外交部（巴黎）致驻外使节

通电第 82 号，19590620，31

外交部（巴黎）致驻匈牙利大使馆（布达佩斯）

第 449—450 号，19591221，198

外交部（巴黎）致驻英国大使馆（伦敦）

第 2676—2681 号，19590313，35

1960 年

法国裁军代表团（日内瓦）致外交部（巴黎）

第 494—499 号，19600412，216

第 824—838 号，19600624，234

第 877—886 号，19600627，236

第 945—953 号，19600629，237

常驻北约代表（巴黎）致外交部（巴黎）

第142号，19600310，202

第293号，19600525，57

第324号，19600613，50

第333号，19600617，57

第356号，19600706，245

第373号，19600713，246

第491—492号，19601012，60

第645号，19601216，64

第320/REPAN号，19600610，57

第323/REPAN号，19600611，50

第334/REPAN号，19600620，50

驻联邦德国大使馆（波恩）致外交部（巴黎）

第1070—1076号，19600314，204

第2712—2713号，19600706，52

驻美国大使馆（华盛顿）致外交部（巴黎）

第1666—1671号，19600323，44

第1885—1887号，19600404，211

第1984—1986号，19600410，44

第3132—3133号，19600624，57

第3177—3188号，19600628，237

第3317—3320号，19600706［?］，52

第3357号，19600708，57

第4216—4217号，19600901，57

第4461—4469号，19600916，255

驻苏联大使馆（莫斯科）致外交部（巴黎）

第216号，19600114［?］，227

第284号，19600122，227

第285—287号，1960122，227

第2100号，19600523，227

第2198—2203号，19600602，226

第2207—2220号，19600602，227

第 2228—2231 号，19600602，226

第 3234—3238 号，19600815，252

驻泰国大使馆（曼谷）致外交部（巴黎）

急电第 143/AS-O 号，19600628，153

驻英国大使馆（伦敦）致外交部（巴黎）

第 849—852 号，19600310，46

第 2234—2237 号，19600719，57

急件第 412/PAN 号，19600324，46，48

急件第 472/PAN 号，19600404，48

急件第 620/PAN 号，19600512，57

急件第 173/REPAN 号，19600323，48

急件第 195/REPAN 号，19600329，48

急件第 211/REPAN 号，19600401，48

外交部（巴黎）致法国裁军代表团（日内瓦）

第 11—12 号，19600314，203

第 330—334 号，19600625，234，245

外交部（巴黎）致驻埃塞俄比亚大使馆（亚的斯亚贝巴）

第 744—747 号，19601220，51

外交部（巴黎）致驻比利时大使馆（布鲁塞尔）

第 302—307 号，19600310，202

外交部（巴黎）致驻丹麦大使馆（哥本哈根）

第 69—74 号，19600310，202

外交部（巴黎）致驻刚果共和国大使馆（利奥波德维尔）

第 1298—1301 号，19601220，51

外交部（巴黎）致法国驻海牙外交代表

第 242—247 号，19600310，202

外交部（巴黎）致法国驻几内亚大使馆（科纳克里）

第 1002—1005 号，19601220，51

外交部（巴黎）致驻加纳大使馆（阿克拉）

第 959—962 号，19601220，51

外交部（巴黎）致加拿大大使馆（渥太华）

第 2345 号，19600914，253

463

外交部（巴黎）致法国驻肯尼亚总领事馆（内罗毕）
　　第137—140号，19601220，51
外交部（巴黎）致法国驻黎巴嫩大使馆（贝鲁特）
　　第536—539号，19601220，51
外交部（巴黎）致法国驻利比里亚大使馆（蒙罗维亚）
　　第290—293号，19601220，51
外交部（巴黎）致驻联邦德国大使馆（波恩）
　　第3871号，19600705，52
　　第5788—5789号，19591200［？］，46
外交部（巴黎）致驻联合国代表团（纽约）
　　第1385—1390号，19600310，202
外交部（巴黎）致驻卢森堡大使馆（卢森堡市）
　　第292号，19600310，202
外交部（巴黎）致驻美国大使馆（华盛顿）
　　第4709—4710号，19600405，211
　　第9755号，19600705，52
　　第13657号，19600914，253
外交部（巴黎）致驻摩洛哥大使馆（拉巴特）
　　第4990—4993号，19601220，51
外交部（巴黎）致驻南非大使馆（比勒陀利亚）
　　第388—391号，19601220，51
外交部（巴黎）致驻尼日利亚大使馆（拉各斯）
　　第445—448号，19601220，51
外交部（巴黎）致驻挪威大使馆（奥斯陆）
　　第64—69号，19600310，202
外交部（巴黎）致驻苏丹大使馆（喀土穆）
　　第594—597号，19601220，51
外交部（巴黎）致驻苏联大使馆（莫斯科）
　　第1086—1091号，19600310，202
　　第3049—3052号，19600610，230
　　第4044—4050号，19600812，251，252
外交部（巴黎）致驻突尼斯大使馆（突尼斯城）

第 4489—4492 号，19601220，51

外交部（巴黎）致驻土耳其大使馆（安卡拉）

第 279—284 号，19600310，202

外交部（巴黎）致驻外外交代表

通电第 4/DT 号，19600318，205

外交部（巴黎）致驻西班牙大使馆（马德里）

第 328—333 号，19600310，202

外交部（巴黎）致驻希腊大使馆（雅典）

第 180—185 号，19600310，202

外交部（巴黎）致驻意大利大使馆（罗马）

第 3445 号，19600914，253

外交部（巴黎）致驻英国大使馆（伦敦）

第 11627 号，19600914，253

急件第 10/PAN 号，19600224，46

五、参考文献

（一）外文档案文献

1. 法国档案文献

Charles de Gaulle, *Lettres*, *Notes et Carnets*, T. VIII, juin 1958-décembre 1960 (Plon, 1985).

Ministere des Affaires Etrangeres, *Documents Diplomatiques Français* (*DDF*), 1956, Tome I, 1er janvier-30 juin (Paris: Imprimerie Nationale, 1988).

Ministere des Affaires Etrangeres, *DDF*, 1956, Tome III, 24 octobre-31 décembre (Paris: Imprimerie Nationale, 1990).

Ministere des Affaires Etrangeres, *DDF*, 1957, Tome I, 1er janvier-30 juin (Paris: Imprimerie Nationale, 1990).

Ministere des Affaires Etrangeres, *DDF*, 1957, Tome II, 1er juillet-31 décembre (Paris: Imprimerie Nationale, 1991).

Ministere des Affaires Etrangeres, *DDF*, 1958, Tome I, 1er janvier-30 juin (Paris: Imprimerie Nationale, 1992).

Ministere des Affaires Etrangeres, *DDF*, 1958, Tome II, 1er juillet-31 décembre (Paris: Imprimerie Nationale, 1993).

Ministere des Affaires Etrangeres, *DDF*, 1959, Tome I, 1er janvier-30 juin (Paris: Imprimerie Nationale, 1994).

Ministere des Affaires Etrangeres, *DDF*, 1959, Tome II, 1er juillet-31 décembre (Paris: Imprimerie Nationale, 1995).

Ministere des Affaires Etrangeres, *DDF*, 1960, Tome I, 1er janvier-30 juin (Paris: Imprimerie Nationale, 1995).

Ministere des Affaires Etrangeres, *DDF*, 1960, Tome II, 1er juillet-31 décembre (Paris: Imprimerie Nationale, 1996).

Ministère des Affaires Etrangères, *Réunions des Ministres des Affaires Étrangères des Etats-*

Unis, de France, de Grande Bretagne et d'U. R. S. S, Genève, 11 mai-20 juin, 13 juillet-5 août 1959, Procès-verbaux des Séances Restreintes Entretiens Privés—Propositions (Paris: Imprimerie Nationale, 1959).

Ministère des Affaires Étrangères, *Documents sur le Désarmement*, XIIIe *Session de l'Assemblée des Nations Unies Débats devant l'Assemblée Générale et sa Commission Politique* (*New York 16 septembre-13 décembre 1958*) (La Documentation Française, 1959).

Ministère des Affaires Étrangères, *Documents sur le Désarmement, Commission du Désarmement* (*10 septembre 1959*) *et* XIVe *Session de l'Assemblée des Nations Unies Débats devant l'Assemblée Générale et sa Commission Politique* (*New York 15 septembre-13 décembre 1959*) (La Documentation Française, 1960).

Ministère des Affaires Étrangères, *Documents sur le Désarmement, Commission du Désarmement* (*16 août-18 août 1960*) *et* XVe *Session de l'Assemblée des Nations Unies Débats devant l'Assemblée Générale et devant les 1er, 2e et 5e Commissions* (*New York 20 septembre-20 décembre 1960*) (La Documentation Française, 1961).

Ministère des Affaires Étrangères, *Documents sur le Désarmement, Conférence du Comité des Dix Puissances sur le Désarmement* (*Genève 15 mars-29 avril 1960*) (La Documentation Française, 1960).

Ministère des Affaires Étrangères, *Documents sur le Désarmement, Conférence du Comité des Dix Puissances sur le Désarmement* (*Genève 7 juin-28 juin 1960*), 2e session (La Documentation Française, 1960).

Ministère des Affaires Étrangère, *Echanges de Notes entre les États Occidentaux et l'U. R. S. S et Déclarations Concernant la Convocation d'une Conférence "au Sommet", le Problème Allemand, la Sécurité Européenne, le Désarmement et le Moyen-Orient* (*1er juillet 1958-1er avril 1959*) (La Documentation Française, 1959).

Ministère des Affaires Étrangères, *La Conférence d'Experts pour Étudier les Mesures Éventuelles qui Pourraient Contribuer à la Prevention d'une Attaque par Surprise et pour Preparer un Rapport aux Gouvernements sur ce Problème* (*Genève, 10 novembre-18 décembre 1958*) (La Documentation Française, 1959).

2. 美国档案文献

U. S. Department of State, *Foreign Relations of the United States* (*FRUS*), 1958-1960, Vol. 7, Part 1, Western European Integration and Security, Canada (Washington, D. C.:

USGPO, 1993).

U. S. Department of State, *FRUS*, 1958-1960, Vol. 7, Part 2, Western Europe (Washington, D. C. : USGPO, 1993).

U. S. Department of State, *FRUS*, 1958-1960, Vol. 8, The Berlin Crisis, 1958-1959 (Washington, D. C. : USGPO, 1993).

U. S. Department of State, *FRUS*, 1958-1960, Vol. 11, Lebanon and Jordan (Washington, D. C. : USGPO, 1992).

U. S. Department of State, *FRUS*, 1958-1960, Vol. 17, Indonesia (Washington, D. C. : USGPO, 1994).

U. S. Department of State, *FRUS*, 1958-1960, Vol. 19, China (Washington, D. C. : USGPO, 1996).

Robert E. Lester (eds.), *Confidential U. S. State Department Central Files (CUSSDCF), France, Foreign Affairs, 1955-1959* (LexisNexis, 2005).

Gerhard Peters and John T. Woolley, "The American Presidency Project," https://www.presidency.ucsb.edu/.

ProQuest 公司,"解密后的数字化美国国家安全档案"(Digital National Security Archive, DNSA), The Berlin Crisis, 1958-1962 (BC)。

Gale 公司,"美国解密档案在线"(U. S. Declassified Documents Online, USDDO)。

3. 其他档案文献

U. S. Department of State, *Documents on Disarmament, 1945-1959*, Vol. 1 (Washington, D. C. : USGPO, 1960).

U. S. Department of State, *Documents on Disarmament, 1945-1959*, Vol. 2 (Washington, D. C. : USGPO, 1960).

U. S. Department of State, *Documents on Disarmament, 1960* (Washington, D. C. : USGPO, 1961).

(二) 中文档案文献

1. 主要译文来源

李洪峰、吕军燕、沈练斌、李东旭编《法国外交文件选译(一)》,徐蓝主编《近现代国际关系史研究》（第 14 辑），世界知识出版社，2018，第 305—348 页。

邱琳、吕军燕、王珏、唐璇、李东旭编《法国外交文件选译（二）》，徐蓝主编《近现代国际关系史研究》（第 15 辑），世界知识出版社，2018，第 216—351 页。

吕军燕、沈练斌、李梦磊、杨紫桐等编《法国外交文件选译（三）》，徐蓝主编《近现代国际关系史研究》（第 16 辑），世界知识出版社，2019，第 224—324 页。

刘彦伊、王祎慈、沈练斌、马吟婷等编《法国外交文件选译（四）》，徐蓝主编《近现代国际关系史研究》（第 17 辑），世界知识出版社，2020，第 233—282 页。

沈练斌、李梦磊、王祎慈等编《法国外交文件选译（五）》，徐蓝主编《近现代国际关系史研究》（第 18 辑），世界知识出版社，2020，第 203—260 页。

吕军燕编译：《法国外交文件选译（六）》，徐蓝主编《近现代国际关系史研究》（第 19 辑），世界知识出版社，2022，第 262—311 页。

沈练斌、郭冬梅、唐璇等编译：《法国外交文件选译（七）》，徐蓝主编《近现代国际关系史研究》（第 20 辑），世界知识出版社，2023，第 230—296 页。

2. 其他文献

姚百慧编《戴高乐挑战美国霸权：改组北约的"九月备忘录"》，《法国研究》2022 年第 2 期，第 96—112 页。

马吟婷编《戴高乐挑战北约霸权：法国从北约撤出地中海舰队》，《法国研究》2022 年第 3 期，第 96—112 页。

吕军燕、姚百慧编《戴高乐挑战美国霸权：抵制多边核力量计划》，《法国研究》2022 年第 4 期，第 83—112 页。

杨紫桐编译：《意大利、巴尔干与二战之始：法文档案选编》，梁占军主编《巴尔干研究》（第 1 辑），世界知识出版社，2020，第 304—319 页。

杨紫桐编译：《意大利、巴尔干与二战之始：法文档案选编（二）》，梁占军主编《巴尔干研究》（第 2 辑），世界知识出版社，2021，第 121—133 页。

唐璇译，张臣臣校：《1958 年黎巴嫩危机：法文档案选编》，黄民兴主编《中东研究》（第 9 期），社会科学文献出版社，2019，第 139—184 页。

张臣臣编译：《1958 年黎巴嫩危机：法文档案选编（续）》，韩志斌主编《中东研究》（第 12 期），社会科学文献出版社，2021，第 199—228 页。

姚百慧编《中法建交多国档案选编（三）：法德澳解密档案》，李丹慧主编《冷战国际史研究》（第 12 辑），世界知识出版社，2011，第 367—403 页。

李晓姣：《中法伯尔尼建交谈判法文档案选译——法国谈判代表的记录》，徐蓝主编

《近现代国际关系史研究》(第3辑),人民出版社,2013,第315—322页。

刘京:《法国与联合国原子能委员会:档案选编》,徐蓝主编《近现代国际关系史研究》(第7辑),世界知识出版社,2014,第302—318页。

刘京译:《三人委员会关于北约非军事合作的报告》,徐蓝主编《近现代国际关系史研究》(第5辑),世界知识出版社,2013,第256—278页。

国际关系研究所编译:《戴高乐言论集(1958年5月—1964年1月)》,世界知识出版社,1964。

姚百慧编《中法建交多国档案选编》,社会科学文献出版社,2016。

世界知识出版社编《国际条约集(1945—1947)》,世界知识出版社,1959。

世界知识出版社编《国际条约集(1950—1952)》,世界知识出版社,1959。

世界知识出版社编《国际条约集(1953—1955)》,世界知识出版社,1960。

世界知识出版社编《国际条约集(1956—1957)》,世界知识出版社,1962。

《国际条约集(1958—1959)》,商务印书馆,1974。

《国际条约集(1960—1962)》,商务印书馆,1975。

世界知识出版社编《裁军问题文件选辑》,世界知识出版社,1958。

世界知识出版社编《中华人民共和国对外关系文件集(1958)》(第5集),世界知识出版社,1959。

(三) 回忆录

Paul-Henri Spaak, *The Continuing Battle: Memoirs of a European, 1936-1966*, trans. from the French by Henry Fox (London, Weidenfeld & Nicolson, 1971).

[法]夏尔·戴高乐:《希望回忆录》,《希望回忆录》翻译组译,中国人民大学出版社,2005。

[联邦德国]阿登纳:《阿登纳回忆录(1955—1959)》(三),上海外国语学院德法语系德语组部分同志翻译,上海人民出版社,1973。

[美]德怀特·艾森豪威尔:《艾森豪威尔回忆录——白宫岁月(下):缔造和平(1956—1961年)》(一),静海译,生活·读书·新知三联书店,1977。

[美]德怀特·艾森豪威尔:《艾森豪威尔回忆录——白宫岁月(下):缔造和平(1956—1961年)》(二),静海译,生活·读书·新知三联书店,1977。

[英]哈罗德·麦克米伦:《麦克米伦回忆录(四):乘风破浪》,余航等译,商务印书馆,1982。

[英]哈罗德·麦克米伦：《麦克米伦回忆录（五）：指明方向》，本馆翻译组译，商务印书馆，1976。

（四）其他著作

1. 专著

[英]杰弗里·巴勒克拉夫编《国际事务概览（1956—1958年）》，福建师范大学外语系编译室译，上海译文出版社，1990。

程皖：《美国对约旦外交政策研究（1946—1969）》，江西人民出版社，2011。

崔丕：《美国的冷战战略与巴黎统筹委员会、中国委员会（1945—1994年）》，中华书局，2005。

房建国：《美国对阿尔及利亚战争政策研究》，世界知识出版社，2012。

葛腾飞、肖杰：《U-2飞机与冷战时期美国高空越境侦察》，南京大学出版社，2018。

洪邮生：《英国对西欧一体化政策的起源和演变（1945—1960）》，南京大学出版社，2001。

胡鸿杰：《档案文献编纂学》，中国人民大学出版社，2012。

联合国秘书处政治和安全理事会事务部裁军事务处编《联合国与裁军》，北京大学法律系编译组译，商务印书馆，1972。

刘得手：《柏林危机（1958—1963）与美欧同盟》，中国社会科学出版社，2012。

王绳祖主编《国际关系史（第八卷）》，世界知识出版社，1995。

王绳祖主编《国际关系史（第九卷）》，世界知识出版社，1995。

吴国庆：《法国政治史（1958—2012）》，社会科学文献出版社，2014。

姚百慧主编《冷战史研究档案资源导论》（第二版），世界知识出版社，2019。

张锡昌、周剑卿：《战后法国外交史》，世界知识出版社，1993。

2. 期刊论文与学位论文

耿志：《麦克米伦政府与塞浦路斯独立》，《安徽史学》2011年第4期，第65—73页。

贺圣达：《柏威夏古寺争端的由来、影响和发展趋势》，《东南亚南亚研究》2009年第1期，第56—61页。

时殷弘：《国际关系史料基本分类和主要类别史料例解》，《国际政治研究》2005年第3期，第110—123页。

谢丽华：《腊帕茨基中欧无核区计划探析》，硕士毕业论文，南京大学，2010。

姚百慧：《戴高乐、艾森豪威尔与美英法三方会谈（1958—1960）》，《历史教学》2013年第10期，第14—24页。

姚百慧：《美国与1958年法国政府危机》，《世界历史》2021年第1期，第79—92页。

张臣臣：《1958年黎巴嫩危机与美法关系》，硕士毕业论文，首都师范大学，2020。

周茂荣：《评美国对外贸易立法的演变》，《法学评论》1986年第6期，第50—54页。

后　记

　　与战后法国外交史有所关联，始于笔者硕士期间。当时笔者以美国约翰逊政府对中国在联合国的代表权问题上的政策作为研究对象，研究的内容也涉及中法建交及美国的应对。博士期间，笔者的研究对象变为美国应对戴高乐主义的政策，对法国外交史有了更多的了解。参加工作以后，我把中法建交史作为一个新的研究方向，更是需要再次学习法国外交史的相关知识。然而，笔者认为，直到今天，国内最好的参考著作还是1993年世界知识出版社出版的《战后法国外交史（1944—1992）》。

　　《战后法国外交史（1944—1992）》成为该领域的经典，当然与张锡昌、周剑卿两位前辈学者有关。他们既是外交家又是学者的背景，以及对法国外交的深入把握，成就了该书的地位。然而，近30年来没有新经典著作出现，也反映了战后法国外交史研究后继乏力的尴尬局面。在笔者看来，造成这一局面的原因至少有二：一是世界史学科研究人员偏少，其中做法国外交史研究的更少；二是法文资料尤其是档案文献国内馆藏不多。

　　近年来，上述两方面问题都有一定程度的缓解，不少年轻学者尤其是从法国留学归国的人员加入了冷战时期法国外交研究的队伍中。此外，有几家国内单位已比较完整地购置了《法国外交文件集》。

　　笔者也希望为战后法国外交史的研究作一点贡献。2018年初，笔者联系了国内一些单位的老师，希望合作翻译法国外交档案。模式为由笔者挑选档案，团队成员翻译，再由笔者找到合适的刊物发表。对于这样一个并无任何项目支持的活动来说，笔者能找到的翻译费可谓杯水车薪，大家基本上都是"义务劳动"。然而，我们还是坚持了下来。几年来，团队不断扩大，翻译了近80万字的档案，发表的刊物种类也在增加。本书的大部分内容，都选自这些前期翻译并已发表的资料。

　　把大部分已发表的东西再汇编成册，有意义吗？尤其是在目前学术出版日益精品化的趋势下，这样的著作对学界、对读者真的有用吗？在尝试编写本书时，笔者不断地思考这两个问题，其答案在本书的"编写说明"中已有交代：本书既希望读者能方便地利用我们前期分散发表的翻译成果，也希望能在史料学的一个方面——档案编纂的实践上，尤其是在辅文（包括编者说明、注释、背景资料、参考文献、附录等）的编纂上有些突破。这些辅文总计约有15万字，篇幅占全书的近36%。因此，本书期待的定位是，它不只是一本单纯的"资料集"，更是一本"史料学"的著作。

北京外国语大学李洪峰教授、天津师范大学沈练斌老师、山东青年政治学院吕军燕副教授从一开始就支持本次法国外交档案的翻译工作，他们的支持是翻译活动得以持续的关键动力，并推动了翻译团队的扩大。他们还多次到首都师范大学指导学生的法语学习，有时长达一个学期。本书相关资料的翻译、校对以及辅文的编纂等工作还得到其他师友的帮助，他们包括：北京外国语大学的张庆、周欣宇，青岛大学的邱琳，外交学院的房珂珂，首都经济贸易大学的李梦磊，中国社会科学院大学的王祎慈，首都师范大学的窦云婷、雷宇、孙寅兵、冯锡钊，中国国家图书馆的杨紫桐，北京东直门中学的任子晴，山东青年政治学院的李东旭、郭冬梅，天津师范大学的王珏、施卜玮、谭书宇，华南师范大学的李智琪，黑龙江大学的唐璇，天津人民出版社的曹忠鑫，中共怀远县委党校的张臣臣，法国巴黎萨克雷高等师范学校的马吟婷，巴黎第三大学的王子岳，伦敦大学学院的刘彦伊。中国科学院自然科学史研究所李云逸助理研究员对本书中核武器、原子能、裁军等方面的相关翻译进行了审读和把关。世界知识出版社狄安略编辑对书稿的出版做了大量的工作。国家社科基金、北京市人才局"青年北京学者"项目及首都师范大学历史学院为本书的研究、出版提供了经费支持。对上述师友、单位在书稿编纂、出版方面的帮助，笔者真诚地表示感谢。

由于笔者水平有限，本书一定还存在若干不足或错误，恳请学界友人予以指出，以便本书有重印、再版机会时予以改正。如有指点，敬请发到笔者邮箱：baihuiyao@163.com。

姚百慧
2023 年 12 月 17 日